Nouvelle Histoire du Moyen Âge

TOME I

Sous la direction de
Florian Mazel

Nouvelle Histoire du Moyen Âge

TOME I

Le Premier Moyen Âge.
La sortie du monde antique

Éditions du Seuil

Ce livre a initialement paru au Seuil en 2021,
en un seul volume, dans une édition illustrée,
dans la collection « L'Univers historique »,
fondée par Jacques Julliard et Michel Winock
et dirigée par Patrick Boucheron.

Cartographie : Fréderic Miotto, Légendes cartographie,
avec l'aide des auteurs
Conception de la bibliographie et des index : Pierre Vey

ISBN 978-2-7578-9943-4
(ISBN 978-2-02-146035-3, 1re publication)

Introduction

Pourquoi proposer aujourd'hui une nouvelle histoire du Moyen Âge ? À vrai dire, les raisons ne manquent pas. Deux tendances de l'actualité intellectuelle et politique en justifient cependant peut-être de manière plus manifeste l'intérêt et même la nécessité. Au-delà de son évidente artificialité – l'invention du « Moyen Âge », « âge du milieu », remonte, c'est un fait bien connu, à la Renaissance qui souhaitait renouer en l'enjambant avec une Antiquité perdue –, le Moyen Âge apparaît, dans le contexte de recomposition de l'histoire sous l'influence de la *world history*, l'histoire mondiale ou globale, comme la plus européocentrée et par conséquent la moins légitime, aux yeux de certains, des grandes périodes académiques de l'histoire. C'est un fait qu'il n'y a pas lieu de remettre en cause. Mais c'est justement en ce qu'elle est strictement européenne et qu'elle renvoie à des phénomènes essentiels pour la compréhension de ce qu'est l'Europe aujourd'hui – même s'il y a quelque abus à situer au Moyen Âge « la naissance de l'Europe » – que cette période peut être envisagée et comprise pour elle-même. Il s'agit, si l'on veut, d'une période (et d'une périodisation) propre à une région du monde, mais qui pour celle-ci conserve son intérêt et sa légitimité. S'il n'y a pas de raison valable à projeter sur le reste du monde une scansion et un rythme de l'histoire forgés par et pour les Européens entre le XVIIe et le XIXe siècle, il n'y a pas lieu non plus de récuser les périodisations qui gardent tout leur sens à l'échelle régionalisée d'un continent ou qui peuvent également le conserver à l'échelle de plusieurs d'entre eux au prix de quelques discordances des temps. Car rien n'oblige à toujours concilier le temps et l'espace : n'a-t-on pu dégager avec quelque pertinence un « Moyen Âge » japonais s'étendant du XIIe siècle à la fin du XVIe siècle ? Au-delà de cette prise de conscience, l'histoire mondiale favorise par ailleurs une attention privilégiée aux interfaces et aux interactions entre des espaces géopolitiques et des aires culturelles que l'on a trop souvent conçus exclusivement, surtout pour les temps les plus reculés, sur le mode de l'ignorance ou de l'affrontement. À ce titre, l'histoire médiévale du monde latin, lequel figure au cœur de cet ouvrage, est profondément stimulée depuis une vingtaine d'années par les recherches sur les mondes voisins – l'Empire romain d'Orient peu à peu devenu byzantin, les pays d'Islam en leur diversité, les mondes slaves –, au point qu'il apparaît indispensable de les intégrer au grand récit historique de la Latinité européenne. Mais celui-ci est aussi saisi par les nouvelles perspectives ouvertes, à partir du XIIIe siècle notamment, par les connexions avec les mondes plus lointains : Afrique subsaharienne et soudanaise, océan Indien, Asie centrale et extrême-orientale. L'un des enjeux de cette *Nouvelle Histoire* est bien d'insérer ce finistère qu'est l'Europe latine dans une vision plus globale des équilibres et des dynamiques du Vieux Monde.

Dans le contexte de renouveau des nationalismes et des crispations identitaires, dont les signes étaient déjà perceptibles au début des années 2000 mais qui ont pris une ampleur considérable aujourd'hui, la période médiévale est souvent revendiquée par les nationalistes et les populistes comme le moment fondateur de la nation culturelle, religieuse ou même ethnique qu'ils entendent protéger de la mondialisation et du multiculturalisme. Cette captation, déjà à l'œuvre au

XIXe siècle, se déploie souvent sur fond de discours ambigu sur l'Europe, à la fois exaltée dans sa dimension « civilisationnelle », le plus souvent rapportée à son identité chrétienne, et vilipendée dans sa dimension libérale, politique ou technocratique : ici, c'est l'Union européenne qui est dénoncée, ou bien la tradition universaliste des Lumières à laquelle le Moyen Âge est parfois opposé. S'il est vrai que bon nombre des États modernes européens peuvent se revendiquer d'une origine médiévale et s'en sont parfois servi pour construire la nation à l'époque contemporaine (à l'ouest : Angleterre, France, Espagne, Portugal, Irlande, comme à l'est : Hongrie, République tchèque, Pologne, ou au nord : Danemark, Suède, Norvège, Islande), et que les régions qui aspirent aujourd'hui à une forme étatique s'en réclament également (la Catalogne, la Flandre, l'Écosse), il est pourtant indispensable de récuser toute généalogie mythique des nations, tant celle-ci se montre aveugle à la pluralité des expériences, la discontinuité des temporalités et l'ampleur des reconfigurations sociales, culturelles et territoriales intervenues dans la longue durée[1]. Se focaliser sur les nations contemporaines conduit en outre à ignorer d'autres formes sociales et politiques qui peuvent également, ni plus ni moins que certains États-nations, se sentir liées de manière privilégiée au passé médiéval, comme les Länder allemands, les cantons helvétiques, le grand-duché de Luxembourg, certaines régions françaises (Bretagne, Normandie, Occitanie, Savoie…) ou les municipalités italiennes. C'est aussi négliger, pour en rester au terrain politique, les multiples expérimentations collégiales ou représentatives des ordres religieux, des oligarchies urbaines

1. Patrick Geary, *L'Invention des origines médiévales de l'Europe*, Paris, Aubier, 2004 (1re éd. aux États-Unis en 2002, sous le titre plus explicite *The Myth of Nations. The Medieval Origins of Europe*) ; Robert Evans et Guy P. Marchal (dir.), *The Uses of the Middle Ages in Modern European States : History, Nationhood and Search of Origins*, Londres, Palgrave Macmillan, 2011.

et des assemblées aristocratiques, cours et parlements, sans oublier le modèle des « communs » des communautés rurales ou urbaines médiévales revendiqué par certaines expériences et discours alternatifs contemporains. Car l'espace politique européen, même à la fin du XVe siècle, n'est pas tout entier occupé par les monarchies protonationales et il faut apprendre à ne pas regarder seulement à l'ouest ou au nord mais aussi au centre, à l'est et au sud du continent. L'enjeu est donc ici, comme Marc Bloch y invitait déjà avec vigueur en 1928 – « cessons, si vous le voulez bien, de causer éternellement d'histoire nationale à histoire nationale[2] » – (et avec autant de raisons politiques de le faire), de sortir des ornières nationales pour explorer les voies d'une histoire générale, parfois comparée, toujours enrichie par le jeu des échelles et la variation des points de vue.

À ces éléments d'actualité s'ajoute la nécessité de diffuser les profonds renouvellements de la recherche encore souvent ignorés aussi bien du grand public cultivé que des spécialistes des autres périodes de l'histoire. En effet, les trente dernières années ont vu la dissolution de la plupart des grands paradigmes descriptifs et explicatifs de la période médiévale forgés en France, essentiellement à partir de « l'histoire de France », entre les années 1950 et les années 1980 sous l'égide des grands maîtres que furent Georges Duby et Jacques Le Goff et qui imprègnent encore largement les programmes de l'enseignement secondaire français. La fracture du monde méditerranéen par l'intrusion de l'Islam aux VIIe-VIIIe siècles (une thèse que cette génération avait reprise à cet autre grand maître que fut Henri Pirenne), la précarité misérable des campagnes et la disparition de toute vie urbaine au cours du haut Moyen Âge, les « grands défrichements » et le décollage économique de l'Europe aux XIe-XIIe siècles, la

2. Marc Bloch, « Pour une histoire comparée des sociétés européennes », *Revue de synthèse*, 1928/1, p. 15-50.

« naissance du village » et l'instauration de la seigneurie banale à l'ombre des châteaux dans le fracas de la « mutation de l'an mille », la généralisation d'une logique d'affrontement entre Chrétienté latine et Islam, la floraison des hérésies et l'émancipation des villes du monde féodal, l'hostilité de l'Église envers l'argent et les activités commerciales, l'épanouissement d'une « culture européenne » au temps des universités et du préhumanisme, le blocage technique et la surpopulation aux origines de la crise des XIVe et XVe siècles, etc., toutes ces thèses autrefois classiques, et bien d'autres, ont été battues en brèche ou nettement infléchies. De nouvelles interprétations et de nouveaux champs de recherche se font jour comme le démontrent amplement les pages qui suivent. À ce stade, mentionnons seulement les quatre facteurs ayant puissamment contribué à ces renouvellements pour mieux en faire percevoir l'ampleur. Le développement spectaculaire de l'archéologie et du recours aux archéosciences représente le premier d'entre eux : dans bon nombre d'enquêtes, les sources matérielles et les données techniques et environnementales sont devenues indispensables et bouleversent les analyses fondées jusque-là sur les sources écrites, parfois complétées par les ressources de l'image. Un deuxième facteur réside dans l'autonomisation des sciences auxiliaires de l'histoire consacrées à l'étude de ces sources écrites (paléographie, diplomatique, codicologie, emblématique…) et dans leur renouvellement par le dialogue avec la sociologie de l'écrit, l'histoire du droit, l'anthropologie de la communication, l'iconographie… Un troisième facteur est constitué par l'internationalisation de la recherche : non pas que celle-ci favorise toujours en soi la progression des savoirs, mais parce qu'elle conduit à élargir les terrains d'expériences et à varier les approches, permettant la discussion critique de paradigmes interprétatifs encore trop souvent prisonniers des historiographies nationales. Un dernier facteur, moins neuf en ce qu'il prolonge le geste inauguré par l'École des Annales et poursuivi par la Nouvelle

Histoire, figure dans l'approfondissement, non sans difficultés parfois, de la circulation des savoirs et des méthodes entre l'histoire et les sciences sociales, en particulier l'anthropologie, la sociologie, l'économie et la géographie, au point de donner parfois naissance à de nouvelles disciplines comme la toute jeune archéogéographie.

Au cœur du renouvellement de notre perception du Moyen Âge latin se trouve une profonde relecture chronologique de la période médiévale. Cette relecture renvoie directement à la mise en valeur du rôle déterminant de l'institution ecclésiale dans les processus sociaux qui transforment le monde méditerranéen antique et façonnent l'Europe moderne. Alors que dans les travaux académiques, le Moyen Âge est traditionnellement divisé en trois périodes (haut Moyen Âge, Moyen Âge central, bas Moyen Âge) selon une vision schématiquement socio-économique (dépression/croissance/dépression) et que sa principale césure est située, surtout en France en raison de l'impact de l'œuvre de Georges Duby, autour de l'an mille, perçu comme le point de départ de la « grande croissance » médiévale étroitement liée à l'instauration dans la douleur du cadre seigneurial[3], les travaux récents revalorisent le rôle social, politique, économique, culturel et non seulement « religieux » au sens contemporain du terme, de l'institution ecclésiale dans la formation et les transformations du monde latin. Ce rôle permet de définir non seulement ce qui fait la singularité de ce monde latin par rapport au monde grec ou aux pays d'Islam, mais aussi les principaux tournants de son histoire, à commencer par le « moment grégorien », compris au sens large du milieu du XIe siècle au début du XIIIe siècle,

3. Florian Mazel, « Un, deux, trois Moyen Âge… Enjeux et critères des périodisations internes de l'époque médiévale », *in* Stéphane Gibert, Jean Le Bihan, Florian Mazel (dir.), *Découper le temps ? Actualité de la périodisation en histoire, Atala. Cultures et sciences humaines*, n° 17, 2014, p. 101-113.

qui voit l'Église prendre conscience d'elle-même (c'est-à-dire de son existence comme institution et non seulement comme véhicule d'une foi – la *fides*, tout à la fois croyance et lien social – et ordonnatrice des rites) et s'autonomiser des pouvoirs laïques pour déployer son emprise sur toute la société, non sans susciter des résistances et de multiples répliques et effets en retour. Ce « moment grégorien » est ici conçu comme le point de bascule et l'articulation majeure entre deux Moyen Âge : un premier Moyen Âge (jusqu'au XIe siècle) demeure l'héritier de l'Empire romain chrétien qui en constitue toujours l'horizon idéologique, en dépit de la fin de la « civilisation de la cité » qui avait constitué l'Antiquité, de la transition économique (après deux siècles de reflux, production et démographie repartent à la hausse dès les VIIIe-IXe siècles) et de l'essor d'une nouvelle domination aristocratique fondée sur la seigneurie ; un second Moyen Âge (à partir du XIIe siècle) pose les fondements d'un nouveau monde défini par l'emprise multiforme de l'Église sur la société, l'émergence de la ville et l'essor technologique, la mutation intellectuelle (le droit et la scolastique) et culturelle (la « révolution documentaire » et les littératures vernaculaires), et l'affirmation des pouvoirs territoriaux et administratifs.

Cette césure entre deux Moyen Âge articule de manière plus ou moins complexe de multiples bascules repérées aussi bien par l'archéologie que par l'histoire économique, culturelle ou politique. Mais c'est le rôle structurant attribué à l'institution ecclésiale et à l'affirmation d'un clergé prétendant à la toute-puissance, non seulement idéologique, culturelle et liturgique mais aussi sociale, économique et même parfois politique, qui justifie le projet intellectuel de cet ouvrage, sa construction chronologique en deux volets et son périmètre géographique, centré sur la Chrétienté latine et non sur l'Europe en général, puisque dans la Chrétienté grecque et slave, qui couvre une partie de l'Europe, l'Église n'a ni cette capacité d'action ni cette ambition, et que les pays d'Islam européens (al-Andalus, la Sicile islamique, les Balkans ottomans) ne disposent pas d'un clergé de ce genre. De la question de l'État (de son effacement, voire sa disparition avec la fin du monde antique, à sa résurrection sur les ruines ou grâce aux ferments de la féodalité à la fin du Moyen Âge), on est donc passé à la question de l'Église, à laquelle celle de l'État est désormais adossée. Dans ce cadre, la spécificité du Moyen Âge latin repose moins sur le christianisme comme religion et comme culture – qui définissait déjà l'Antiquité tardive et dont l'emprise sur la société se prolonge jusqu'au XVIIIe siècle au moins, et dont relève par ailleurs toutes les autres chrétientés – que sur la place occupée au sein de la société par l'Église-institution, au double sens que le droit et la sociologie confèrent à ce terme. L'unité du Moyen Âge latin tient donc à la puissance intégratrice de l'institution ecclésiale qui connaît un approfondissement décisif à partir du tournant grégorien, quand bien même cette puissance suscite en retour des résistances et des adaptations variées, voire des contestations et même un certain délitement à partir du XIVe siècle. Cette puissance intégratrice de l'Église-institution n'efface jamais les configurations régionales et locales du monde latin, lequel continue plus de témoigner, dans sa diversité géographique et sociale, d'une polyculture, comme on a pu l'écrire non sans humour[4], et d'une identité plurielle, que d'une identité ou d'une culture homogènes, *a fortiori* d'une « culture européenne » encore en devenir à la fin du Moyen Âge et d'une « identité européenne » toujours problématique aujourd'hui. Elle constitue cependant, plus que toute autre forme géopolitique (plus même que l'Empire à

4. Otto Gerhard Oexle, « Stände und Gruppen. Über das Europäische in der europäischen Geschichte », *in* Michael Borgolte (dir.), *Das europäische Mittelalter im Spannungsbogen der Vergleichs. Zwanzig internationale Beiträge zu Praxis, Problemen un Perspektiven der historischen Komparatistik*, Berlin, De Gruyter, 2001, p. 39-48, ici p. 40 *sq*.

son apogée carolingien), ce qui donne cohérence et sens à la Chrétienté latine.

Cette nouvelle perception de ce qui fait Moyen Âge dans l'histoire du monde latin n'est pas sans conséquence sur le choix des bornes ou frontières chronologiques qui en définissent les deux extrémités en aval et en amont. Pour discutés et discutables que soient toujours ces choix, ils n'en renvoient pas moins à la pesée de ce qui fait changement dans l'évolution des sociétés humaines et donc à une réflexion historienne qui ne s'efface jamais complètement derrière les traditions académiques. En aval, la chose est sans doute plus nette qu'en amont. Si la Réforme protestante peut être conçue à bien des égards comme une contre-réforme grégorienne, alors on comprendra que la césure du XVIe siècle constitue *lato sensu* à la fois l'aboutissement et le point de rupture d'une séquence médiévale cohérente. Si l'on ajoute à cela, d'une part, à l'échelle mondiale, la bascule dans un Nouveau Monde économique engagé par « les effets contradictoires de la politique de la "fermeture des mers" (*haijin*) de la Chine des Ming et des débuts de la navigation transocéanique des marins ibériques » au XVe siècle[5], et d'autre part, à l'échelle régionale de l'Europe occidentale, les dynamiques et la diversité de sociétés rurales que l'on a trop longtemps tenues pour immobiles, alors on est conduit à considérer avec un certain scepticisme l'idée d'un « long Moyen Âge » se prolongeant jusqu'à la Révolution industrielle de la fin du XVIIIe et du XIXe siècle telle que l'avait esquissée Jacques Le Goff[6]. En amont, l'affirmation depuis plusieurs décennies déjà d'une nouvelle période, l'Antiquité tardive, par-delà la variété de son amplitude chronologique selon les écoles et les historiens,

5. Voir le chapitre 17 du deuxième tome.

6. Jacques Le Goff, *Un long Moyen Âge*, Paris, Tallandier, 2004 (l'idée apparaît sous sa plume dès 1962).

trouble le jeu[7]. Ce que dessinent les premiers chapitres de cet ouvrage, c'est cependant qu'une rupture forte avec le monde antique ou tardo-antique, plurielle et multiscalaire, peut être dégagée entre la fin du VIe siècle et les premières décennies du VIIe siècle. Pour en prendre la mesure, mais aussi pour mieux comprendre les héritages de longue durée de l'Antiquité chrétienne pesant sur le premier Moyen Âge, de nature principalement idéologique, il a paru nécessaire, toutefois, de commencer le récit au Ve siècle, lorsqu'Augustin ou Salvien de Marseille commencent à envisager le monde d'après (Rome).

Le Moyen Âge a inventé à la fois la notation musicale, le plain-chant romano-franc (improprement appelé chant grégorien) et la polyphonie. On aimerait que cet ouvrage qui conjugue une basse continue et une multiplicité de voix soit à la hauteur de cette aptitude à l'*inventio*.

FLORIAN MAZEL

7. Hervé Inglebert, « De l'Antiquité au Moyen Âge : de quoi l'Antiquité tardive est-elle le nom ? », *in* Stéphane Gibert, Jean Le Bihan, Florian Mazel (dir.), *Découper le temps…*, *op. cit.*, p. 117-131.

PREMIER TOME

Le Premier Moyen Âge
La sortie du monde antique

Ve SIÈCLE
MILIEU XIe SIÈCLE

1.

Quelle rupture avec l'Antiquité ?

La fin de l'Empire et les barbares (v^e^-vi^e^ siècle)

Quand commence le Moyen Âge ? L'invention de l'expression, à la Renaissance, repose sur le rejet de la période, considérée comme un âge d'obscurantisme dont il convient de s'éloigner au plus tôt pour retourner aux racines antiques du savoir et de la culture. Alors que l'Antiquité païenne, auréolée par les auteurs du siècle d'Auguste, passionnait les humanistes, l'Antiquité chrétienne et ses auteurs principaux, les Pères de l'Église, qui ne cessèrent d'être étudiés et commentés pendant tout le Moyen Âge, étaient méprisés en faveur d'un retour aux Saintes Écritures elles-mêmes. Dans ce mouvement, le triomphe graduel du christianisme, avec l'édit de tolérance de Constantin en 313, puis l'interdiction des cultes païens par Théodose en 391-394, a été réinterprété par les Modernes comme la phase finale de la décadence d'un Empire incapable de se renouveler, tandis que l'installation de royautés barbares aurait mis fin à la civilisation.

Ces idées de déclin et de décadence peuvent s'appuyer sur les jugements moraux des contemporains, angoissés par les changements qu'ils pouvaient constater : les pamphlétaires de l'Empire prétendaient se faire eux-mêmes les critiques de la décadence romaine et fustigeaient les évolutions politiques qu'ils refusaient en les présentant comme l'annonce de la fin de la domination de Rome, c'est-à-dire, pour eux, de la civilisation. Sous la plume de Tacite, dans *La Germanie*, rédigée vers 100 apr. J.-C., les Romains étaient déjà décrits comme décadents et amollis par le luxe, tandis que leurs ennemis extérieurs, les Germains, barbares et indomptés, auraient conservé, grâce à la proximité avec la nature et au refus de tout mélange racial, une énergie guerrière et morale supérieure.

Mais derrière l'angoisse du déclin percent surtout les débats internes aux élites, comme la contestation du partage de plus en plus inégalitaire du pouvoir entre l'empereur et les plus riches familles de l'Empire. Ces dernières étaient cantonnées aux fonctions civiles depuis les réformes de Dioclétien (284-305) et caractérisées par la présence d'un de leurs membres au Sénat de Rome, ou de Constantinople depuis le règne de Constantin (306-337). Certains sénateurs pouvaient néanmoins résider en province et renoncer aux séances du Sénat. Dans chaque cité, les familles de rang sénatorial formaient l'élite la plus riche, au-dessus des curiales, les membres du conseil qui dirigeait chaque cité de l'Empire (les curies municipales). Dans l'ensemble, les familles des sénateurs et des curiales, au patrimoine moindre et plus local, formaient la noblesse de l'Empire et un statut juridique particulier les distinguait comme *nobiles* et *honestiores* depuis au moins 370[1].

Les discours politiques romains comprenaient ainsi la crainte de la décadence ou le refus du pouvoir absolu, tandis que la légitimité du pouvoir impérial reposait sur la mise en scène du danger extérieur, ces barbares toujours prêts à se soulever pour anéantir la civilisation, et sur la représentation du triomphe des armées romaines sur les envahisseurs. Cette conception de la fin de l'Antiquité comme la mise à mort d'une civilisation agonisante sous les coups de sauvages envahisseurs a longtemps perduré, d'autant plus qu'elle reposait, en partie, sur les polémiques qui agitaient le monde romain.

1. Badel 2005.

Par exemple, le sac de Rome, en 410, par les armées du roi des Goths Alaric fit naître de violentes attaques contre le christianisme, accusé de mener l'Empire à sa perte morale et militaire, et entraîna des réfutations des penseurs chrétiens aussi élaborées que les *Histoires* d'Orose (418) ou *La Cité de Dieu* d'Augustin (vers 411-426).

La notion d'Antiquité tardive, une période qui englobe les IV-VIe siècles mais que l'on peut étendre, dans certains domaines, jusqu'au VIIIe siècle, permet d'insister sur les transformations continues du monde romain, où les chefs barbares jouaient un rôle de plus en plus important, jusqu'à représenter des acteurs indépendants de l'autorité impériale en Occident. À ce titre, la déposition du dernier empereur romain d'Occident par Odoacre, un barbare dont l'appartenance ethnique restait floue (Goth ? Hérule ? Skire ? Ruge ?), en 476, ne signifie pas l'intrusion des barbares aux sommets du pouvoir – une réalité déjà ancienne à cette date –, mais l'éviction de l'empereur d'Occident d'un jeu politique et militaire dans lequel il n'avait plus qu'un rôle marginal[2]. En revanche, l'empereur d'Orient demeura un acteur majeur en Occident jusqu'à la fin du VIe siècle.

Dans l'imaginaire collectif, la fin de l'Empire romain d'Occident est marquée par les « grandes invasions », représentées sous la forme d'une carte couverte des flèches partant des confins de l'Europe, la Scandinavie ou les steppes d'Asie centrale, qui convergent toutes vers l'Empire romain. Cette image très efficace a été proposée pour la première fois en 1801 par Emmanuel de Las Cases, un officier noble émigré ensuite rallié à Bonaparte, qui le suivit en exil et écrivit le *Mémorial de Sainte-Hélène*[3]. Le flou méthodologique qui a présidé à sa conception n'a pas été levé par la suite : que représentent ces flèches ? Une telle représentation peut être utile sur une

2. Badel et Inglebert 2014 ; Delaplace 2015.
3. Coumert 2015.

carte d'état-major, pour traduire des mouvements de troupes étalés au plus sur quelques mois, mais elle est inadaptée pour montrer les déplacements des groupes barbares de l'Antiquité qui sont à envisager sur des siècles et qui n'aboutirent que rarement, sur la durée, à des affrontements armés. Le bout et la fin de la flèche ne correspondent pas au même groupe. Qu'est-ce que les Goths qui suivaient Théodoric dans les années 480 pouvaient avoir en commun avec un groupe éventuellement parti de Scandinavie trois cents ans plus tôt ? Que connaissait Théodoric, roi des Goths élevé et éduqué à Constantinople, des habitudes et croyances de ceux qu'il présentait comme ses ancêtres ?

Une telle représentation figurée occulte des questionnements fondamentaux. Tout d'abord, les barbares mettaient en valeur des origines externes au monde romain, pour affirmer leur indépendance et l'ancienneté de leurs traditions. Mais faut-il les croire ? Existait-il une mémoire orale structurée capable de transmettre des informations sur plus de trois générations ? Pouvaient-ils avoir conscience de l'ampleur des changements nés des contacts continus avec la population de l'Empire depuis des siècles ? Ensuite, qui était désigné par des dénominations ethniques comme « Goth », ou « Franc » ? S'agissait-il des combattants seulement, prêts à se mettre au service d'un roi comme des généraux romains, ou d'un peuple, avec femmes et enfants ? Fallait-il être soi-même fils de barbare pour entrer dans un de ces groupes ? La fidélité au chef et la fraternité d'armes n'étaient-elles pas suffisantes ? Les spécialistes sont aujourd'hui partagés sur ces questions et proposent en conséquence des évaluations numériques très variées du nombre de barbares, de quelques milliers à plusieurs centaines de milliers, et des analyses très différentes des liens entre les groupes mercenaires armés, nécessairement très mobiles, et des déplacements de population[4]. Ils sont

4. Pour deux positions extrêmes, voir GOFFART 2006 et HEATHER 2009.

aussi divisés sur l'évaluation du rôle des identités ethniques et des traditions barbares, mais tous insistent sur la longue durée des interactions entre les chefs barbares et romains, qui n'aboutirent qu'après des siècles à la disparition de l'Empire romain d'Occident.

Les chefs barbares et l'Empire romain

Le nom de l'empereur, *imperator*, rappelait sa fonction primordiale de général en chef et ses succès militaires étaient la garantie de sa légitimité. Les tentatives de transmission dynastique ne dépassaient jamais trois générations – Constantin et ses successeurs régnèrent jusqu'en 363, Théodose et ses descendants de 379 à 455 – car la légitimité dynastique pesait peu face aux succès militaires : tout usurpateur pouvait devenir empereur légitime dès lors qu'il était victorieux car ses victoires prouvaient sa vertu et la faveur divine qui la reconnaissait. Une telle conception était un facteur de stabilité, tant que les ressources financières, et donc militaires, de l'Empire étaient suffisantes, mais renforçait sans fin l'instabilité politique si les ressources étaient trop affectées par les pertes territoriales, ce qui fut le cas au cours du ve siècle.

Depuis l'échec du partage du pouvoir proposé par Dioclétien, la Tétrarchie (la division de l'Empire entre deux Augustes et deux Césars), les empereurs cherchaient un impossible équilibre entre la nécessité de remporter des batailles, pour renforcer leur autorité, et celle de ne pas promouvoir un général trop talentueux, susceptible d'apparaître comme leur concurrent à la fonction impériale. Néanmoins, la taille atteinte par l'Empire, et les attaques permanentes sur ses frontières, rendait nécessaire la délégation du pouvoir militaire. Car, au-delà de la rhétorique politique propre au monde romain, il ne fait pas de doute que les marges de l'Empire, au nord de la Grande-Bretagne ou à l'est du Rhin, au sud des provinces d'Afrique, au nord des Balkans ou à l'est face à l'Empire perse, faisaient l'objet d'attaques régulières, de plus en plus fortes à la fin du IVe siècle.

L'ethnographie antique nous renseigne finalement peu sur le monde barbare et ne nous permet pas de comprendre ses transformations. Les savants de l'Antiquité associaient les caractéristiques des peuples aux espaces où ils évoluaient, supposés hostiles à la naissance de la civilisation, qui ne pouvait, à leurs yeux, s'épanouir que sur le pourtour du bassin méditerranéen. Ailleurs, trop de soleil ou de froid aurait rendu à jamais impossible l'émergence d'une humanité civilisée. Tous les groupes qui évoluaient dans un même espace étaient décrits de la même manière, car les conditions climatiques étaient supposées les modeler à l'identique. Par exemple, les Goths, qui sont signalés pour la première fois au nord de la mer Noire huit siècles plus tard, étaient considérés comme les équivalents des Scythes, décrits par Hérodote au Ve siècle avant notre ère, par les érudits du monde romain. On leur prêtait les mêmes caractéristiques nomades.

Le savoir livresque hérité faisait ainsi écran à la perception des transformations du monde barbare et les éventuels observateurs restaient prisonniers des poncifs et de l'immutabilité supposée des « sauvages ». Dès lors, nos hypothèses sur l'évolution des différents groupes barbares reposent essentiellement sur des informations indirectes et notamment sur les pratiques funéraires. Les objets déposés dans les tombes permettent d'analyser la transformation des cultures matérielles, mais aussi l'émergence de stratifications sociales de plus en plus prononcées. Au IIIe siècle de notre ère, des regroupements ethniques nouveaux apparurent aux marges de l'Empire, comme les Alamans sur les rives du Danube, les Goths au nord de la mer Noire ou les Francs sur les rives du Rhin, au sein desquels s'imposèrent des rois que renforçait leur capacité de négociation avec Rome. Bien que les limites de l'Empire soient marquées par une frontière physique, le *limes*, protégée par des troupes, l'influence du monde romain s'étendait sur de vastes zones limitrophes. De nouveaux alphabets, imités de l'alphabet latin mais adaptés aux langues vernaculaires, y furent inventés et utilisés, comme les runes en Germanie et les oghams en Irlande. Le christianisme s'y diffusa aussi : pour convertir les Goths implantés au nord de la mer Noire, Ulfila créa un alphabet spécifique et traduisit la Bible en gothique au milieu du IVe siècle, tandis que des communautés chrétiennes existaient en Irlande au début du Ve siècle, avant même la venue de saint Patrick (dont l'historicité fait d'ailleurs débat)[5].

Les espaces périphériques de l'Empire romain étaient en profonde transformation politique et sociale durant l'Antiquité tardive, tandis que l'Empire lui-même, en tant qu'espace d'échanges sécurisés et monétarisés, était par essence le lieu d'une plus grande prospérité par la concentration et la spécialisation des différentes productions redistribuées à travers toute la Méditerranée et au-delà. La vaisselle de table et l'huile d'olive produites dans les environs de Carthage, par exemple, étaient exportées sur tout le pourtour méditerranéen, jusqu'en Syrie, mais aussi en Grande-Bretagne. Les razzias, qui permettaient de rafler différentes richesses ou esclaves à vendre voire de survivre en cas de disette, étaient donc une tentation constante pour les barbares frontaliers, malgré la présence de troupes au service de Rome, souvent recrutées dans les mêmes groupes ethniques.

Suivant la « théorie de l'ethnogenèse », forgée par Reinhard Wenskus, puis reprise par Herwig Wolfram et Walter Pohl, les peuples barbares auraient été en constante évolution : le sentiment d'appartenance ethnique était plus ou moins fort en fonction des succès et des échecs des différents groupes et de leurs rois. Cette approche a l'avantage d'expliquer pourquoi certains groupes disparurent brutalement, comme les Huns

5. Voir le chapitre 4.

après les querelles fratricides des fils d'Attila, après sa mort en 453, tandis que d'autres, comme les Vandales, n'étaient qu'une partie des combattants qui suivirent le roi Genséric après 428. Les groupes ethniques auraient été ainsi en constante recomposition, et leur unité aurait été périodiquement forgée de nouveau autour de chefs glorieux et de traditions ethniques conservées par un petit nombre. Malgré l'intérêt d'une telle théorie, qui permet de sortir d'une approche génétique incapable d'expliquer la variation des groupes ethniques, les discussions autour de ce « noyau de traditions ethniques » montrent la difficulté de le circonscrire. Les travaux les plus récents mettent en valeur l'identité ethnique comme une des composantes de l'identité sociale, dont l'expression dépendrait des circonstances[6]. Chaque désignation, ethnique comme religieuse, doit ainsi être interprétée dans le contexte précis de son expression, notamment en tenant compte de la grande diversité des situations locales après l'effacement du pouvoir central.

Les chefs barbares, favorisés dans leurs relations avec Rome comme mercenaires ou alliés, se retrouvaient à la tête d'armées nombreuses, dont la subsistance dépendait désormais des aléas de la guerre. La bataille d'Andrinople, en 378, présente une bonne illustration de l'imbrication complète et ancienne des barbares dans le jeu politique romain. D'un côté, les Goths étaient prêts à combattre les Perses pour l'Empire, de l'autre des Romains étaient intéressés par cette potentielle ressource militaire, mais incapables d'honorer les conditions prévues pour leur cantonnement sur le territoire impérial en 376. Les Goths se rebellèrent, l'empereur Valens, qui pensait sortir victorieux de la bataille sans trop d'effort, rassembla des troupes. Mais, craignant de devoir partager ce triomphe facile avec son neveu Gratien, il attaqua sans attendre ses renforts et commit une erreur stratégique qui lui fut fatale :

6. Heydemann et Pohl 2013.

les Goths remportèrent une victoire complète et tuèrent même l'empereur. La débâcle qui suivit ne fut jugulée que par des négociations, aboutissant à un traité entre les Goths et le nouvel empereur Théodose (379-395) en 382. Les Goths furent de nouveau implantés sur les territoires romains et fournirent des combattants au service de Théodose dans ses guerres extérieures ou intérieures, comme contre ses concurrents au sein de l'Empire, les usurpateurs Maxime, battu en 388 puis Eugène, vaincu en 394.

Les revers guerriers eurent aussi des conséquences religieuses. L'empereur Valens, décédé sur le champ de bataille d'Andrinople, était un chrétien homéen : il considérait que le Père était supérieur au Fils au sein de la Trinité ; cette foi était associée de façon méprisante par les catholiques à l'arianisme la doctrine défendue par le prêtre Arius en 325, qui prétendait que Jésus n'était pas Dieu. Les Goths, au départ alliés de Valens, avaient adopté sa version du christianisme. Le nouvel empereur, Théodose, était au contraire catholique, mettant à égalité Père et Fils dans la Trinité et imposa ce choix dans l'ensemble de l'Empire. Goths et Romains étaient ainsi chrétiens, mais ne partageaient pas tout à fait la même foi : homéens et catholiques avaient des clergés différents et des offices religieux séparés, dans des églises distinctes. Désormais, alors que le paganisme paraissait rétrograde, les chefs barbares pouvaient se convertir au christianisme en choisissant la foi de l'empereur, le catholicisme, ou celle de ses opposants, l'homéisme, aussi appelé arianisme germanique car il fut choisi par des rois goths, burgondes et lombards[7].

Certains généraux d'origine barbare jouaient aussi un rôle de premier plan dans l'entourage impérial. C'est le cas d'Arbogast, général d'origine franque qui fut consul en 385, soutint Théodose puis Eugène, au service duquel il fut vaincu, en 394, ou celui de Stilichon, né d'un père vandale,

7. Dumézil 2016.

qui fut maître des deux milices (l'infanterie et la cavalerie), c'est-à-dire général en chef d'Honorius, fils de Théodose. Les chefs militaires d'origine barbare ne pouvaient prétendre à l'Empire ; ils représentaient donc des alliés de premier choix et Théodose choisit de les faire entrer dans la famille impériale. Stilichon épousa la nièce de Théodose et devint le beau-père du jeune Honorius (395-423). Il remporta de nombreux succès militaires à son service, mais lorsque des groupes de Vandales, d'Alains et de Suèves passèrent le Rhin pour ravager la Gaule du Nord, en 406-407, il fut accusé de cet échec et tué, avec sa femme et ses enfants, dans une révolution de palais.

Les chefs d'origine barbare n'échappaient donc pas aux intrigues et guerres civiles romaines. Ceux qu'ils affrontaient, les chefs barbares agissant comme rois de leurs peuples, avaient exactement les mêmes techniques de combat et se battaient souvent aussi au service de Rome. Mais sur le plan politique, la royauté barbare sur laquelle ils s'appuyaient était un atout : elle leur donnait une latitude plus grande face à une rhétorique impériale qui ne reconnaissait que la fidélité ou la rébellion. Un roi barbare pouvait quant à lui négocier au nom de son peuple avec un individu, l'empereur, et établir une alliance personnelle avec lui, susceptible de remises en cause et de négociations.

Pour l'empereur, l'agitation aux frontières posait le problème de la dispersion des affrontements, qui pouvaient éclater à des milliers de kilomètres de distance, du Mur d'Hadrien (au nord de la Grande-Bretagne) à l'Empire perse (au Moyen-Orient). Théodose réagit à cette contrainte en établissant en 395 un partage ouest-est de l'Empire, entre ses deux fils, Arcadius et Honorius. Si la logique de ce partage paraît essentiellement pragmatique et militaire, il séparait aussi les zones majoritairement latinophones à l'ouest des zones principalement hellénophones à l'est. Les élites lettrées du monde romain étaient bilingues, tandis que de nombreuses langues locales, comme le gaulois ou le berbère, étaient toujours utilisées à côté de la langue de l'administration. Mais l'Orient et l'Occident ainsi définis connurent des destins politiques et religieux différents et leur séparation marque d'une certaine manière le début du Moyen Âge.

La disparition de l'Empire romain d'Occident (407-476)

Dans l'Antiquité tardive, les militaires, romains et barbares, jouaient un rôle de plus en plus important au sommet de l'État romain, aussi bien en Occident qu'en Orient et s'alliaient à la famille impériale comme à la noblesse romaine. Les armées des Goths, vainqueurs en 394, restaient nombreuses, toujours à la recherche de revenus réguliers. En multipliant les menaces, leur roi Alaric cherchait à obtenir une position stable dans l'armée romaine car seule l'administration romaine était à même de rassembler de façon durable les rémunérations et subsides nécessaires à ses troupes. Il fut brièvement reconnu comme maître de la milice en Illyrie orientale en 398 par Arcadius, puis en Illyrie occidentale en 406, par Honorius. La disparition de Stilichon et les déprédations des bandes armées d'Alains, de Suèves et de Vandales, qui passèrent de Gaule en Espagne après 409, parurent lui offrir une nouvelle occasion de s'imposer à l'empereur d'Occident, qui devait aussi faire face à la tentative d'usurpation de Constantin III. Alaric marcha sur Rome et menaça une première fois la ville en 408, puis une deuxième fois en 410. Mais son chantage échoua et il mit Rome à sac en 410.

L'opération eut un grand retentissement et ébranla la foi des Romains dans leur destin, mais la manœuvre révélait l'échec du roi des Goths, qui mourut peu après. Les biens précieux volés à Rome ne servirent qu'à monnayer brièvement la subsistance des combattants. Cependant les successeurs d'Alaric réussirent à mettre les Goths au service de l'empereur Honorius : avec leur aide, il se débarrassa des usurpateurs Constantin III (407-411) puis Jovin (411-413) et rétablit son autorité en Espagne et en Gaule. Les Goths purent alors installer en Aquitaine en 418 un royaume fédéré, c'est-à-dire lié à Rome par un *foedus*, un traité. Le roi des Goths faisait régner l'ordre au nom de l'empereur sur une partie des territoires impériaux et percevait à ce titre une partie des revenus fiscaux. Il agissait envers les Goths comme leur souverain, envers les Gallo-Romains comme le représentant de l'empereur.

La stabilité sociale et politique fut ainsi rétablie en Gaule, une dizaine d'années après la disparition de Stilichon. Mais cette crise eut des conséquences de long terme sur l'ensemble de l'Occident. L'empereur ne passa plus jamais les Alpes après 400 : il ne régnait plus qu'indirectement en dehors de l'Italie. Un rescrit (réponse à une question juridique écrite) d'Honorius envoyé durant l'année la plus critique, en 410, enjoignit aux cités de Grande-Bretagne de s'occuper elles-mêmes de leur défense, ce qui signifiait que l'empereur ne renverrait pas de légions pour remplacer celles qui avaient accompagné Constantin III sur le continent et qu'il renonçait, temporairement, à défendre cette partie de l'Empire. Quant aux armées errantes des Vandales, des Alains et des Suèves, elles partirent dans un premier temps en Espagne, puis passèrent en Afrique en 429, sous l'autorité du roi Genséric (428-477). Sa présentation comme roi des Vandales, des Alains et des Suèves, montre que les groupes de combattants qui passèrent au sud de la Méditerranée étaient encore des groupes ethniques distincts : les Alains utilisaient une langue de type iranien, les Vandales et les Suèves une langue et des noms de type germanique. Les combattants de Genséric fournissent un bel exemple d'ethnogenèse, au sens où c'est bien la continuité des combats et des succès qui les soudèrent derrière le roi des Vandales pour former un groupe dirigeant homogène.

Une partie des Suèves resta en Espagne, où ils finirent par installer un royaume fédéré en Galice.

Tout comme les Goths, le but des Vandales était de s'installer en tant que fédérés dans l'Empire et de s'allier à la famille impériale. En 435, Genséric put négocier avec l'empereur Valentinien III (425-455) la reconnaissance de son installation en Afrique, Corse, Sardaigne et Sicile et, en 445, les fiançailles de son fils Hunéric avec Eudoxie, la fille de Valentinien. Mais ce royaume vandale d'Afrique privait l'empereur d'Occident d'un tiers de ses ressources, car l'Afrique était la région la plus peuplée et la plus prospère d'Occident. Sans les récoltes d'Afrique et de Sicile, les distributions gratuites de blé qui nourrissaient la population de Rome – ce qu'on appelle l'annone publique –, et qui concernaient les citoyens, en particulier la plèbe urbaine, ne pouvaient être assurées. Sans les ressources fiscales africaines, il devenait impossible à l'empereur de restaurer son autorité sans l'aide de Constantinople.

L'installation de barbares fédérés mettait pourtant à la disposition de l'empereur d'Occident de nouvelles troupes, satisfaites de leur installation sur le long terme. Ainsi, les différents barbares installés en Gaule, Alains en Armorique, Burgondes dans la vallée du Rhône, Goths en Aquitaine et Francs en Gaule du Nord, furent utilisées par le général romain Aetius contre de nouveaux agresseurs : les Huns. Alors qu'ils faisaient partie des mercenaires souvent utilisés par les Romains dans les Balkans, les Huns se rebellèrent sous la direction d'Attila (439-453) et attaquèrent la Gaule, où ils furent vaincus par l'alliance des différents peuples fédérés et des généraux romains menée par Aetius en 451, à la bataille des champs Catalauniques, puis au nord de l'Italie, où ils ne parvinrent pas à prendre Rome. Attila mourut peu après et la puissance des Huns fut dissoute durant les guerres entre ses fils.

Deux niveaux de pouvoir cohabitaient ainsi dans l'Empire romain d'Occident au cours du ve siècle. Les rois barbares maintenaient l'ordre public au nom de l'empereur et luttaient contre les autres barbares et les usurpateurs. Leur présence s'imposait à des cités où les plus riches propriétaires, rassemblés au sein des curies municipales ou élus comme évêques, dirigeaient la vie politique. La plupart des rois barbares étaient homéens, ce qui entraînait des frictions avec les évêques catholiques, mais l'hostilité du pouvoir royal barbare à leur égard ne fut continue et systématique que dans le royaume vandale. Des décisions juridiques impériales continuaient à réguler la vie sociale à travers le *Code* publié par Théodose II en 438, puis les *Novelles* qui le complétèrent jusqu'en 468. La stabilité ainsi acquise était cependant illusoire, car le pouvoir des différents rois fédérés se renforçait grâce aux ressources romaines, tandis que le pouvoir impérial était de plus en plus dépendant de ses alliés.

Si le général Aetius sut utiliser les barbares fédérés pour repousser les Huns, une ultime révolution de palais aboutit à son assassinat puis à celui de l'empereur Valentinien III (455) et ne laissa plus la place qu'à des empereurs aussi éphémères que fantoches. La femme et la fille de Valentinien III furent à la merci du nouvel empereur, Pétrone Maxime, qui épousa la première et maria la seconde à son fils. Une expédition lancée par Genséric sur Rome en 455 parvint à les libérer et à imposer le mariage d'Eudoxie avec son fils Hunéric (477-484), comme cela avait été prévu. Leur fils Hildéric, qui devint par la suite roi des Vandales (523-530), témoigne de la fusion des élites barbares et romaines : il pouvait appuyer son prestige sur trois générations de souverains, vandales et romains, en ligne paternelle et maternelle et mena une politique de coopération avec les empereurs romains d'Orient.

Dans un premier temps, l'assassinat de l'empereur Valentinien III en 455 plaça les rois des Vandales dans l'opposition farouche à ses successeurs en Occident, qui constituait aussi une vengeance familiale. Genséric repoussa deux tentatives de reconquête des empereurs d'Occident, en 460 et 468, et refusa de livrer son blé à Rome. Cette perte de l'Afrique, privant les empereurs d'Occident de ressources essentielles, entretenait l'instabilité : après 455, aucun empereur ne régna plus de cinq ans. Le patrice Ricimer – ce titre prestigieux, conféré par l'empereur, donnait directement accès à la *nobilitas* –, fils d'un roi suève et petit-fils d'un roi goth, était le chef des armées impériales et le véritable souverain en Italie, de 456 à sa mort en 472. Il soutint différents empereurs fugaces (Majorien, Libius Severus, Anthémius dont il fut le gendre), tandis que les Goths établissaient leur domination sur l'ensemble de l'Espagne, sauf le royaume des Suèves en Galice, et le sud-ouest de la Gaule. Pour les distinguer des Goths dirigés par Théodoric dans les Balkans, ils sont alors appelés Wisigoths.

Après la disparition de Ricimer, son neveu Gondebaud, devenu maître de la milice en Italie, préféra ensuite agir comme roi des Burgondes et l'Italie passa sous la domination du général Odoacre. Celui-ci prétendait gouverner l'Italie au nom de l'empereur d'Orient, après avoir déposé Romulus Augustule : le dernier empereur d'Occident était un enfant qui fut épargné par le vainqueur. Après 476, le pouvoir impérial était donc réunifié au profit de l'empereur de Constantinople qui continuait de peser dans les relations entre les différents pouvoirs établis en Occident : l'empereur Zénon reconnut Odoacre comme patrice. Ce dernier put récupérer par négociation la riche Sicile, ce qui renforçait sa position en Italie. Odoacre régna ainsi en Italie et en Sicile jusqu'à ce que Théodoric, un roi des Goths au service de l'Empire d'Orient, n'entreprenne la conquête de l'Italie de 488 à 493, puis décide à son tour d'y régner de façon autonome de 498 à 526.

Théodoric, qui se présentait à la fois comme roi des Goths et comme représentant de l'empereur en Italie, constituait la plus grande puissance en Occident et pouvait arbitrer les conflits entre les Francs et les Wisigoths, comme en 507, après la bataille de Vouillé, lorsqu'il décida de récupérer la Provence à son profit, puis de placer son petit-fils comme roi des Wisigoths en Espagne. Néanmoins, il n'était pas à l'abri d'une reconquête lancée par l'empereur qui ne considérait son repli en Orient que comme un retrait stratégique et momentané, dans l'attente d'une occasion favorable. Les attaques contre les catholiques lancées par Théodoric à la fin de son règne et les difficultés dans la famille royale gothique après sa mort lui fournirent un contexte propice.

La fragmentation de l'Occident chrétien (Ve-VIe siècle)

Au cours du Ve siècle, la domination de l'empereur et celle des rois barbares s'exerçaient ainsi conjointement dans l'Empire d'Occident. Progressivement, l'autorité de l'empereur d'Occident se restreignit à la seule Italie, et, après sa disparition, seul l'empereur d'Orient exerçait une autorité théorique sur tous les territoires impériaux. La rupture politique et militaire entre l'Orient et l'Occident s'opéra ainsi par étapes et de nombreux événements peuvent être choisis pour marquer la fin de l'Antiquité. Serait-ce la mise à sac de Rome et l'abandon militaire de la Grande-Bretagne en 410 ? la formation du royaume vandale d'Afrique après 429 ? les attaques des Huns en 451-452 ? la disparition de l'empereur Valentinien en 455 ? l'échec de la reconquête de l'Afrique en 468, malgré l'ampleur des moyens déployés ? la déposition d'un enfant, Romulus Augustule, qui se prétendait empereur en Occident, en 476 ? La longue indépendance de l'Italie sous la direction du roi Théodoric de 498 à 526 ?

Toutes ces dates se rapportent à des événements importants dans la formation de destins séparés des différentes parties de l'Empire romain. Elles ne tiennent pas compte des évolutions de long terme, qui ont profondément bouleversé les rapports sociaux dans l'Antiquité tardive[8], pas plus que de la chute brutale du niveau de vie entraînée par les guerres et la perturbation des échanges commerciaux[9]. De telles dates ont aussi l'inconvénient d'anticiper la rupture finale qui ne pouvait être perçue par les contemporains. Longtemps, leur cadre de pensée resta celui de l'Empire, toujours conçu comme universel et désormais réunifié sous la direction du lointain empereur de Constantinople. La date de 476 et la déposition du petit Romulus Augustule ne furent présentées pour la première fois comme une rupture que par le comte Marcellin, qui écrivait à Constantinople en 518-519, et lui-même considérait que la disparition de l'Empire romain d'Occident était plutôt liée à la disparition du général Aetius en 454.

Dans la première moitié du VIe siècle, nombre de rois barbares se présentaient comme les représentants de l'autorité impériale. Ainsi, l'évêque Avit de Vienne écrivit au nom du roi des Burgondes Sigismond (516-523) à l'empereur d'Orient : « Oui, mon peuple est vôtre, mais j'ai plus de plaisir à vous servir qu'à lui commander. Chez les ancêtres de ma maison, à votre égard et à celui de vos prédécesseurs, le dévouement à Rome qu'ils avaient toujours au cœur a fait naître le sentiment que l'illustration que Votre Grandeur leur apportait par des titres militaires comptait davantage ; et tous mes aïeux ont toujours prisé ce qu'ils recevaient des princes plus que ce qu'ils avaient hérité de leurs pères. Et bien que nous paraissions gouverner notre peuple, nous ne nous prenons pour rien d'autre que votre soldat » (Lettre 88, 3).

Les différentes autorités exercées poussaient les élites à des choix stratégiques entre les logiques locales ou impériales, en fonction aussi de contextes politiques évoluant rapidement.

8. Voir le chapitre 3.

9. Ward-Perkins 2014, et chapitre 3.

Sidoine Apollinaire (m. 486) tenta tout d'abord de soutenir l'empereur Avitus (455-456), son beau-père. En 467, il pouvait encore conseiller à deux jeunes nobles gaulois de faire une carrière sénatoriale à Rome et lui-même fut préfet de la Ville l'année suivante. Mais par la suite, il se replia sur la charge d'évêque de Clermont et c'est en tant que tel qu'il organisa la résistance au roi des Wisigoths, ce qui le fit exiler en 475. Néanmoins, lorsque le roi des Francs, Clovis, (481-511) attaqua le roi Alaric II au sud de la Loire, en 507, le propre fils de Sidoine fit partie des aristocrates gallo-romains qui combattirent les armées franques aux côtés des Wisigoths. La différence entre les confessions chrétiennes, catholique ou homéenne, n'était donc pas un obstacle à la collaboration, même si elle constituait un frein à la fusion des élites romaines et barbares. En Italie, Cassiodore, aristocrate catholique romain, poursuivit un *cursus honorum* prestigieux auprès du roi homéen Théodoric (498-526).

Devenir catholique, comme le fit Clovis, roi des Francs (481-511), ou Gondebaud, roi des Burgondes (516-523), permettait aussi de se rapprocher de l'empereur d'Orient. La collaboration des élites locales et des rois barbares, suivant une logique territoriale, était manifeste dans un certain nombre d'occasions : lors de la rédaction du *Bréviaire* dit d'Alaric, un résumé adaptant le droit romain publié par Alaric II en 506[10], ou dans les conciles réunissant les évêques catholiques sous l'autorité royale, comme à Agde en 506 sous d'Alaric II, à Orléans en 511 sous Clovis ou à Épaone en 517 sous Gondebaud. Un tel positionnement pragmatique des aristocrates locaux n'empêchait pas les interrogations autour des décisions de l'empereur romain d'Orient. La menace, ou l'espoir, d'un retour concret de l'autorité impériale, était une réalité pour les aristocrates et les rois d'Occident, qui attachaient la plus grande importance à leurs bonnes relations

10. Voir le chapitre « Droit » du troisième tome.

avec l'empereur. Pendant un demi-siècle, le retour des armées impériales fut une possibilité, dépendant en réalité des guerres avec l'Empire perse, que les aristocrates d'Occident anticipèrent d'une façon ou d'une autre. En Auvergne, le fils de Sidoine Apollinaire mourut évêque de Clermont en 515 sans qu'aucune armée impériale ou gothique ne vienne le délivrer de l'autorité franque. En revanche, Cassiodore, prudemment retiré des affaires face aux armées de Justinien, mourut à Vivarium, monastère qu'il avait fondé en Calabre, à nouveau passée sous autorité impériale vers 580.

Grâce à un traité de paix avec la Perse, en 532, l'empereur d'Orient Justinien (527-565) tenta de restaurer son autorité directe en Occident et le caractère partiel de sa réussite permit de prouver les limites d'une telle entreprise. À la fin de son règne, il était clair que les armées romaines n'iraient pas au-delà des terres reconquises et que les différents royaumes barbares qui y avaient survécu pouvaient envisager leur avenir de façon indépendante. La fin d'un possible retour des armées impériales peut ainsi être utilisée comme la marque du début du Moyen Âge.

La Grande-Bretagne fut la première région à basculer hors de l'autorité impériale, face aux attaques des Scots depuis l'Irlande, des Pictes depuis le nord du Mur d'Hadrien, des Saxons et des Francs depuis l'embouchure du Rhin. Après le rescrit d'Honorius renonçant à organiser la défense de l'île, en 410, les liens avec le continent ne sont attestés que sous deux formes. Sur le plan religieux, les communautés chrétiennes catholiques firent appel à l'évêque Germain d'Auxerre par deux fois, en 429 et en 446, pour lutter contre l'influence de chrétiens hérétiques. Sur le plan militaire, selon Gildas, auteur d'un sermon sur *La Chute de la Bretagne*, il aurait été aussi fait appel au général Aetius, après 446, pour trouver de l'aide contre les Saxons. L'échec de cette tentative marque la fin de toute relation politique et militaire avec le continent et l'œuvre de Gildas est le seul écrit qui témoigne de la situation britannique avant la fin du VIe siècle. Elle révèle l'organisation des *Britanni*, les héritiers des Britto-Romains, en petits royaumes distincts, ne correspondant qu'exceptionnellement au cadre territorial des anciennes cités et ne conservant plus comme point commun que le christianisme, le latin et la conviction de leur supériorité sur les barbares païens.

En Afrique, les régions orientales passèrent de fait sous la domination des Maures après 430, car les rois vandales ne purent y établir leur autorité et l'échec des expéditions de 460 et 468 pour la reconquête de la Carthaginoise entérinait leur sortie du monde romain. Les Maures y fondèrent des royaumes indépendants catholiques qui utilisaient le latin à côté du berbère.

De même, la Pannonie et le Norique passèrent sous la domination des Ruges, des Hérules et des Gépides dans la seconde moitié du Ve siècle, tandis que les armées romaines se concentraient sur les différentes guerres civiles en Italie. Au nord de la Gaule, la référence à l'autorité impériale semble aussi avoir disparu dans la seconde moitié du Ve siècle. Un individu comme Remi, évêque de Reims de 459 à 533, s'accommoda directement de l'autorité locale des rois francs et la lettre de félicitation qu'il adressa à Clovis lors de son accession au trône, en 481, ne fait nulle allusion à une autorité impériale qui ne s'était plus manifestée dans la région depuis plus d'un demi-siècle.

La situation était potentiellement différente au sud de la Loire, dans les régions que soumit Clovis après sa victoire sur le roi Alaric II en 507. L'année suivante, le roi franc manifesta pour la première fois le souci d'une reconnaissance impériale en se faisant acclamer à Tours comme « Auguste », après avoir reçu de l'empereur Anastase les codicilles (c'est-à-dire l'investiture officielle) du consulat, si l'on en croit Grégoire de Tours. La cérémonie est surprenante et sa description fut rédigée plus de soixante ans après les événements. Le souvenir tend néanmoins à montrer qu'elle semblait avoir eu de l'importance, à mesure que le pouvoir franc s'étendait vers le sud. En vainquant Alaric II, Clovis entrait dans la zone d'influence de l'empereur comme du roi Théodoric.

Dans un premier temps, Théodoric arbitra entre les royaumes wisigoth et franc, en mettant la main sur la Provence, qui resta sous l'autorité du royaume d'Italie de 507 à 535, et en conservant la Septimanie aux Wisigoths. Mais ses successeurs ne surent pas préserver la péninsule des ambitions de l'empereur d'Orient et affrontèrent ses armées à partir de 534. La reconquête de Justinien, qui aboutit à rétablir l'autorité impériale directe en Afrique, en Italie, en Sicile et au sud de l'Espagne, révéla aussi l'impossibilité d'aller au-delà. Le royaume vandale disparut en quelques semaines, mais l'Italie fut ruinée par dix-huit ans de guerres (535-553).

Le roi des Francs Théodebert Ier (534-548) comprit immédiatement la portée de cette démonstration de la faiblesse impériale. Il profita de la guerre en Italie pour éliminer le royaume des Burgondes et mettre la main sur la Provence puis il frappa, pour la première fois, une monnaie d'or à son propre nom en 537. Ce monnayage représentait une affirmation très forte de prestige et d'indépendance et fut perçu dans l'entourage impérial comme une usurpation. Dans le royaume des Wisigoths, une installation de troupes impériales eut lieu en 552, dans la période trouble précédant la prise du pouvoir d'Athanagild (555-567). Mais la reconquête de l'Espagne se limita à une partie de la Bétique, et le roi des Wisigoths comme ses différents successeurs n'eurent ensuite d'autre but que de les repousser et de construire l'unité de la péninsule sous leur autorité, ce qui advint en 624. Les nouveaux maîtres en Gaule et en Espagne assumèrent donc pleinement leur indépendance face à l'autorité impériale entre 534 et 560.

En Afrique et en Italie, les royaumes barbares d'Odoacre, des Goths et des Vandales, ne furent en définitive qu'une parenthèse avant le retour de l'autorité impériale. Celle-ci fut de brève durée en Italie, soumise, à part Rome, Ravenne et quelques enclaves, par les Lombards après 568. Ces derniers, implantés en Pannonie, avaient tout d'abord servi l'Empire romain contre les Goths en Italie, avant d'en entreprendre la conquête de façon autonome après la mort de Justinien. Le roi païen Alboin menait une armée des Lombards unifiée, mais différents ducs se répartirent le territoire après sa mort, en 572, puis celle de son successeur en 574. Une autorité royale au-dessus des ducs lombards ne fut rétablie qu'en 584, mais le royaume lombard en Italie ne fut jamais unifié sur le plan territorial, en raison de l'enclave centrale reliant Rome à Ravenne demeurée en possession des Byzantins.

Dans la péninsule, la rupture avec l'Antiquité naît de la très longue guerre de reconquête romaine, qui fit fuir les élites, comme l'aristocrate lettré Cassiodore, et appauvrit les populations. L'abandon rapide de l'Italie aux Lombards à partir de 568 est le signe de leur épuisement, comme de celui de la volonté impériale. Celle-ci se cantonna à la protection de Rome et de Ravenne, qui restèrent sous autorité impériale jusqu'au VIIIe siècle[11]. Le Sénat de Rome est mentionné jusqu'en 603, mais le groupe aristocratique homogène qui le constituait était ruiné ou dispersé. La ville de Rome, qui comptait environ 800 000 habitants vers 400 n'en rassemblait plus que 40 000 vers 540 en raison des sièges, des guerres et de la fin de la distribution de l'annone.

La province d'Afrique présente un cas à part, puisque sa réintégration dans l'Empire dura jusqu'à la chute de Carthage face aux armées musulmanes, en 698. La rupture des relations entre le nord et le sud de la Méditerranée, qui marque la fin d'une Antiquité centrée sur le *Mare nostrum* impérial, n'y vient donc pas de la domination vandale, même si les rois homéens perturbèrent durablement le fonctionnement de l'Église catholique, mais du décalage avec les autres provinces de l'Empire

11. Voir le chapitre 9.

romain d'Occident. La province d'Afrique resta plus longtemps que toute autre sous la domination de l'empereur romain et sa production, prévue pour l'exportation, se redéploya vers l'Orient, avant que les relations commerciales ne soient durablement perturbées par les conflits entre les pouvoirs omeyyades et byzantins. Au VIIe siècle, la Méditerranée n'était plus un espace d'échanges privilégié, mais une zone de permanents conflits tandis que les échanges depuis la mer du Nord et la Baltique jusqu'à l'océan Atlantique, prenaient peu à peu leur essor, expliquant aussi une nouvelle polarisation des ambitions des rois catholiques vers le nord et l'est de l'Europe[12]. Le Moyen Âge correspond aussi à une nouvelle ère de diffusion du christianisme et du modèle monarchique dans ces espaces.

MAGALI COUMERT

12. Voir les chapitres 7, 8 et 10.

2.

Les premiers royaumes chrétiens

(V^e^-VIIe siècle)

Au IXe siècle, Hincmar, archevêque de Reims (845-882), ne pouvait imaginer qu'un roi puisse commencer son règne sans une cérémonie officielle, ni qu'il puisse s'appuyer sur les évêques sans leur être liés par le sacre. Il inventa une relique extraordinaire, la sainte ampoule, pour relier le baptême de Clovis, premier roi franc catholique, et le sacre des rois carolingiens, pratiqué depuis Pépin le Bref (751-768) : directement venue du Ciel, celle-ci contiendrait le saint chrême utilisé pour le baptême de Clovis et désormais pour le sacre des Carolingiens[1]. Ce récit miraculeux permettait de lier les deux dynasties franques et de donner une dimension spirituelle spécifique à Reims, mais il venait aussi remplir le vide conceptuel des relations entre les différents pouvoirs entre le Ve et le VIIe siècle. Alors que l'organisation administrative romaine se transformait, les rois et les élites inventèrent de nouveaux modes de coopération, qui ne furent que lentement théorisés et institutionnalisés. Le mode de gouvernement créé – les monarchies territoriales chrétiennes – remplaça de fait le modèle impérial pendant des siècles avant d'être l'objet d'une construction théorique. Son évolution montre sa plasticité : le pouvoir royal fut exercé de façon très diverse

1. ISAÏA 2010.

dans les différentes régions de l'Occident romain, avant que la définition d'un ministère royal ne vienne remplacer ce flou pragmatique.

La formation de monarchies territoriales

L'installation des rois barbares sur les territoires de l'Empire romain au Ve siècle correspondait à des accords passés avec l'empereur, qui procuraient de ce fait des ressources stables à des armées mercenaires en échange des services rendus à l'Empire. Que l'autorité royale s'exerçât non seulement sur les barbares, mais aussi sur l'ensemble de la population relevait d'une extension de fait, qui ne fut accompagnée d'aucune réflexion théorique. Les monarchies barbares évoluèrent ainsi d'un commandement militaire sur un groupe de mercenaires à l'autorité sur un territoire peuplé en majorité de citoyens romains[2].

Les rois barbares ont rapidement assumé un rôle législatif, comme le montre le code rédigé sous le roi goth Euric (455-484), mais ces premières lois ne s'appliquaient peut-être qu'aux Wisigoths. En revanche, le *Bréviaire* publié par Alaric II en 506, qui résume et actualise le droit romain, concernait clairement tous les habitants du territoire sous l'autorité du roi des Wisigoths[3]. Dans la première moitié du VIe siècle, les lois écrites diffusées sous l'autorité des souverains francs et burgondes, comme le *Livre des Constitutions* et la *Loi salique*, rappellent les différentes identités ethniques, mais les soumettent toutes à la loi définie par le souverain. Ainsi, la *Loi salique* concernait aussi bien les Francs, que « les barbares qui vivent sous la loi salique » et les Romains. Ces dispositions juridiques ne s'opposaient pas aux dispositions du droit romain, mais se

2. Goetz, Jarnut et Pohl 2002.
3. Dumézil et Rouche 2008.

rajoutaient à elles et les rois barbares se considéraient comme les successeurs des empereurs dans leur rôle législatif[4]. Cette superposition des différentes législations valait aussi entre les royaumes : après la conquête du royaume burgonde par les Francs, les lois des rois burgondes continuèrent à être appliquées, sans que l'on puisse déterminer si le choix de la loi en vigueur dépendait de la famille de l'individu concerné, de son lieu de naissance ou du lieu du conflit, du choix du justiciable ou du juge. Là non plus, aucun traité théorique ne vient encadrer la pratique de ce qu'on a appelé la « personnalité des lois », mais les nombreux manuscrits comportant différentes lois, y compris le droit romain, démontrent leur utilité pratique conjointe, à défaut de définir leur modalité d'application.

Les monarchies pouvaient reposer sur des traditions ethniques propres aux barbares, transmises oralement, dont les témoignages sont tardifs et indirects et montrent surtout leur capacité de transformation. La transmission du pouvoir royal reposait sur une base héréditaire. Les enfants des grandes familles royales et aristocratiques recevaient des noms prestigieux dans une langue vernaculaire. Ainsi, le nom *Hlodowig*, latinisé en *Chlodovecus*, ou francisé en Clovis ou Louis, peut être analysé comme l'assemblage de **hloda* « gloire » et de **wig* « bataille »[5] : il signifierait « combattant illustre ». Pour les groupes de langue germanique, ces noms, qui n'étaient pas spécifiques à un peuple, pouvaient être forgés à partir des composants des noms de leurs parents, mais aussi évoquer un ancêtre prestigieux, comme le montre le nom du souverain wisigoth Alaric II (484-507). Chaque souverain, mais aussi chaque aristocrate, pouvait se présenter comme

4. Cândido da Silva, Dumézil et Joye 2021. Voir le chapitre « Droit » du troisième tome.

5. L'astérisque signale ici qu'il s'agit d'un langage reconstitué et non attesté.

l'héritier d'ancêtres illustres en ligne maternelle et paternelle et mettait en avant leurs exploits guerriers[6].

La présentation de lignées royales sur plusieurs siècles, comme les décrivit Cassiodore à propos de la famille royale gothique en Italie, contribuait au prestige du souverain et au sentiment d'appartenance ethnique, mais ne reposait pas nécessairement sur une domination très ancienne[7]. En effet, le monde barbare fut l'objet de transformations profondes aux IVe-Ve siècles, et ce n'est que dans la première moitié du Ve siècle, sur les territoires au nord-est de l'Empire romain, qu'apparurent des tombes de chef à la richesse ostentatoire, dont les dépôts funéraires luxueux illustraient une domination sociale forte. La variation de la richesse des dépôts funéraires montre la mise en place d'une hiérarchie sociale importante, du simple guerrier au roi, mais aussi l'importance symbolique de la valeur guerrière. Des tombes fastueuses, comme celle du roi Childéric, mort en 481 et inhumé à Tournai, indiquent une débauche ostentatoire par la valeur des objets de luxe placés dans la tombe, la construction d'un tumulus ou des sacrifices de chevaux. De telles pratiques illustrent une domination récente et une compétition sociale exacerbée. Les rois pratiquaient une surenchère permanente, car un groupe ethnique ne correspondait pas à une monarchie, et les compétitions se poursuivaient au sein des élites ou dans les territoires : les Goths fondèrent ainsi des royaumes différents en Espagne et en Italie et il y eut plusieurs rois des Francs jusqu'au règne de Clovis, qui s'attacha à les éliminer systématiquement[8].

Le groupe social dominant, les guerriers fidèles du roi, formait le premier entourage des souverains reconnus comme fédérés dans l'Empire. Mais, une fois installé, il était confronté

6. Le Jan 2003.
7. Voir le chapitre 1.
8. Bürher-Thierry et Mériaux 2010.

aux élites locales du monde romain. Cette noblesse indigène reposait sur l'importance du patrimoine foncier, principale source de la richesse dans l'Antiquité. Les élites barbares les rejoignirent progressivement sur ce plan, car les ressources qui leur étaient attribuées pouvaient concerner les revenus tirés des domaines, comme les domaines eux-mêmes. Les rois barbares récupérèrent aussi à leur profit les propriétés impériales, le fisc, et les utilisèrent pour récompenser leurs fidèles. Outre leur nouvelle richesse foncière, ces élites barbares ressemblaient aux aristocrates romains par la valeur attribuée à la naissance, dont le prestige était associé au devoir d'imiter les vertus des ancêtres.

En revanche, au Ve siècle, les deux groupes divergeaient quant à l'intégration d'une morale chrétienne, l'importance donnée aux qualités martiales, ainsi que le rôle discriminant de la culture lettrée. Dans le dernier quart du Ve siècle, la connaissance des lettres était présentée par Sidoine Apollinaire (m. 486) comme le critère définissant la noblesse, ce qui permettait alors d'en exclure les chefs barbares. Pour autant, lorsque les rois avaient adopté le catholicisme, comme le Franc Clovis (481-511), le Burgonde Gondebaud (516-523) ou le Wisigoth Reccared (587-601), les élites fusionnaient en quelques générations : les rois et leurs fidèles soutenaient l'Église pour appuyer leur légitimité et acquéraient une culture écrite chrétienne et latine, tandis que les aristocrates romains pouvaient participer aux combats aux côtés des rois. Néanmoins, l'exercice de fonctions publiques, comme critère définissant le groupe noble dans l'Empire romain disparut, de même que son statut juridique. L'aristocratie devenait un groupe flou et ouvert, défini par l'exercice du pouvoir et la richesse. Ainsi, en Gaule, dans la première moitié du VIe siècle, un dénommé Conda, dont nous ignorons l'origine, fut repéré pour ses compétences de gestionnaire, devint tribun du fisc sous Thierry Ier (511-533) puis comte et *domesticus*, c'est-à-dire grand administrateur du palais, sous Théodebert (533-547)[9].

Deux échelons d'exercice du pouvoir étaient établis dans les royaumes barbares. Autour du roi, se trouvaient sa famille et sa garde rapprochée. Cette dernière était composée d'hommes qui avaient juré au roi un serment de fidélité personnelle et étaient placés à part dans la société : la *Loi salique* leur reconnaissait une amende de compensation triple de celle des hommes libres ordinaires. À ce groupe restreint s'ajoutaient les détenteurs de grands offices, dont les noms reprenaient ceux de l'administration impériale : on trouvait ainsi autour d'un roi franc un comte du palais, un comte de l'étable (futur connétable), un camérier, un maire du palais, un *domesticus*, un référendaire… L'étendue de ces fonctions a varié dans le temps, ce qui rend difficile d'établir avec précision ce qu'elles recoupaient. Ainsi, le référendaire était le chef du service des écritures royales, ce que nous appelons chancellerie mais n'était pas désigné ainsi avant le XIIe siècle. Le personnage le plus important à la cour des rois francs du VIIe siècle était devenu le maire du palais : au départ intendant de la maison royale, il était désormais le gestionnaire des terres royales et les répartissait entre les différents aristocrates. Le groupe qui exerçait le pouvoir central pouvait être mobile, comme dans le monde franc où le roi se déplaçait avec sa suite dans différents palais, ou résider le plus souvent dans une capitale, comme à Tolède après 589 dans le royaume wisigothique. S'y tenaient les conciles généraux, mais aussi les assemblées de gouvernement, et s'y trouvaient les détenteurs des grands offices centraux et les administrations.

Au niveau local, le pouvoir était exercé par les comtes, par la délégation du pouvoir royal. Les territoires de l'Empire romain d'Occident avaient profondément changé, dans la mesure où le cadre de la vie civique y avait disparu, probablement

9. Voir le chapitre 3.

dès 400-430 en Grande-Bretagne, en Gaule et en Espagne, un siècle plus tard en Afrique, en Provence et en Italie. Les premiers comtes de la cité apparurent dans le cadre impérial, comme à Marseille au début des années 470, puis ils furent repris dans les royaumes wisigothique et francs[10]. Ainsi, les rois exerçaient leur pouvoir dans la continuité idéologique, institutionnelle et administrative du pouvoir impérial romain. Dans chaque cité, le comte était responsable de l'exercice de la justice et tenait un tribunal, il percevait les impôts et les taxes et organisait la levée militaire.

La question est posée de la préservation du système administratif romain. Dans l'ouest de la Gaule, certains chefs-lieux de cité (Tours, Angers, Le Mans) conservèrent des archives municipales jusqu'au IXe siècle, indice d'une certaine activité institutionnelle[11]. Face aux difficultés de collecte de l'impôt, il pouvait être intéressant, pour le souverain, de déléguer la perception fiscale ou la levée militaire, ce qui fut pratiqué dans le monde franc dès le VIe siècle à travers la concession d'un privilège d'immunité, dont le détenteur organisait lui-même les prélèvements fiscaux et le contingent militaire. De façon générale, le contrôle direct du roi sur les impôts, la justice ou l'armée allait s'affaiblissant, tandis que les aristocrates jouaient un rôle local de plus en plus complet[12].

Entre ces deux échelons de pouvoir, central et comtal, existaient peu de relais d'autorité dans les royaumes francs et wisigothique. Dans ce dernier, le métropolitain était le seul à assurer des fonctions au niveau de la province et était un personnage très important. Les territoires périphériques du monde franc étaient quant à eux placés sous l'autorité de ducs, choisis dans les grandes familles franques dont le pouvoir, au-dessus des comtes, semble avoir tout d'abord reposé sur un

10. Dumézil 2013.
11. Barbier 2014.
12. Voir le chapitre 3.

commandement militaire. Ces duchés reprenaient le nom de peuples vaincus par les Francs : les Alamans, les Bavarois et les Thuringiens, mais il existait aussi un duché d'Aquitaine. Au VIIe siècle, ces ducs étaient à la tête de régions autonomes et la transmission du pouvoir, présenté comme délégué par le roi franc, s'y faisait de façon héréditaire, comme dans la famille des Agilolfingiens pour les ducs des Bavarois. Cette autonomie et cette hérédité des ducs rejoints celle des ducs du royaume lombard, comme les ducs du Frioul.

Les rois hostiles ou indifférents au christianisme : la Grande-Bretagne et l'Italie

L'émergence d'une aristocratie unifiée connut parfois des situations de blocage, manifestées par des divergences religieuses. En Grande-Bretagne au VIe siècle, comme en Italie au VIIe siècle, les rois et leur entourage refusèrent longtemps le catholicisme en raison de tensions locales spécifiques. La disparition précoce de l'autorité impériale dans les provinces insulaires de *Britannia* aboutit à un fractionnement politique maximal et à l'éloignement le plus important de l'ordre social antique[13]. Gildas, qui écrivait entre 485 et 545, indique qu'il existait alors de nombreux petits royaumes aux territoires mouvants polarisés autour d'identités antagonistes : les Bretons (*Britanni*) qui s'estimaient les héritiers des Romains par l'usage du latin et le christianisme revendiquaient leur autochtonie contre les barbares, Saxons, Scots et Pictes, présentés comme des envahisseurs païens, venus du continent ou d'Irlande[14]. Des guerres continuelles opposaient ces différents groupes entre eux, mais ils pouvaient aussi s'allier stratégiquement contre un tiers sans tenir compte des différences ethniques.

13. Dark 2000.
14. Charles-Edwards 2013.

Après Gildas, les témoignages écrits insulaires ne recommencent qu'au début du VIIe siècle et peuvent être complétés par les informations fournies par l'*Histoire ecclésiastique du peuple anglais*, composée par Bède en 731. De nombreux petits royaumes éphémères furent progressivement réunis sous l'autorité de souverains plus importants. Parmi les groupes venus de Germanie, Bède distingue les Angles, les Jutes et les Saxons, mais lorsqu'il relate leur conversion sous l'autorité du pape, il unit leur destin sous le nom d'Angles. Ils sont le plus souvent appelés Anglo-Saxons, une désignation englobante qui correspond à la vision défendue par l'œuvre de Bède, très influente dès sa rédaction. L'archéologie révèle la très grande diversité des situations locales : certaines communautés ont disparu, remplacées par de nouveaux habitats et de nouveaux cimetières, d'autres se sont maintenues, probablement en intégrant de nouveaux habitants dans leurs structures. L'ensemble dessine une transition graduelle d'est en ouest, avec davantage de continuités à l'ouest de la Grande-Bretagne, une zone centrale mixte et davantage de ruptures à l'est. Au VIe siècle existait au moins un royaume établi de part et d'autre de la mer d'Irlande, le Dalriada[15]. Après 550, le terme *Britannia* commence à être utilisé pour désigner aussi une partie de l'Armorique, sur le continent, mais nous ignorons tout des conditions de l'implantation de Bretons, venus de Grande-Bretagne, dans cet espace.

En raison des affrontements et de l'instabilité générale sur l'île de Bretagne, fort peu d'éléments semblent avoir été hérités du monde romain. Parfois, les royaumes pouvaient reprendre les noms des anciennes cités romaines, comme c'est le cas pour le royaume angle du Kent, qui prend le nom des *Cantiaci*, ou pour le royaume breton du Devon qui reprenait le nom des *Dumnonii*. Les élites des nouveaux royaumes anglo-saxons, qui se rattachaient à une identité

15. STAFFORD 2009.

ethnique continentale, affichaient leur paganisme : certains rois se présentaient comme les descendants du dieu païen Woden. Ils se distinguaient ainsi des élites des royaumes bretons où les rois continuaient à soutenir l'Église catholique – certains s'appelaient par exemple Constantin – et comptaient des évêques dans leur entourage. Cette continuité apparente n'empêchait pas des évolutions profondes : les évêques britanniques ne semblaient plus être attachés à une cité, ni avoir une autorité territoriale, ce qui, comme en Irlande[16], plaçait les monastères hors de leur contrôle, contrairement à ce qui se passait sur le continent. Chaque fondation avait sa propre règle et était avant tout soumise à l'abbé.

En définitive, malgré leurs différences religieuses jusqu'au VIIe siècle, les rois bretons et anglo-saxons se ressemblaient beaucoup : leur pouvoir était en partie hérité, en partie recréé à chaque génération car les transmissions dynastiques étaient toujours remises en cause. Le pouvoir du roi reposait essentiellement sur son rôle de chef de guerre, sa capacité à accumuler un trésor et à le redistribuer à son entourage, composé de guerriers fidèles jusqu'à la mort. Ces royaumes constituaient-ils des États ? Le roi y exerçait toujours la justice et représentait ainsi l'autorité publique, mais les territoires étaient mouvants et éphémères.

Jusqu'à la fin du VIIe siècle, les élites étaient aussi clivées en Italie, en raison du maintien des enclaves impériales, dont la plus importante reliait Rome et Ravenne jusqu'en 751 et coupait en deux le royaume lombard[17]. L'autorité royale y fut toujours contrebalancée par des ducs très puissants, les ducs de Bénévent et de Spolète. Les successions royales se déroulaient parfois de père en fils, mais ces transmissions agnatiques restaient minoritaires. La continuité royale était incarnée par les femmes, car le nouveau roi cherchait le plus

16. Voir le chapitre 4.
17. Voir le chapitre 9.

souvent à épouser la fille ou la veuve du roi défunt. Ainsi, le roi Arioald (626-636) puis son successeur Rothari (636-653) épousèrent chacun leur tour Gundeperge, elle-même fille du roi Agilulf et sœur du roi Adaloald (616-626). Les rois des Lombards appartenaient ainsi à la même parentèle cognatique des Agilolfingiens, qui était aussi celle des ducs des Bavarois[18].

Peu de rois des Lombards affichaient leur religion[19]. Ils pouvaient être païens comme Alboin (562-572), catholiques comme Agilulf (590-616) – toutes les personnes de la Trinité sont égales et ne peuvent être séparées –, homéens comme Rothari (626-652) – au sein de la Trinité, le père est inférieur au fils –, ou soutenir le schisme d'Aquilée – les personnes divines et humaines du Christ peuvent être distinguées – comme Aripert (653-661), leurs opinions personnelles n'entraînaient pas de soutien systématique à l'Église catholique et ne les empêchaient pas d'être en opposition avec le pape, qui ne pouvait compter que sur la présence militaire byzantine pour assurer l'indépendance de la cité de Rome. Malgré cette divergence religieuse, les rois lombards reprenaient les cadres hérités de l'administration romaine, en respectant l'organisation épiscopale et en utilisant un droit écrit : la première législation issue d'un roi lombard est l'édit de Rothari en 643. Ce dernier reflète bien l'ambiguïté du positionnement des Lombards : écrit en latin, il paraphrase une loi de Justinien, tout en se présentant comme la mise par écrit conservatoire de coutumes lombardes anciennes (*voir* carte 2, p. III).

Le soutien militaire de l'Empire d'Orient à la papauté apparaissait toujours plus fragile : à partir du règne d'Héraclius (610-641), les affrontements avec les Perses puis les Arabes et les Slaves mobilisèrent toutes les ressources de l'Empire, où la peste resta endémique jusqu'en 749[20]. L'absence d'affrontement

18. Goetz, Jarnut et Pohl 2002.
19. Pohl *et al.* 2000.
20. Voir le chapitre 9.

après 670 permit une baisse des tensions dans la péninsule et le soutien continu des rois lombards au catholicisme à partir de Perctarit (661/2 et 671-688) et son fils Cuninpert (688-700). Cette évolution de l'attitude des rois lombards correspondait à celle du catholicisme en Italie : le concile de Constantinople *In trullo* de 691 fut refusé par le pape, ce qui posait les bases d'une distinction religieuse des Églises d'Orient et d'Occident. Par ailleurs, le schisme d'Aquilée avait proposé une position distincte du pape et de l'Église byzantine, en 554, en refusant la condamnation des Trois Chapitres, des décisions impériales hostiles aux Nestoriens, qui défendaient la séparation des deux natures du Christ. Il permettait ainsi aux évêques d'Aquilée et de Milan, puis au patriarche de Grado, d'appuyer leur autonomie sur leur intransigeance doctrinale face aux pressions de l'empereur. Ce schisme avait divisé les catholiques de la péninsule et prit fin avec le concile de Pavie en 699. Ce ralliement des rois lombards au catholicisme ouvrait la voie à l'intégration des différentes élites du royaume, mais la discontinuité territoriale imposée par la présence byzantine demeura une fracture jusqu'à la prise de Ravenne en 751.

Les évêques et la formation des royaumes chrétiens en Gaule et en Espagne

Le fractionnement caractérise les communautés politiques et religieuses continentales du VIe siècle. Les évêques catholiques continuaient à être élus à l'échelle de la cité, « par le clergé et par le peuple » comme le stipulent les conciles, c'est-à-dire par les laïcs importants. Une telle procédure n'empêchait nullement l'existence de lignées épiscopales car l'évêque pouvait avoir eu une descendance avant de se convertir à la vie ecclésiastique : Grégoire, élu évêque de Tours en 573, était ainsi le parent de presque tous ses prédécesseurs[21]. Les grandes familles romaines de rang sénatorial investirent la fonction dans le sud et le centre de la Gaule dès le Ve siècle, comme le montrent la carrière de Sidoine Apollinaire, ou encore celle de Grégoire, qui fut comte d'Autun, avant de devenir évêque de Langres (506-539). Dans le reste de l'Occident, il semble que les évêques catholiques aient plutôt été issus de familles plus modestes, comme Remi de Reims (459-533) dont la famille appartenait au milieu des notables municipaux.

L'essor du mouvement monastique en Occident plaçait les évêques en concurrence avec des individus qui avaient voué leur vie à Dieu et affichaient leur ascétisme. Gildas, dont nous ignorons le statut, pouvait ainsi s'attaquer aux évêques bretons en soulignant leur corruption et leur compromission avec les rois. Mais sur le continent, sur le modèle de Martin de Tours (m. 397), de nombreux individus furent capables d'assumer les vertus monastiques et la charge pastorale, comme Césaire, qui fut moine à Lérins avant de devenir évêque d'Arles (m. 542), Martin, qui fonda un monastère avant de devenir évêque de Braga (m. 579) ou Grégoire le Grand qui fut moine dans le monastère qu'il avait fondé à Rome avant d'être élu pape (590-604). Ces figures de référence, qui combinaient sainteté de vie et action politique, jouèrent un rôle décisif pour renforcer le pouvoir épiscopal. Beaucoup assuraient aussi la continuité familiale des pouvoirs locaux. Césaire d'Arles et Grégoire le Grand appartenaient ainsi à de riches et nobles familles, et Grégoire fut même préfet de la ville en 573. Après leur mort, le culte de ces saints évêques permit de refonder les communautés chrétiennes autour de leur mémoire[22].

Les évêques assumèrent progressivement la direction de la ville épiscopale, comme Airy (m. 591) qui agrandit l'enceinte

21. Murray 2015.
22. Voir le chapitre 3.

de la ville de Verdun[23]. Ils réorganisèrent l'Église à l'échelle des royaumes. La conversion précoce de Clovis au catholicisme permit au concile tenu à Orléans en 511, qui rassemblait tous les évêques du royaume franc, de servir de modèle aux relations entre les rois catholiques et les évêques en Occident. Le concile était convoqué par le roi, qui déterminait le sujet des discussions. Les évêques menaient celles-ci librement, mais seul le roi pouvait approuver les canons et leur donner force de loi. Le même schéma fut repris par les rois et l'épiscopat wisigothiques au troisième concile de Tolède, en 589, qui entérina le triomphe du catholicisme en Espagne.

En effet, les rois suèves se convertirent au catholicisme en 550 et 561, mais leur royaume fut conquis par les Wisigoths en 585. Ceux-ci n'avaient pas renoncé à l'homéisme, qui plaçait le roi et ses fidèles à part du reste de la population, très majoritairement catholique. La foi homéenne créait un clivage, mais elle assurait aussi la cohérence et la fermeture du groupe dirigeant. Le roi Léovigilde (568-586) tenta de forcer l'ensemble des élites du royaume à se convertir à l'homéisme. Il subit la rébellion de son fils catholique Herménégilde et le fit exécuter. Néanmoins, son deuxième fils, Reccared se convertit au catholicisme en 589, ce qui permit la fusion des aristocraties romaine et wisigothique. Cette unité se manifestait dans les conciles généraux qui se tenaient à Tolède, sous l'autorité du roi, et rassemblaient les évêques et les aristocrates pour entériner la politique royale.

Dans un premier temps, les conciles généraux par royaume mettaient en scène un partenariat, car les évêques disposaient d'une légitimité indépendante du pouvoir royal. Mais au cours du VIe siècle dans les royaumes francs, après 589 dans le royaume wisigothique, le consentement royal devint obligatoire pour valider une élection épiscopale, puis celle-ci ne devint que la reconnaissance locale du candidat que le roi avait désigné. La

23. Voir le chapitre 7.

rapide fusion des aristocraties catholiques aboutit à l'assimilation de la charge épiscopale au service du roi. Au VIIe siècle, le souverain choisissait les évêques dans le royaume wisigothique comme dans les royaumes francs et ceux-ci se présentaient comme les autres membres de son aristocratie. Néanmoins, le roi ne pouvait déposer un évêque après sa consécration. Il fallait pour cela le soutien d'un concile, comme ce fut le cas en 693 pour l'évêque Sisbert, accusé de trahison par le roi wisigoth Egica (687-698). Cela entraîna, parfois, l'assassinat de certains évêques, comme Léger d'Autun en 679.

Leur implication politique n'empêchait pas les évêques de prêcher aux humbles et d'organiser une nouvelle évangélisation, comme saint Amand (m. 679) en Gaule du Nord. Les évêques des royaumes francs ou wisigothique n'oubliaient pas leur insertion dans l'histoire générale de l'Église, comme le montre vers 634 la composition en Espagne de la collection canonique appelée *Hispana*, qui ne cite pas moins de 67 conciles et 105 décrétales. Le pape était considéré comme une autorité spirituelle de référence, sans implication dans l'organisation de l'Église qui relevait des évêques. Ces Églises unifiées à l'échelle d'un royaume étaient autonomes et avaient peu de relations avec Rome[24]. L'organisation ecclésiastique s'adaptait aux frontières politiques des royaumes et un très petit nombre de réunions d'évêques tenues aux VI-VIIe siècles rassemblèrent des évêques de différents royaumes.

Les successions royales dans les royaumes francs et wisigothique

Bien qu'elles aient pu toutes deux s'appuyer sur un groupe aristocratique de plus en plus homogène, défini par le catholicisme, la richesse et le service du roi, les monarchies

24. Deswarte 2010.

franque et wisigothique différaient par la plus ou moins grande importance du principe dynastique. Dans le monde franc, le baptême précoce de Clovis au catholicisme, avant 508, et l'importance de ses victoires militaires fournirent une position exceptionnelle à ses fils. Ceux-ci régnèrent en se partageant le royaume et assurèrent la transmission du pouvoir royal uniquement entre les descendants de Clovis par les hommes – les Mérovingiens – pendant plus de deux siècles et demi. Le pouvoir royal mérovingien apparaissait antérieur à l'adoption des valeurs chrétiennes par les élites et les associait à son prestige. Les assassinats et les épisodes sanglants dont furent émaillées les guerres opposant les fils de Clotaire Ier, entre 572 et 613, renforcèrent la distinction des membres de la dynastie, marquée par leurs cheveux longs. Les guerres de succession étaient récurrentes dans le monde franc aux VIe-VIIe siècles, mais concentrées entre les Mérovingiens, car tous les fils d'un roi avaient des droits équivalents sur son royaume. L'union des royaumes francs sous un seul souverain n'eut lieu que pendant de courtes périodes après la mort de Clovis, mais la dynastie en maintenait l'unité sous-jacente.

À l'inverse, dans le monde lombard ou wisigothique, nombreuses étaient les familles pouvant prétendre au pouvoir royal, et celui-ci ne put jamais être transmis dans la même lignée sur plus de trois générations. En conséquence, de nombreuses familles pouvaient briguer le trône et l'accession de tout héritier mineur provoquait des coups d'État. À partir du quatrième concile de Tolède, en 633, les rois utilisèrent le serment public pour étayer la fidélité des aristocrates wisigoths. L'excommunication était promise à ceux qui intriguaient lors de la succession royale et la royauté était présentée comme élective, à travers l'acclamation de l'armée, comme dans l'Empire romain. La proximité entre les fonctions impériales et royales apparaît aussi, au VIIe siècle, par le port d'une couronne. Depuis Constantin, les empereurs portaient un diadème. Cette bande de soie et de fils d'or noués derrière la tête devint un diadème de métal précieux orné de pierreries. Elle fut représentée sur les monnaies de l'Empire romain d'Orient à partir du règne de Tibère II (578-582) et sa présence devint systématique après 632. À la même époque, Isidore de Séville considérait que les couronnes d'or étaient utilisées par les empereurs romains et les rois de certains peuples comme signes de victoire (*Étymologies*, XIX, 30). Elles étaient peut-être en usage dans les royaumes lombard et wisigoth dès 600. Il ne s'agissait donc pas d'un symbole royal spécifique et il ne signifiait nullement l'indépendance à l'égard de l'empereur, qui pouvait envoyer des couronnes à des rois-clients.

Malgré le renforcement du rituel d'ascension sur le trône, l'instabilité demeura dans le royaume wisigothique en raison de la présence de différentes factions. Ainsi, en 642, le roi Chindaswinthe élimina son prédécesseur Tulga (639-642) et fit exécuter de nombreux membres de l'aristocratie gothique. Cette instabilité politique était compensée par l'élaboration continue des lois, que le roi Recceswinthe (653-672) rassembla en 654 dans un code qui remplaçait les rédactions antérieures, ainsi que par des conciles généraux réguliers. Ils se tinrent à Tolède onze fois entre 589 et 702 et traitaient principalement des questions religieuses, mais aussi de tout ce qui concernait le gouvernement du royaume car ils réunissaient les évêques et les grands laïcs. Un sacre royal est mentionné pour la première fois pour l'avènement du roi Wamba (672-681). Le rite s'appuyait sur les descriptions de l'onction du prophète Samuel aux rois Saül et David, dans l'Ancien Testament. L'onction royale était donnée par les évêques et constituait une innovation en Occident. Elle correspondait à la conception de la royauté déjà défendue par Isidore de Séville : la royauté était un ministère institué par Dieu, que l'onction rendait visible. Un sacre eut lieu aussi pour le roi Ervige (681/2-687) qui évinça Wamba, ainsi que pour ses successeurs. La portée idéologique donnée à cette nouveauté nous échappe : la cérémonie renforçait les solennités marquant le choix du roi et n'empêchait pas les usurpations, mais elle s'insérait dans la coopération étroite entre les rois et l'Église wisigothiques.

Dans les royaumes francs et gothiques, les élites s'unirent dans le catholicisme et le service du roi dès la fin du VIe siècle. L'adhésion au christianisme était devenue une condition indispensable pour l'aristocratie, mais l'intégration des valeurs morales chrétiennes en sus des valeurs guerrières fut progressive. Dans les royaumes francs, l'enseignement du moine irlandais Colomban (m. 615) à la cour donna lieu à une floraison de vocations épiscopales et de fondations monastiques, masculines et féminines, dans la seconde moitié du VIIe siècle, qui fournit une nouvelle base religieuse à la légitimité de l'aristocratie. En Espagne, l'abandon de l'homéisme permit une riche synthèse culturelle par des élites catholiques héritières du savoir antique : Isidore, évêque de Séville (600-636), rédigea avec ses *Étymologies* une grande synthèse en latin des savoirs de l'Antiquité, qui fut la base de tout enseignement médiéval.

Ainsi, les élites chrétiennes défendirent dès le VIe siècle une conception holiste de la société, qui ne laissait plus place à la diversité, notamment religieuse. Alors que l'Orient romain était périodiquement traversé par de grandes controverses religieuses, notamment au sujet de la personne du Christ[25], l'Occident était caractérisé par de faibles discussions théologiques, qui révèlent aussi l'absence de débat public. Dans ce contexte, l'existence des communautés juives, qui étaient présentes dans tout le monde romain, apparut comme une insupportable divergence. Dans les royaumes francs, l'évêque Avit de Clermont baptisa plus de cinq cents juifs de la ville en 576, après des incidents avec les chrétiens. Des conversions de force eurent aussi lieu à Arles et à Marseille en 594. Dans le royaume wisigothique, les premières mesures contre

25. Voir le chapitre 9.

les juifs furent prises dès 589 et leur conversion y fut même obligatoire de 613 à 633. Ces conversions forcées jouèrent un rôle important dans les débuts de la transformation de l'antijudaïsme en antisémitisme en créant une catégorie nouvelle de juifs faussement convertis au christianisme. Les persécutions varièrent : le roi Recceswinthe interdit par exemple tous les rites judaïques, dont la circoncision ; en 694, un concile de Tolède considéra que tous les juifs participaient à un complot contre les chrétiens et devaient être réduits en esclavage[26].

L'émergence de la papauté

Aux VIe-VIIe siècles, l'évêque de Rome était pleinement engagé dans les controverses de l'Empire romain d'Orient, comme le montre la condamnation, sous la contrainte, des Trois Chapitres, favorables à la dissociation des personnes du Christ, par le pape Vigile en 555, tandis que les évêques d'Occident se concentraient sur les enjeux du pouvoir local et la christianisation au sein de leur royaume[27]. Dans ce contexte, les relations entre le pape et les Églises d'Occident étaient minimales. Mais cette position externe donna à la papauté l'occasion d'intervenir loin de l'Italie et de l'autorité impériale et d'émerger comme une autorité religieuse de référence, au-dessus des évêques des différents royaumes.

En Grande-Bretagne, les Anglo-Saxons païens côtoyaient des Bretons chrétiens, qui constituaient la majorité de la population, et des Scots, eux-aussi chrétiens, originaires d'Irlande et implantés à l'ouest de l'île[28]. Certains moines irlandais avaient choisi de s'exiler pour mieux servir Dieu et avaient fondé des communautés monastiques loin de leur île. Ainsi,

26. Voir le chapitre « Juifs et judaïsme » du troisième tome.
27. Voir le chapitre 9.
28. Stafford 2009.

le monastère d'Iona fut fondé en 563 au nord-ouest de la Grande-Bretagne par Colomba (m. 597), probablement avec le soutien des rois du Dalriada. Le but explicite de ces fondations monastiques n'était pas la conversion des populations, mais l'illustration d'une dévotion complète à Dieu. Néanmoins, elles exercèrent une grande influence dans les régions où elles s'implantèrent. Ainsi, le monastère fondé par Gall en Alémanie vers 612 joua un rôle important pour la conversion des populations environnantes et Colomba promut le christianisme auprès des Pictes voisins d'Iona[29].

Aux relations quotidiennes des Anglo-Saxons avec des chrétiens s'ajoutaient les contacts privilégiés des élites. À la fin du VIe siècle, la fusion des nombreux petits royaumes concurrents permettait l'émergence de rois régnant sur des territoires plus importants et à même d'établir des connexions plus lointaines. Le mariage d'Ethelbert, roi du Kent, avec une chrétienne, une princesse mérovingienne de second rang, avant 580, illustre l'insertion des rois anglo-saxons dans des réseaux de pouvoir de part et d'autre de la Manche. Au VIIe siècle, les tombes prestigieuses du sud-est de la Grande-Bretagne comportaient de nombreux objets d'origine franque. L'évangélisation des élites fut sans doute le fruit de ces divers contacts. Néanmoins, alors qu'un évêque franc, qui accompagnait la princesse Berthe, était présent à sa cour, Ethelbert préféra demander au pape l'envoi de missionnaires. Augustin, envoyé par Grégoire le Grand (590-604), arriva en 597, baptisa le roi et organisa une première communauté chrétienne à Canterbury, dont il devint l'évêque[30]. En 601, le pape lui envoya le *pallium* (un ornement liturgique consistant en une bande d'étoffe de laine blanche, réservé au pape et aux métropolitains) pour marquer son autorité comme métropolitain, et lui enjoignit d'organiser deux provinces

29. Voir le chapitre 4.
30. Wood 2000.

ecclésiastiques, centrées sur Londres et York, en Grande-Bretagne, avec douze évêques suffragants chacune.

Augustin et ses disciples convertirent progressivement un grand nombre de souverains anglo-saxons, comme le roi d'East Anglia Raedwald en 610, puis le roi Edwin de Northumbrie (616-633) en 627. Mais en Northumbrie, ils entrèrent en concurrence avec les missionnaires scots qui avaient commencé à convertir les élites des royaumes au nord de l'Angleterre. Le roi Oswald (633-642) fit venir des missionnaires du monastère d'Iona, guidés par Aidan, qui furent aussi actifs dans les royaumes du Wessex, de Mercie et d'Essex. Les conversions royales furent rapides dans la seconde moitié du VIIe siècle et entraînèrent celles des élites anglo-saxonnes. Mais elles laissent dans l'ombre l'adhésion des populations, où le christianisme pouvait déjà avoir été transmis par les Bretons. La christianisation progressa grâce à l'action des évêques, mais aussi des communautés ecclésiastiques fondées sur des terres royales. Dans l'ensemble de l'île, on estime que la disparition du paganisme eut lieu dans un deuxième temps, au cours du VIIIe siècle.

Au concile de Whitby, en 664, le roi de Northumbrie Oswiu (642-670) fit le choix des missionnaires romains et de leurs usages liturgiques, notamment sur le calcul de la date de Pâques, contre les missionnaires scots. Le concile de Whitby tranchait aussi, pour la Northumbrie, en faveur du modèle continental d'organisation ecclésiastique, où l'évêque avait autorité sur l'ensemble des communautés chrétiennes de son diocèse, y compris les monastères, et le roi un rôle important par rapport à l'Église, sur le lointain modèle de Constantin. Le pape écrivit ainsi à Oswiu pour lui demander de jouer un rôle actif dans la conversion de l'île.

Dans les royaumes francs et lombard, de telles questions avaient aussi été posées pour les monastères fondés par les moines irlandais : certains avaient recouru au privilège de l'exemption pour se placer sous la direction lointaine du pape – Bobbio, en Italie du Nord reçut l'exemption en 628, Faremoutiers dans le Bassin parisien en 637. Néanmoins, la plupart avaient accepté l'autorité de l'évêque car évêques et abbés appartenaient aux mêmes parentés aristocratiques. Les divergences liturgiques, comme sur le calcul de la date de Pâques, montrent les siècles d'évolution séparées des différentes communautés chrétiennes, car les différents groupes se rapportaient à des solutions appliquées à des époques différentes de l'Antiquité. Le ralliement progressif aux usages romains révèle le prestige croissant attribué aux choix du pape comme successeur de Pierre dans les îles britanniques. Les Scots du Sud se rallièrent dès 632, les monastères fondés par Colomba en 716-718, les clercs bretons du pays de Galles furent les derniers à adopter les pratiques romaines, vers 768.

Les métropolitains de Canterbury se rendaient auprès du pape après leur élection pour recevoir le pallium qui avait marqué la position d'Augustin. La mort de l'un d'entre eux à Rome permit au pape d'intervenir directement dans la construction de l'Église anglo-saxonne en choisissant Théodore (669-690), originaire de Tarse, comme titulaire du siège de Canterbury. La compétence et les connaissances de Théodore, issues de sa formation orientale, jouèrent dans le prestige et l'érudition de ses élèves, qui devinrent ensuite évêques en Grande-Bretagne. Théodore, initialement totalement étranger au monde britannique, s'appliqua à mettre en place dans les royaumes anglo-saxons l'organisation ecclésiastique prévue par Grégoire le Grand à l'échelle de la Grande-Bretagne. En 673, le concile de Hertford marque ainsi un retour partiel de l'Église aux structures de l'Antiquité, qui étaient celles auxquelles le pape se référait. Le maillage administratif romain en différentes cités fut revivifié par la mission pontificale, qui le recréa là où il avait disparu. Pour autant, le siège de la province ecclésiastique ne put être placé à Londres, comme le souhaitait le pape, mais fut établi à Canterbury, base historique de l'intervention pontificale, et le titulaire du siège garda une autorité supérieure. Grégoire le Grand avait ignoré l'Église des Bretons, et ses évêques, qui avaient initialement refusé de reconnaître Augustin comme leur supérieur, restèrent en dehors de cette organisation.

Désormais, les évêques anglo-saxons considéraient le pape comme une autorité légitime pour trancher leurs conflits. Wilfrid (m. 710), évêque de York, recourut ainsi par deux fois à un jugement à Rome, par le pape lui-même, pour trancher les disputes autour de son siège, notamment avec le métropolitain de Canterbury. Pour la première fois, le pape paraissait compétent hors d'Italie pour trancher un conflit disciplinaire entre évêques de préférence à la réunion d'un concile. Alors que dans la péninsule italienne, le pape, évêque de la possession la plus occidentale de l'Empire de Constantinople, était englué dans les enjeux géopolitiques de la péninsule, la mission auprès des Anglo-Saxons lui permit d'émerger comme une figure de référence universelle pour tous les chrétiens d'Occident, au-dessus des évêques.

Les rois anglo-saxons publièrent des lois écrites très peu de temps après leur conversion, comme les lois d'Ethelbert de Kent, écrites en vieil anglais au début du VIIe siècle. Celles-ci diffèrent beaucoup des textes continentaux et montrent que le roi se considérait comme le garant d'une autorité publique reposant aussi bien sur le droit écrit que sur les traditions orales antérieures. Avec le christianisme, les rois anglo-saxons reprirent le modèle des royaumes continentaux, en faisant rédiger des lois, de plus en plus souvent en latin au cours du VIIe siècle, en administrant leur royaume à l'aide de l'écrit et en s'appuyant sur les évêques et les monastères pour structurer leur territoire. Les communautés monastiques féminines installées sur le tombeau d'un saint lié à la famille royale, à laquelle appartenait l'abbesse, comme à Whitby ou à Minster-in-Thanet, jouèrent un rôle important en fournissant une base stable au prestige et à la richesse foncière de chaque dynastie, alors que ses membres masculins connaissaient souvent des morts violentes.

Une culture écrite en latin devenait ainsi commune à tous les érudits des îles Britanniques, tout comme le modèle du roi chrétien, soutien de l'Église, inspiré des pratiques continentales. Cette nouvelle unité est symbolisée par la diffusion de la *Collection canonique irlandaise*, composée en Irlande vers 700, qui rassemble des dispositions scripturaires et canoniques classées par thème sur plus de 65 livres en latin, comportant chacun 20 chapitres[31]. Elle fut copiée en Grande-Bretagne dans la première moitié du VIIIe siècle avant d'être transmise dans l'ensemble de l'Europe. Les valeurs chrétiennes partagées rendirent aussi possible l'action d'Adomnán, abbé d'Iona (679-704), qui établit une loi pour épargner les femmes et les clercs durant les batailles, loi acceptée en 697 par cinquante rois, principalement scots mais aussi pictes, et soutenue par les évêques de leurs royaumes.

Le succès remporté en Grande-Bretagne explique le nouvel élan missionnaire placé sous la direction du pape. À la fin du VIIe siècle, ce sont des Anglo-Saxons qui, reprenant le modèle expérimenté dans l'île, se lancèrent sur le continent dans des missions à destination des Frisons et des Saxons. Leurs actions rejoignaient les intérêts des élites franques, attirées par les richesses qui transitaient par les ports de la mer du Nord comme Dorestad[32]. Ainsi, entre 690 et 695, la conquête du sud de la Frise par le maire du palais Pépin de Herstal fut suivie de la mission de l'Anglo-Saxon Willibrord (m. 739), qui fut consacré comme évêque par le pape et fonda un siège épiscopal à Utrecht. Pépin fit également des dons au monastère d'Echternach, en Austrasie, considéré comme la base de la mission vers l'Est[33].

31. FLECHNER 2019.
32. Voir les chapitres 7 et 16.
33. Voir le chapitre 12.

Au-delà de leur diversité, les sociétés de l'Occident post-romain ont en commun leur fractionnement et la prégnance des contextes locaux. Chaque puissant – roi, évêque, abbé ou comte – agissait en fonction d'un cadre de référence désormais restreint à l'échelle d'un royaume ou d'une région, voire d'un diocèse, même si les réseaux aristocratiques et religieux liaient entre eux les différents royaumes. L'usage du latin et la référence à une culture juridique et religieuse écrite n'y disparurent jamais, mais la transmission et l'élaboration du savoir se firent dans ces contextes étroits. Néanmoins, le pape incarna une nouvelle autorité, au-delà des tensions propres à la péninsule italienne. Elle vint transformer les monarchies des Anglo-Saxons, en leur fournissant une voie de christianisation indépendante de leurs voisins, Francs, Scots et Bretons. Elle fournit aux maires du palais francs un soutien à l'extension de leur influence vers les richesses des ports frisons. Ces conjonctures locales particulières permirent la naissance, dès le VIIe siècle, d'un trait spécifique de l'Occident médiéval : une autorité religieuse de référence unique, à l'écart des différents pouvoirs territoriaux sauf en Italie. Au début du VIIIe siècle, la papauté représentait à la fois, hors d'Italie, une autorité indépendante des enjeux internes des royaumes, susceptible de supporter un candidat au trône, et en Italie un évêque menacé, désireux de trouver un nouvel allié militaire face aux défaillances de l'Empire romain d'Orient.

MAGALI COUMERT

3.
Sociétés en mutation
(Vᵉ-VIIᵉ siècle)

« La voile carrée d'un navire croisant sur les eaux bleues de la Méditerranée, au large d'Hippone, [porte] depuis Rome la nouvelle inconcevable que des hommes existent encore, mais que leur monde n'est plus. » Les célèbres paroles d'Augustin (354-430) à l'annonce de la prise de la ville de Rome par le roi des Goths Alaric cristallisent ce moment de bascule entre deux mondes, l'Antiquité et le Moyen Âge, qui s'étale en réalité sur plusieurs siècles, du Vᵉ au VIIᵉ siècle, mais dont l'événement de 410 fait à tort ou à raison figure de symbole. Au-delà du fracas des troubles politiques et militaires, ce sont en effet des mutations profondes, démographiques, économiques, sociales et culturelles qui transforment la société et bouleversent la vie des hommes et des femmes.

Ce temps de transition a fait l'objet d'une nouvelle appréciation positive en lien avec le succès de la notion d'Antiquité tardive, porté par le rayonnement des travaux de Peter Brown et de ses disciples : la christianisation de l'Empire aurait accouché d'une nouvelle civilisation, avec ses traits propres et son éclat, qui aurait favorisé, du IVᵉ au VIᵉ siècle (pour certains historiens jusqu'au VIIIᵉ siècle), la lente et progressive « transformation du monde romain », pour reprendre le titre d'un vaste programme de recherches européen des années 1990[1].

Depuis les années 2000, sous l'influence de l'essor des données archéologiques et du renouveau des études économiques, mais aussi d'un air du temps devenu plus pessimiste, cette vision des choses a pu être jugée trop irénique et l'on assiste au retour d'une conception sévère voire tragique de la « chute de Rome[2] ». Le paysage historiographique s'en retrouve aujourd'hui assez fortement clivé. Il est toutefois possible de tenir à distance aussi bien les excès de la légende dorée de l'Antiquité tardive (qui privilégie la dynamique et les renouvellements culturels et religieux) que ceux de la légende noire de la chute de Rome (qui se focalise sur la fragmentation politique et l'effondrement matériel), pour souligner l'ampleur des changements sociaux et culturels à l'œuvre dans le temps long, sur fond de recompositions économiques graduelles et de forts contrastes régionaux. Ainsi, si les conditions de vie de bien des habitants des campagnes semblent s'être améliorées aux VIe-VIIe siècles, en revanche, le déclin démographique, monumental et économique des villes est partout très net. De même, si le royaume wisigothique ibérique apparaît par bien des côtés, au moins jusqu'au milieu du VIIe siècle, comme un conservatoire des traditions antiques, la rupture est considérable en Grande-Bretagne, abandonnée à son sort par Rome après 410, ou dans la région entre Alpes et Danube, délaissée vers 488 et où toute civilisation urbaine disparaît pour de longs siècles. L'Italie elle-même est ravagée par la guerre gréco-gothique (535-554) puis par les invasions lombardes qui à partir de 568 réduisent l'emprise

1. Brown 2003 (1992) ; Pohl *et al.* 2000 ; Goetz, Jarnut et Pohl 2002. « The Transformation of Roman World » est un programme de l'European Science Foundation mené de 1997 à 2004, principalement piloté par des chercheurs néerlandais, anglais, allemands et espagnols.

2. Heather 2017 (2005) ; Ward-Perkins 2014 (2005).

de l'Empire d'Orient sur la péninsule à un archipel de possessions dispersées, de la lagune de Venise et l'exarchat de Ravenne au nord jusqu'à la Pouille et la Calabre au sud.

La redéfinition de la « romanité » puis sa mise à distance par les contemporains eux-mêmes disent assez l'éloignement progressif d'avec le monde classique, en dépit de la persistance d'un certain nombre d'héritages. La *romanitas* n'est en effet plus pensée comme l'articulation politique entre les petites cités des provinces et la Cité universelle dans le cadre à la fois idéologique et territorial de l'Empire, mais comme le fait d'appartenir à une aire culturelle, définie avant tout par l'usage du latin et l'adhésion à une même religion, le christianisme, en mesure d'intégrer les barbares. C'est ce qui autorise certains penseurs italiens comme Cassiodore (v. 485-v. 580) ou gaulois comme Salvien de Marseille (m. après 470) à inclure sans hésiter les Goths dans la romanité. Puis, dans les espaces les plus septentrionaux de l'ancien Empire d'abord, cette conception s'efface à son tour au profit de nouvelles identités : si l'on en juge par le témoignage du moine et historien Gildas (m. v. 565), la mémoire de la présence romaine en Grande-Bretagne serait déjà devenue légendaire au début du VIe siècle. De même, dans la Gaule du Nord des années 600, les anciennes élites gallo-romaines, qu'elles aient tissé des alliances matrimoniales avec les élites barbares ou pas, se définissent avant tout comme franques. L'essentiel est désormais ailleurs : dans l'emprise qu'exerce le christianisme et que revendique l'Église sur le système des valeurs et des pans de plus en plus larges de la vie sociale et économique.

Des temps difficiles

Plusieurs phénomènes contribuent à dégrader les conditions de vie des populations de la partie occidentale de l'ancien Empire, parfois dès le IIIe siècle, mais le plus souvent à partir de la seconde moitié du ve siècle. Le premier tient à la conjoncture démographique. En l'absence de sources quantitatives, il est impossible de mesurer le niveau des populations avec précision. Mais des indices indirects comme le rétrécissement des superficies encloses entre les murs des cités, en particulier en Italie et en Gaule, attestent d'une déprise urbaine marquée dès le IIIe siècle. Au milieu du VIe siècle, la peste dite « de Justinien » vient aggraver la situation[3]. Apparue en Égypte en 541, elle atteint l'Espagne dès 542, la Gaule et l'Italie en 543, avant de sévir périodiquement jusqu'au milieu du VIIIe siècle. Procope de Césarée (v. 500-v. 565) avance que la moitié de la population aurait disparu, une estimation invérifiable que l'on juge en général très exagérée mais qui dit l'ampleur du choc ressenti par les contemporains. La maladie n'épargnait pas les puissants, comme le suggère l'évocation par Grégoire de Tours (m. 594) de la mort de l'évêque Félix de Nantes en 582 ou de la forte poussée de peste à Rome en 589 : « Il s'ensuivit alors une peste qu'on appelle inguinaire [la peste bubonique]. Arrivant au milieu du onzième mois, elle frappa le premier de tous le pape Pélage, conformément à ce qu'on lit chez le prophète Ezéchiel : "Commencez par mon sanctuaire", et le fit mourir sans tarder. » À court terme, la maladie pouvait avoir des effets dévastateurs dans les régions qu'elle frappait, déstabilisant ponctuellement l'économie agraire et suscitant migrations temporaires et famines. Paul Diacre (v. 720-v. 799) évoque ainsi une poussée de peste en Ligurie vers 565 : « Partout régnait le deuil, et partout les larmes. Comme le bruit courait [...] que la fuite permettait d'échapper au massacre, les maisons se vidaient de leurs habitants, n'ayant pour tout gardien que des petits chiens domestiques. Dans les prés ne restaient plus que les bêtes, sans aucun pasteur. Des villages, des places fortes qu'on voyait la veille remplis d'une foule dense, tous s'enfuyaient, et le lendemain n'y régnait partout qu'un

3. LITTLE 2007.

épais silence. » Les enquêtes archéologiques ne témoignent cependant d'aucun effet durable sur le peuplement rural par rapport aux IVe et Ve siècles. Et l'étiage démographique, atteint au tournant des VIe et VIIe siècles, est suivi d'une lente reprise, en particulier urbaine, dès le VIIe siècle.

La conjoncture économique était également difficile. Michaël McCormick n'hésite pas à dire que « l'économie qui avait soutenu l'Empire romain s'effondra[4] ». Cet effondrement fut toutefois progressif, du IIIe au VIIe siècle, selon des rythmes et des profils régionaux contrastés. En outre, il n'implique pas nécessairement une dégradation des conditions de vie de l'ensemble des populations, en particulier dans les campagnes. Le système domanial, qui reposait sur la grande propriété (*latifundium*) et une large main-d'œuvre d'esclaves, recule dès les IIIe-IVe siècles au profit du patronat aristocratique sur une foule de petits exploitants dépendants aux statuts variables, colons ou esclaves. Les grandes *villae* disparaissent parfois complètement, comme en Italie centrale et méridionale au cours du VIe siècle. Dans ce cadre, les activités agricoles liées à l'exportation, comme l'huile, le vin et la laine de mouton en Provence par exemple, déclinent au profit des céréales, du petit élevage et d'une polyculture vivrière. « Les paysans redeviennent les principaux consommateurs des céréales qu'ils cultivent » (Jean-Pierre Devroey[5]). Les échanges se régionalisent, tandis que seuls les esclaves et les produits de luxe (orfèvrerie, soieries, épices) continuent d'irriguer les flux internationaux. La rapidité de la propagation de la peste « de Justinien », qui se fait essentiellement par les routes maritimes et fluviales, atteste toutefois encore de l'importance des échanges transméditerranéens au milieu du VIe siècle. À partir du Ve et surtout du VIe siècle, la diminution des prélèvements fiscaux entraîne un recul de l'usage de la monnaie – celui-ci cesse complètement en Grande-Bretagne

4. McCormick 2002.
5. Devroey 2003.

autour de 420 – au profit des transferts en nature, jusque pour la rente foncière ou les ultimes collectes fiscales.

Les archéologues soulignent que ces transformations économiques s'accompagnent d'un appauvrissement de la culture matérielle. Il est vrai que l'aire de distribution des produits artisanaux se réduit et se régionalise, souvent dès le IVe siècle. La céramique sigillée produite en Afrique, que l'on trouvait de la Bétique jusqu'à Londres et dans la vallée du Rhin vers 400, ne se rencontre plus vers 550 que sur un étroit cordon littoral courant de Barcelone à la Sicile. Les quantités produites chutent drastiquement. Le bois se diffuse aux dépens de la pierre dans les techniques de construction, jusque dans les régions méditerranéennes. Certaines techniques disparaissent, comme la tenue des cadastres ou la maîtrise des systèmes complexes d'adductions d'eau. La plupart des aqueducs cessent de fonctionner au cours du VIe siècle, beaucoup devenant pour des siècles des carrières de pierre, à l'image du célèbre pont du Gard, près de Nîmes. Mais d'autres usages subsistent : les bains perdurent longtemps, dans un cadre privé cependant. Il faut surtout souligner que cette dégradation revêt une ampleur très variable selon les régions, le cas extrême de la Grande-Bretagne romaine, chéri par les archéologues anglophones et où disparaît presque toute civilisation urbaine au Ve siècle – même si Londres semble rester une ville importante –, ne pouvant être tenu pour l'étalon des évolutions de la *pars occidentalis* de l'Empire. Ce recul du confort matériel affecte en outre surtout les populations urbaines et les élites aristocratiques qui avaient atteint un niveau de richesses parfois exceptionnel aux Ier-IIe siècles, bien moins les populations paysannes. Il entre par ailleurs en résonance avec les nouvelles valeurs promues par le christianisme, en particulier l'ascétisme monastique, très apprécié des cercles aristocratiques de Gaule méridionale ou d'Italie des Ve-VIe siècles et qui a pu atténuer le sentiment de perte[6].

6. Markus 2012 (1990).

Les effets sociaux de l'effacement de l'État romain

L'effacement progressif des structures administratives romaines, plus ou moins rapide et profond selon les différents royaumes barbares, a des effets sociaux considérables.

La question de la fiscalité est la mieux connue, même si elle a pu donner lieu à de vives controverses. L'impôt direct personnel (la capitation) ou réel (la taxe foncière) constituait au IVe siècle le fondement de l'État romain et permettait notamment de rémunérer l'armée et de distribuer l'annone à la plèbe urbaine. Ces impôts pesaient lourdement sur les populations, en particulier dans les campagnes : on estime que les prélèvements publics auraient dépassé plus de la moitié du surplus agricole dans l'Empire du IVe siècle. Deux siècles plus tard, l'Espagne wisigothique semble être, en Occident, le meilleur conservatoire de cette fiscalité romaine, en particulier de l'impôt foncier. Mais la collecte de ce dernier est assurée en nature par et au profit des grands propriétaires qui le mêlent à leur rente foncière et s'en servent pour rémunérer leurs propres clientèles militaires au lieu de le reverser en monnaie au souverain. Même conservée, la fiscalité antique est ainsi profondément transformée et ne sert plus prioritairement l'État (en l'occurrence le roi) mais l'aristocratie. En Italie et en Gaule, les historiens considèrent aujourd'hui très majoritairement que l'impôt sur la fortune, la taxe foncière notamment, disparaît progressivement au cours du VIe siècle, en dépit de quelques tentatives des rois mérovingiens pour le régénérer au sein de leur royaume à fin du VIe siècle ou au tout début du VIIe siècle. Cette disparition découle à la fois de l'incapacité administrative des nouveaux pouvoirs et du rejet de l'impôt, en particulier dans les villes, par des populations ardemment soutenues par des évêques qui estiment de leur devoir de « défenseurs de la cité » d'obtenir des souverains exemption ou abolition. Mais cette disparition profite également aux paysans sur lesquels les élites municipales faisaient retomber l'essentiel de la charge fiscale. Ne pèsent plus sur eux désormais que la rente foncière (c'est-à-dire les prélèvements en faveur des grands propriétaires au titre de leur droit de propriété), d'ampleur variable mais le plus souvent assez légère – 1/7ᵉ à 1/10ᵉ des grains en Italie du Nord ou en Gaule méridionale, 1/10ᵉ des grains en Gaule du Nord –, quelques taxes locales ou des taxes liées au statut servile. On estime que le prélèvement global sur les paysans aurait diminué du tiers à la moitié entre le IVᵉ et le VIIᵉ siècle[7].

La collecte de l'impôt reposait par ailleurs sur un personnel administratif, des procédures techniques (arpentage, tenue du cadastre, actualisation des recensements) et une frappe de monnaie abondante, stable et multimétallique (or, argent, cuivre), qui se réduisent. Dès le Vᵉ siècle, la masse monétaire en circulation diminue fortement dans un contexte de thésaurisation croissante (vaisselle, objets du culte), de réduction du nombre des ateliers monétaires et d'abandon de la frappe de l'argent. L'or, qui continue d'être frappé par les rois barbares, sert plus de réserve de valeur que de véritable monnaie, ce que reflète le fait que la logique de poids l'emporte sur la logique de compte. Plus rares et de moins en moins médiatisés par l'État, les échanges du quotidien se font en monnaie de bronze ou par l'intermédiaire du troc. La fin de l'impôt s'accompagne aussi de la fin de l'annone. Attestée à Constantinople jusqu'en 618, elle a peut-être survécu à Rome jusqu'à la fin du VIᵉ siècle, puis disparaît au profit de distributions destinées aux seuls « pauvres » prises en charge par les évêques au titre de la charité dans le cadre d'une nouvelle économie sociale et morale.

La levée de l'impôt reposait surtout sur la collaboration des élites locales, membres des curies municipales (les curiales) et grands patrons, qui en assuraient la répartition et la collecte

7. DEVROEY 2003.

et en conservaient une partie du produit pour eux-mêmes. La fiscalité assurait ainsi un lien entre l'État central et les élites locales, gage à la fois de l'équilibre politique et de l'enrichissement des aristocrates. La fin de l'impôt direct ne provoque donc pas seulement une perte de revenus pour les souverains, les privant de ressources numéraires pour rémunérer leurs clientèles, mais aussi un appauvrissement de l'aristocratie. Les souverains durent dès lors recourir à d'autres moyens pour s'attacher les grands et leur fidélité, qu'il s'agisse de la concession d'impôts sur les échanges (les péages ou tonlieux), de terres (données en « bénéfice » en échange de services) ou de parts de butins. Pour préserver leurs ressources, ils recoururent également à des « confiscations » (littéralement des intégrations au fisc, c'est-à-dire au trésor royal) aux dépens des rebelles ou des biens d'Église[8].

La disparition des structures politiques qui faisaient l'unité de l'Empire a d'importantes conséquences sociales. Les liens entre Rome, l'Italie et les provinces se distendent, favorisant la régionalisation des aristocraties – que celle-ci soit choisie ou subie, la question fait toujours débat. Au cours du ve siècle, alors que les relations sociales et les alliances matrimoniales se raréfient entre les grandes familles italiennes, gauloises ou hispaniques, les hautes fonctions administratives régionales sont accaparées par les élites indigènes aux dépens des Italiens : entre 430 et 456, seuls deux préfets des Gaules sont ainsi d'origine ultramontaine sur la dizaine qui nous est connue. Au niveau central, le Sénat est depuis longtemps déserté par les élites provinciales. Il n'en conservait pas moins l'essentiel de ses attributs à l'échelle de la péninsule, d'autant qu'une certaine continuité fut assurée par les rois ostrogoths, en particulier Théodoric (m. 526), qui se pensaient comme des représentants de l'empereur de Constantinople[9]. Mais le Sénat

8. Voir les chapitres 8 et 15.

9. Voir les chapitres 1 et 2.

finit par perdre ses pouvoirs à partir du milieu du VIe siècle et par disparaître au tout début du VIIe siècle. L'aristocratie sénatoriale s'est elle-même dispersée sous les coups des « guerres gothiques », de la reconquête justinienne et des invasions lombardes. En Gaule, les fonctions palatines des cours des souverains francs ou le patriciat sur les terres gothiques ou burgondes jouent quelque peu le rôle des anciennes magistratures romaines – on voit par exemple le noble Laconius conseiller le roi burgonde Gondebaud à la fin du Ve siècle –, mais elles sont bien moins nombreuses[10]. Pour l'aristocratie wisigothique ou franque, les carrières administratives sont, de fait, remplacées par des carrières militaires ou épiscopales, les évêques jouant un rôle public décisif dans les cités de Gaule dès la seconde moitié du Ve siècle[11].

À l'échelle locale, on assiste à « la fin de la civilisation de la cité » (Hervé Inglebert). Une cité était tout à la fois une ville, un territoire qui lui était subordonné et une communauté de citoyens définie par sa capacité de participation à la vie civique. Cette conjonction n'a pas survécu au-delà du VIe siècle : si la ville se maintient tout en se transformant, la cité antique disparaît. Les curies municipales, dépossédées d'une bonne part de leurs prérogatives politiques dès les IIIe-IVe siècles, n'exercent plus que des fonctions administratives et judiciaires, même si celles-ci perdurent parfois jusqu'au VIIe siècle dans quelques cités d'Italie du Nord ou du centre de la Gaule (Angers, Tours). Les élites curiales sont elles-mêmes éclipsées par les grands aristocrates assumant le rôle de « patrons » avant que ceux-ci n'abandonnent à leur tour les cités aux seuls évêques. Dans le même temps, l'espace civique urbain antique se décompose : les forums disparaissent, envahis par de nouveaux édifices, souvent ecclésiaux ; théâtres, cirques et amphithéâtres sont abandonnés ou mités par l'habitat populaire, comme à Arles,

10. Mathisen 1993 ; Heather 2017 (2005).
11. Rapp 2005, et le chapitre 2.

Vérone ou Nîmes ; les bâtiments civils et les basiliques se transforment en églises : ultime symbole, vers 630, la curie de Rome devient l'église Saint-Adrien. Seuls perdurent les murailles et les bains, mais ces derniers sont privatisés[12].

À ces recompositions monumentales correspondent des mutations sociales. Les anciens magistrats municipaux (les curiales) et les aristocrates (les grands patrons) désertent les villes pour leurs domaines ruraux. Aux dires de Cassiodore, le mouvement semble déjà bien engagé dans le Bruttium, en Italie centrale, vers 525. En Gaule du Nord et dans les régions plus urbanisées, comme la plaine padane, il est plus tardif (VIIe siècle) mais tout aussi net. Seuls les évêques et leur entourage demeurent en ville, tandis que leur emprise sur l'ancien territoire de la cité devenu leur « paroisse » – le terme diocèse n'est pas encore usité en ce sens – s'affaiblit et se concentre sur les principaux sanctuaires ruraux, les domaines de la cathédrale et quelques établissements monastiques[13]. Ces départs et l'affaiblissement des fortunes aristocratiques, ainsi que, dans une moindre mesure, l'influence du christianisme sur la législation impériale, condamnent les liturgies et l'évergétisme traditionnels. Les populations citadines cessent de participer aux spectacles sur lesquels reposait l'intégration civique. En Italie, en Provence et en Afrique, les derniers combats de gladiateurs ont lieu au début du Ve siècle, les derniers jeux du cirque peu après 530 ; en Gaule et en Espagne, les jeux s'effacent dès les années 430-440, en dépit de quelques reprises ponctuelles à visée ostentatoire, à l'image des jeux organisés par Chilpéric Ier dans les arènes de Lutèce en 577. À partir de la seconde moitié du Ve siècle en Gaule, au cours du VIe siècle en Italie où les cultes païens résistent plus longtemps, la communauté urbaine est désormais une communauté chrétienne rassemblée autour de son évêque et

12. Inglebert 2005, et le chapitre 7.
13. Mazel 2016.

du culte des saints fondateurs (ou présumés tels) de l'Église locale. De nouveaux rituels « civiques » émergent, comme les rogations, apparues à Vienne en 474 puis étendues aux cités de Gaule par le concile d'Orléans en 511. Lors de ces cérémonies, les habitants processionnent autour de l'enceinte derrière leur évêque et son clergé pour implorer la protection de Dieu sur la cité menacée par la maladie ou la guerre[14].

Ce nouveau rituel témoigne indirectement de l'essor de l'insécurité à partir du Vᵉ siècle. Alors que les armées et l'ordre public romains font de plus en plus défaut, les grands propriétaires ruraux et même des évêques n'hésitent plus à faire bon accueil aux chefs barbares et à leurs troupes, jugés plus aptes à les défendre. Sidoine Apollinaire (430-486) se réjouit de la protection assurée par les Wisigoths aux domaines de sa famille dans le Bordelais, de même que les dernières grandes familles sénatoriales d'Italie du Nord bénéficient de celle assurée par les Ostrogoths. Dans les villes, bon nombre d'évêques commencent, dès la seconde moitié du Vᵉ siècle, à assumer, au titre de leur patronat et de l'office de « défenseurs de la cité » qu'ils s'approprient, l'entretien ou la réfection des enceintes[15]. Plus profondément, les défaillances de l'ordre public romain ont ouvert la voie, dès les IIIᵉ-IVᵉ siècles, à l'essor des pratiques clientélaires, c'est-à-dire à la multiplication des protections privées accordées par les patrons à leurs dépendants de toutes sortes. Le phénomène s'accentue aux Vᵉ-VIIᵉ siècles, par-delà la fusion des aristocraties. La puissance d'un chef se mesure dès lors à l'importance de sa suite armée dont les guerriers lui sont personnellement attachés – sans pour autant que ces suites soient bien considérables : vers 689-726, celle qui accompagne à la guerre le roi de Wessex Ine ne compte que 35 hommes.

14. Inglebert 2005 ; Mazel 2016.
15. Rapp 2005, et le chapitre 7.

Un « âge d'or » paysan ?

Si l'État ou la cité connaissent une crise sévère, on a pu parler, en revanche, d'un âge d'or de la paysannerie, voire d'une « libération » paysanne pour les Vᵉ-VIIᵉ siècles. Il est évident que la disparition de l'impôt et l'affaiblissement de l'aristocratie foncière ont largement contribué à améliorer la condition paysanne. Pour autant, il convient d'en dresser un tableau nuancé. Deux questions différentes, même si elles sont liées entre elles, doivent être envisagées.

La première est celle du statut des personnes et du rapport entre libres et esclaves. Cette question est d'autant plus complexe qu'il n'existe pas de terminologie précise et univoque – par exemple, la distinction entre *sclavus*/esclave, un terme apparu entre la fin du IXᵉ et la fin du Xᵉ siècle, et *servus*/serf ne s'impose qu'à partir du XIIIᵉ siècle – et qu'il existe de fortes variations régionales. Une chose est sûre : l'esclavage demeure une réalité fréquente. Ses sources ne se tarissent pas, qu'il s'agisse de la transmission héréditaire, de la capture, qui n'épargne pas les grands – le noble anglo-saxon Imma, fait prisonnier au cours d'un combat en 678, finit ainsi vendu comme esclave en Frise – ou du commerce : un fort trafic perdure en provenance des pays « slaves » encore païens (qui leur doivent leur nom), à des fins d'exploitation dans un cadre domestique ou d'exportation vers les pays islamiques[16]. Le contexte de troubles endémiques à partir du Vᵉ siècle semble même avoir donné un nouvel essor à la traite. Le nombre d'esclaves demeure donc considérable aux VIᵉ-VIIᵉ siècles – les lois barbares leur consacrent d'ailleurs entre 13 % (la loi salique) et 46 % (les lois wisigothiques) de leurs articles – et leur statut reste très déprimé, et redoublé pour les femmes par les inégalités de genre. La loi des Burgondes ou les

16. Voir les chapitres 10, 12 et 16.

lois wisigothiques jusqu'au milieu du VIIe siècle considèrent ainsi que la mise à mort d'un esclave ne constitue pas un homicide. C'est d'ailleurs par l'énumération de ses incapacités par rapport aux libres que le non-libre est défini, plus que par un statut positif : il ne relève pas des tribunaux publics et ne peut témoigner devant la justice ni prêter serment, il lui est interdit de porter les armes, de se déplacer ou de se marier librement, il ne peut accéder à la prêtrise (une interdiction formulée par Grégoire le Grand à la fin du VIe siècle) ni transmettre ses biens. Cependant, l'esclavage n'est plus au centre du système productif comme il a pu l'être dans l'Antiquité classique et l'opposition binaire entre libres et esclaves tend à s'assouplir au profit d'une multiplicité d'états intermédiaires. La disparition, bien avant la fin du Ve siècle, du système latifondiaire antique qui reposait sur des masses d'esclaves agricoles (avant tout en Italie) ainsi que l'influence ambivalente de l'Église, qui ne condamne jamais l'esclavage mais encourage les affranchissements et la vie familiale des esclaves, intégrés aux rites chrétiens, favorisent le chasement des esclaves, c'est-à-dire leur installation dans un cadre familial sur des exploitations astreintes à certaines obligations et redevances supplémentaires. Ces esclaves chasés, détenteurs de droits d'usufruit sur leurs terres, sont les plus fréquents en Gaule aux VIe-VIIe siècles, en Italie du Nord et du Centre au VIIIe siècle, tandis que les prébendiers, obligés de travailler en permanence sur la terre du maître exploitée en mode de faire-valoir direct, sont une minorité en recul continu. En dépit de l'hostilité des lois et des maîtres, les mariages mixtes entre libres et non-libres se multiplient, ouvrant la voie, avec les affranchissements dont les bénéficiaires ne rejoignent jamais les libres de naissance, à une multiplication de situations intermédiaires. Car la notion de liberté n'est pas plus facile à cerner dans les réalités sociales que la servitude. Elle fait partout figure d'idéal – d'où l'attachement au nom « franc », par exemple, qui signifie « libre » – et reste souvent associée à la noblesse : d'une certaine manière, seuls les nobles sont vraiment libres. Elle ouvre l'accès aux tribunaux, aux grandes assemblées (les plaids) et permet la participation à l'armée (l'ost). Mais le libre reste très souvent un dépendant, enserré dans toute une série de relations domaniales, économiques et sociales qui le lient à un ou plusieurs puissants, en particulier lorsqu'il est colon ou tenancier, c'est-à-dire qu'il tient sa terre d'un grand propriétaire foncier. Mis à part aux deux extrêmes de la hiérarchie sociale (le grand aristocrate et l'esclave de traite), on est donc toujours plus ou moins libre, plutôt que simplement libre ou esclave. D'ailleurs, si le droit romain (le *Code théodosien* et ses dérivés) et le droit canonique (élaboré dans les conciles) maintiennent de manière assez artificielle la terminologie classique, les catégories de demi-libres finissent parfois par recevoir une existence légale, comme dans l'édit du roi des Lombards Rothari promulgué en 643[17].

La deuxième question est celle de l'accès à la terre. Dès les IVe-Ve siècles, on assiste à un essor considérable du colonat, c'est-à-dire des petits paysans libres mais attachés à leur terre de manière viagère et héréditaire, dans un cadre familial, et soumis à un grand propriétaire. Ce colonat perdure, sous des formes variées, aux VIe-VIIe siècles et devient la forme dominante d'exploitation foncière dans les régions où la possession aristocratique, laïque ou ecclésiastique, reste importante. Peu de choses – un moindre prélèvement foncier de la part du maître – distinguent ces colons des esclaves chasés. Mais la grande nouveauté réside dans l'essor des petites exploitations paysannes libres. Celles-ci semblent dominer dans l'ouest de la Gaule, en Frise, dans plusieurs régions de Germanie et des îles Britanniques et dans les montagnes du nord de l'Espagne ou des Alpes, à la faveur de l'affaiblissement ou de l'éloignement de l'aristocratie et de l'avènement d'une économie rurale tournée vers la polyculture vivrière et le petit

17. Devroey 2003.

élevage. Si l'autarcie n'est jamais complète – le marché reste utile pour écouler certains surplus ou acquérir quelques biens artisanaux –, ces exploitations paysannes restent à l'écart des circuits domaniaux et commerciaux et s'appuient sur d'assez fortes solidarités communautaires, en particulier pour l'accès aux espaces incultes (landes, forêts, zones humides…) conçus comme des biens communs. Débarrassée de la rente fiscale, cette paysannerie libre est donc également débarrassée de la rente foncière. Cette situation a conduit Chris Wickham à envisager l'existence d'un « mode [de production] paysan » dans les marges de plus en plus larges des domaines aristocratiques[18].

En définitive, le monde rural des Ve-VIIe siècles se caractérise par un dégradé de situations très variées, dans sa hiérarchie sociale comme dans l'espace. Toutefois, le lien entre statut personnel et rapport à la terre est partout fondamental, plus profond que dans l'Antiquité romaine, au sein d'une société de paysans aux horizons locaux – les paysans sont bien les gens du pays – et de « manants » (de *manere*, demeurer sur place) fixés à leurs terres : de manière significative, le terme « manse » (*mansus*, de la même famille que *mansio*, maison), appelé à se diffuser à l'époque carolingienne pour désigner l'exploitation paysanne, apparaît en Francie médiane au tournant des VIe et VIIe siècles. Dès lors, la liberté « réelle » relève moins du statut personnel que de l'autonomie sociale et de l'indépendance économique, le support essentiel de cette liberté étant la possession de son exploitation, c'est-à-dire l'alleu paysan.

Une mutation aristocratique

À partir de la fin du VIe siècle, la noblesse (*nobilitas*) n'est plus liée à un statut juridique : elle n'est plus qu'une qualité sociale qui se manifeste à travers l'exercice du pouvoir et

18. Wickham 2005.

la manière de vivre. C'est la fin de la « noblesse romaine », c'est-à-dire d'une noblesse statutaire assimilée aux membres du Sénat, apparue au IVe siècle et dont les membres les plus anciens étaient ces familles ayant exercé les plus hautes magistratures dans le système politique romain[19]. Cette évolution résulte aussi bien de la disparition des structures politiques romaines que de la fusion des familles gallo-, italo- ou hispano-romaines avec les élites barbares, qui est partout très avancée, sauf en Grande-Bretagne où, jusqu'à la christianisation des Angles et des Saxons, un clivage plus fort se dessine entre l'Est, où les nobles se revendiquent clairement d'origine migratoire, et l'Ouest, où ils se réclament longtemps, face à ceux de l'Est, des traditions romaines. Cette fusion s'effectue aussi bien sur le plan démographique, par intermariages, que sur le plan culturel, comme l'atteste, par exemple, la mode des noms germaniques dans les anciennes familles : la mère gallo-romaine de l'évêque Didier de Cahors (m. v. 654) porte ainsi le nom fort germanique d'Herchenfrède. Comme le remarque Isidore de Séville (560-636), le groupe social aristocratique n'avait dès lors plus de frontières précises : en sortir ou l'intégrer devenait plus facile. L'appartenance au groupe était fondée sur le prestige, c'est-à-dire la reconnaissance sociale d'un certain nombre de marqueurs de noblesse : être riche notamment de terres, avoir des ancêtres illustres – autrement dit être « bien né » –, s'illustrer par sa générosité envers l'Église et le service du roi ou d'un plus grand que soi, se distinguer par des vertus spécifiques, de plus en plus marquées, et pour les hommes par l'exercice de la force et la pratique de la guerre, ce que reflète la présence des armes dans les sépultures.

L'époque se distingue par ailleurs par un appauvrissement de l'aristocratie qui avait, il est vrai, atteint des niveaux de richesses exceptionnels aux Ier-IIe siècles. Dans un contexte de régionalisation croissante des patrimoines fonciers, il n'y

19. Badel 2005, et chapitres 1 et 2.

a désormais plus de grandes fortunes à cheval sur plusieurs provinces, *a fortiori* sur la Méditerranée tout entière. De fortes disparités demeurent toutefois : en pays franc, plusieurs familles disposent encore aux VIe-VIIe siècles d'assises plurirégionales, comme en témoigne le testament de l'évêque du Mans Bertrand dont les biens se répartissent, en 616, du Bordelais à la région parisienne ; de même, une aristocratie très fortunée existe dans le royaume wisigothique jusqu'aux troubles précédant l'invasion arabo-berbère de 711 ; en revanche, la fragmentation est beaucoup plus marquée en Italie, en Gaule méridionale et en Grande-Bretagne. Cet appauvrissement résulte non seulement des effets des recompositions politiques mais surtout de la perte des ressources liées à l'État fiscal romain qui avait associé les élites non seulement à la collecte mais au produit de l'impôt. Cette perte de ressources accompagne une ruralisation de l'aristocratie qui quitte de plus en plus souvent les villes pour ses domaines des campagnes.

L'évolution la plus annonciatrice des temps nouveaux figure cependant dans la dissociation croissante, au sein même de l'aristocratie, entre deux cultures et deux modes de vie, ecclésiastiques et laïques. Au cours des VIe-VIIe siècles, les nobles laïcs délaissent les compétences administratives et culturelles traditionnelles (l'éloquence, le droit, le grec et les arts libéraux) au profit des vertus militaires et de quelques compétences judiciaires. La culture classique résiste mieux dans l'épiscopat et les élites monastiques, auxquels, par ailleurs, à l'image de tous les clercs, le port des armes et l'ostentation aristocratique sont en théorie interdits, comme l'exigent les conciles de Mâcon (v. 581-583) ou de Bordeaux (v. 662-675). Un seuil est cependant franchi à la fin du VIe siècle lorsqu'au sein même des élites ecclésiastiques on assiste au passage à une culture presque exclusivement biblique. Désormais, comme le montrent les œuvres de Grégoire le Grand (v. 540-604) ou Isidore de Séville, l'essentiel de ce qui perdure de l'enseignement ou des traditions profanes est mis au service de cette perspective biblique[20].

Cette dissociation s'accompagne d'une certaine hiérarchisation. Dans les mondes italien et franc du VIe siècle, l'épiscopat est en effet conçu comme l'aboutissement du *cursus honorum* aristocratique, d'autant plus que le Sénat et les anciennes magistratures civiques perdent de leur importance. Ceci explique l'emprise des familles « romaines » sur la fonction – les *Avitii*, dont est issu Sidoine Apollinaire, contrôlent ainsi le siège de Clermont jusqu'au début du VIIIe siècle – et le fait que la fonction est réputée anoblissante, comme le suggère, par exemple, l'éloge de Léonce II, évêque de Bordeaux, par Venance Fortunat (530-609) : « maintenant vous gouvernez l'Église, évêque vénérable : cela vous confère une nouvelle noblesse[21] ». Les élites barbares ne tardent pas à s'intéresser à leur tour à la fonction épiscopale, comme semble en témoigner le fait que tous les évêques de Mayence portent des noms germaniques dès la seconde moitié du VIe siècle. Seule fait exception l'Espagne wisigothique où la conversion tardive au catholicisme (en 589) éloigna un temps l'aristocratie homéenne des sièges épiscopaux, abandonnés à des hommes de moindre rang.

Dans ce cadre, l'*ethos* aristocratique connaît une profonde transformation, marquée par la fin de l'évergétisme civique (les jeux notamment) et le remplacement de l'*otium* classique par l'idéal de retrait du monde et de pauvreté choisie sous l'influence du monachisme[22]. De nombreux grands de l'aristocratie traditionnelle se retirent ainsi au monastère de Lérins avant d'en sortir pour exercer l'épiscopat en Gaule méridionale. D'autres fondent sur leurs domaines des communautés où ils finissent par se retirer, à l'image de Cassiodore qui finit ses jours au monastère de Vivarium en Calabre. La mémoire

20. Markus 2012 (1990).

21. Badel 2005, p. 377.

22. Voir le chapitre « Solitude » du troisième tome.

familiale, si nécessaire à la reconnaissance sociale, est perpétuée sous des formes nouvelles. Les schémas généalogiques peints sur les murs des *villae* de la noblesse romaine disparaissent en Italie et en Gaule dans le courant du VIe siècle. Au VIIe siècle, ce sont de nouvelles pratiques socioreligieuses qui ont pris le relais : les grands se font inhumer dans les sanctuaires qu'ils fondent sur leurs domaines ruraux et ce sont les communautés cléricales ou monastiques, masculines et féminines, qui assurent la commémoration des ancêtres dans un cadre liturgique, à l'image, en Gaule septentrionale, de la communauté de Jouarre, fondée vers 630-635 par la parenté des nobles Adon et Théodechilde, ou de celle de Nivelles, fondée vers 648-649 par la veuve de Pépin de Landen, ancêtre des Carolingiens.

Église, richesse et pauvreté : une nouvelle économie sociale et morale

Soutenue par les empereurs depuis Constantin (306-337), l'Église n'apparaît pas encore unifiée et centralisée, mais son assise patrimoniale et les modalités de son administration se mettent en place dans la législation canonique et impériale. En même temps, entre le IIIe et le début du Ve siècle, les Pères de l'Église abordent la relation du fidèle avec l'au-delà dans une perspective économique, en construisant une véritable économie du salut à travers un langage emprunté au monde des échanges commerciaux et de l'argent[23]. À partir de la seconde moitié du IVe siècle, l'échange commercial, le prêt à intérêt et l'administration profitable deviennent les modalités privilégiées par les ecclésiastiques pour décrire à la fois les rapports entre les fidèles et Dieu et les relations internes à la communauté des croyants : dans leurs sermons, Augustin ou Jean Chrysostome (m. 407) exhortent le fidèle

23. Toneatto 2012.

à se comporter comme un marchand pour pouvoir réaliser des affaires avec Dieu et s'assurer des profits avantageux, en toute confiance grâce au commerce avec l'au-delà. L'aumône au pauvre est décrite comme un prêt fait à Dieu, qui est censé rembourser le crédit au centuple dans l'au-delà : les pauvres sont les intermédiaires de cet échange, qui mettent en circulation les richesses sans les thésauriser et vont jusqu'à être définis comme les « banquiers du Seigneur » par Salvien de Marseille (400-490). Cette façon d'appréhender le salut en termes d'investissement lucratif et de relation de confiance fondée sur la foi (*fides*) jette les bases du rapport du fidèle à l'Église pour les siècles suivants. Car l'Église se présente au seuil du Moyen Âge non seulement en tant que médiatrice dans les échanges spirituels, mais aussi en tant qu'intermédiaire matériel et institutionnel de la circulation des richesses entre les fidèles et l'au-delà, grâce à la pratique des donations et des legs pieux aux églises, monastères et autres lieux de culte ou d'assistance. C'est ce rapport spécifique à l'argent et à son investissement profitable dans un circuit salvifique contrôlé par les ecclésiastiques qui permet la construction de la puissance économique de l'Église médiévale.

La force du langage ecclésiastique se mesure aussi à sa capacité à construire des catégories sociales. Les Pères prônent un nouveau rôle public pour les élites chrétiennes, qui s'éloigne de l'évergétisme traditionnel tout en en reprenant le lexique[24] : grâce à l'aumône, désormais privilégiée par rapport au don civique, les puissants sont appelés à s'investir dans un système d'échanges entre l'ici-bas et l'au-delà, organisé par le clergé, intermédiaire et partenaire indispensable. Ce faisant, les évêques conçoivent un nouveau système de valeurs fondé sur des catégories économiques, en insérant les actions des fidèles dans une rationalité tournée vers un profit autant spirituel que matériel, qui rompt avec la logique païenne

24. *Ibid.*

de l'évergétisme, éminemment politique : les habitants des cités de l'Empire ne sont plus décrits comme des citoyens qui ont des devoirs et des droits liés à leur statut civique, mais comme des riches et des pauvres réunis au sein d'une communauté liée par la *fides* qui dépasse les cadres civiques et qui est dirigée par les évêques.

Le IVe siècle est ainsi caractérisé par l'émergence d'un nouveau groupe social identifié par le langage économique de la pauvreté. Les « pauvres » ne sont pas forcément ceux qui manquent de ressources, mais plutôt des personnes en situation d'infériorité sociale acceptant volontiers une protection politique[25]. En général, les « pauvres » peuvent être assimilés aux fidèles de l'évêque, appelé le « patron des pauvres[26] », à savoir ceux qui se placent sous sa protection et qui bénéficient de son appui doctrinal, spirituel et politique. Or, c'est justement ce groupe social qui est présenté comme le destinataire ultime des transferts de richesse vers l'Église. Au début du IIIe siècle, la *Didascalie des Apôtres* déclare que l'évêque doit assurer la bonne administration des biens donnés à l'Église pour les pauvres, veillant à leur juste répartition entre les nécessiteux (orphelins, veuves, malheureux, étrangers sans ressources). En 330, le concile d'Antioche affirme que l'évêque a le pouvoir d'administrer les biens de son église en faveur des indigents. Par la suite, l'expression « biens des pauvres » (*res pauperum*) entre dans l'usage commun pour désigner les biens des églises.

Le patrimoine ecclésiastique se trouve ainsi justifié par le recours aux notions de pauvreté et de nécessité vitale, et sa gestion est confiée à l'évêque administrateur, garant de sa disponibilité hors commerce et de sa non-appropriation de la part des laïcs ou de clercs malhonnêtes[27]. Toute atteinte contre

25. FREU 2007.
26. LEPELLEY 1998 ; STERK 2004.
27. TONEATTO 2012.

ces biens lèse les « pauvres » : au VIe siècle, les conciles francs accusent ceux qui s'en prennent aux biens des églises d'être des « tueurs des pauvres », un thème qui sera repris par les clercs carolingiens cherchant à défendre ou récupérer des biens.

Biens d'Église, économie ecclésiale et principe de charité

Par le truchement de l'affectation aux « pauvres », les patrimoines des églises sont assimilés à des catégories de biens qui, en droit romain, se trouvent soustraites au commerce, à l'appropriation individuelle, à l'aliénation : les « choses ressortissant du droit divin », à savoir les biens publics et les biens sacrés, religieux et saints, selon la distinction tripartite adoptée par Gaius, juriste du Ier siècle. En raison de leur affectation économique et sociale, les biens ecclésiastiques sont déclarés inaliénables dès le IIIe siècle, même si la possibilité de vendre les biens meubles reste acceptée sous certaines conditions, avec l'autorisation de l'évêque du lieu. Ambroise de Milan (m. 397) et Grégoire le Grand autorisent ainsi l'aliénation pour le secours des pauvres, le rachat des captifs et la construction d'aires funéraires. Au VIe siècle, la législation de Justinien (527-565) établit définitivement le principe de l'inaliénabilité et détaille les dérogations sur la base du principe de l'exception. Les conciles mérovingiens affirment les mêmes principes, ainsi que le rôle de l'évêque en tant qu'administrateur, en reprenant la législation canonique orientale.

Au départ, ce n'est donc pas le caractère sacré des biens d'Église qui en fait des biens inaliénables, mais leur affectation aux « pauvres ». Le recours à la qualification explicite de « biens sacrés » (*res sacrae*) reste rare au premier Moyen Âge, sauf pour dénoncer le sacrilège commis par ceux qui s'y attaquent et à l'exception notable, dès les IVe-Ve siècles dans les règles pour les moines, des biens monastiques[28]. À Lérins, sur la côte provençale, tous les objets du monastère, des récipients aux outils, sont ainsi considérés comme consacrés. Au VIe siècle, la *Règle de saint Benoît* rappelle que le cellérier doit considérer « tous les ustensiles et tous les biens du monastère comme des vases sacrés de l'autel ». Pour les législateurs monastiques, dont les conceptions vont au-delà de la doctrine établie par Justinien, le sacré englobe tout ce qui est d'utilité notoire pour la communauté, ce qui place de fait ces choses hors commerce. La pratique du Bas-Empire (plus que la loi) avait déjà fini par étendre aux terres entourant des lieux consacrés (*loca religiosa*) le même régime d'inaliénabilité pour assurer la permanence des revenus nécessaires au culte[29] : c'est cette voie qu'emprunte l'Église médiévale pour protéger son patrimoine, en y associant l'affectation aux pauvres et en conférant un caractère public à ses terres et ses revenus.

Reste à savoir à qui appartiennent les biens ecclésiastiques, car leur existence doit nécessairement s'accompagner d'un régime de propriété spécifique. En 616, l'évêque Bertrand du Mans partage son héritage entre plusieurs établissements religieux. Dans son testament, il stipule que certaines sommes d'argent doivent être distribuées au dehors du diocèse, au tombeau de saint Martin (à Tours) et à la basilique d'Angers : « J'ai remis ces sous dans des petits sacs séparés avec des étiquettes scellées, pour qu'ils soient distribués à chacun des lieux que j'ai rappelés ci-dessus, dans la main d'un fidèle administrateur. » Entre le Ve et le VIIIe siècle, les testaments en faveur des églises, les chartes de donation franques et lombardes, l'édit de Rothari (643) et les lois d'Aistulf (749-756) désignent comme destinataire de la propriété une église particulière, un monastère, un tombeau ou l'autel consacré à un saint. Le *Bréviaire* d'Alaric (506), l'édit de Théodoric

28. *Ibid.*
29. THOMAS 2005.

(v^e^ ou vi^e^ siècle) et, plus tard, les capitulaires carolingiens citent les lois de Justinien concernant le régime de propriété des lieux saints. D'après ces documents, ce sont les lieux matériels qui reçoivent la donation et sont désignés comme les titulaires de la propriété, tandis que les hommes (clercs et moines) n'en sont que les administrateurs. La situation des biens monastiques est semblable. « Le patrimoine est à tous et à personne » édicte la *Règle du Maître* (vers 500-530). Cela signifie que la propriété n'appartient pas aux individus qui composent la communauté, ni à la communauté en tant que personne morale, mais au monastère en tant que lieu. Les biens sont ainsi affectés à la communauté des pauvres volontaires (les moines), qui ne peuvent rien posséder en propre, et administrés par l'abbé[30]. Et même dans les cas où la donation est faite aux saints, la propriété est dévolue en réalité au lieu consacré par la présence physique des reliques, qui le sanctuarisent et en font un *locus religiosus*. Suivant la pratique juridique et la législation du Bas-Empire, celui-ci exerce des droits, sans être pour autant « personnifié ».

Cette pratique qui garde le souvenir des traditions romaines n'est pas appliquée de manière cohérente ni théorisée avant la naissance des écoles de droit au tournant des xie-xiie siècles[31]. Surtout, elle n'est pas exclusive d'autres formes de propriété ecclésiastique, telle que les églises domaniales en possession des laïcs, autrefois appelées « églises privées » par l'historiographie, déjà admises dans le droit justinien. Il n'empêche qu'elle contribue à la mise en place d'une « économie » ecclésiale (*œconomia*, *dispensatio*) pensée comme une administration qui exclut la production directe de richesse mais prévoit son augmentation grâce aux bons investissements d'administrateurs avisés qui font fructifier les biens et les font circuler à

30. Tonеatto 2012.

31. Voir les chapitres 1, 2 et 3 du deuxième tome et le chapitre « Droit » du troisième tome.

l'intérieur de la communauté des fidèles. Elle suscite pour cela l'apparition d'un personnel spécialisé dans l'administration des biens, tels que l'économe aux côtés de l'évêque et le cellérier dans les monastères. Cette économie se caractérise par sa stabilité dans le temps, garantie par l'absence de tout sujet propriétaire qui pourrait disperser les biens, les dilapider ou les utiliser pour son intérêt personnel : ce sont justement les dangers du « lucre » ou de « l'avarice » qui caractérisent la mauvaise gestion des biens d'Église ou les appétits laïcs à leur égard.

À l'opposé de l'avarice se trouve la « charité » (*caritas*) : Augustin identifie la première à un principe à la fois éthique et économique destructeur des liens entre les fidèles et la seconde au fondement régissant la communauté des premiers chrétiens de Jérusalem, qui mettaient leurs biens en commun en confiant la distribution du nécessaire aux apôtres. À travers la médiation ecclésiale, la *caritas* émerge au seuil du Moyen Âge comme le soubassement idéologique qui lie la recherche du salut individuel au bien économique de la communauté, à travers le soin des pauvres et le respect de l'économie propre aux biens d'Église. Elle soutient les pratiques ecclésiales de l'aumône ainsi que les largesses des puissants en tant que principe théologico-économique qui structure l'Église dans son ensemble[32].

FLORIAN MAZEL et VALENTINA TONEATTO

32. *Ibid.* Voir les chapitres 15 du présent tome, 2 et 6 du deuxième tome, et « Vivants et morts » du troisième tome.

4.

L'archipel des chrétientés premières

Éthiopie, Géorgie, Irlande (v^e^-xie siècle)

Envisager ensemble l'Éthiopie, la Géorgie et l'Irlande peut surprendre. En effet, ces trois pays éloignés ne présentaient aucune uniformité interne au début de notre période. Certaines de leurs régions ont connu des formes de romanisation ancienne, d'autres ont entretenu des relations étroites avec Byzance, la civilisation perse ou le monde musulman. Toutefois, ces trois espaces ont pour points communs de ne pas avoir fait partie de l'Empire romain, d'être restés éloignés des principaux centres du pouvoir médiéval en Europe (royauté franque, Empire carolingien, Empire byzantin, autorité pontificale, etc.) et d'avoir entamé entre le ve et le xie siècle un processus d'unification ou réunification. C'est pourquoi la notion d'archipel semble pertinente car elle permet d'aborder les problèmes de géographie historique et de comparer l'évolution de ces chrétientés éloignées. La diversité des processus d'intégration a généré, dans les trois cas, des conflits et des formes singulières de christianisation et d'encadrement. La complexité des situations, des revendications territoriales et des ambitions parfois antagonistes tient au fait qu'une même région pouvait appartenir successivement à diverses structures politiques qui pouvaient aussi se superposer à des échelles différentes. Il est donc nécessaire d'adopter une perspective géopolitique, en analysant les modalités de conversion, d'intégration ou de désagrégation, sans négliger les représentations qui influencent la mémoire, l'historiographie et l'identité de ces chrétientés éloignées.

L'histoire des chrétientés premières, par-delà leurs dissemblances, montre que la conversion des peuples n'est pas nécessairement subordonnée à l'existence d'une royauté solide collaborant avec un pouvoir épiscopal charismatique. Elle nous invite aussi à reconsidérer la vision réductrice d'une diffusion progressive du christianisme sur les marges occidentales, orientales et méridionales de l'Europe chrétienne à partir d'un centre structuré intégrant progressivement ses périphéries. En effet, la conversion de l'Éthiopie, de la Géorgie et de l'Irlande a suscité des dynamiques d'intégration et des formes de résistance qui leur sont propres. La persistance de cultures politiques et religieuses originales, parfois héritée de la période préchrétienne notamment en Irlande, remet en cause les représentations simplistes d'un christianisme uniforme et compact autour du modèle romain.

La diversité des formes d'intégration dans le « monde chrétien » a produit des phénomènes d'acculturation et d'influences réciproques : loin d'entraîner la dissolution des « marges » dans la structure qui les englobe, elle a favorisé la construction d'identités propres à travers des particularismes linguistiques, culturels, artistiques, doctrinaux et politiques qui permettent de les définir. Dès lors, une étude eurocentrée qui, par exemple, étudierait la Géorgie uniquement à travers le prisme du conflit entre l'Empire romano-byzantin et l'Empire sassanide, sans prendre en compte le contexte et les dynamiques propres de l'histoire caucasienne, serait incapable de comprendre ni les différences durables entre la Géorgie occidentale et la Géorgie orientale, ni leurs particularités.

Dans ce contexte, la question des sources est essentielle : s'il faut prendre en compte les textes (chroniques, lettres, etc.) des autorités franques, pontificales ou byzantines, il est nécessaire de croiser ces témoignages extérieurs avec les sources locales. Or, pour les siècles considérés, les sources locales sont rares et, malgré des découvertes épigraphiques notables, restent dominées par la littérature hagiographique ou par des chroniques très postérieures aux événements qu'elles relatent. Le recours à l'archéologie et à l'histoire de l'art s'avère donc indispensable pour confirmer ou rectifier le témoignage des textes. Néanmoins, les sources disponibles insistent toutes sur l'influence des échanges et des réseaux, plus encore que des mouvements de conquête brutale, pour comprendre la conversion et la construction historique de ces chrétientés éloignées, et éviter les raccourcis de l'eurocentrisme et les pièges des identités nationales.

Conversions et entrée en christianisme

Aux limites orientales et méridionales de l'Empire romain, la christianisation est l'affaire de quelques missionnaires mais aussi de marchands. Des traditions tardives la placent au plus près de la prédication de Jésus, sous l'influence de quelques disciples et apôtres. Mais c'est entre les IIe et IVe siècles que des communautés chrétiennes sont attestées dans ces régions et se structurent en Églises. Depuis ces établissements, de nouvelles missions touchent les territoires hors de l'Empire romain : de l'Empire perse jusqu'en Inde et en Chine, et au sud de la province d'Égypte vers la Nubie et l'Éthiopie.

La Nubie (entre la première cataracte et la sixième cataracte du Nil) aurait été convertie par l'eunuque de la reine de Candace qui reçut le baptême du diacre Philippe sur la route de Jérusalem à Gaza. Dans les *Actes des Apôtres* qui conservent cette tradition, Candace est présentée comme la reine d'Éthiopie, une région qui dans la géographie antique correspond à celle du haut Nil et au royaume de Méroé. Les reines de Méroé portaient alors le titre de *kandakè* (Candace). Mais il faut attendre le IVe siècle pour disposer de témoignages attestant la présence de chrétiens dans cette région, certains fréquentant des communautés monastiques en Égypte. Après la chute de Méroé au IVe siècle, l'espace nubien s'organise autour de trois royaumes – Nobadie au nord, avec pour capitale Faras ; Makourie au centre avec pour capitale Dongola ; et Alodie au sud avec pour capitale Soba – dans lesquels le christianisme a sans doute pénétré relativement tôt, mais la conversion de la population et la structuration d'une Église proprement dite intervient au VIe siècle[1].

Plus au sud, en descendant le Nil et son affluent l'Atbara – qui devient Tekkezé sur les haut plateaux éthiopiens – s'épanouit le royaume d'Aksoum. Celui-ci occupe la région autour de la ville du même nom et de son port, Adoulis, sur les côtes de la mer Rouge. Impliqué dans le commerce maritime, exportant de l'or, des esclaves, des éléphants et de l'ivoire, il reçoit des commerçants qui sont parfois chrétiens. Le premier à faire état de la conversion d'Aksoum est Rufin d'Aquilée[2]. Il traduit du grec au latin l'*Histoire ecclésiastique* d'Eusèbe de Césarée et ajoute des informations qu'il a obtenues personnellement lors de ses voyages à Alexandrie à la fin du IVe siècle. Il raconte qu'un bateau transportant un philosophe originaire de Tyr, parti visiter l'Inde ultérieure (que l'on identifie à Aksoum) avec deux jeunes disciples, est attaqué en mer Rouge par des pirates. Seuls rescapés, les deux disciples sont emmenés comme captifs à la cour, où ils servent comme échanson et secrétaire du roi. À la mort du souverain, le jeune secrétaire nommé Frumence assura la régence aux côtés de la reine. Il permit alors aux marchands chrétiens présents dans le royaume de célébrer leur culte. Lorsque le nouveau roi occupa le trône, il se convertit au christianisme. Frumence alla quérir un évêque pour cette nouvelle Église auprès du patriarche Athanase d'Alexandrie

1. SEIGNOBOS 2018.
2. COLIN 2017.

qui le consacra et le renvoya en Éthiopie. Les inscriptions royales du IVᵉ siècle et les monnaies frappées à Aksoum portent désormais la marque de la conversion en affichant la foi en la Trinité et des croix. Une lettre datée de 356, envoyée par l'empereur Constance II (337-361) au roi aksoumite, confirme la conversion. L'empereur y témoigne de son homéisme et de son opposition farouche au patriarche Athanase, resté fidèle à l'orthodoxie nicéenne, et il demande au roi aksoumite de renvoyer l'évêque Frumence afin que celui-ci soit consacré par le nouveau patriarche arien d'Alexandrie. On ne sait pas si cette injonction fut suivie d'effet, mais elle vient confirmer à la fois la conversion du royaume d'Aksoum au christianisme et son lien avec le patriarcat d'Alexandrie.

Aux antipodes de l'Empire, bien au-delà du *limes*, la Géorgie et l'Irlande présentent deux modèles de conversion différents. Le terme Géorgie (Sakartvelo) ne désigne aucun royaume du versant sud du Caucase avant le XIIᵉ siècle. La Géorgie actuelle, encadrée par la mer Noire et la mer Caspienne et, barrée, au nord et au sud, par deux chaînes du Caucase, correspond, dans l'Antiquité tardive, à deux ensembles distincts : à l'ouest, la Colchide antique (qui intègre notamment l'Abasgie et la Lazique) et, à l'est, l'Ibérie[3]. C'est dans le Caucase, en Colchide, que la mythologie antique situe le pays des Amazones ou encore la destination de Jason et des Argonautes, partis à la conquête de la riche Toison d'or dans le royaume de Médée. Non loin de la montagne où était enchaîné Prométhée, châtié par les dieux pour avoir donné le feu aux hommes, et dont la générosité et le supplice rappellent l'exploitation des riches ressources minières de la région[4]. La conquête romaine de l'Ibérie en 65 av. J.-C. illustre les convoitises des Romains qui confièrent finalement le royaume à Polémon Iᵉʳ avant son morcellement en plusieurs principautés.

3. Razoux 2009.
4. Charachidzé 1986.

La culture paléochrétienne de la région fut marquée par des influences venues d'horizons divers, du monde romano-byzantin au monde sassanide. Elle intégra aussi de nombreuses légendes, souvent tardives, qui façonnèrent l'identité culturelle de la Géorgie, comme la possession, pendant plusieurs siècles, de la sainte tunique du Christ tirée au sort au pied de la croix par des soldats ou encore l'apostolat de saint André appelé par la Vierge à évangéliser la région. Ces traditions sont connues essentiellement par des sources iconographiques et littéraires géorgiennes : aux nombreux textes hagiographiques s'ajoutent des chroniques, comme les *Annales géorgiennes*, collection de chroniques tardives rédigées au XVIIIe siècle à partir de documents et de traditions anciennes. Les sources textuelles et archéologiques s'accordent pour situer la conversion de la région au IVe siècle. *L'Histoire ecclésiastique* de Rufin raconte l'évangélisation de la partie orientale, l'Ibérie, par sainte Nino dont les miracles favorisèrent la prédication puis la conversion du roi Mirian III et de son peuple vers 320 et 330. Au-delà de la légende, un premier évêque, Jean (vers 330-vers 360), est bien ordonné par Alexandre de Constantinople, mais le premier baptême royal, en l'occurrence du roi Tzaté de Lazique, est attesté en 523. De manière générale, la Colchide et l'Ibérie, qui formèrent la Géorgie au Moyen Âge central, ont des histoires tellement différentes jusqu'au VIIe siècle qu'il est impossible de considérer le processus de christianisation comme un mouvement uniforme et homogène. Marquées par l'influence hellénique puis romaine, les principautés pontiques de Colchide, en particulier les anciens comptoirs grecs, connurent sans doute le christianisme assez tôt, comme le montrent la présence d'églises sur le littoral et le cours du Phasis, ou encore la participation de Stratophile, l'évêque de Pityus en Lazique, au concile de Nicée en 325. Le récit de Procope, qui évoque la construction par Justinien dans le nord du Lazique d'un sanctuaire à la Vierge où officiaient des prêtres enseignant la nouvelle religion, reflète les progrès du christianisme et la conversion des Abasges au milieu du VIe siècle. En revanche, il en fut autrement dans les régions orientales de l'Ibérie, qui avaient fait partie de l'Empire achéménide. Le christianisme y fut introduit plus tardivement, essentiellement à Mtskhéta où se trouvait une importante communauté juive. Malgré ces processus divergents, la christianisation fut marquée dans les deux cas par une résistance durable du paganisme dans les campagnes et par une multiplication des fondations monastiques dans le Tao, en Ibérie, et en Orient, notamment en Palestine, comme en témoignent au Ve siècle la fondation du monastère Sainte-Croix sur la montagne de Sion ou les plus anciennes inscriptions géorgiennes sur les mosaïques d'un monastère de Bethléem[5].

L'Irlande, elle, n'avait jamais fait partie du monde romain dans l'Antiquité. Prosper d'Aquitaine raconte au Ve siècle que le pape Célestin Ier envoya en Irlande le diacre Palladius qui devint le premier évêque des Irlandais – les *Scotti*, comme les appellent les Latins pour les différencier des *Brittani* voisins. Nous ne savons à peu près rien de Palladius. L'*Histoire ecclésiastique du peuple anglais* du moine anglo-saxon Bède le Vénérable précise, au début du VIIIe siècle, qu'il avait été envoyé « vers les *Scotti* croyant au Christ » pour soutenir leur combat contre le paganisme, suggérant ainsi que le christianisme était déjà présent en Irlande vers 430. En réalité, les modalités de la conversion de l'Irlande, qui était occupée par les Celtes depuis le VIe siècle av. J.-C. et qui n'était jamais devenue romaine, sont mal connues, même si on peut affirmer que la christianisation n'a pas remis en cause les cadres de la société celtique dont certains usages rituels et pratiques sociales sont attestés jusqu'à l'invasion anglo-normande à la fin du XIIe siècle. La mémoire tardo-antique de cette Église sans martyrs attribue l'évangélisation à saint Patrick, missionnaire

5. MARTIN-HISARD 1998.

breton considéré comme « l'apôtre de l'Irlande », dont les reliques sont honorées dans la ville de Downpatrick, aux côtés des deux autres saints patrons de l'Irlande, sainte Brigitte et saint Colomba d'Iona.

L'historicité de saint Patrick[6], qui occulte celles d'autres missionnaires bretons de la première moitié du ve siècle, fait débat : ignorée de Palladius, l'activité de Patrick est évoquée dans des textes hagiographiques, dont le plus ancien témoignage a été copié à Armagh au début du IXe siècle, et dans les *Annales irlandaises* compilées au Xe siècle à partir d'un noyau de sources autochtones constitué à l'abbaye insulaire d'Iona au VIIe siècle et de chroniques d'époques et d'auteurs différents. La tradition attribue aussi deux écrits à saint Patrick, qui contiennent des éléments sur sa vie et sur la conversion de l'Irlande : la *Confessio* raconte ses origines bretonnes, les difficultés de sa mission en Irlande, son apostolat auprès des rois irlandais, ses échanges avec les druides celtiques chargés de la formation des élites et son activité d'enseignement fondée sur l'alphabet latin et les psaumes ; un second écrit, l'*Epistola ad Coroticum*, désigne une lettre adressée aux chrétiens réduits en esclavage par le tyran Coroticus dans le nord de la Bretagne. Mais l'origine précise de ces deux textes est encore discutée et les témoignages de ses premiers hagiographes au VIIe siècle, Muirchu et Tirechan, semblent influencés par la défense de la cause romaine. Dans ce contexte, l'historicité et le sens de la mission de Patrick en Irlande, qui fut peut-être soutenue par l'Église de Bretagne, sont insaisissables. On peut simplement en déduire que les témoignages hagiographiques inscrivent l'évangélisation de l'Irlande dans l'expansion du christianisme romain et préfigurent l'évolution du clergé irlandais vers un système à prédominance monastique.

Cette empreinte monastique est illustrée par les relations de Patrick, réelles ou légendaires, avec des centres monastiques

6. Flechner 2019.

gaulois : certaines traditions tardives racontent les séjours de Patrick à Lérins auprès d'Honorat et à Auxerre auprès de Germain. Quelle que soit l'historicité de ce missionnaire thaumaturge, la christianisation n'a pas mis un terme aux pratiques païennes. La littérature hagiographique met en scène les fréquents dialogues entre les saints et les druides ; les *Annales d'Ulster* racontent également le recours des rois aux pratiques magiques des druides avant les combats. Enfin, le culte de sainte Brigitte, la fondatrice du monachisme féminin irlandais à Kildare, célébrée le 1er février, n'est pas sans rappeler celui de la déesse celte Brigit dont la célébration, lors d'une fête druidique de purification, avait lieu également le 1er février. Mais la mémoire de sainte Brigitte, qui introduisit la *Règle de saint Césaire* pour les moniales irlandaises, illustre surtout la place croissante du monachisme en Irlande où les fondations rurales semblent plus adaptées à l'organisation sociale celtique que les structures épiscopales urbaines. Ainsi, l'autorité croissante des abbés, fondée notamment sur la richesse des monastères et leurs liens avec les dynasties dominantes, éclipse celle des évêques qui est souvent cantonnée, dans les textes hagiographiques, au pouvoir spirituel et sacramentaire. Les canons des synodes des VIe et VIIe siècles, contenus dans des manuscrits du VIIIe siècle, donnent une idée plus précise de l'organisation ecclésiastique évoquant une structuration de l'espace en diocèses qui correspondaient peut-être au territoire des *tuatha*, l'unité de base de la société irlandaise d'origine celtique[7]. Le pouvoir de juridiction semble être détenu par les évêques et les abbés, eux-mêmes souvent évêques, dans un système à prédominance monastique.

L'action du troisième saint patron de l'Irlande, le moine Colomba, confirme l'emprise du monachisme sur l'Église irlandaise : ce jeune prince de la dynastie des Ui Néill, l'une des principales familles régnantes du nord de l'Irlande,

7. VIRON 2002.

fonda en effet, en 563, l'une des principales communautés monastiques sur l'île de Iona, suivie d'un autre monastère, Durrow, en 585. La *Vita Columbae*, rédigée par l'abbé d'Iona Adamnán, contient de précieuses informations sur les monastères irlandais, qui étaient autonomes et ne suivaient pas une règle commune, et sur l'activité culturelle des moines investis dans la copie des manuscrits et la rédaction de textes, comme les premières *Annales* irlandaises peut-être compilées à Iona au VIIIe siècle. On y apprend aussi l'importance de la retraite insulaire, de l'idéal du désert marin et des activités missionnaires conçues comme le prolongement de l'expérience ascétique[8] : les missions de Colomba, qui favorisèrent le christianisme en Écosse et dans le nord de l'Angleterre, furent suivies de nombreux déplacements de moines irlandais dans toute l'Europe. Le meilleur exemple est l'itinéraire de son contemporain Colomban (m. 615), moine du monastère de Bangor, qui parcourut une partie des Gaules et de l'Italie avec ses disciples[9], évangélisa des populations rurales, entra en conflit avec l'Église et la cour franques, notamment sur la date de Pâques, et fonda, avec l'aide d'aristocrates francs ou lombards, plusieurs monastères devenus célèbres (Annegray, Luxeuil, Bobbio, etc.) qui illustrent les liens étroits entre les missions irlandaises et le monachisme continental en plein essor.

Dans tous les territoires mentionnés, des communautés chrétiennes, souvent de marchands, préexistent à une structuration de l'Église, sous l'influence de missionnaires qui orientent l'obédience vis-à-vis de l'un ou l'autre des patriarcats et par conséquent vis-à-vis de choix dogmatiques et liturgiques contribuant à définir des identités religieuses de plus en plus cloisonnées. La conversion des élites au pouvoir entraîne l'établissement du christianisme comme religion officielle en Nubie et en Éthiopie, tandis que dans le monde syriaque

8. Picard 2009.

9. Charles-Edward 2000, chapitre 8 « Colomban and his disciples ».

ou géorgien la religion chrétienne ne structure aucun État. Périphériques à l'Empire romain, ces régions n'en sont pas moins en étroite relation avec lui pour le commerce, et entre elles, pour les mêmes raisons. Et les empereurs n'hésitent pas à intervenir directement dans ces nouvelles terres chrétiennes, dans une démarche unificatrice.

Processus d'intégration ou de désintégration

À l'issue de cette période de conversions, l'Église chrétienne se structure et se divise en patriarcats : Rome, Constantinople, Alexandrie, Antioche, Jérusalem. Les chrétiens des frontières orientales et méridionales de l'Empire romain se trouvent alors placés sous l'obédience de l'un ou l'autre, excepté Rome. Les lignes de fractures sont nombreuses et ont trait à la définition de la nature humaine et divine du Christ, mais aussi à la place de Marie. Les conciles d'Éphèse (431) et de Chalcédoine (451) sont à l'origine des grandes césures.

Loin de se limiter à des débats théologiques, ces prises de position ont profondément marqué l'histoire des communautés chrétiennes et des États qui les abritaient. Au gré des choix opérés par les empereurs byzantins, une politique pro ou anti-chalcédonienne se met en place et conduit à l'exil des théologiens, à des persécutions, mais aussi à l'envoi de missions quasiment concurrentes. Le règne de Justin (518-527) est ainsi décisif puisqu'il oriente l'Empire dans une politique pro-chalcédonienne : le patriarche d'Antioche est envoyé en exil en Égypte, de même que de nombreux autres ecclésiastiques antiochiens. Cette période de persécution provoqua des circulations intenses des ecclésiastiques anti-chalcédoniens au sein de l'Empire et de ses marges[10]. C'est à partir du début du VIe siècle que le royaume d'Aksoum reçoit des missionnaires

10. Briquel Chatonnet et Debié 2017.

originaires de l'Empire romain d'Orient, longtemps considérés comme des moines syriaques, plus vraisemblablement originaires d'Égypte et anti-chalcédoniens, qui introduisirent en Éthiopie le monachisme et furent à l'origine d'une seconde vague de christianisation.

La Nubie fut l'un des théâtres de la concurrence entre les divers courants théologiques. À l'initiative de l'empereur Justinien (527-565) et de sa femme Théodora, des missions chrétiennes furent envoyées dans les royaumes de Nubie. Théodora protégeait les non-chalcédoniens (jacobites), et en particulier le patriarche d'Alexandrie, Théodose, qui avait trouvé refuge auprès d'elle à Constantinople. Tous deux envoyèrent un prêtre qui baptisa le roi de Nobadie et des membres de sa famille. De son côté, Justinien menait une politique contraire, tentant de ramener tous les chrétiens dans l'obédience chalcédonienne, et envoyant des missionnaires (melkites) également en Nubie. Les souverains à la tête des royaumes de Makourie et d'Alodie se convertirent à leur tour vers 570-580, le premier étant melkite et le second jacobite. Le christianisme nubien, bien que largement non-chalcédonien, se trouvait ainsi en proximité avec le monde byzantin, influencé par la culture hellénistique, bien plus que par la culture copte en devenir[11].

Au début du VIe siècle, une dynastie juive régnait sur le royaume de Himyar dans l'Arabie méridionale et se mit à persécuter les chrétiens, notamment à Najran vers 523. Certains d'entre eux étaient Éthiopiens, les relations entre les deux rives de la mer Rouge étant régulières depuis de nombreux siècles. L'annonce de cette persécution entraîna l'envoi d'un corps expéditionnaire conduit par le roi d'Aksoum, qui tua le roi juif et installa à sa place un vice-roi chrétien, tributaire d'Aksoum. Cette guerre est rapportée par de nombreux textes, dont l'un évoque le rôle de l'empereur Justin (518-527).

11. SEIGNOBOS 2018.

Celui-ci aurait envoyé à la fois une lettre au patriarche d'Alexandrie et au roi aksoumite pour enjoindre à ce dernier de se porter au secours des chrétiens de Himyar. L'envoi de ces lettres est aujourd'hui discuté. Mais il est certain que l'intervention éthiopienne en 525 fut suivie d'initiatives diplomatiques de Justinien (527-565) qui tenta de s'allier aux rois d'Aksoum et de Himyar dans sa lutte contre l'Empire perse dans les années 530[12].

L'occupation éthiopienne de Himyar s'acheva avec la conquête perse menée en 572. Suivie d'une nouvelle guerre romano-perse au début du VIIe siècle, à l'issue de laquelle toute la partie orientale de l'Empire byzantin passa sous contrôle sassanide. Les conquêtes arabo-musulmanes prirent le même chemin et firent basculer le Proche-Orient, la Mésopotamie, le Yémen et le golfe Persique, ainsi que l'Égypte sous administration omeyyade (661-750). Une grande partie des chrétiens d'Orient se trouvèrent de fait soumis à un État qui leur reconnaissait une place comme *dhimmis* (protégés du calife soumis à certaines discriminations légales), mais dont la politique vis-à-vis des autres religions connut des flux et reflux. Toutefois, la Nubie et l'Éthiopie restèrent hors de l'Empire arabo-musulman, conservant à leur tête des souverains chrétiens. Un traité, impliquant un pacte de non-agression, réglait les relations entre l'Égypte et la Nubie (le *baqt*, dont la première mouture remonte à 652) et consistait notamment dans le versement d'un tribut par les Nubiens à l'Égypte. Sans doute tombé dans l'oubli au cours du IXe siècle, ce *baqt* fut renégocié à la fin du Xe siècle, au cours du règne des Fatimides[13].

Si l'Éthiopie ne subit pas de conquêtes, du fait notamment de l'interdiction faite aux Arabes d'agresser le pays du négus qui avait accueilli les partisans de Muhammad lorsque celui-ci

12. Beaucamp 2010.
13. Seignobos 2018.

était persécuté par les Mecquois, il semble que le royaume d'Aksoum perdit sa position prééminente dans le commerce en mer Rouge. Le monnayage cesse au VIIe siècle, la ville d'Aksoum est progressivement abandonnée, les tombeaux surmontés des grandes stèles symboles de la puissance aksoumite sont pillés. S'ouvre alors une période particulièrement mal connue, avant qu'une nouvelle dynastie chrétienne – les Zagwé – s'empare du pouvoir et profite d'une renaissance des relations avec le patriarcat d'Alexandrie pour établir un État fondé sur une alliance puissante avec l'Église (fin XIe-XIIIe siècle).

C'est à cette période que se diffuse parmi les coptes d'Égypte et en Éthiopie, un mythe qui donne une place prééminente au souverain éthiopien. Paraphrasant le *Livre des Rois*, qui évoque la visite de la reine de Saba – identifiée à une reine éthiopienne – au roi Salomon, ce mythe évoque l'union des deux souverains et la naissance d'un fils, qui rapporta de Jérusalem l'arche d'alliance désormais conservée dans la cathédrale d'Aksoum. Ce récit est développé dans un ouvrage largement diffusé en Éthiopie au XIVe siècle, mais ses prémices figurent dans des textes circulant en Égypte au XIe siècle. Il confère une ascendance salomonienne à la royauté éthiopienne et établit l'Éthiopie comme l'héritière d'Israël, l'arche symbolisant cette nouvelle alliance. Certains souverains de la dynastie Zagwé (XIe-XIIIe siècle) prennent Salomon comme nom de règne et sont reconnus comme saints par l'Église éthiopienne[14].

Pour leur part, les deux régions de la future Géorgie médiévale ont entretenu, dès l'Antiquité tardive, des relations étroites avec les Églises grecques de Constantinople puis d'Antioche. Ces contacts illustrent l'intérêt de Byzance pour ces régions qui garantissaient l'accès au carrefour routier du Caucase et à d'importantes voies commerciales. Si l'Empire

14. Derat 2018.

ne parvint jamais à intégrer l'ancienne Colchide, l'expansion du christianisme dans les cités de Lazique et d'Ibérie favorisa la constitution progressive d'une Église commune rattachée à l'orthodoxie chalcédonienne, qui bénéficia aussi de l'influence des monastères ibériques de Syrie et de Palestine.

Malgré sa dépendance à l'égard de l'Église de Constantinople puis d'Antioche, l'Église d'Ibérie obtient une certaine autonomie et un premier *catholicos* (évêque métropolitain) d'origine géorgienne, Saba Ier (532-552), fut élevé à la dignité de *catholicos* de Mtskhéta, la cité royale des Ibères[15]. La fin du VIe siècle fut marquée par la rupture des relations avec l'Église arménienne et le renforcement de la présence perse en Ibérie. Quelques décennies plus tard, à la fin des années 620, les *catholicoi* d'Ibérie furent reconnus par Antioche où furent ordonnés tous les *catholicoi* d'Ibérie jusqu'au VIIIe siècle. Dans l'Antiquité tardive, la conversion du roi d'Ibérie n'avait pas empêché les pressions croissantes des Perses[16]. L'effondrement du royaume au VIe siècle favorisa l'expansion de l'Empire des Sassanides qui nommèrent des gouverneurs (*marzapan*) à la tête de l'Ibérie et encouragèrent l'apostasie des chrétiens. Un siècle plus tard, l'hégémonie perse ne résista pas non plus à l'avancée arabe à partir de 645. Si l'islamisation semble avoir été modérée sous les Omeyyades, les récits hagiographiques évoquent une pression religieuse plus forte sous les Abbassides. Mais au-delà des lieux communs de la littérature martyriale, la constitution de l'émirat de Tbilissi et les tentatives d'intégration de la région à la province de l'Arminiya n'ont pas empêché l'affirmation de familles géorgiennes chrétiennes qui revendiquèrent des titres princiers ou royaux à partir du VIIIe siècle. Parmi eux, les Bagratides se distinguèrent en étendant leur influence sur le sud-ouest du Caucase avec

15. MARTIN-HISARD 1998.

16. TOUMANOFF 1963, part. IV « Iberia between Chosroid and Bagratid Rule », p. 389-390.

l'aide du mouvement monastique. L'un des membres de cette dynastie d'origine arménienne, Adarnassé IV, prince de Tao inférieur, rétablit la monarchie géorgienne en 888, trois siècles après l'abolition du royaume d'Ibérie par les Sassanides. Il prit le titre de « roi des Géorgiens » et affirma son indépendance à l'égard de Byzance, réalisant ainsi une première forme d'unification de la Géorgie orientale[17].

Cette période de transition, marquée par les conflits récurrents entre les potentats locaux et par les incursions arabes ou byzantines, précéda le premier royaume unifié de Géorgie fondé en 1008 par un autre membre de la dynastie, le roi chrétien Bagrat III d'Abkhazie, qui, malgré l'opposition de l'émirat de Tbilissi et des rois arméniens, repoussa les frontières de son royaume en s'alliant ponctuellement avec le califat fatimide contre l'Empire byzantin qui s'inquiétait de la puissance de ce nouvel État. Le début du XIe siècle vit un essor de l'architecture religieuse géorgienne illustrée notamment par la cathédrale dite « de Bagrat » à Koutaïssi, la cathédrale de Svétitskhovéli à Mtskhéta, siège du patriarcat géorgien, ou encore la cathédrale d'Alaverdi. Malgré la révolte de familles aristocratiques et l'arrivée des Turcs seldjoukides, dont l'empire nomade englobait une grande partie de l'Asie Mineure et de la Perse, l'unification du royaume de Géorgie progressa sous le règne du roi David IV (1089-1125) qui réorganisa l'Église de Géorgie au synode de Ruisi-Urbnisi en 1103 et vainquit l'émirat de Tbilissi en 1122.

Il est tout aussi difficile d'étudier les processus d'intégration de l'Irlande chrétienne. Les sources juridico-administratives irlandaises des VIIe et VIIIe siècles, qui présentent l'originalité de ne pas être influencées par le droit romain, suggèrent le passage progressif, du Ve au XIe siècle, d'un système tribal, fondé sur 150 chefferies locales autonomes (*tuatha*) composées de clans d'importance et de taille différentes, à une

17. Razoux 2009.

organisation dynastique dans les cinq royaumes provinciaux (*cóiceda*) en cours d'intégration : l'Ulster au nord-est, le Leinster au sud-est, le Connacht à l'ouest, le Munster au sud-ouest et le Meath ou Mide au centre[18].

Les deux principaux sont l'Ulster, au nord, et le Munster, au sud. Alors que les Ui Neill imposèrent leur domination sur le nord de l'Irlande, ils furent arrêtés plus au sud par les Ui Dúnlainge et les Ui Cennselaig qui gardèrent leur autorité sur la région jusqu'à l'arrivée des Anglo-Normands au XIIe siècle. Cette organisation spatiale plus structurée fut remise en cause en 795 par l'arrivée des vikings dont les assauts répétés se prolongèrent pendant près d'un demi-siècle : les pillages de villages et d'établissements religieux, pris pour cibles à cause de leurs richesses, furent suivis, à partir de 840, de l'occupation de places fortifiées et des premières colonies de peuplement scandinaves sur les côtes méridionales et orientales où se développa une intense activité marchande[19]. La présence scandinave encouragea peut-être l'ambition de certaines dynasties désireuses d'unir les royaumes provinciaux autour d'un seul roi. Ce projet fut à l'origine de conflits permanents aux XIe et XIIe siècles entre les rois des provinces qui prétendaient à la royauté suprême de l'Irlande. D'abord soutenu par les Ui Néill, ce projet fut apparemment mené à bien par la confédération des Dàl Cais, la puissance dominante du Munster, dont le chef Brian Boru prit le titre de « roi suprême des Irlandais d'Irlande, et des étrangers, et des Gallois, auguste de tout le nord-ouest de l'Europe », si l'on en croit les *Annales d'Ulster*. Vainqueur des Scandinaves de Limerick en 976, il tenta d'unifier l'Irlande en étendant son autorité sur le Munster, le Leinster, le royaume de Dublin et le nord de l'Irlande, après avoir soumis la dynastie des Ui Néill. Bien qu'il ait perdu la vie à la bataille de Clontarf en

18. Ó Cróinín 2017[2].
19. Viron 2002.

1014, la mémoire irlandaise célèbre cet épisode comme la victoire des Gaëls contre les Scandinaves mettant un terme à la conquête de l'Irlande par les vikings. Mais la présence de guerriers scandinaves de part et d'autre de 1014 et la poursuite des activités commerciales des Scandinaves dans leurs villes-comptoirs de la côte orientale conduit à s'interroger sur cette interprétation. De même, si Muirchertach Ua Briain, l'héritier du royaume de Munster, parvint à contrôler le commerce dans la mer d'Irlande et à faire de l'ancienne forteresse de Cashel le siège du premier archevêché du royaume et de Limerick la capitale politique et administrative, les historiens s'interrogent là encore sur la réalité de cette unité nationale qui ne mit pas un terme aux conflits entre royaumes provinciaux, lesquels ne disparurent vraiment qu'avec la conquête anglo-normande de l'Irlande et l'arrivée du roi d'Angleterre Henri II à la fin du XIIe siècle[20].

Particularités de l'archipel des chrétientés premières

La présence musulmane en Géorgie, qui dura formellement du VIIe siècle à la victoire du roi David IV contre l'émirat de Tbilissi en 1122, n'a pas fait disparaître la culture, la religion ni les structures politiques et sociales forgées depuis l'Antiquité tardive. La mise au point de l'alphabet géorgien, dans la première moitié du Ve siècle, a accompagné la naissance d'une littérature chrétienne : le traité de philosophie de l'évêque Pierre d'Ibérie a été suivi de nombreuses traductions (du grec, de l'arménien, du syriaque ou de l'arabe) dont les spécialistes mesurent progressivement l'importance et la diversité des expressions littéraires ; les traducteurs anonymes et les soixante-quatorze auteurs recensés illustrent à peu près

20. Voir le chapitre 12 du deuxième tome.

la totalité des genres de la littérature ancienne chrétienne. L'influence de la diaspora géorgienne dans l'espace byzantin se traduit par la fondation en 980 du monastère d'Iviron au mont Athos mais aussi par les riches manuscrits transportés au fil du temps à Constantinople, à Antioche, au Sinaï, au mont Athos et dans les monastères de Syrie-Palestine. Ces témoins donnent accès à la liturgie ancienne de Jérusalem avant la byzantinisation des rites mais aussi à des formes épiques ou poétiques de la littérature perse antérieure à l'islamisation. Ils contiennent enfin les traductions géorgiennes de nombreux textes perdus, notamment en grec, que les philologues retrouvent peu à peu[21].

L'expression monumentale de la religion chrétienne prend en Géorgie une dimension particulière[22]. Le premier miracle de sainte Nino est lié à la construction d'une église et, dès le Ve siècle, se multiplient les premières petites églises à coupole dans la capitale Mtskhéta. Si les premières basiliques à trois nefs reflètent une adaptation du type classique de Syrie-Palestine, la construction de l'église de Sainte-Croix (Djvari) près de Mtskhéta, au début du VIIe siècle, représente une création originale de forme tétraconque – un carré dont les côtés sont prolongés par quatre demi-cercles – qui traduit l'influence byzantine et sassanide, et qui servit de modèle dans toute la Transcaucasie. Ses nombreux bas-reliefs, qui exaltent la Croix et représentent notamment le Christ bénissant son fondateur, expriment déjà le style décoratif et linéaire qui caractérisa l'art géorgien pendant des siècles. L'unification progressive du royaume au XIe siècle renforça l'originalité de l'architecture religieuse : les grandes cathédrales sont des expressions privilégiées d'un art marqué par la majesté des formes, l'ampleur des coupoles et l'originalité de façades à arcades ornées de magnifiques reliefs. Au tournant

21. Outtier 1993.
22. Beridzé 1978.

des XIe et XIIe siècles, le règne du roi David IV surnommé « le bâtisseur » favorisa la fondation de multiples édifices de culte, comme le monastère de Ghélati en Imérétie qui devint un des principaux centres intellectuels réunissant d'éminents scientifiques, théologiens et philosophes, tels Arsène d'Ikaltho ou le néoplatonicien Ioané Petritsi. Il encouragea aussi la restauration et l'embellissement de bâtiments anciens, comme l'église Sioni d'Aténi avec d'expressives peintures murales. La peinture médiévale géorgienne, qui est liée à la décoration architecturale, révèle l'influence de l'art byzantin mais aussi des emprunts au répertoire sassanide : la *Deisis*, le triomphe de la Croix, l'exaltation de la Ville sainte de Jérusalem ou encore la représentation des donateurs-évergètes aux auréoles carrées (lorsqu'ils sont encore vivants) sont omniprésents. Dans le contexte particulier de l'islamisation de la région, elle confirme l'iconodoulie de l'Église géorgienne.

En Éthiopie, l'écriture et la langue guèzes sont employées dès le IIIe siècle dans des inscriptions royales. Avec la christianisation, le guèze sert à traduire tout le corpus des Écritures à partir du grec. De cette première vague de traductions, il reste peu de manuscrits à l'exception des évangiles conservés dans le monastère d'abba Garima, copiés entre les Ve et VIIe siècles et dont les premiers folios correspondant à la lettre à Carpien et aux canons d'Eusèbe sont richement enluminés. Toute la littérature intertestamentaire est elle aussi traduite en guèze, si bien que les versions éthiopiennes du Livre d'Hénoch ou du Livre des Jubilées en constituent les témoins les plus complets connus à ce jour. Une seconde vague de traductions intervient plus tard, lorsque les relations reprennent avec l'Église d'Alexandrie à compter des Xe-XIe siècles. Les traductions se font désormais exclusivement de l'arabe en guèze. Dans le même temps, une littérature originale se développe en particulier dans les domaines de l'hagiographie, de l'homilétique et de l'histoire[23]. Mais très peu de manuscrits antérieurs au XIIIe siècle ont été conservés. La pratique de la copie pour remplacer les manuscrits trop endommagés explique sans doute en partie ce phénomène. Peut-être aussi faut-il y voir la volonté d'oblitérer certaines périodes, en particulier le règne des Zagwé, par leurs successeurs qui ont tout fait pour les présenter comme des usurpateurs ?

Les églises bâties entre les IVe et XIe siècles témoignent d'un mouvement régulier de la christianisation vers les régions méridionales et orientales du royaume. Le plus souvent de plan basilical à trois nefs, parfois cruciformes, les églises témoignent d'une architecture qui s'inspire de celle des palais d'Aksoum, que l'on trouve reproduite sur les obélisques[24]. Les murs, posés sur un soubassement à gradins, alternent rentrants et saillants. Des poutres en bois sont placées à l'horizontale, parfois comme simple placage extérieur, parfois à l'intérieur des murs pour les renforcer. Des traverses arrondies, posées à la perpendiculaire des murs, consolident l'ensemble. Les extrémités de ces traverses sont projetées sur la façade, de même que les extrémités des châssis des portes et fenêtres en bois. Ce style architectural est reproduit et réinterprété jusqu'au XIIIe siècle, y compris dans les églises creusées dans la roche. Symboles de cette architecture rupestre, les églises de Lalibela imitent ainsi dans la roche une architecture bâtie, alternant bois et pierre. Fondées par le roi qui leur a donné son nom, elles deviennent l'épicentre du culte rendu aux saints-rois de la dynastie Zagwé.

De leur côté, les particularités de l'Irlande s'expliquent avant tout par l'insularité. Cet isolement relatif a favorisé la conservation de textes tardo-antiques rares et la persistance d'usages archaïsants ou particuliers dans le vocabulaire ou la liturgie, comme en témoignent les controverses sur des

23. BAUSI, *in* KELLY 2020.
24. BOSC-TIESSE, *in* KELLY 2020.

traditions bibliques apocryphes ou sur le calcul de la date de Pâques exprimées au synode de Whitby en 664. Ces désaccords révèlent aussi la diversité des Églises irlandaises puisque le clergé du nord de l'Irlande n'accepta de se rallier au calcul romain qu'à la fin du VIIe siècle.

La conversion a fait évoluer les pratiques linguistiques, orales et écrites, des autochtones, en favorisant notamment l'introduction du latin. Mais elle n'a pas fait disparaître le gaélique, la langue parlée en Irlande. Au contraire, l'alphabet latin a servi à mettre par écrit l'ancien irlandais qui se différencia peu à peu de la langue celtique commune. Cette évolution originale a donné naissance à une abondante production textuelle dont témoignent les inscriptions chrétiennes d'Irlande et de nombreux manuscrits copiés en gallique, en ancien irlandais avec alphabet latin, et en latin à partir du VIIIe siècle. Elle illustre la coexistence d'une culture indigène et d'une culture chrétienne dont témoignent aussi la persistance des différentes langues et les pratiques de diglossie (fait d'utiliser deux langues en leur associant des statuts différents).

Si l'abondante littérature en langue irlandaise est d'inspiration essentiellement profane, la variété des textes recensés démontre la vitalité de la culture irlandaise, avant et après la christianisation, et l'interpénétration des cultures profanes et chrétiennes. La plupart de ces productions (poèmes profanes, sentences canoniques, textes chrétiens, chroniques, gloses marginales en irlandais, etc.) ont été transmises par les centres monastiques du continent fondés ou influencés par les missionnaires insulaires[25] : Luxeuil, Bobbio, Saint-Gall, Reichenau… Conservées hors d'Irlande, elles révèlent la présence durable de clercs irlandais dans plusieurs grands monastères ou centres culturels européens, comme le montre l'exemple du clerc Jean Scot Érigène à la cour de Charles le Chauve au milieu du IXe siècle.

25. Bully, Dubreucq et Bully 2018.

L'essor du christianisme a donc permis à l'Irlande de devenir un foyer culturel important dont l'une des meilleures illustrations est la production monastique de manuscrits enluminés, notamment des *Évangéliaires* dont la décoration se caractérise par l'importance de la calligraphie et l'usage des entrelacs aux motifs zoomorphes, comme dans les célèbres « livre de Durrow » (milieu du VIIe siècle) ou « livre de Kells » (fin du VIIIe siècle). La redécouverte de la « broche de Tara » et du « calice d'Ardagh » (œuvres du VIIIe siècle) démontre aussi la qualité de l'orfèvrerie irlandaise.

Le rayonnement de la culture irlandaise a profité des missions de Colomban et de ses disciples pour se développer sur le continent européen[26]. L'histoire de ces missions a longtemps été influencée par le récit de l'hagiographe Jonas de Bobbio (v. 600-659) qui prétend que Colomban et ses disciples auraient revivifié la vie religieuse décadente de la Gaule au point de susciter l'enthousiasme d'aristocrates en quête d'ascétisme et de provoquer un conflit avec l'Église franque et la reine Brunehaut. Relativisant l'influence des moines irlandais et contestant l'idée d'une « décadence » de la Gaule contemporaine, les historiens minimisent désormais l'originalité du monachisme irlandais ou iro-franc qui a « apporté moins de nouveauté qu'on a pu le croire » (Ian Wood)[27]. En effet, les missions irlandaises sont indissociables des réseaux aristocratiques qui facilitèrent leurs déplacements, comme en témoignent la collaboration de Colomban avec le roi Childebert II, son action dans les vallées de la Marne et de la Seine, ou encore l'influence de Césaire d'Arles, l'un des principaux inspirateurs du monachisme irlandais[28]. Elles s'inscrivent dans la longue histoire des échanges, notamment culturels et commerciaux, entre l'Irlande et le continent,

26. Flechner et Meeder 2016.
27. Ian Wood, *in* Bully, Dubreucq et Bully 2018, p. 34.
28. Voir le chapitre 8.

comme le montre le succès des modèles de sainteté franque en Irlande, notamment la vénération pour saint Martin entre le VIIe siècle et l'arrivée des Anglo-Normands à la fin du XIIe siècle.

Tout en participant d'une culture commune fondée sur le christianisme, les chrétiens d'Irlande, de Géorgie et du Nil, développent des spécificités littéraires, artistiques, mais aussi des organisations religieuses, sociales et politiques qui les placent en périphérie du monde chrétien en train de s'organiser autour de Rome ou de Byzance. À travers cette position singulière, ces chrétientés apparaissent comme des relais avec les autres cultures monothéistes et païennes, mais aussi comme des conservatoires des traditions et des textes les plus anciens du christianisme.

MARIE-LAURE DERAT et STÉPHANE GIOANNI

5.

L'homme dans son environnement

(VIe-IXe siècle)

L'image traditionnelle de « sauvagerie » prêtée au premier Moyen Âge offre un contraste saisissant avec les périodes d'urbanité de la Romanité antique et de la société urbaine du second Moyen Âge[1]. Ce jugement ne porte évidemment pas sur la part prépondérante de l'agriculture. Rome était déjà un empire agraire et le produit agricole est demeuré majoritaire en Europe, avec quelques exceptions régionales, jusqu'à la fin du XVIIIe siècle. Peu ou prou, la majorité de l'existence humaine a été marquée par la ruralité et par l'implication des hommes, avec une fréquence et une intensité variables, dans des environnements laissant très peu d'espaces et de milieux à l'écart d'interactions avec les autres êtres vivants.

Au-delà de leur rareté, les sources écrites soulèvent des questions importantes au sujet de leur production. Dans leur immense majorité, elles traduisent les intérêts, les préoccupations idéologiques et les sensibilités d'une minorité formée de non-producteurs et de consommateurs privilégiés qui, à l'exception notable de certaines communautés monastiques, vivent à l'écart des petits mondes ruraux et de leurs habitants. Pratiquement aucune de ces sources ne permet

1. Voir les chapitres 8 du présent tome et « Urbanité » du troisième tome.

d'être à l'écoute des cultivateurs. *A fortiori*, au sein des élites aristocratiques, l'écriture et le récit sont quasi exclusivement aux mains d'un milieu encore plus restreint et spécifique, le clergé lettré[2]. Les sources juridiques, et principalement les lois barbares rédigées entre le début du VIe siècle et le début du XIe siècle, ont la réputation de refléter plus fidèlement l'insertion des activités humaines au sein de la biosphère sur la base de l'image plus « égalitaire » et plus « rurale » des sociétés « germaniques ». Mais, outre leur rythme très inégal et le caractère incomplet de leur compilation, leur analyse pose la question du conformisme juridique et de l'exemplarité des valeurs sociales et celle, plus générale, de l'efficience de la loi[3]. Entre la seconde moitié du VIIIe siècle et la fin du IXe siècle, la richesse et la diversité des sources législatives et administratives carolingiennes (instructions et décisions recueillies dans les capitulaires, ces textes de lois et de règlements promulgués par les rois francs ; inventaires fonciers ou polyptyques) offrent une véritable richesse d'information sur le monde rural, mais à son tour avec des biais liés à leur provenance (le souverain ou son entourage politico-religieux) et à leur localisation dans les régions centrales de la Francie (région comprise entre la Loire et le Rhin) et le royaume d'Italie. Des informations équivalentes sont très rares ou inexistantes dans les mondes anglo-saxons, scandinaves et slaves avant (au plus tôt) une période allant du Xe au XIVe siècle. Dans l'Italie centroseptentrionale, de nombreux contrats agraires témoignent de l'existence de formes spécifiques de location des terres.

Au-delà de cette masse documentaire, les archéologues ont décuplé en une cinquantaine d'années nos connaissances sur les paysans et les milieux naturels. Les fouilles ont fourni des

2. Voir les chapitres 3 et 13.

3. Carrier 2012. Voir également les chapitres 2, 3 du présent tome, et « Droit » du troisième tome.

témoins directs et des informations précises sur la diversité et l'évolution des habitats[4] et des biotopes locaux ainsi que sur les pratiques et les usages de l'environnement, à travers la découverte de pollens, restes végétaux fossiles, traces de labours, restes humains et animaux, etc. Une partie de ces témoins est utilisée dans les reconstitutions paléoclimatiques. L'interprétation prudente de ces traces doit tenir compte de biais liés aux conditions de préservation (pour les pollens, les fluctuations des graminées en milieu humide) ou à leurs réactions aux variations des paramètres climatiques. À un niveau régional, l'ampleur et la nature des fouilles sont également conditionnées par l'aménagement du territoire ou par la législation. En Allemagne, l'exploitation industrielle des immenses gisements de lignite a permis de relever systématiquement les changements dans l'occupation des sols dans la très longue durée, révélant l'ampleur de la déprise agricole et des abandons d'habitats isolés qui accompagnent la fin de l'emprise romaine[5]. En France, l'archéologie préventive a complètement transformé la connaissance des habitats du premier Moyen Âge, centuplant les sites, mais avec des fouilles souvent partielles, et une surreprésentation des habitats intercalaires situés dans les zones faiblement urbanisées au détriment des centres villageois[6].

Nos manières d'aborder le premier Moyen Âge ont également été façonnées par des courants idéologiques qui ont considéré la fin de la civilisation classique, à l'image de Pétrarque, comme le passage d'un âge de lumière à un âge sombre et lugubre – une image qui s'est progressivement réduite aux siècles suivant la fin de l'Antiquité (*Dark Ages*) pour être ensuite abandonnée – et comme une régression d'un état de culture à un état de nature. Ces représentations

4. Voir le chapitre 6.
5. Hoffmann 2014.
6. Hamerow 2012 ; Peytremann 2003, et le chapitre 6.

ont alimenté l'idée que les structures et les techniques de production avaient profondément décliné à partir du VIe siècle jusqu'à la révolution agricole médiévale des XIe-XIIIe siècles, et que ces sociétés étaient « dominées par la nature ». En même temps, le paysan a été pensé par beaucoup d'historiens comme un agent passif de ses conditions d'existence et d'action, subissant plutôt qu'agissant dans son environnement, et répondant aux sollicitations des élites dominant les campagnes.

Rythmes et chronologie des changements environnementaux

Il faut s'émanciper des périodisations qui expriment souvent des préoccupations propres aux spécialisations universitaires et s'étendent même aux dénominations des fluctuations des températures terrestres, bien qu'elles les recoupent rarement chronologiquement. Les températures furent plus élevées dans l'hémisphère nord durant l'optimum climatique romain (c. 250 av. J.-C.-400 apr. J.-C.) ; beaucoup plus fraîches durant le haut Moyen Âge, « *Dark Ages Cold Period* » (DACP, c. 400-c. 900 apr. J.-C.), ou plus froides encore brièvement lors du « *Late Antique Little Ice* Age » (LALIA, c. 530-c. 660)[7].

Des transformations économiques et écologiques cruciales étaient cependant déjà à l'œuvre vers 200 apr. J.-C., aussi bien dans l'Empire que dans les aires géographiques des mondes « non romains ». Elles correspondent aux premières manifestations d'une longue période de contraction des circulations et des échanges interrégionaux et, plus progressivement, de la densité du peuplement et de la production agricole. La période augustéenne avait jeté les bases d'un système d'« économie-monde » où les productions alimentaires et les produits manufacturés circulaient dans un espace impérial

7. Devroey 2019.

intégré, avec des spécialisations régionales. Ces ressources étaient concentrées vers le « centre des centres » (Rome) et le réseau urbain, et vers une armée permanente forte d'un demi-million d'hommes. Ce système montre des signes de désintégration à partir de la fin du IIe siècle. Après les troubles politiques et les premières incursions en profondeur des barbares au IIIe siècle, la restauration politique s'est faite au prix d'une militarisation de la société et d'une taxe foncière très élevée, déstabilisante pour les intermédiaires urbains et favorisant la médiation et la captation de l'impôt par de puissants patrons. La fragmentation des réseaux et des circulations favorise la relocalisation des productions avec de forts impacts environnementaux comme la naissance des grands vignobles septentrionaux (Champagne, Bourgogne, régions rhéno-mosellanes) ou la céréalisation extensive de la plaine rhénane et de l'est de la Gaule par exemple. L'intégration des campagnes durant l'Antiquité s'était également faite par la large circulation des biens de consommation, produits en masse, tels que les pièces de monnaie, les céramiques, les matériaux de construction (briques et tuiles), les outils, etc. La fouille d'une ancienne habitation rurale gallo-romaine peut livrer des murs de maçonnerie, des milliers de fragments de céramiques importées brisées et des centaines de pièces de monnaie, alors que celle de son homologue du premier Moyen Âge ne donnera que l'empreinte de constructions en bois et en torchis, quelques morceaux de vaisselle faite à la main localement et quelques pièces de monnaie[8]. Ces transformations se traduisent évidemment dans les usages de l'environnement.

Si nous déplaçons le curseur chronologique en direction des VIe et VIIe siècles, la période se caractérise par une récession généralisée : 1) moins d'hommes et de femmes, avec un étiage démographique dans la seconde moitié du

8. Ward-Perkins 2014, et le chapitre 6.

VIe siècle ; 2) un dépérissement général des villes mais peu d'abandons grâce à la présence locale de la seule institution romaine qui parvienne à se perpétuer, l'Église (à travers les évêques), quoiqu'une chute drastique du nombre d'habitants et la désintégration des relations villes-campagnes soient à noter[9] ; 3) un repli général des espaces cultivés, avec, régionalement, l'abandon complet des anciennes structures agricoles romaines dans les zones de surexploitation extensive des sols ; 4) des basculements géographiques et écologiques comme l'envahissement par la mer et les crues fluviales de la plaine agricole du Pô à la fin du VIe siècle : les terres basses se sont transformées en marais jusqu'à leur assainissement aux XIXe-XXe siècles et, dans la bande littorale, la formation de lagunes saumâtres a favorisé la naissance de Venise et l'exploitation saline – dans des circonstances analogues, l'économie pastorale et le dynamisme commercial des Frisons montrent la capacité humaine à s'adapter à des environnements « hostiles »[10] ; 5) la dislocation progressive de la fiscalité directe héritée de l'État romain, récupérée sous forme de rente foncière par les aristocrates, mais avec un moindre poids : globalement, les mécanismes d'extraction ont dû chuter d'un niveau de ponction de 30 à 40 % au Bas-Empire à 10 à 20 % aux VIe-VIIe siècles[11].

Selon Chris Wickham, la chute des transferts vers les élites et le desserrement des liens de dépendance ont alors favorisé la naissance d'un « mode [de production] paysan » caractérisé par l'autonomisation des couches paysannes. Dans un climat globalement plus froid et plus humide, les conditions sociales et écologiques de cette sorte « d'Arcadie boueuse » ont permis aux cultivateurs d'orienter leurs activités vers des cultures plus résilientes et de diminuer leurs investissements en travail en

9. Voir les chapitres 3 et 7.

10. Squatriti 1998 ; Hoffmann 2014.

11. Voir le chapitre 3.

augmentant la part de l'élevage domestique extensif et en diminuant les surfaces cultivées[12].

Les paysages ruraux se caractérisaient dans les régions occidentales de l'Empire romain par un maillage régulier d'exploitations agricoles isolées de tailles diverses, depuis la grande *villa* étendant ses bâtiments et ses infrastructures sur plusieurs dizaines d'hectares jusqu'à des exploitations moyennes ou des fermes familiales. À partir de la fin du IIIe siècle, dans les régions abandonnées aux Germains, et ensuite dans toute l'ancienne Gaule et la Germanie romaines, la morphologie du peuplement s'est globalement transformée d'un type d'habitat isolé à un habitat dispersé en hameaux groupant quelques unités familiales à l'époque mérovingienne (la situation qu'on rencontrait avant 400 apr. J.-C. en Germanie et en Scandinavie) puis, à partir des VIIe-VIIIe siècles, à des groupements plus importants d'exploitations. Cette concentration progressive de l'habitat aboutit dans les siècles suivants à la formation de villages groupés autour de l'église et du cimetière paroissiaux ou perchés autour d'un centre de pouvoir[13].

Des transformations si profondes des sociétés humaines et des milieux posent la question du poids et de la complexité des causalités – humaines, biologiques ou climatiques. L'insécurité chronique et la dislocation des circuits d'approvisionnement ont sans doute favorisé en les intensifiant les conséquences des mauvaises récoltes, si l'on suit le récit par Grégoire de Tours de la violente famine de 586-587. Parmi les facteurs déterminants du déclin démographique qui culmine au VIe siècle en Occident, des historiens et de nombreux scientifiques pointent la thèse d'une crise globale, climatique et biologique. La fin de l'Antiquité aurait vu la mise en place d'une nouvelle pathocénose (ensemble des pathologies caractéristiques d'une société) marquée par

12. WICKHAM 2005.
13. Voir le chapitre 6.

la multiplication des épidémies causées aussi bien par des maladies émergentes (virales, comme la peste antonine dans la seconde moitié du IIe siècle, ou bactériennes, comme la peste dite « de Justinien » apparue en 541, qui connaît des vagues successives jusqu'au milieu du VIIe siècle), que par des maladies chroniques (tuberculose) ou réémergentes (lèpre ou malaria)[14]. Toutefois, le profil sanitaire des populations de cette époque ne paraît pas inférieur à celui des populations du Moyen Âge central. Il pouvait en effet être très dégradé localement, mais dans des foyers épidémiques circonscrits qui représentaient sans doute des situations critiques d'oppression (travail forcé) ou de vulnérabilité (maladies, migrations)[15]. La pandémie due à *Yersinia Pestis* est-elle le produit d'un phénomène de convergence entre climat et milieux vivants ? Des scientifiques pointent la coïncidence entre un changement climatique abrupt provoqué par une suite d'éruptions volcaniques majeures entre le milieu des années 530 et la fin des années 550 apr. J.-C. (LALIA), l'éclatement de la pandémie et des troubles politiques et sociaux : déclin de l'Empire romain d'Orient et montée simultanée de l'Islam, bouleversements politiques en Chine ou disparition des cités-États mayas en Amérique centrale. Si la réalité de cette chute abrupte des températures (2 à 3 degrés durant deux décennies) est aujourd'hui avérée, les difficultés d'interprétation commencent lorsque les analyses passent du terrain des indicateurs du forçage climatique (les perturbations du bilan d'énergie de la planète, d'origine physique ou humaine) à leurs effets à l'échelle locale sur l'environnement et les écosystèmes sociaux, ou lorsqu'on passe à d'autres paramètres comme les précipitations qui dépendent des fluctuations des circulations océaniques et atmosphériques. Des syllogismes déterministes peinent à

14. Harper 2019.

15. Catteddu 2009 ; Fossurier 2016.

expliquer des divergences entre régions ou à justifier des hypothèses globales[16].

Le géographe suédois Mats Widgren a dressé récemment un bilan du rôle du climat comme facteur de changement du peuplement et des paysages durant l'âge du fer en Suède (500 av. J.-C.-800 apr. J.-C.). Le climat plus froid et humide du DACP a transformé les régions méridionales de la Scandinavie qui étaient les plus connectées avec l'économie-monde romaine. L'archéologie met en évidence près de 1 800 abandons en Gotland et 1 500 en Öland et une discontinuité d'occupation qui dure jusqu'en 700 apr. J.-C. Ultérieurement, l'augmentation de la taille des enclos et des habitations plaide, comme en Francie, pour l'hypothèse d'une hiérarchie sociale plus forte et d'une société plus inégalitaire. Dans l'ouest de la Suède, bien plus enclavé économiquement et culturellement, l'ampleur du recul de l'occupation du sol au VIe siècle est beaucoup moins grande. Il y a même des signes d'une intensification de l'impact humain dans l'environnement, avec sur le plan politique un glissement des forces politiques au profit des petits royaumes de l'intérieur et l'apparition de nouveaux lieux/centres de pouvoir. Ces évolutions divergentes doivent être analysées écologiquement et socialement comme des indices de vulnérabilité et des facteurs de résilience[17].

Malgré la présence avérée du bacille de la peste en Occident et plusieurs vagues entre la seconde moitié du VIe siècle et le VIIe siècle, les hypothèses d'une chute de 30 à 50 % des populations dans l'ouest de l'Europe sont de simples extrapolations à partir de l'ampleur présumée de la pandémie en Orient. Ni la taille et la densité des populations urbaines, ni la dispersion du peuplement rural, la contraction des échanges et la rareté des populations indigènes de rats ne plaident pour la thèse d'un effondrement démographique brutal dans l'ouest

16. Devroey 2019.
17. Widgren 2013 ; Devroey 2019.

de l'Europe[18]. Les témoins écrits et archéologiques identifiés actuellement suggèrent plutôt l'existence de phénomènes de contagion par contacts, dans des zones connectées avec la Méditerranée orientale et les couloirs de circulation interrégionale, portuaire (Marseille, Bordeaux) ou fluviale (Rhône et Saône, Rhin) ou le long de voies terrestres (Bavière).

Il faut prendre en compte les effets d'un climat globalement plus froid et plus humide à partir du ve siècle, tout en gardant à l'esprit la complexité des interactions environnementales « humain/non humain ». Le manque d'entretien des digues fluviales ou la dégradation des systèmes de drainage ont fragilisé la résistance aux crues et aux pluies torrentielles des terres basses densément cultivées de la fin de l'Antiquité, comme la plaine du Pô ou la vallée du Rhône. Ces nouveaux milieux humides ont favorisé l'apparition endémique de la malaria dans une grande partie de l'Italie, dont l'air malsain est perçu et redouté des Carolingiens, ou, plus au nord, dans le centre de la France et en Angleterre. Des déplacements d'habitat comme l'abandon des sites de plateaux occupés durant l'Antiquité par les grandes *villae* au profit de sites situés à mi-pente dans les vallées ou de sites perchés sur des éperons, sont le produit de déterminants géoclimatiques et de choix culturels. Dans le nord-ouest de l'Europe, ils sont sans aucun doute également reliés à la préférence pour l'élevage et à l'attrait des zones humides de fond de vallée, qui prédisposent à abandonner les terres lourdes et fertiles au profit de sols plus faciles à cultiver, sauf dans quelques zones densément peuplées. En Écosse, la limite de culture des céréales à pain se situait à l'époque de l'Optimum romain à 300 mètres d'altitude. La chute des températures durant le DACP a rapproché cette limite du niveau de la mer. Ces contraintes climatiques ont façonné la société médiévale des Highlands : des régions d'élevage extensif, de mangeurs de

18. Audoin-Rouzeau 2003 ; Haldon *et al.* 2018.

bouillies d'avoine, de paysannerie libre et de desserrement des liens de dépendance seigneuriaux (*loose Lordship*, seigneurie à mailles larges)[19].

L'idée d'un retour massif à la « Nature » et à des technologies primitives, qui avait dominé l'historiographie des années 1960 et 1970 en décrivant les paysages du premier Moyen Âge comme de maigres tâches de peuplement sous-développées au sein de zones « naturelles » répulsives, est aujourd'hui complètement démentie par les données archéologiques. La représentation idéelle des « déserts » monastiques, qui avait stimulé l'imagination des historiens, est l'objet de relectures convaincantes. Les récits de fondations traduisent l'aspiration des bénédictins à une vie collective à l'écart du monde. L'insertion matérielle de ces communautés dans l'environnement ne correspond pas au schéma de la conquête d'espaces vierges. Prenons l'exemple du monastère de Fulda fondé en 740 dans le massif forestier de moyenne montagne de l'Odenwald. Il est possible de confronter le récit composé par Eigil vers 800 à de nombreuses investigations archéologiques : d'après la *Vita Sturmi*, le saint aurait trouvé au milieu d'une étendue dense de bois nommée *Bochonia* le désert effrayant, peuplé uniquement de bêtes sauvages, qui convenait aux idéaux d'isolement et de travail manuel (par le défrichement) de la vocation bénédictine. Les fouilles ont montré qu'il s'agissait d'un paysage mixte, où les champs, les terres de parcours pastoral et la sylve, il est vrai dense et étendue, se succédaient. Les moines trouvèrent sur place une grande construction de pierre d'époque mérovingienne bâtie sur le modèle d'une grande exploitation romaine (*villa rustica*), peut-être en ruines, et une église qui était encore debout dans les années 740. La *Vie* du saint et les dispositions du diplôme d'immunité, qui garantit aux moines l'exclusivité des droits et des usages de la nature dans le territoire monastique,

19. Devroey 2019.

montrent bien la fonction de fiction juridique de cet espace « vide » (*vasta*), installé en partie sur des propriétés agricoles du fisc ou d'autres propriétaires et parcouru en tous sens par les cultivateurs des alentours. L'histoire de Fulda s'inscrit donc dans la longue série d'emploi du motif du désert cénobitique pour justifier les prétentions des moines à l'exclusivité des usages de la nature[20].

Des agrosystèmes à base familiale

Le basculement généralisé vers une agriculture fondée sur des exploitations agricoles pratiquant la polyculture et l'élevage et des pratiques souples et opportunistes d'utilisation du milieu est l'un des caractères fondamentaux de l'Europe occidentale. Dans l'habitat, ce basculement aboutit à des modèles de maisons de bois et de torchis permettant de loger des petits groupes familiaux, avec des variantes régionales. Les paysans pratiquaient une agriculture mixte avec parfois un développement important de l'élevage bovin, logé avec les humains dans de longues maisons en bois (*long houses*) en Allemagne du Nord, en Frise et en Scandinavie. En Gaule du Nord et en Angleterre, la taille moyenne de l'habitation, de l'ordre de 70 m^2, semble adaptée au ménage constitué d'une seule famille nucléaire. Elle s'inscrit dans un enclos complété par des infrastructures légères sur piliers ou excavées.

Ce primat de l'agriculture familiale éclate au grand jour avec l'apparition d'un nouveau mot dans le latin mérovingien de France médiane à la fin du VIe siècle et dans les premières décennies du VIIe siècle : *mansus*, « manse », qui sert à désigner « la terre d'une famille ». Il a des équivalents un peu plus tardifs dans les domaines germaniques (*Hufe*), anglo-saxons (*Hide*) et scandinaves (*Toft*). Le manse traduit dans

20. Wickham 1990 ; Schroeder 2016.

l'environnement et dans la société les droits et les obligations du chef de ménage : occuper avec sa famille un territoire rural de manière permanente (*mansus* vient de *manere*, « vivre à demeure ») et héréditaire. Être tenancier d'un manse impliquait des droits de possession ou d'usages inamovibles dans les trois composantes de tout espace rural : l'*ager* constitué de champs cultivés en permanence, avec la jouissance de parcelles déterminées ou d'une portion suffisante ; le *saltus* de landes, de broussailles et de pâturages ; et la *silva* des zones boisées. Chaque manse détenait une part fixe ou un accès commun aux ressources naturelles : parcours pastoraux, collecte de fourrages, de fruits et de plantes sauvages ou semi-sauvages, cultures temporaires, et droit de couper du bois de chauffe et de construction, ou des essences destinées à la fabrication d'une multitude d'objets en bois[21]. Même les vignerons de l'abbaye Saint-Germain-des-Prés, vendeurs de leurs récoltes et bien pourvus d'argent, pratiquaient des activités variées : viticulture, jardinage, polyculture vivrière, petit élevage, artisanat du bois et des matières textiles.

On a qualifié fort justement le premier Moyen Âge de « civilisation du bois ». Le droit romain considérait l'inculte comme un bien public peu valorisé. À l'époque médiévale, l'accès et la valorisation de ces ressources sont l'objet de disputes, d'usages collectifs et d'appropriation seigneuriale, pas uniquement pour des enjeux économiques ou politiques, mais parce que les pratiques et les usages des paysans modelaient et transformaient profondément les biotopes. Ces tensions expliquent la constitution d'espaces mis à l'écart des usages communs : le mot « forêt », étymologiquement un espace réservé (de *foris*, « en dehors »), est formé en Ardenne au VIIe siècle pour désigner des terrains de chasse royaux au grand gibier. Deux siècles plus tard, ces réserves se sont multipliées avec la désagrégation de l'autorité royale et les

21. Viader et Rendu 2014.

avancées seigneuriales qui rongent insensiblement les usages paysans en s'appropriant les communs, un processus qui s'amplifiera à partir des XIe-XIIe siècles.

La complémentarité des productions, des pratiques agricoles et des usages de l'inculte n'exclut pas la variabilité – chronologique, sociale et régionale. La balance entre élevage et agriculture penchait significativement en faveur du premier pendant le très haut Moyen Âge. Les lois barbares semblent plus préoccupées par la fréquentation et les produits des bois et par les vols ou les blessures des animaux que par la définition des limites agraires. Mais cette mixité était une question de proportion car les deux activités étaient indissociables dans toute exploitation familiale. Ces usages de la nature sont le produit d'une plus grande autonomie de choix des cultivateurs à l'égard des propriétaires à partir du VIe siècle. Ils traduisent également les décisions et les orientations de la pression seigneuriale, *ab ovo*, d'un niveau plus faible après la Romanité à un alourdissement considérable aux VIIIe-IXe siècles. Celui-ci coïncide avec l'apparition de grands domaines fonciers divisés entre une part seigneuriale, la réserve, et une part des tenanciers répartie en manses[22]. Les moyens et les forces de production nécessaires à la mise en valeur de la réserve sont fournis majoritairement par les dépendants. Ce transfert concerne au premier chef les bovins et vraisemblablement les équipements de labour qui repose sur les tenanciers des manses. Ceux-ci assuraient non seulement le labour des terres de la réserve mais également des charrois locaux ou des transports à distance. La morphologie de ces exploitations familiales impliquait la mise en place de nouvelles associations écologiques, comme la nécessité de disposer de quantités suffisantes de paille, de foin ou d'autres fourrages, le recours à la stabulation hivernale et la disponibilité d'engrais. Sur les domaines de Saint-Germain-des-Prés, dans

22. Voir les chapitres 15 et 16.

les années 820, chaque unité d'exploitation (manse) disposait ainsi en propre de prés de coupe.

L'apport d'énergie et de travail outillé par les tenanciers semble avoir été tout d'abord assez réduit. À partir du VIIe siècle, le service de la *riga* (du gaulois *rica*, « sillon », vers 600 apr. J.C.) met à la charge des tenanciers des manses la mise en culture, dans la part seigneuriale (réserve), de petits lots de terre arable dont la forme allongée suggère l'emploi de charrues, de prés de fauche ou de vignes. Vers 820, ces parcelles ne représentaient que 2 à 3 % des terres seigneuriales de Saint-Germain-des-Prés. C'est qu'entre-temps l'instauration des corvées avait bouleversé la donne en mettant à la charge des tenanciers la majorité des travaux de labour de la réserve. La formation du mot (*opera corrogata* : travaux sollicités collectivement) dans le courant du VIIIe siècle et la codification des corvées de labour en 800 coïncident exactement avec l'essor du régime domanial dans son ensemble[23]. Ce gonflement de la demande seigneuriale accompagne la constitution de micro-*openfields* seigneuriaux (*culturae*, « coutures ») constitués de champs-blocs de plusieurs dizaines ou centaines d'hectares, et le retour à des pratiques de céréaliculture extensive qui répondent à de nouveaux besoins : fournitures militaires, stockages, exportations, etc. Ces phénomènes, parmi d'autres, sont identifiés comme des leviers de la croissance carolingienne[24]. La corvée « complète » pouvait mobiliser jusqu'à six bovins de trait et une charrue lourde. Ce capital n'était atteint que par les tenanciers les plus prospères, ceux que les chartes de franchise des XIIe-XIIIe siècles désignent comme des laboureurs ou des détenteurs de charrue. Pour le plus grand nombre, la fourniture des bovins de trait implique une mise en commun des moyens de production, une contrainte qui disparaîtra

23. Toubert 2004 ; Devroey 2006 et le chapitre 15.
24. Voir le chapitre 16.

plus tard en Flandre avec l'adoption du cheval unique à partir du XIIIe siècle.

Les transferts d'énergie et de moyens techniques se sont étendus à l'utilisation de la force humaine. Le phénomène d'installation des esclaves de peine sur des petites tenures familiales (chasement) n'est pas une innovation médiévale. Il s'inscrit dans la longue durée depuis le Bas-Empire jusqu'à l'effacement total de l'esclavage rural aux IXe-Xe siècles[25]. Ces « serfs » ou esclaves tenanciers jouissent d'un cadre familial d'existence (un changement encouragé par la promotion du mariage chrétien) et du droit de transmettre un pécule à leurs descendants. Leur contribution physique à l'exploitation de la réserve a été fixée à la moitié du temps par des édits et des lois du VIIe et du VIIIe siècles, à charge pour eux d'entretenir leur famille. Ces sortes de *minifundia*, petits domaines d'exploitation agricole, ne pouvaient atteindre un équilibre alimentaire fragile qu'au prix de pratiques intensives, mais ils augmentaient encore le poids des exploitations familiales dans l'environnement.

La part prise par les petits producteurs dans la mise en valeur des espaces agraires est aussi importante dans des régions marquées socialement par la prépondérance d'une paysannerie libre ou semi-autonome – Catalogne, France du Midi, Italie centrale et septentrionale, Germanie, Angleterre et Scandinavie –, que dans les sociétés de tenanciers des régions centrales de la Francie, entre Loire et Rhin. Elle permet de comprendre la généralité des changements environnementaux, comme l'abandon de certains sols agricoles à la végétation spontanée des landes, des broussailles et des bois, ou l'évolution de modes d'anthropisation qui remodèlent les milieux végétaux et la faune. Ainsi des pratiques comme l'émondage des arbres, qui servait à compléter la nourriture du bétail mais fragilisait les peuplements forestiers, la formation des

25. WICKHAM 2005.

bois-taillis destinés au chauffage, ou la sélection d'espèces végétales entraînée par les cultures sur brûlis, sans parler des pratiques pastorales qui agissaient sur la compacité des sols et la végétation. L'analyse des restes osseux des animaux domestiques, bovins, ovins, porcins et volailles montre que leur stature a diminué significativement au Moyen Âge, alors que celle des chevaux ou des chiens demeurait inchangée[26]. Les interactions avec les pratiques d'élevage domestique et de travail ont favorisé des adaptations morphologiques : la petite taille n'était pas un inconvénient chez les bovins, surtout lorsque la force des animaux était utilisée avec un équipement à harnais haut (jougs de tête ou d'arc) pour le travail de la terre. La taille plus petite des animaux de trait se reflétait dans l'ensemble du cheptel bovin, et favorisait les espèces capables de se nourrir dans les pâturages et les jachères, même si l'animal de trait avait toujours besoin d'une alimentation adaptée.

Les sources écrites ne signalent pas l'existence de grands troupeaux privés au premier Moyen Âge, à l'exception des haras royaux (comme à Annappes, dans la région lilloise, ou dans le Maine) ou de fermes bovines situées dans les régions littorales semi-inondées de la Flandre et de la Frise. La production des réserves seigneuriales était orientée vers la culture extensive de céréales. À l'époque carolingienne, le partage entre réserve et tenures se marque topographiquement et écologiquement : les micro-*openfields* seigneuriaux préfèrent des céréales robustes et faciles à conserver, adaptées aux sols légers, comme l'épeautre et le seigle ; les paysans, des jardins et des cultures mixtes et variées à proximité immédiate des zones d'habitation. Le jardinage, qui était tenu à l'abri des prélèvements seigneuriaux et de la dîme paroissiale, constituait un gisement important de ressources encore mal connu aujourd'hui, en dehors des traces d'azote qui montrent que

26. Audoin-Rouzeau 1993.

ces espaces proches des habitations recevaient prioritairement les déjections animales et bénéficiaient plausiblement des principaux soins des habitants. Les micro-glissements, qui voient des habitations rurales (facilement démontables puisque construite en charpente et en torchis) déplacées de quelques dizaines de mètres à intervalles réguliers dans de nombreux sites du VIe au Xe siècle, s'expliquent sans doute par cette recherche de fertilité[27]. La diversité des pratiques en fonction des secteurs de la société rurale, de l'investissement en travail et en engrais (intensif/extensif) recoupe partout la dichotomie entre cultures paysannes et cultures seigneuriales, la nature de la demande seigneuriale (consommation, fourrage, spécialisation) et les caractères spécifiques des écosystèmes locaux.

L'évolution des pratiques agricoles

À partir du VIIIe siècle, dans la même séquence temporelle de développement du système domanial et dans les mêmes régions, une multitude de sources écrites et d'indices paléobotaniques mentionnent l'adoption de cultures annuelles alternées entre céréales d'hivernage semées en automne (froment, épeautre, seigle, orge) et plantes semées au printemps ou au début de l'été (seigle, avoine, pois, vesces, etc.). En comparaison avec les espèces cultivées à la fin de l'époque romaine, le premier Moyen Âge se signale dans ces régions par l'importance que l'épeautre conserve encore dans les terres arables des grandes propriétés royales et ecclésiastiques et par la part croissante du seigle et, dans une moindre mesure, de l'avoine – des plantes « exotiques » aux yeux des agronomes romains. L'échelle de valeur entre ces céréales était déterminée par les consommateurs aristocratiques et donnait la priorité au froment et aux céréales à pain. On retrouve cette

27. CATTEDDU 2009.

hiérarchie dans les tarifs des céréales fixés par Charlemagne dans les capitulaires de Francfort (794) et de Nimègue (806), ainsi que dans les polyptyques. L'analyse des restes végétaux dans les sites d'habitat rural du nord de la France permet de nuancer l'information des sources écrites : l'épeautre vêtu, qui imposait des traitements après récoltes sophistiqués, était omniprésent dans la grande propriété monastique ; il est rare ou absent dans les sites de fouilles non élitaires. Les paysans cultivaient une plus grande variété de céréales à pain comme le froment et le seigle, ou à bouillies comme l'orge, le mil ou le panic, et semaient en plein champ des mélanges de plusieurs céréales ou des céréales et des légumineuses qui permettaient de compléter l'alimentation animale.

Si le passage des rotations biennales de l'agriculture méditerranéenne à des cultures alternées d'hiver et de printemps a pu être favorisé dans le Nord-Ouest par l'environnement climatique froid et humide du DACP, il est vraisemblable que l'adoption de rotations triennales annuelles équilibrées (un tiers d'hivernage, un tiers de semis de mars, un tiers de friche herbeuse) et les associations entre céréales et légumineuses, que les historiens attribuaient volontiers à l'agriculture « raisonnée » des réserves seigneuriales, a tout d'abord été pratiquée par les simples paysans pour des motifs de sécurité alimentaire[28].

Par sa résistance plus grande au froid et à l'humidité et sa capacité à occuper, en alternance avec l'avoine, de nouvelles niches écologiques ou des anciennes friches, le seigle a joué un rôle clé dans la dynamique agricole médiévale, qui se dessine à partir des VIIe-VIIIe siècles, plus encore à partir de la fin du Xe siècle. Ainsi, c'est bien la « céréalisation » du premier Moyen Âge qui amorce la croissance agraire des XIe-XIIIe siècles[29].

28. Ruas 2010.

29. Mitterauer 2004 et chapitre 16.

Des économies morales et politiques de la nature

L'histoire environnementale s'est aujourd'hui élargie à trois dimensions : la dynamique des écosystèmes qui inclut l'interaction des modes de production (outils, travail, relations sociales) avec l'environnement ; les économies politiques (idéologies, éthique, lois, mythes, etc.) que les hommes constituent au sein de ces systèmes ; et les « lunettes cognitives » par lesquelles les hommes perçoivent et représentent les échanges et les relations des groupes humains avec les autres composantes du monde vivant et de l'environnement physique. La lecture croisée des données paléoclimatiques et des sources écrites et archéologiques est particulièrement pertinente pour observer ces interactions et envisager comment les contemporains percevaient « le temps qu'il fait », les aléas et les calamités naturelles.

La conception objective de la nature réapparaît au XIIe siècle avec la redécouverte d'Aristote par quelques clercs français, à une époque et dans une région au développement social, économique et institutionnel dynamique. La nature, écrit l'évêque de Poitiers Gilbert de la Porrée (1142-1154), fournit seulement « le matériau brut pour un troisième degré de la Création, où les humains prennent les choses de la nature et créent à partir d'elles des objets utiles et distincts ». Dieu a créé la vache *ex nihilo* et sa production de lait, mais l'homme a créé les objets en cuir et le fromage[30]. L'homme est donc appelé à poursuivre la Création en transformant la nature que l'on peut décrire objectivement comme une réalité tangible. Au premier Moyen Âge, en revanche, la nature est pensée comme la Création, œuvre achevée et intangible de Dieu. Elle est un signe divin. Les descriptions de la nature

30. Hoffmann 2014.

n'étaient pas destinées à représenter la réalité. Le bestiaire carolingien ne formait donc pas un catalogue destiné à décrire et à représenter objectivement le monde vivant. Il offrait au public éduqué une compilation d'histoires édifiantes sur les caractéristiques supposées des animaux, des plantes ou des minéraux comme allégories chrétiennes destinées à l'instruction religieuse et morale[31].

Les aléas et les calamités n'étaient pas interprétés comme le fruit du hasard ou de la mauvaise fortune, comme dans l'Antiquité, mais comme des signes de la communication de Dieu avec l'humanité : des tribulations (du verbe *tribulare*, écraser avec la herse), des plaies (*plaga*, dont provient l'anglais *plague*, peste) ou des fléaux (de *flagellum*, l'outil servant à battre les grains). La première réponse des autorités politico-religieuses à des intempéries ou à la famine était donc toujours liturgique ; il fallait avant toute autre action tenter de réconcilier les humains avec Dieu. Comme saint Augustin l'avait déjà argumenté en s'opposant aux manichéens, le mal physique (la faim ou les maladies), à l'instar des souffrances infligées par les intempéries, entrait dans les vues de la Providence, tout comme le mal moral ; mais avec cette différence que Dieu ordonnait le premier et permettait le second.

Dans quelle mesure ces interprétations et ces justifications étaient-elles assimilées par les gens ordinaires dans un monde encore très partiellement christianisé ? L'idée de la nature « sauvage » (du latin *selvaticus*, « fait pour le bois ») comme lieu d'épreuves des saints ou comme terrain de chasse pour l'apprentissage de la violence et des armes par les jeunes aristocrates ne pouvait qu'être très éloignée des expériences sensibles des paysans. La manière de penser les calamités en les rationalisant sous la forme de signes providentiels faisait bien l'objet de prêches. Mais, selon l'archevêque de Lyon,

31. Voisenet et Le Goff 2000 ; Guizard-Duchamp 2009 ; Hoffmann 2014.

Agobard, vers 820, les communautés rurales de son diocèse préféraient payer des manipulateurs des tempêtes que donner la dîme paroissiale. Le biographe de Charlemagne, Eginhard, après sa retraite dans le monastère qu'il avait fondé à Seligenstadt, près de Francfort, raconte comment un prêtre de la région était parvenu à exorciser une jeune possédée. Le démon déclara publiquement que lui et onze compagnons dévastaient le royaume depuis un certain nombre d'années, détruisant les récoltes de froment et de vin, tuant le bétail par des maladies et répandant l'épidémie et la peste. La suite du récit constitue un véritable catalogue des mesures prises alors par Charlemagne pour « corriger » l'infidélité de ses sujets et punir en particulier le refus de payer la dîme. C'est vraisemblablement sur ce terrain de la productivité de la nature que les idées religieuses et les convictions des paysans pouvaient se rencontrer et se confronter.

Considérée dans l'Ancien Testament comme un signe de dévotion des croyants et une offrande purificatrice, la dîme est devenue un impôt obligatoire au profit de l'Église entre 755 et 768, sous le règne de Pépin[32]. Cette décision a été répétée à deux autres reprises par Charlemagne, en 779 et en 794, à chaque fois dans des périodes de crises alimentaires et de difficultés politiques. Le souverain carolingien répondait aux perturbations qui affectaient la nature selon deux temporalités différentes : un temps cyclique, représenté par la fertilité providentielle, dont la dîme est la reconnaissance et le contre-don propitiatoire ; et un temps événementiel, celui de l'aléa qui appelle un arsenal de mesures religieuses, politiques et éthico-morales. Contrairement à l'idée reçue d'un monde dominé par la « Nature », les rois carolingiens n'ont pas subi passivement les aléas qui menaçaient la disponibilité des subsistances. L'obligation de payer la dîme était la traduction des idées théologico-politiques qui remodelaient

32. Voir le chapitre 8.

la fonction royale en chargeant le roi-chrétien de préserver l'équilibre du monde terrestre et de garantir la fidélité de ses sujets à l'ordre divin. L'arsenal de mesures politiques décidées par Charlemagne et continuées par Louis le Pieux dans la première moitié du IXe siècle repose sur la poursuite de ces objectifs éthico-moraux : sécurité des approvisionnements, maintien de la monnaie et des poids et mesures à des niveaux constants et uniformes, condamnation de l'avarice, de l'accaparement et de la spéculation, attribution d'une part du produit de la dîme aux pauvres et rappel des devoirs d'assistance des puissants[33].

L'action royale et l'économie morale et politique carolingiennes s'inscrivent dans une histoire du bon gouvernement et des raisons d'agir du roi dans le cadre des principes et des valeurs de la « république chrétienne ». Mais la fonction de l'empereur chrétien se joue simultanément aux VIIIe-IXe siècles dans la relation entre la performance du « roi » et celle du cycle naturel et du monde : la droiture individuelle du roi conditionne le fonctionnement (dis)/harmonieux de la « Nature », « noblesse oblige ». Cette homologie entre la figure du roi et l'environnement coexiste au IXe siècle avec d'autres légitimations de la domination, notamment le paternalisme inclus dans les relations entre seigneurs et dépendants. Il faudrait aussi prendre en considération l'éthique du travail et de la satisfaction des besoins nécessaires exprimée au VIe siècle par la *Règle de saint Benoît* et matérialisée au IXe siècle dans les polyptyques et les statuts monastiques lorsque ceux-ci défendent la nécessité d'une gestion « rationnelle » et des investissements productifs[34]. Avec le devoir de prévoyance et de régulation du roi, qui lui enjoint de remplir ses greniers pour les années difficiles et de fixer un maximum des prix céréaliers (794, 806), ces idées d'économie morale et

33. Devroey 2019.
34. Devroey 2006 ; Toneatto 2012.

politique peuvent être rangées parmi les leviers idéologiques de la croissance[35].

À de rares occasions, l'interprétation chrétienne de l'environnement laisse deviner des bribes des conceptions analogiques de la nature partagées par les populations paysannes, comme dans le traité de pastorale de l'évêque Burchard de Worms, au début du XIe siècle, où sont décrits des rites de fécondité contre la sécheresse ou d'autres « superstitions » des illettrés, c'est-à-dire, par définition, des rustres[36]. Si les processions de rogations ou les évêques qui font pleuvoir montrent le succès de certaines adaptations culturelles, l'histoire de la résistance à l'obligation de payer la dîme paroissiale, à partir de son instauration à la fin du VIIIe siècle jusqu'à sa généralisation tardive en Occident aux XIIe-XIIIe siècles, traduit le caractère souvent incomplet de l'imprégnation chrétienne des campagnes et les survivances parmi les paysans de manières alternatives d'être au monde et de concevoir l'environnement.

JEAN-PIERRE DEVROEY

35. Voir le chapitre 16.
36. HOFFMANN 2014.

6.

Lieux et dynamiques du peuplement rural

(VIe-milieu XIe siècle)

Dans l'Occident médiéval, la très grande majorité de la population vit dans les campagnes, dont les productions accaparent l'essentiel des activités humaines et assurent la subsistance de la société. Si la plupart des zones de peuplement s'inscrivent dans la continuité d'aires d'occupation remontant à la Protohistoire, les structures d'habitat et de production se sont progressivement transformées dès les premiers siècles du Moyen Âge. À la faveur des mouvements de populations, de la mise en place des royaumes et de l'institutionnalisation de l'Église chrétienne, une organisation sociospatiale caractérisée par une fragmentation des pouvoirs et par l'éclosion de « petits mondes », ainsi qu'on a pu qualifier les établissements des IVe-VIe siècles, s'est progressivement substituée aux agencements territoriaux du monde romain antique, fondés sur l'institution de la cité et sur un régime agraire dominé par la *villa*. De Numa Denis Fustel de Coulanges (dans le dernier quart du XIXe siècle) à Chris Wickham (au début du XXIe siècle), les historiens ont souvent fait de la « communauté de village » ou tout simplement du « village », dont ils ont dès lors cherché à traquer la genèse, le paradigme de l'organisation médiévale des campagnes[1].

1. Wickham 2005 ; Quirós Castillo 2009 ; Yante, Bultot-Verleysen 2010 ; Passarius, Catafau 2018.

C'est dans cette perspective qu'il convient de replacer les travaux des spécialistes de la « société féodale » qui se sont attachés, à partir des années 1970, à décrypter le mouvement de fixation locale des pouvoirs et des populations, que Pierre Toubert a qualifié d'*incastellamento* (réunion des habitants sur des sites perchés et fortifiés, autour d'un « château ») et que Robert Fossier a désigné de manière plus générale comme un mouvement d'« encellulement » des gens (ancrage de communautés d'habitants autour de lieux pérennes, soit une « naissance du village »), qui se serait produit en Occident aux alentours de l'an mille[2]. Dans ces travaux, dont le grand mérite est d'avoir attiré l'attention sur les processus de spatialisation des rapports sociaux, le haut Moyen Âge n'est guère qu'une période d'entre-deux, à l'organisation rudimentaire, fluctuante et en outre mal documentée, ce qui accrédita l'idée qu'il ne s'était pas passé grand-chose avant la formation des « communautés » et des « villages » aux xe-xie siècles, si ce n'est le délitement des structures de l'ancien monde romain.

Pourtant, l'essor de l'archéologie préventive, en France à partir des années 1980 et surtout durant la décennie 1990, a littéralement révélé une densité et une variété insoupçonnées de sites ruraux datés du premier Moyen Âge[3]. Il est alors apparu que les formes post-romaines d'occupation du sol et du peuplement devaient être analysées dans la durée, en s'attachant moins, du reste, au devenir de localités particulières qu'à l'ensemble d'un « système de peuplement » (Claude Raynaud), en envisageant les transformations de l'habitat et celles de son environnement, et en considérant l'organisation agraire de la période médiévale à l'aune des héritages laissés par les sociétés antérieures.

La diversité et la précision des données archéologiques accumulées depuis deux ou trois décennies[4] rendent néanmoins

2. Toubert 1973 ; Fossier 1982.
3. Peytremann 2003 ; Catteddu 2009.
4. Hamerow 2012 ; Valais 2012 ; Hernandez, Schneider, Soulat 2020.

difficile l'exercice de la synthèse, d'autant qu'il est malaisé d'articuler les faits hétérogènes observés sur le terrain, les réalités nommées dans la documentation écrite et les concepts historiographiques – comme celui même de « village ». Données archéologiques et textuelles renvoient à différentes échelles et à plusieurs niveaux de réalité. On ne saurait, par exemple, confondre la question de la topographie de l'habitat – dont les unités peuvent être regroupées, distendues, dispersées, etc. – et celle de la polarisation sociale favorisée par certains lieux dominants (une église ou un habitat privilégié) qui ont pu contribuer à organiser le paysage et commander un certain nombre de pratiques sociales, sans se traduire immédiatement ni même nécessairement dans la topographie. Tout à la fois héritées et (re)construites, les morphologies agraires représentent un autre niveau de réalité encore, qui ne reflète pas directement l'organisation de l'habitat. En dépit de cette complexité, il ressort toutefois clairement des données historiques et archéologiques que les structures de peuplement et les pratiques sociospatiales du premier Moyen Âge ont été travaillées par de fortes dynamiques marquées par des caractères originaux.

Recompositions (v^e^-viie siècle)

À l'époque romaine, l'exploitation du sol est dominée par le système de la *villa* qui fait de la résidence privilégiée d'un maître, au cœur d'un grand domaine agricole, le point d'ancrage d'un réseau de peuplement composé par ailleurs de petits établissements familiaux et même de petites agglomérations. Les unités d'exploitations ou « fermes » des premiers siècles du Moyen Âge, souvent dispersées et de taille variable, regroupent des bâtiments d'habitation en terre et en bois, des installations domestiques et des annexes agricoles. Le poids relatif de l'héritage romain, évidemment plus important au Sud qu'au Nord, et parfois son absence expliquent les rythmes différenciés auxquels se sont transformés l'habitat et les pratiques agropastorales en Occident[5]. De la même manière, les mouvements de populations venant d'outre-Rhin ou des îles occidentales ont pu se traduire, notamment dans l'est de la Gaule ou dans l'ouest et le centre de la Bretagne, par des usages particuliers dans l'habitat mais aussi dans les structures funéraires, comme l'attestent par exemple les importantes tombes à *tumuli*, vastes levées de terres recouvrant une chambre funéraire et délimitées par des fossés circulaires, retrouvées à Hegenheim dans le Haut-Rhin. En Gaule septentrionale, des sites ruraux modestes sont abandonnés dès le IIIe siècle. En Lombardie, Piémont et Toscane, où les archéologues constatent une « crise » ou un « déclin » de la *villa* aux Ve et VIe siècles, mais aussi en Aquitaine, les parties résidentielles de plusieurs établissements sont néanmoins encore dotées à ce moment de salles à abside et de décors soignés, vraisemblablement liés à de nouvelles formes de représentation. À Loupian, en Languedoc, le noyau résidentiel de la *villa* est agrémenté au Ve siècle d'un ample péristyle et d'une grande salle au sol recouvert de mosaïques. Les abandons se multiplient certes au VIe siècle, alors que s'estompe le maillage antique des campagnes, mais ce processus est plus lent dans certaines régions où demeurent quelque temps une monumentalité, un paysage et un mode de vie empreints de romanité. En Languedoc, la moitié des établissements antiques demeurent ainsi occupés au VIe siècle, et un quart survit au VIIe siècle.

Le maintien de certaines *villae* s'accompagne néanmoins parfois d'une réorientation de leurs activités de production. Sur le site de Saint-Martin à Taradeau, en Provence, occupé du Ier siècle av. J.-C. au VIIe siècle, des équipements liés à un élevage de bovins et de chevaux remplacent des installations viticoles et oléicoles. À Aiano, près de San Gimignano, en Toscane, les éléments résidentiels de la *villa* sont dépouillés

5. Voir les chapitres 3, 5 et 7.

et remplacés par des officines d'artisans producteurs d'objets métalliques et de verre. Des sites anciens donnent également naissance à de nouveaux établissements déplacés à quelques dizaines ou centaines de mètres ; des structures en nébuleuse se forment parfois autour de centres domaniaux anciens. À Missignac, en Languedoc, plusieurs unités d'habitation et d'exploitation s'installent au Ve siècle sur les marges d'un domaine agricole antique : cette nouvelle structure, qui atteste une sorte d'éclatement et un glissement par rapport au siège domanial, dont les édifices étaient davantage agglomérés, perdure ensuite jusqu'au IXe siècle, les bâtiments se renouvelant et se multipliant au fil du temps[6]. Les éléments du bâti antique qui persistent sont souvent récupérés, servent alors de fondation ou de cadre aux nouvelles constructions. En définitive, au VIIe siècle, la plupart des *villae* d'origine antique ont disparu ou se sont profondément transformées[7].

Les campagnes du tout début du Moyen Âge sont ainsi caractérisées par des sites d'habitat divers, assez dispersés, où prévalent des exploitations familiales renvoyant peut-être à un « mode de production paysan » peu hiérarchisé[8], sans ignorer pour autant des formes de groupements plus ou moins structurés. Dans les régions qui n'ont pas connu l'occupation romaine, par exemple le sud du Jutland et le nord de l'Allemagne, une réorganisation du système de peuplement est déjà perceptible entre la fin du IIe et le début du IVe siècle : la taille des unités d'exploitation et des maisons augmente alors.

Les formes de l'habitat varient selon les régions, les activités et le statut social de leurs occupants, mais une physionomie générale s'impose néanmoins : les établissements ruraux sont composés d'une ou plusieurs unités d'exploitation, comprenant

6. O. Maufras, J. Hernandez, M. Rochette *et al.*, *in* Hernandez, Schneider, Soulat 2020.

7. Brogiolo, Chavarria Arnau 2007.

8. Wickham 2005. Voir les chapitres 15 et 16.

au moins un bâtiment d'habitation entouré d'étables, de granges et de greniers surélevés. Les constructions sont faites de bois, de terre et de torchis, sur ossature de poteaux de bois plantés ou sur sablières basses. La pierre reste utilisée dans certaines régions, comme le sud de la Gaule ; elle est aussi présente dans certains types de bâtiments cultuels ou élitaires. Reste que dans les lieux mêmes où elle est disponible, elle n'est pas toujours réemployée. La construction en matériaux « légers », qui n'exclut pas la qualité, paraît correspondre à un choix délibéré, sans doute adapté aux fluctuations, reclassements et glissements des sites d'habitat sur de faibles distances, au sein d'un terroir qui demeure quant à lui assez stable. À côté des maisons et de leurs annexes, des silos enterrés, parfois regroupés dans des espaces réservés, sont destinés au stockage des grains, des légumineuses et du fourrage, selon un système de conservation très ancien qui était tombé en désuétude à l'époque romaine et qui se trouve donc réinvesti aux VIe-VIIe siècles. Ce dispositif est complété par des fours domestiques ou artisanaux et, dans certaines régions, par de petits bâtiments semi-enterrés (longtemps mal nommés « fonds de cabane ») qui accueillent des activités textiles et d'autres nécessitant un taux d'humidité et une température stables. Les unités agricoles sont aménagées en aire ouverte ou délimitées par des clôtures ou fossés matérialisant des enclos quadrangulaires ou curvilignes.

Une autre manifestation du processus de diversification des sites d'habitat tient à l'apparition, puis à la multiplication, parfois dès les IIIe et IVe siècles, le plus souvent entre le Ve et les VIIe-VIIIe siècles, d'habitats fortifiés bâtis cette fois en pierre, souvent établis sur des sites de hauteur, que les documents qualifient d'*oppida*, de *castra* ou de *castella* – mais la plupart ne sont attestés que par l'archéologie. En Italie septentrionale, des fortifications de différents genres et de superficies variées (forteresses « publiques » occupées par des garnisons, habitats perchés, fortins modestes) sont ainsi aménagées assez tôt, en particulier dans les régions adossées aux Alpes. À partir des Ve-VIe siècles, des sites perchés, abritant des hommes armés mais aussi des producteurs, couvrent tout l'arc méditerranéen de la Gaule, notamment en Languedoc, dans la basse et moyenne vallée du Rhône, dans le Massif central, l'Auvergne et le Jura. Leur emprise varie de 0,1 à 5 hectares.

Le site du Roc de Pampelune, dans la garrigue montpelliéraine, constitue une véritable agglomération, peuplée notamment d'artisans spécialisés dans la métallurgie et participant à des relations d'échanges qui leur permettent d'acquérir des produits d'Afrique du Nord et de l'aire orientale de la Méditerranée. Fondé sur un système de « maisonnées », l'établissement, dépourvu de voirie, associe autour de cours multiples des demeures principales, généralement dotées d'étages, et des maisons plus simples de plain-pied. Ce type d'agglomération témoigne du transfert de certaines fonctions des établissements de plaines, qui ne sont toutefois nullement désertées, vers les sites de hauteur, ainsi que d'une dilution des prérogatives des cités. Établi vers la fin du Ve siècle sur un pic isolé au sein des gorges du Tarn, le *castellum* de La Malène, en Gévaudan, constitue un autre genre d'établissement perché dans lequel on reconnaît un habitat élitaire marqué par une aile résidentielle dotée d'une colonnade d'étage, de peintures polychromes et de bains à la romaine. L'établissement d'un tel lieu de pouvoir et de représentation, d'accès fort peu aisé, rompt avec le modèle de domination qu'incarnait la *villa* aristocratique[9].

Au-delà de leur fonction défensive et de leur rôle de lieu de refuge, bien réels en certaines régions et à certains moments, la mise en place de ces sites de hauteur indique une nouvelle répartition du peuplement et l'expérimentation de types d'habitat alternatifs aux cités, aux *vici* et aux *villae*

9. SCHNEIDER 2013.

antiques, associées à des formes originales de contrôle territorial et d'exploitation des ressources, relevant notamment d'une économie sylvopastorale. Ces établissements n'ont eu néanmoins qu'une existence assez éphémère : la plupart sont abandonnés aux VIIe-VIIIe siècles.

Un signe important de la recomposition du peuplement entre Antiquité et Moyen Âge tient enfin à la création de lieux de culte d'un genre inédit, tout d'abord parce qu'ils étaient destinés à réunir régulièrement, sous un même toit, une population locale – ce qui n'était pas le cas des temples antiques – et ensuite parce qu'ils furent établis parfois au sein des sites d'habitat, le plus souvent en association avec des sépultures. La présence de lieux sacrés et surtout funéraires auprès des espaces de vie, d'où ils étaient auparavant proscrits, est certes liée au développement de la religion chrétienne, mais elle participe aussi à de nouvelles modalités d'organisation de l'espace social.

Aux Ve et VIe siècles, c'est d'abord dans leur propriété que les élites aménagent des lieux de culte. Certains grands aristocrates sont allés jusqu'à transformer leur résidence en espace de vie religieuse : l'Aquitain Sulpice Sévère (mort vers 420) fait ainsi de sa *villa* de Primuliacum une sorte de monastère ; retirés en Italie méridionale, Paulin de Nole, à Cimitile au Ve siècle, et Cassiodore, à Vivarium au VIe siècle, font bâtir des églises dans l'enceinte de leur résidence[10]. En dehors de ces cas exceptionnels, bien des *villae* servent de cadre à la mise en place de lieux de culte. En 471, un certain Flavius Valila fait ainsi construire sur sa propriété près de Tivoli une église qu'il dote de terres et de revenus afin d'assurer l'entretien du luminaire et la subsistance du desservant. Les fouilles archéologiques semblent confirmer de telles constructions, notamment en Italie, en Espagne

10. Voir le chapitre 3.

et en Gaule, mais elles ne permettent généralement pas de comprendre si les bâtiments anciens étaient toujours habités (et l'exploitation en activité) au moment de l'aménagement du lieu de culte. Dans certains cas, celui-ci devient néanmoins l'un des pôles dynamiques de l'ensemble domanial. À Loupian, un vaste édifice chrétien d'une longueur de 27 mètres, doté d'un baptistère et de quelques annexes, est construit, au début du Vᵉ siècle, à quelques centaines de mètres du cœur résidentiel de la *villa* ; puis, aux VIᵉ et VIIᵉ siècles, ce noyau cultuel attire un habitat qui fait basculer le centre de gravité du domaine.

Alors que les morts étaient souvent inhumés dans de grandes nécropoles situées « en plein champ », à l'écart des agglomérations, les fouilles archéologiques des deux dernières décennies ont montré, sur différents types de site, la présence de sépultures dans les zones d'habitat et d'exploitation. À Serris-Les Ruelles, en Île-de-France, le site est organisé au début du VIIᵉ siècle autour de trois secteurs principaux : le premier, constitué de bâtiments domaniaux disposés autour d'une cour, comporte une zone funéraire ; le deuxième correspond à un espace cultuel associé à des inhumations, plus nombreuses ; le troisième pôle se compose de plusieurs unités d'exploitation où ont été également aménagées des tombes en divers endroits[11]. À Missignac, en Languedoc, c'est à la fin du VIIᵉ siècle que les parcelles accueillent divers groupes de sépultures disséminés, ce qui suggère l'aménagement de petits ensembles funéraires familiaux, placés aux limites des cours et des jardins. Sur le site perché de Larina, en Dauphiné, établissement agricole dépendant peut-être d'une *villa* située dans la plaine, les sépultures sont regroupées dans une zone particulière, aménagée un peu plus haut que l'habitat, mais au VIᵉ siècle des tombes sont aussi établies à l'intérieur et dans

11. François GENTILI, Eddy SETHIAN, *in* HERNANDEZ, SCHNEIDER, SOULAT 2020.

les annexes d'une église bâtie sur le site, alors que l'ancienne zone funéraire demeure en usage.

Le nombre de lieux associant habitat, église et tombes s'accroît indéniablement aux VIe et VIIe siècles[12]. Les membres de l'élite se préoccupaient de disposer d'une église susceptible d'accueillir leur sépulture et celles de leurs proches et ont, pour cela, souvent transformé des bâtiments existants, parfois d'anciens mausolées, en lieux de culte. À Jau-Dignac, dans l'estuaire de la Gironde, l'église est édifiée au VIIe siècle sur les ruines d'un petit temple antique et accueille, d'abord à l'intérieur de l'édifice, des sarcophages, sépultures du groupe dominant, puis d'autres tombes, à l'extérieur, probablement occupées par des dépendants ou des habitants des alentours. Ce type d'édifice constitue la majeure part du premier semis d'églises mis en place en Occident. Renvoyant tout à la fois à la dévotion de leurs fondateurs, à une volonté de distinction sociale et de contrôle, ces églises ont constitué des repères pour les populations au sein d'un monde rural caractérisé par un habitat souvent dispersé, polynucléaire et mouvant.

Polarisations (VIIe-Xe siècle)

Dans tout l'Occident, une nouvelle étape dans l'histoire de l'habitat et de la production s'ouvre à partir de la seconde moitié du VIIe siècle, dans un contexte de développement agricole aujourd'hui bien attesté[13]. Les sites de peuplement augmentent alors en nombre et en taille. De nombreuses exploitations sont regroupées en hameaux (petits groupes de fermes, structurés ou non), voire, pour certains, en « villages » plus denses associés à une zone funéraire, à un bâtiment cultuel et/ou à un site élitaire. Les espaces de vie et de travail

12. Voir le chapitre « Vivants et morts » du troisième tome.
13. Voir le chapitre 16.

sont agrandis, certains acquièrent de nouvelles fonctions. En Bretagne, à La Perdriotais, le site composé d'un premier établissement rural à la fin du VIe siècle se densifie aux VIIIe et IXe siècles jusqu'à juxtaposer trois grandes unités d'exploitation agricole. De ces unités jointives ne subsiste au Xe siècle que la ferme la plus septentrionale. Parallèlement, dès le VIIe siècle, un second hameau, relié par un chemin au précédent, se développe, jusqu'à son abandon au IXe siècle, sous la forme de trois nouvelles fermes. À Villiers-le-Sec, en Île-de-France, la densification du site s'opère, aux VIIIe-IXe siècles, le long de deux chemins perpendiculaires au carrefour desquels est aménagée une zone funéraire.

Lorsqu'il est possible d'en suivre l'histoire dans la longue durée, ces sites connaissent une organisation plus régulière du bâti et de l'espace agraire que dans les siècles précédents. En Angleterre, c'est aux VIIe-VIIIe siècles que des réseaux de parcelles structurées se substituent au dispositif plus lâche et aux éléments dispersés antérieurs. Au Teilleul à Montours, en Bretagne, entre le VIIe et le Xe siècle, trois fermes se mettent en place au sein d'une vingtaine de parcelles quadrangulaires d'orientation identique. De nombreux exemples montrent la fréquence en Europe du Nord-Ouest de cette organisation qui juxtapose des habitations et des activités diverses (fours culinaires, traitements des récoltes, forges…). Elle ne procède pas d'une structure prédéfinie (planification) mais d'une appropriation progressive de l'espace par ajout de parcelles adossées progressivement les unes aux autres. Sans être inconnue, cette structuration semble beaucoup plus rare dans le sud et l'est de l'Europe, pour des raisons qui restent encore à comprendre.

Si des traces d'artisanat domestique sont reconnues sur l'ensemble de ces établissements, certains d'entre eux se spécialisent dans l'élevage, la boucherie, la production métallurgique ou la fabrication de céramiques. Ainsi en est-il de l'occupation de Saran, en Val de Loire, où deux sites du IXe siècle, distants de 300 mètres et reliés par un chemin, ont livré des vestiges d'habitat, de sépultures mais également d'une activité potière, le tout structuré par un réseau fossoyé. Les polyptyques (des inventaires domaniaux) font état, parmi les dépendances des abbayes de Saint-Germain-des-Prés et de Prüm, de domaines aux activités spécialisées. Certaines formes d'aménagement de l'habitat et de la production s'inscrivent de fait dans le développement d'une économie domaniale, mise notamment en œuvre par les grands monastères carolingiens et fondée sur une mise en commun des ressources et une organisation collective du labeur[14].

Que ce soit dans des établissements agropastoraux ordinaires ou sur des sites spécialisés, on constate, en effet, une nouvelle gestion, dorénavant plus collective, des récoltes céréalières et une augmentation généralisée des capacités de stockage, y compris dans les régions périphériques, au nord de l'Europe par exemple, comme à Vorbasse au Danemark, à Odoorn et Dalem aux Pays-Bas. L'augmentation du nombre et du volume des structures de stockage soulève de nombreuses questions relatives à la genèse et aux promoteurs de ces réserves céréalières[15]. À Châteaugiron, en Bretagne, des aires sont dévolues au stockage (silos) et au traitement des céréales (vannage, séchage, grillage) au cœur même du site, indiquant la mise en commun de ces activités essentielles. Ces concentrations semblent plus systématiques à partir du IXe siècle, comme le montre l'exemple de Saint-Gilles de Missignac : alors que les premiers silos remontent au Ve siècle, une aire de stockage d'environ 450 silos prend forme au VIIe siècle, à l'ouest de l'habitat, puis connaît une utilisation intense entre le IXe et le XIe siècle. Près de Montpellier, sur le site de Verchamp, une vaste zone d'ensilage se constitue aussi à partir des VIIIe-IXe siècles, mais elle est ici articulée à un important complexe artisanal dont témoignent les 65 fours

14. Voir les chapitres 15 et 16.
15. Voir le chapitre 16.

de potiers et les 4 fours de tuiliers mis au jour : réserves et artisanat spécialisé sont ainsi associés[16].

Une autre caractéristique majeure des sites de peuplement à partir du VIIe siècle tient à la multiplication des lieux de culte et au rôle joué par ces édifices dans l'organisation sociospatiale : le semis d'églises se densifie et ces édifices cristallisent nombre de pratiques collectives. Si cette densification ne transforme pas mécaniquement la topographie de l'habitat, elle favorise le regroupement des morts autour des pôles sacrés, au sein d'espaces polyfonctionnels accueillant donc les sépultures mais aussi des réserves céréalières, des lieux de réunion ou d'échanges et parfois des maisons. Sur le site de Portejoie à Tournedos, en Normandie, une église en bois est construite au VIIIe siècle, au nord d'un établissement des VIIe-VIIIe siècles, dans une zone de sépultures où se trouvaient également traitées et gardées des réserves de grains ; au IXe siècle, la reconstruction en pierre de l'église s'accompagne d'un réaménagement de l'aire funéraire, désormais concentrée autour de l'édifice.

Les nécropoles de tradition antique évoquées précédemment, placées aux confins de plusieurs aires d'habitat, sont délaissées, que les défunts soient dorénavant inhumés dans le périmètre des églises établies à proximité et parfois au cœur de l'espace des vivants, ou que le champ des morts soit pourvu d'un lieu de culte et attire progressivement les maisons. À Choisey, dans le Jura, un habitat est aménagé entre le VIIe et le Xe siècle à proximité d'une nécropole des VIe-VIIe siècles, elle-même installée à l'emplacement d'une *villa* gallo-romaine. Autrefois disposées en rangées au sein d'un espace ouvert, les tombes se pressent désormais autour des murs de l'église. Le mouvement de concentration et, ensuite, de resserrement des

16. Remi CARME, Guergana GUIONOVA, Anne CLOAREC, *in* HERNANDEZ, SCHNEIDER, SOULAT 2020.

aires funéraires autour des lieux de culte n'était toutefois pas exclusif. À Dourges, dans le nord de la France, les sépultures sont encore établies aux VIIIe-IXe siècles le long des chemins et en bordure d'enclos d'habitat. Ce type de tombes « isolées » ou en groupes restreints devait toutefois disparaître aux XIe-XIIe siècles, montrant que la constitution du « cimetière chrétien » est un processus qui s'étale sur plusieurs siècles[17].

La polarisation ecclésiale résulte d'une mise en valeur des lieux de culte qu'illustre le développement du rite de consécration des églises entre le VIIe et le IXe siècle. Elle participe à une dynamique de longue durée que l'on peut qualifier d'*inecclesiamento*, tout à la fois inscription de l'Église au sein de la société et réorganisation de la société en fonction et parfois autour des lieux de culte[18]. Les autorités carolingiennes ont soutenu cette évolution, en prescrivant la « construction » ou la « restauration » de lieux de culte, en demandant, comme en 810-813, « que les églises et les autels soient mieux construits », « que les églises et autels dont la consécration est incertaine soient consacrés » et en organisant des espaces protégés, inviolables, autour des églises. À partir des années 820-830, les évêques appellent la population à se réunir au sein des lieux de culte et condamnent, à la manière de Jonas d'Orléans, ceux qui s'en abstiennent « bien qu'ils disposent d'une église dans leur voisinage ». La possibilité pour tous les chrétiens de se rendre dans une église proche de leur résidence devient une question importante et, au milieu du IXe siècle, l'archevêque Hincmar de Reims recommande, au nom de ce principe, la construction de lieux de culte dans les régions qui en étaient dépourvues. Quelques années plus tôt, un capitulaire de Charles le Chauve pour la Septimanie avait fait les mêmes recommandations, en mentionnant particulièrement le cas des femmes enceintes et des malades que la distance et le « péril de l'eau ou de la forêt » empêchaient

17. Voir le chapitre « Vivants et morts » du troisième tome.
18. Lauwers 2013.

de se rendre au culte et d'enterrer leurs morts (*voir* plan 1, p. IV). En 895, le concile de Tribur fixe à 4 ou 5 milles la distance au-delà de laquelle il est souhaitable de solliciter d'un évêque l'implantation d'une église. Il ne faut sans doute pas considérer cette distance comme une prescription qui aurait été imposée partout : on y verra plutôt une manifestation de la réorganisation du semis ecclésial, lié au mouvement de rapprochement des lieux du culte, des tombes et de l'habitat que l'archéologie atteste clairement à partir des VIIe-VIIIe siècles.

La nouvelle structure qui s'impose ainsi n'est autre que la « paroisse », comme un certain nombre de représentants de l'autorité commencent à la qualifier au IXe siècle. La paroisse du premier Moyen Âge ne constitue nullement un territoire homogène, mais plutôt un réseau de lieux habités et de terres rattachés à un pôle sacré et à son desservant[19]. Les « paroissiens », désignés aussi dans les documents comme « habitants » (*habitantes*, *incolae*) ou « manants » ([*com*]*manentes*), des termes renvoyant à la résidence et au voisinage, sont tenus de se rendre régulièrement dans leur église, pour y accomplir certains rites et recevoir des sacrements (eucharistie, pénitence), pour s'acquitter de certaines obligations (offrandes, paiement de la dîme), pour y ensevelir leurs morts au sein du cimetière. Au Xe siècle, la sacralité du lieu de culte s'étend à l'espace funéraire adjacent à l'église, tandis que la protection et le droit d'asile conférés à ces lieux sont renforcés, en certaines régions, par les prescriptions édictées lors de conciles.

Le phénomène de polarisation qu'attestent les églises paroissiales et leurs cimetières s'observe également dans le cas des monastères, qui associent de même des lieux d'habitat destinés aux religieux et à leurs serviteurs, des lieux de culte et des espaces funéraires. S'il est difficile de repérer, dans l'Occident du premier Moyen Âge, une topographie monastique type, des espaces communautaires et spécialisés (réfectoire, dortoir,

19. ZADORA-RIO 2008.

salle du chapitre, cellier, officines diverses) se mettent progressivement en place et, à partir de l'époque carolingienne, se réorganisent autour de l'église principale et du « cloître ». Structurés dès lors en pôles, les grands ensembles monastiques rationalisent l'exploitation de leurs terres et organisent transferts et échanges entre le centre et ses dépendances[20]. Qualifiées de « celles » ou d'« obédiences », les dépendances reproduisent souvent, à l'échelle locale, l'organisation de la maison mère, en articulant lieu de vie, lieu de culte et espace funéraire, et en contribuant dès lors à diffuser ce modèle dans les campagnes.

La domination locale des élites, qui ont souvent participé à la mise en place des pôles sacrés, se manifeste matériellement au sein ou en périphérie des sites ruraux. Depuis quelques années, les archéologues prêtent attention à tous les « signaux faibles » témoignant de la présence de ces élites qui occupent des positions diverses dans la hiérarchie sociale[21]. Leurs résidences sont le plus souvent en terre et en bois – même si la pierre peut être utilisée, ce qui est en soi un indice – et de plain-pied, mais elles occupent des surfaces plus larges que les fermes paysannes et s'inscrivent le plus souvent au sein d'un espace « réservé », parfois selon une organisation sur cour. Enfin, on y trouve des objets (éperons, pièces de jeu élaborées, fragments de verre plat, objets importés…) et/ou des restes alimentaires (porcs en quantité, faune chassée, esturgeons…) qui constituent autant de marqueurs sociaux spécifiques. Ainsi, les ouvrages défensifs longtemps mis en avant pour l'étude de l'aristocratie médiévale ne sont que l'une des modalités possibles d'expression du pouvoir des élites.

Pour autant, des pouvoirs locaux peuvent se manifester de façon plus visible, comme sur le site de Bressilien à Paule, au cœur de la péninsule Armoricaine, où, dès la fin du VIIe siècle,

20. Voir les chapitres 15 et 16.
21. CATTEDDU 2009.

un porche, de terre et de bois, contrôle l'accès à un habitat fortifié que délimite une imposante enceinte fossoyée protégée par un rempart de terre et de bois également. Cet établissement est organisé en deux espaces séparés par un fossé bordé de talus : la partie basse est dévolue aux activités artisanales et agricoles, tandis que la partie haute, résidentielle, comprend un grand bâtiment en terre et en bois, remplacé fin VIIIe-début IXe siècle par un édifice en pierre très comparable aux résidences aristocratiques carolingiennes. Ce dernier reflète probablement une certaine acculturation des élites bretonnes aux modes de vie et d'organisation francs dont témoigne aussi le monnayage carolingien retrouvé sur place, même si la forme de l'occupation et certains éléments mobiliers renvoient également à des influences extérieures (pays de Galles et Irlande).

C'est à partir de la fin du IXe siècle et surtout au Xe siècle qu'apparaît et se diffuse un nouveau modèle d'habitat élitaire promis à un bel avenir, celui de la tour (en bois, puis en pierre), placée ou non sur une éminence naturelle ou aménagée et associée à des éléments de fortification. Ces sites prennent la suite des habitats précédents qu'ils recouvrent, ou sont construits *ex nihilo*. Dans les deux cas, ils se trouvent toujours un peu à l'écart de l'habitat paysan, voire vraiment isolés. Sur le site de Serris, la « ferme domaniale » des VIIe-VIIIe siècles est remplacée au Xe siècle par un nouveau pôle aristocratique, situé au nord du village, plus près de l'église et du cimetière, et constitué par une tour massive en bois entourée d'un fossé circulaire et contrôlant le chemin d'accès au site. À Charavines, en Dauphiné, le site, fondé dans les toutes premières années du XIe siècle, probablement dans le cadre de la mise en valeur de nouvelles terres, se caractérise par une enceinte palissadée avec avant-corps et par le retrait défensif de l'habitat sur le bord du lac de Paladru. De manière générale, on observe également une amélioration du volume et du confort des bâtiments, une augmentation de la fréquence des monnaies, des éléments de l'équipement des cavaliers et des armes. Ces phénomènes suggèrent la montée en puissance d'élites locales, dont l'archéologie permet de reconnaître les habitats de plus en plus visibles dans le paysage.

On constate le même type d'évolution sur un certain nombre de sites perchés et fortifiés d'Italie centrale, que les historiens, à la suite de Pierre Toubert[22], voyaient apparaître dans les documents écrits à partir du milieu du Xe siècle, mais qui s'inscrivent en réalité dans une plus longue durée. Le processus de perchement de ces établissements, distincts des sites concernés par la première vague de fortification des Ve-VIIe siècles évoquée plus haut, est attesté dès le VIIe siècle. C'est à ce moment qu'à Montarrenti, en Toscane, par exemple, des maisons de bois s'agglomèrent sur une colline, protégées par des palissades. Au VIIIe siècle, la partie haute du site, au sommet de la colline, est dotée d'un grand édifice destiné au stockage ainsi que d'un four, et entourée d'un mur d'enceinte en pierre : il est probable qu'il s'agisse du centre d'un domaine agricole, où la production se trouve acheminée et conservée, sous le contrôle d'une élite. Aux Xe et XIe siècles, une nouvelle enceinte est aménagée qui permet d'identifier le site à un *castrum* ou *castellum*, selon les termes utilisés dans les textes. Comme le disait Riccardo Francovich, le « château » est ainsi davantage un point d'arrivée que le point de départ d'un nouveau modèle d'établissement[23]. En définitive, tout comme la réorganisation sociale favorisée par la mise en place des églises, l'*incastellamento*, c'est-à-dire la polarisation sociale exercée par les châteaux, s'inscrit dans une dynamique de longue durée qui commence dès l'époque carolingienne et s'accentue aux Xe-XIe siècles[24].

C'est ainsi qu'entre le VIIe et le IXe siècle émerge un trait majeur du paysage rural médiéval : des maisons groupées

22. TOUBERT 1973.
23. Cité *in* AUGENTI, GALETTI 2018.
24. Voir le chapitre 17.

autour d'une église et d'un cimetière, au cœur d'un terroir. On perçoit la dimension collective prise alors par un certain nombre d'activités, liées notamment à l'exploitation des terres, tandis que diverses constructions témoignent de l'affirmation d'élites locales. Plus qu'une rupture, la période comprise entre le xe et le XIIe siècle marque l'achèvement du processus de regroupement et de stabilisation du peuplement, de l'habitat, des lieux de culte et des lieux de production, qui a commencé au cours des siècles précédents. Si de nombreux sites sont encore abandonnés dans le courant du xe et au début du XIe siècle, d'autres se développent ou sont nouvellement créés. Les établissements qui se fixent ainsi aux xe-XIIe siècles, alors que se généralise le système paroissial, se trouvent souvent sous nos villages actuels.

Appropriations

La plupart des hommes et des femmes du premier Moyen Âge ne vivent pas seulement dans les campagnes ; ils vivent également majoritairement des ressources qu'ils s'y procurent[25]. C'est pourquoi, plus encore que durant l'Antiquité, la richesse provient de la possession de la terre et, à ce titre, l'emprise croissante des élites est notable[26]. L'organisation des espaces agropastoraux et leur imbrication fluctuante avec les autres types d'espaces ruraux (zones humides, forêts, bois, etc.) forment des paysages variés qui reflètent autant leur exploitation durant le Moyen Âge que les héritages anciens adaptés aux besoins du jour. Les sociétés ne se sont pas contentées, en effet, de transmettre sans y retoucher les espaces exploités durant l'Antiquité, pas plus qu'elles ne les ont, comme on l'a longtemps pensé, laissés à l'abandon,

25. Voir le chapitre 5.
26. Voir le chapitre 15.

même si cela a pu être ponctuellement vrai. Ce sont des sociétés qui aménagent leur espace de vie, en particulier à partir du VIIIe siècle, dans un contexte d'augmentation de la production agricole. Dans le domaine de la gestion des ressources naturelles, elles sont à l'origine d'innovations majeures ou de perfectionnements (sylviculture, friches hydrauliques, marais salants, etc.)[27] et, dans le domaine foncier et agraire, elles héritent, transforment et inventent des formes planimétriques ainsi que des règles pour encadrer et gérer l'appropriation des terres, parfois dans le cadre d'entreprises de colonisation agraire.

Pour saisir les parcellaires agraires dans lesquels s'inscrivent les établissements ruraux du premier Moyen Âge, il est nécessaire de changer d'échelle, donc de « sortir » des sites, et d'observer la morphologie actuelle des espaces agraires pour y rechercher les traces des héritages anciens. Deux exemples de parcellaires aménagés par des institutions ecclésiastiques, tantôt en rupture par rapport aux organisations antérieures, tantôt s'inscrivant dans un héritage, montrent tout le potentiel des recherches récentes sur le sujet[28].

Le premier exemple concerne la *villa* de Tillenay, en Bourgogne, connue par un censier datant de 937. Il s'agit en réalité d'un ensemble de terres d'origine fiscale (terres publiques concédées par l'autorité royale) structuré en sept *villae* distinctes sur lesquelles le chapitre d'Autun exerce une domanialité très forte, puisqu'il n'existe pas de seigneurie intermédiaire entre le chapitre et les manses de tenanciers, situation qui a créé des conditions favorables pour une restructuration du parcellaire. Or les villages actuels – dont les origines nous sont inconnues – correspondant à ces *villae* présentent presque tous un faciès régulier (village-rue ou amorce de quadrillage) et sont établis dans un espace agraire de champs ouverts, organisé selon une

27. Voir le chapitre 5 du présent tome et « Paysage » du troisième tome.
28. CHOUQUER 2020.

trame également régulière. On constate par ailleurs que les sites et enclos gaulois et romains connus dans ce secteur étaient organisés selon une orientation différente. Comme aucun de ces villages n'a fait l'objet, durant le second Moyen Âge, d'une fondation de type « villeneuve » susceptible d'expliquer de telles régularités[29], on peut raisonnablement penser que ces formes villageoises et agraires régulières sont liées à une remise en ordre de la *villa* de Tillenay par le chapitre d'Autun, à une date inconnue mais antérieure à 937. Cette reprise en main se serait alors caractérisée par la fondation de petits habitats groupés de tenanciers et le dessin d'unités parcellaires par quartiers dédiées à la culture, voire par la définition de nouvelles unités de prélèvement sur la base du système des manses, sans que ces derniers ne correspondent pour autant aux quartiers de culture.

L'autre dossier, italien, documente le cas d'une régularité parcellaire liée à une entreprise de colonisation agraire reprenant un héritage antique. Au VIIIe siècle, l'abbaye de Nonantola, en Romagne, a reçu des rois lombards, puis francs, un vaste ensemble de terres qu'elle a ensuite concédées soit à des exploitants, soit à des seigneurs qui ont eux-mêmes passé des contrats avec des tenanciers afin de mettre en valeur ces espaces forestiers ou cultivés. Le monastère réutilise alors et prolonge le cadre planimétrique d'une centuriation antique (forme classique de l'arpentage romain des terres, caractérisée par un quadrillage d'axes équidistants définissant des unités carrées ou rectangulaires). L'archéologie montre en effet que les axes de cette centuriation, enfouis, sont systématiquement décalés latéralement de plusieurs mètres, toujours dans le même sens, par rapport aux formes visibles sur les documents planimétriques contemporains. Ce n'est donc pas la centuriation romaine qui s'est pérennisée dans le paysage actuel, mais une sorte de centuriation médiévale postérieure, inspirée de

29. Voir les chapitres 8 et 10 du deuxième tome.

la précédente. Cependant, les autorités du premier Moyen Âge n'utilisent plus ce cadre planimétrique pour localiser les terres comme le faisaient les Romains, c'est-à-dire en fonction de leur position au sein de la grille centuriée dans son ensemble et en particulier par rapport au *cardo maximus* (principal axe nord-sud) et au *decumanus maximus* (principal axe est-ouest) ; ils se contentent dorénavant de la mention du sens longitudinal et du sens transversal des *limites* (sing. *limes*) de la centurie, auxquelles sont associés un toponyme ou une particularité topographique, sans référence à la grille d'ensemble. Les gens se réfèrent à des lieux et non plus à des espaces orthonormés. Cette évolution signe le passage à une phase « toponymique » d'appréhension de l'espace, un phénomène qui ne concerne pas seulement l'Italie mais s'observe également dans le monde franc dès le IXe siècle. L'analyse historique et morphologique permet en outre de montrer que la « réinvention » de la centuriation à Nonantola est liée à la gestion des écoulements des eaux dans la plaine, favorisés par les chenaux qui suivent les *limites* de la centuriation. Ceci explique leur reprise et leur transformation par les hommes du premier Moyen Âge, assurant du même coup la transmission remarquable de cet héritage antique jusqu'à nos jours – Gérard Chouquer parle dès lors de « transformission ».

La conquête, l'occupation, voire la division et l'assignation des terres ne concernent pas seulement l'Antiquité, qui a connu des fondations de colonies, ou le second Moyen Âge, qui a vu l'établissement des villeneuves et des bastides. Les souverains carolingiens pratiquent également une politique de concessions à des fidèles, puissants laïques ou établissements ecclésiastiques, visant à annexer de nouvelles terres ou à accroître et valoriser les exploitations existantes. Les textes parlent d'aprision (*aprisio*), *proprisio*, *occupatio* ou encore *bivang* dans l'espace germanique. Ces fidèles obtenaient des droits assez étendus (possibilité de transmettre, vendre, échanger), à charge pour eux de passer avec leurs « hommes » – colons, paysans tenanciers (*massarii*), hôtes… – des contrats de sous-concession ou sous-location pour la mise en valeur effective des exploitations. Ce dispositif a notamment été utilisé à partir de la fin du VIIIe siècle pour asseoir la conquête de la Septimanie et de la marche d'Espagne. Les rois ont alors assigné des terres fiscales laissées en friches ou vacantes à des aristocrates locaux ou chefs militaires, appelés *Hispani maiores*, ainsi qu'à des monastères, fondés souvent par les Carolingiens, à condition qu'ils œuvrent à l'extension du *cultum* (l'ensemble des terres arables du domaine par opposition au *saltum*, les friches pastorales), en échange d'un service militaire et de contributions fiscales. Les terres ainsi concédées bénéficiaient d'une immunité qui limitait l'intervention des comtes, réduite aux charges militaires et aux causes judiciaires majeures, au profit d'un rapport direct avec le souverain, ainsi que de dispositions fiscales avantageuses. Le système de l'immunité transférait ainsi aux acteurs locaux la gestion des terres, de certains impôts et services, une solution adaptée pour des royaumes qui ne disposaient pas d'un appareil d'État développé. À partir du XIe siècle, la situation évolue néanmoins : seules les institutions ecclésiastiques sont désormais capables de préserver leurs immunités, mais à leur seul profit : d'un outil au service du pouvoir royal, l'immunité se transforme en une sorte d'indépendance à l'égard de ce pouvoir. Toutes les terres en friche et à essarter ne ressortissent néanmoins pas de ce cas de figure : par exemple en Catalogne, des familles paysannes partent aussi à l'assaut des friches[30], et il faut rappeler que les comtes ou les évêques ont également concédé des terres afin d'attirer des paysans colons.

L'analyse des terroirs qui n'ont *a priori* pas connu d'entreprises de colonisation agraire ou qui n'ont simplement pas

30. Bonnassie 1990. Voir le chapitre 16.

donné lieu à des planifications agraires est plus délicate car les textes ne sont d'aucun secours et l'archéologie peine à faire sortir de terre des données en nombre comparable à ce qu'on observe pour les périodes gauloise et romaine. Il semble que les habitats s'insèrent dans une trame parcellaire préexistante, en ne proposant que très rarement une nouvelle structuration de l'espace agraire. Le premier Moyen Âge constitue ainsi un « chaînon » important dans la transmission d'héritages très anciens jusqu'au XIXe, voire au XXe siècle. Pour reprendre l'exemple des sites de Montours et de Châteaugiron, la trame dans laquelle s'insère l'habitat reprend, en l'étendant, l'orientation d'un enclos gaulois, puis conditionne le parcellaire agraire ultérieur (après abandon de l'habitat), encore lisible sur les plans cadastraux napoléoniens ou les photographies aériennes du XXe siècle, témoignant d'un autre cas de « transformission ». C'est aussi ce qui a été observé sur les sites d'Odoorn en Angleterre et de Vorbasse au Danemark : les enclos des fermes (de modules identiques à ceux de l'âge du Fer) et leurs parcelles associées et clôturées (les *tofts*) à partir du VIIIe siècle (plus réguliers qu'avant et organisés dorénavant le long d'une rue centrale) sont devenus par la suite des limites de champs encore visibles dans la planimétrie héritée et dans les traces de labour du second Moyen Âge.

MICHEL LAUWERS, MAGALI WATTEAUX
et ISABELLE CATTEDDU

7.

Fabriques urbaines et circulations des hommes et des biens

(Ve-milieu XIe siècle)

Après que l'historien Henri Pirenne a avancé en 1927 qu'une « renaissance urbaine », succédant à une longue période de décadence, se serait produite en Occident à partir des XIe-XIIe siècles sous l'impulsion du grand commerce international, la « ville » du haut Moyen Âge disparut corps et biens. Les recherches archéologiques menées d'abord en Grande-Bretagne et en Allemagne à la suite des destructions de la Seconde Guerre mondiale, puis en France à partir des années 1970 et surtout 1980 et, plus récemment, le renouvellement des études urbaines en géographie, en particulier en France autour de Jacques Lévy, Michel Lussault, Patrick Poncet et Marc Dumont, ont cependant montré qu'il y a bien eu des « villes » durant le premier Moyen Âge, au sens courant d'agglomérations étendues et aux fonctions diversifiées[1]. Ce qui empêchait de percevoir ces manifestations singulières de la réalité urbaine tient à des raisons d'ordre historique (le mot « ville » n'apparaît pas dans les textes avant le XIIe siècle), méthodologique (les niveaux archéologiques qui caractérisent les sols urbains des IVe-XIe siècles sont d'appréhension difficile) et surtout épistémologique : la « cité antique », caractérisée par sa fonction administrative, par

1. BROGIOLIO, WARD-PERKINS 2003 ; BROGIOLO, GAUTHIER, CHRISTIE 2003.

son urbanisme spécifique et par une architecture monumentale, et la « ville médiévale » des XIIe-XVe siècles, caractérisée par sa fonction économique, par une unité spatiale (grande enceinte urbaine) et politique (gouvernement municipal), ont en quelque sorte écrasé tous les autres types d'expression de l'urbanité, en particulier celui du premier Moyen Âge. L'analyse du fait urbain comme combinaison de la « densité » démographique et de la « diversité » sociale, mais aussi de la « mixité », laquelle mesure l'intensité de l'interaction sociale en un lieu donné, permet de sortir de l'impasse à laquelle avaient conduit ces archétypes de référence en montrant la variété du spectre des réalités urbaines.

Si l'héritage antique ne s'est pas perdu, les formes de l'urbain se sont tout de même profondément transformées durant le premier Moyen Âge, tant sur le plan de la topographie et des aspects matériels que des fonctions et du réseau urbain : développement de l'armature ecclésiastique des anciens chefs-lieux de cités par l'action des évêques, qui marque fortement le paysage urbain à côté d'anciens éléments de la parure monumentale antique dont les fonctions évoluent ; modification des modalités d'implantation et de construction du bâti ; apparition de nouveaux sites portuaires dédiés à la production et aux échanges, notamment dans l'espace septentrional de l'Europe, et de petites agglomérations autour d'établissements ecclésiastiques (bourgs monastiques à partir des IXe-Xe siècles), de résidences royales ou épiscopales (Compiègne, Mayenne, Dinant, Huy), dans le *suburbium* des cités (l'espace situé aux environs immédiats de la cité) ou encore par simple regroupement de hameaux ruraux ou artisanaux (Douai). À ces nombreuses et diverses formes de l'urbain du premier Moyen Âge correspondent, dans les textes, une multitude de termes : *civitas* (cité), *urbs* (ville), *castrum* ou *castellum* (château), *portus* (port), *vicus* (village), *suburbium* (faubourg), *burgus* (bourg), *wic*, etc., qui rendent beaucoup plus complexe l'appréhension du réseau urbain que dans l'Antiquité, d'autant que les villes du premier Moyen Âge occupent des surfaces fort variables et ne sont le plus souvent pas enfermées dans une enceinte qui permettrait d'en saisir aisément l'extension. En effet, ces villes fonctionnent à l'image d'un « archipel » (Hélène Noizet) agençant des noyaux disjoints voire concurrents, ecclésiastiques et laïques, espacés selon les cas par des zones vides ou plus lâches : cette organisation polynucléaire, caractéristique de la forme éclatée de l'urbain du premier Moyen Âge, constitue un contrepoint à la « ville territoriale » du second Moyen Âge[2]. Elles n'en sont pas moins reliées entre elles, vivent en étroite relation avec les espaces ruraux qui les environnent et prennent une part majeure à l'essor économique qui se dessine nettement à partir du VIIIe siècle. Contrairement à l'idée longtemps répandue d'une indigence des infrastructures de communication durant cette époque, nombre de routes terrestres, fluviales ou maritimes sont empruntées pour les déplacements et le transport des marchandises et des matières premières.

De la cité antique à la « ville chrétienne »

Entre le IIIe et le Ve siècle, les cités de l'Empire romain sont mises en défense : des fortifications sont restaurées ou construites pour protéger de nouvelles zones urbaines (à Rome, Milan, Ravenne…) ou pour enserrer les espaces effectivement habités au sein de cités qui très souvent se rétractent (Rennes, Le Mans, Nîmes…) et dont les modalités d'occupation se transforment. Forteresses et tours peuvent compléter ces nouvelles infrastructures urbaines. Dans les grandes cités d'Italie, les *insulae*, immeubles à étages divisés en appartements, disparaissent entre le Ve et le VIIe siècle, tandis que de grandes maisons font place à de plus modestes constructions

2. Voir le chapitre 8 du deuxième tome.

de bois, comme à Brescia, dans le quartier de Santa Giulia. Quant aux bâtiments qui avaient joué durant l'Antiquité un rôle important dans la vie civique, ils sont progressivement délaissés ou changent de fonction : les théâtres d'Aix ou Vérone, les arènes d'Arles, Nîmes ou Rome accueillent des espaces d'habitation, d'autres monuments servent de carrières, se muent en chantiers, deviennent le cadre de nouvelles installations, plus légères. Ces nouveaux usages contribuent à modifier la trame urbaine, dès lors faite d'un semis d'espaces abandonnés et de lieux (ré)occupés. Parmi les transformations des règles qui présidaient à l'organisation des cités antiques, il faut compter l'apparition de sépultures, le plus souvent isolées, mais parfois regroupées, à l'intérieur des enceintes, comme en témoigne la zone funéraire aménagée aux Ve et VIe siècles devant le Colisée à Rome[3].

Dans ce contexte de mutation urbaine, la hiérarchie du réseau des villes antiques est brouillée : des cités perdent de leur importance, des agglomérations secondaires prennent au contraire de l'ampleur, le statut de plusieurs sites devient incertain. Au VIe siècle, Cassiodore se demande si Squillace en Calabre doit être qualifiée de *civitas ruralis* ou de *villa urbana* – *villa* renvoyant à l'unité domaniale rurale romaine –, tandis que Grégoire de Tours s'étonne que Dijon, place forte munie de murs puissants, ornée de quatre portes et de trente-trois tours, ne soit pas considérée comme une *civitas*. L'un et l'autre relèvent ainsi l'inadéquation entre le vocabulaire institutionnel antique et les réalités tout à la fois topographiques et politiques de leur temps. Certains glissements sont dus à l'action de nouvelles autorités, notamment celles qu'incarnent les rois installés dans l'Empire romain : dans l'Italie lombarde, par exemple, des agglomérations fort modestes comme Cividale, Spolète et Bénévent connaissent une réelle promotion en tant que lieux de pouvoir et de

3. AUGENTI 2006.

représentation. Même si elles sont rares dans les régions romanisées, de nouvelles villes sont parfois fondées, comme cette *Theodericopolis*, dont le site n'a toutefois jamais été identifié, voulue par l'Ostrogoth Théodoric selon un modèle qui demeure impérial puisqu'il renvoie à la fondation de *Constantinopolis*. Au début du ve siècle, alors qu'était aménagé le port de Classe, une grande zone urbaine s'était aussi formée en lien avec le rôle politique et économique joué à la fin de l'Antiquité par Ravenne, avant que cette zone ne décline elle-même au profit de Venise, dont les premières habitations, en bois, à Torcello, datent des VIIIe-IXe siècles.

À l'exception de la Grande-Bretagne, l'essentiel du réseau des cités de l'ancien monde romain s'est néanmoins maintenu dans le premier Moyen Âge, en grande partie parce qu'il a été réinvesti par les institutions ecclésiastiques[4]. Si les premiers groupes chrétiens avaient formé des « Églises de maisonnées », comme le disent les spécialistes du christianisme primitif, implantées au sein des villes de l'Empire, assez semblables, par l'engagement de leurs membres, aux multiples associations qui animaient alors la vie civique, ces Églises se sont ensuite hiérarchisées, sous la conduite des évêques. Au moment où le christianisme est imposé à tous les habitants de l'Empire, les cités deviennent les principaux points d'ancrage du ministère et du pouvoir des évêques. L'organisation hiérarchique et territoriale des sièges épiscopaux est inscrite par les conciles des IVe-Ve siècles dans le cadre des provinces : les évêques des cités d'une même province se trouvent placés sous l'autorité du métropolitain, installé dans la capitale provinciale (métropole). La distribution des sièges épiscopaux n'en connaît pas moins des fluctuations dont on pourrait donner maints exemples : d'anciennes cités, comme Arles ou Nîmes, sont déstructurées ou démembrées au profit de nouvelles (ici Toulon ou Maguelone), et plusieurs sièges se

4. Mazel 2016.

déplacent (transfert de Tongres à Maastricht au VIe siècle, puis à Liège au VIIIe siècle, d'Avenches à Lausanne au VIIe siècle).

Principale autorité résidant dans la cité, souvent seul capable de mobiliser la force de travail et les fonds nécessaires à la construction, l'évêque, assumant les fonctions de *defensor civitatis*, est, au cours du premier Moyen Âge, le principal aménageur urbain, à l'origine du remodelage de la trame et du décor de sa cité, ainsi que de son équipement et de l'entretien de son enceinte. La présence des évêques s'est ainsi d'abord marquée par l'aménagement de lieux de culte et de bâtiments annexes placés sous l'autorité épiscopale. Eusèbe de Césarée vante, dès les années 320, les cérémonies de dédicace d'églises « à peine construites » qui se déroulent « dans toutes les cités », ce que semble attester, entre la fin du IVe et le Ve siècle, la pratique des sermons de dédicace (sermons prononcés au moment de la consécration de l'église). Leurs auteurs y expliquent que les « églises » (du grec *ekklesia*, « assemblée ») doivent leur nom à la réunion de la population à l'intérieur de leurs murs : dans le processus de transformation de la cité antique, les églises contrôlées par les évêques sont devenues les lieux par excellence de formation de la communauté citadine. À partir des Ve-VIe siècles, la notion même de *civitas*, qui avait désigné dans l'organisation territoriale de l'Empire un chef-lieu et son territoire, est utilisée pour qualifier les villes qui hébergent un siège épiscopal. Au Mans, centre épiscopal et politique majeur au cœur de la Neustrie, le seul testament de l'évêque Bertrand évoque en 616 dix-sept édifices chrétiens. Au cours du IXe siècle, l'image du prélat fondateur et constructeur est développée par les évêques de Rome qui s'engagent alors dans d'importants chantiers de construction et d'embellissement d'églises, de restauration de murailles (comme celle d'Aurélien au milieu du IXe siècle), mises en valeur grâce à l'invention d'un rituel de consécration des murs élevés, destinés à défendre la communauté chrétienne (ici contre les attaques de groupes musulmans), et de fondation de villes (*Gregoriopolis* fondée par le pape Grégoire V en 841-842, la « cité léonine », en fait Saint-Pierre du Vatican, et *Leopolis* par Léon IV en 852 et 854-856).

L'église de l'évêque, dans laquelle se trouve son trône ou sa cathèdre (*cathedra*, d'où le nom de cathédrale donné à ces lieux de culte), est souvent articulée à un baptistère et associée à des bâtiments résidentiels (et parfois d'accueil) formant une « maison épiscopale » (*domus* ou *mansio episcopalis*), qualifiée parfois à partir du IXe siècle, du moins en Italie, de « palais épiscopal » (*palatium*). Un ou plusieurs autres lieux de culte complètent souvent le « groupe épiscopal » ou « cathédral ». Ces édifices sont en général établis *intra muros*. S'il arrive qu'ils se trouvent dans une position un peu marginale au sein des cités (mais remarquable : sur une hauteur, par exemple), nombre d'ensembles épiscopaux ont pris place dans le quartier administratif et élitaire de l'époque romaine ou au sein du *castrum* de l'Antiquité tardive. À Genève, la première église cathédrale a été construite dans le dernier quart du IVe siècle à l'intérieur des murs de la cité, à l'emplacement d'une importante *domus* dotée d'un oratoire qui abritait trois inhumations privilégiées, tandis que le baptistère est élevé à l'emplacement d'un ancien temple ; un *atrium* relie les différents lieux de culte et le baptistère de ce groupe épiscopal[5]. En Provence, l'église épiscopale d'Arles, située entre le IVe et le VIe siècle dans l'angle sud-est du rempart antique, est ensuite transférée du côté du forum. À Aix, à Fréjus et à Apt, le quartier cathédral est également établi sur le forum ou à ses abords ; des groupes épiscopaux récupèrent des monuments publics de moindre importance, comme les thermes, ainsi qu'on le remarque à Riez et à Cimiez[6]. Cette topographie, qui oriente l'organisation urbaine du premier Moyen Âge, a

5. Bonnet et Peillex 2012.
6. *Cathédrales en Provence*, 2015.

favorisé la concentration de nombreuses activités autour du quartier cathédral fréquenté par les clercs, leurs familiers et les fidèles, doublé parfois, à partir du IXe siècle, d'un quartier canonial, en raison de la présence de chanoines, auxiliaires de l'évêque, résidant en communauté au sein d'un « chapitre ». Activités liturgiques et de gestion, pratiques artisanales et échanges commerciaux, liés au développement et aux besoins des institutions ecclésiastiques, animent ces parties de la cité.

Au-delà de sa fortification, la « ville chrétienne » est parfois ceinturée de lieux de culte que les historiens ont pris l'habitude de qualifier de « basiliques suburbaines », parce que ces édifices de plan basilical se trouvaient hors les murs, dans le *suburbium*. La *Vie* de l'évêque d'Arles Hilaire (430-439) raconte que, pour orner les basiliques construites aux portes de sa ville, le prélat avait dépouillé des monuments antiques, « lieux de luxure », en faisant « déposer des revêtements de marbre et des devants de scène haut placés » pour en couvrir les sanctuaires. Organisées autour des reliques d'un saint éponyme, les églises suburbaines sont généralement desservies par des groupes de religieux. Installées dans des zones funéraires sises à l'extérieur, mais à proximité des murs des cités, beaucoup attirent les sépultures de la population, aménagées *ad sanctos*, à proximité de corps saints protecteurs de leur cité, ce qui renforce le processus de rapprochement des morts de l'espace urbain. En Angleterre, c'est dès le VIIe siècle et à l'intérieur de l'enceinte urbaine que de véritables cimetières se forment autour de ces établissements religieux particuliers que sont les *minsters* (du vieil anglais *mynster*, dérivant du latin *monasterium*), communautés associant moines et prêtres sous l'autorité d'un abbé et ayant parfois reçu le statut épiscopal. Dans le reste de l'Occident, la mise en place de tels cimetières, collectifs et articulés aux lieux de culte, au cœur de l'espace urbain, n'est toutefois guère antérieure aux Xe-XIe siècles. À cette époque, les églises du *suburbium* ont agrégé diverses installations, de sorte que ces noyaux périurbains sont devenus de véritables bourgs, qui sont au cours du second Moyen Âge réunis à la cité, à l'intérieur d'une nouvelle enceinte[7]. On peut encore parfois percevoir dans le parcellaire urbain actuel les traces de ces premières communautés religieuses, variables selon qu'elles aient été monastiques ou cléricales : les premières génèrent des parcelles plus grandes et moins denses que les secondes, comme cela a été observé pour Tours et Paris, le monachisme produisant une distance plus forte avec la société des laïcs[8].

Pendant plusieurs siècles, la présence des élites laïques paraît plus discrète, la plupart des autorités civiles ayant, dès la fin de l'Antiquité, déserté les cités. Pourtant la ville reste un centre politique et compte à ce titre des édifices dédiés à l'exercice du pouvoir laïc. On repère exceptionnellement les traces de la résidence d'un roi ou d'un comte, comme cela semble être le cas à Toulouse où un vaste bâtiment du Vᵉ siècle, construit dans la pure tradition romaine (pierre, colonnes, marbre), au nord-ouest de la ville, contre les murs de l'enceinte antique, a été identifié comme le palais du roi wisigoth. Sidoine Apollinaire évoque justement le palais du roi Théodoric II, avec salles d'audience et de réception, quartier domestique, salle du trésor, écuries et lieux de prière. Ailleurs, il semble que les rois résident, lors de leurs séjours en ville, dans des bâtiments déjà existants ou qui n'ont pas encore été découverts par les archéologues.

À partir du IXᵉ siècle et surtout du Xᵉ siècle, la présence des élites laïques se manifeste de manière beaucoup plus visible, avec l'érection de complexes palatiaux pour les comtes, associant résidence, intendance et salles dédiées à l'exercice du pouvoir, ainsi que des espaces cultuels. Ces ensembles n'occupent pas les mêmes zones que celles investies par les ecclésiastiques, ce qui contribue à accentuer l'organisation

7. Voir le chapitre 8 du deuxième tome.
8. Noizet 2007.

polynucléaire de la ville. Au Mans, c'est au Xe siècle que les comtes du Maine érigent leur résidence en un lieu qui semble être celui de l'ancien palais du gouvernement romain, à proximité de la grande enceinte de la fin du IIIe siècle et auprès d'une porte monumentale. Au-delà de ces palais, les élites laïques n'ont pas aménagé le tissu urbain de manière aussi volontariste et visible que les évêques, du moins avant la fin du IXe siècle : certaines initiatives semblent alors leur revenir, comme la construction de fortifications (à Paris l'enceinte du Xe siècle, sur la rive droite), voire des opérations de planification urbaine, comme à Rouen, où l'on a attribué au roi carolingien Eudes (888-898) un réseau de voies orthogonales, opération qui aurait été facilitée par la destruction partielle de l'habitat antérieur lors de l'occupation viking.

Nouvelles pratiques sociospatiales et nouvelles réalités économiques

La physionomie des villes n'est pas seulement le résultat de fondations et d'actions volontaires, mais aussi d'une accumulation d'héritages et de pratiques sociales, qu'attestent pour les archéologues les « terres noires », ces sédiments qui constituent des ensembles stratigraphiques homogènes pouvant atteindre plusieurs mètres d'épaisseur, caractérisés par leur couleur sombre (*dark earths* pour les Anglais, les premiers à les avoir étudiées) et présentes dans les couches du sol des IVe-XIe siècles dans différents types de ville : anciens chefs-lieux de cité et camps militaires romains (Rouen, Bordeaux, Jublains, Florence, Strasbourg, Ratisbonne, Londres…), agglomérations secondaires antiques (Pîtres, Noyon, Great Casterton-Leicester…), nouveaux bourgs médiévaux (Saint-Denis, Bruxelles, Bury-St-Edmunds, Saint-Martin de Tours…), et, quand il y a une enceinte, aussi bien *intra* qu'*extra muros*[9]. Si les sites urbains de l'Europe du Nord-Ouest sont mieux connus de ce point de vue, ce n'est pas en raison d'une absence de ces « terres noires » dans les villes méditerranéennes (on les rencontre à Séville, Tunis-Carthage, Ajaccio), mais plutôt en raison du retard des études archéologiques pour ces régions.

Pendant longtemps, les « terres noires » ont été mal comprises, interprétées comme des « terres à jardin » dans des zones laissées en friches, ce qui renforçait le paradigme d'un abandon de la ville antique avant sa « renaissance » au XIIe siècle. À partir des années 1970 en Angleterre (York, Londres), puis dans les années 1990 en France (Metz, Tours), elles ont commencé à être considérées autrement grâce aux évolutions méthodologiques de la science archéologique. Ces sédiments sont le résultat d'une évolution des sols (pédogenèse) importante, liée aux modifications des sols d'habitat et de circulation et aux modes de construction des bâtiments en terre et en bois (également connus sur les sites ruraux[10]). Le bâti n'est pas encore stabilisé en front de rue au sein des parcelles comme il le sera dans la ville du second Moyen Âge. Les recherches conduites à Noyon ont montré que l'abandon de la construction en dur pour les maisons (structure en pierre, plâtre et mortier) et la voirie (dallages, empierrements), ainsi que celui des structures d'évacuation des flux de rejets (caniveaux, latrines) ont engendré la formation de sédiments différents, où l'absence de matériaux minéraux laisse les activités biologiques et les processus chimiques s'exprimer. Cette même cause explique que les « terres noires » disparaissent à partir du XIIe siècle, lorsque les modalités de construction des habitations, de la voirie et de gestion des déchets évoluent de nouveau[11].

9. Borderie 2014.

10. Voir le chapitre 6.

11. Voir les chapitres 8 et 10 dans le deuxième tome.

Ainsi, la fabrique urbaine du premier Moyen Âge enregistrée dans les sols donne à voir les populations qui n'appartiennent pas aux groupes dominants et que l'on a tant de mal à déceler entre les quartiers ecclésiastiques et les noyaux comtaux évoqués précédemment. Pour autant, les constructions destinées aux clercs s'insèrent également dans des stratigraphies où les « terres noires » sont omniprésentes (cathédrales de Rouen, Lyon, Beauvais, baptistère d'Ajaccio), renseignant ici comme ailleurs sur les nombreuses activités artisanales et domestiques qui animent la vie des cités, bourgs et autres types d'agglomérations. À Bayeux, dans le cœur de l'ancienne cité antique, une importante activité bouchère et un atelier d'artisanat de la corne (exploitant les rejets de l'activité de boucherie) s'installent et se développent sur une partie de l'esplanade dallée du forum antique entre le début du IVe siècle et le XIe siècle. À Tournai, près du groupe cathédral et dans d'autres quartiers de la cité, sont pratiquées la métallurgie du bronze, la verrerie et la tabletterie. À Saint-Martin de Tours, autour du *burgus* généré par le monastère édifié sur une basilique de la fin du IVe siècle, des ateliers et échoppes assurent la subsistance et le service de la communauté des moines, puis des chanoines et des pèlerins venus se recueillir sur la tombe de saint Martin. Enfin, les « terres noires » peuvent parfois aussi témoigner d'une vocation agricole de l'espace urbain, même s'il faut souligner que ces terres sont différentes de celles de l'espace rural, puisqu'elles sont enrichies par les pratiques et les engrais produits dans des espaces densément occupés.

Aux VIIe et VIIIe siècles, un nouveau type de sites urbains apparaît par ailleurs sur les rives de la mer du Nord, de la Baltique et de la Manche, probablement favorisé par une amélioration climatique[12]. Ces sites sont attestés dans le nord

12. Malbos 2017, et le chapitre 5.

de la Gaule (Quentovic), en Frise (Domburg, Dorestad), en Angleterre (Lundenwic, Hamwic-Southampton, Gipperswic-Ipswich), en Scandinavie (Ribe, Hedeby-Haithabu, Birka, Kaupang) et dans les contrées slaves (Truso, Wolin, Staraja Ladoga). Pour certains historiens, plusieurs villes du nord de l'Adriatique, comme Comacchio en Italie, peuvent leur être assimilées en raison de leur rôle dans les relations commerciales de longue distance à l'échelle méditerranéenne et plus largement vers l'Orient. De manière générale, la plupart sont des implantations sans continuité topographique ni fonctionnelle avec un établissement préexistant et lorsqu'ils se développent à proximité d'agglomérations plus anciennes, ils prennent généralement la forme d'un noyau autonome, entouré d'une enceinte. Ce qui les caractérise fortement est leur situation le long des rivages, des estuaires et des grands fleuves, en articulation avec le réseau routier environnant, ce qui leur permet de contrôler les nouveaux axes commerciaux maritimes et fluviaux, à l'image de ce qu'on observe pour les monastères fondés à la même époque. Ainsi, à un moment où le centre de gravité économique de la Chrétienté latine bascule de la Méditerranée vers le nord de l'Europe, ils deviennent des lieux stratégiques, symptômes et vecteurs de l'essor économique[13].

Les textes médiévaux utilisent des termes variés pour désigner ces sites que les médiévistes rangent sous l'étiquette « *emporia* » (du grec *emporion*, mot renvoyant aux comptoirs marchands de l'Antiquité grecque fondés autour de la Méditerranée) : *portus*, *wic*, *urbs*, *emporium*. La pluralité des termes reflète la diversité matérielle et fonctionnelle de ces établissements. Tous ont néanmoins en commun plusieurs traits qui les distinguent des autres agglomérations de l'époque. Leur urbanisme semble toujours planifié : l'espace central est découpé en parcelles régulières qui, comme le réseau viaire, sont organisées

13. Voir le chapitre 16.

perpendiculairement et parallèlement au rivage. L'ensemble est relié à une ou plusieurs zones portuaires aménagées pour l'accostage des bateaux (de haute mer, de lagune ou de rivière), mais également pour le stockage et les échanges. Des espaces spécialisés sont consacrés aux activités artisanales, et d'autres sont réservés aux morts. La présence d'un ou plusieurs cimetières témoigne de l'installation permanente d'une population d'importance variable : de 600 personnes à Birka en Suède à environ 3 000 personnes à Hamwic en Angleterre. Parfois est aménagé, à proximité ou en périphérie, un habitat privilégié. Sur le plan de l'architecture, les bâtiments alignés sont essentiellement construits en bois, selon des modules réguliers qui se retrouvent dans plusieurs agglomérations (York, Dublin, Ribe, Hedeby, Dorestad). Il semble qu'il n'y ait aucun édifice monumental avant la fin du IXe siècle.

Centres de consommation et lieux de production, ces sites sont aussi et surtout des lieux de stockage et d'échanges (y compris d'esclaves) pour le commerce régional, suprarégional et international dans le cadre d'une économie monétarisée[14]. En attestent des objets « exotiques » et de luxe (verreries orientales, ivoire de morse, fourrures, tissus, épices), ainsi que les nombreuses monnaies, retrouvés sur ces sites ou mentionnés dans les sources écrites. Le site de Birka en Suède témoigne de l'existence à partir du IXe siècle d'une route vers l'Orient islamique par la Russie, après une première phase davantage tournée vers l'Angleterre et le monde franc. C'est également le cas de York à la même époque. Ces « villes nouvelles » sont également des centres artisanaux spécialisés. À Hedeby, on travaille le verre, l'ambre, l'os, la céramique, ou encore les métaux. Le travail de la fourrure est attesté à Birka et celui de l'os, du bois, de la corne et des tanneries à Dorestad, tandis que Ipswich exporte largement ses céramiques. Certaines frappent monnaie, comme Quentovic.

14. Hill, Cowie 2001.

Ces *emporia* sont aussi des lieux d'interactions culturelles où se croisent des marchands scandinaves et anglo-saxons, mais également des Frisons, des Francs, des Slaves et bien d'autres[15]. Ces marchands semblent bien être les initiateurs économiques de ces comptoirs, même si la question fait encore débat. En effet, lors de l'émergence de ces sites au VIIᵉ siècle, des établissements ruraux (parfois présents depuis le VIᵉ siècle) témoignent déjà de contacts régionaux ou sur de plus longues distances. Ce qui est sûr c'est que la première moitié du VIIIᵉ siècle marque une accélération de l'activité de ces *emporia* et leur expansion, sous le contrôle des élites qui y trouvent non seulement des ressources grâce aux produits échangés et aux différentes taxes prélevées, mais aussi des débouchés pour les productions agricoles et artisanales régionales.

Les *emporia* ne sont pas isolés. Ils s'inscrivent dans un territoire largement occupé, constituant des agglomérations d'interface et d'interaction entre les espaces terrestres et maritimes[16]. De nombreuses implantations rurales les approvisionnent en denrées alimentaires et en matières premières (vin, sel, céréales, minerais…). À Ribe, les fouilles et prospections ont mis en évidence à proximité de la ville une importante densité de fermes et de hameaux, notamment en bordure des vastes prairies marécageuses du Marsk, qui permettaient de fournir une grande quantité de fourrage. De manière générale, dans l'arrière-pays ou *Hinterland*, petits sites côtiers ou d'estuaires, villages agricoles, mines et carrières participent à un réseau économique et social complexe, qui s'étend sur des distances importantes. Ces *emporia* entretiennent également des relations avec les monastères, qui révèlent une imbrication étroite, à partir du VIIIᵉ siècle, entre l'économie d'échanges et l'économie domaniale[17]. Quentovic est environné de grandes abbayes

15. Voir le chapitre 14.
16. Hamerow 2007 et 2012.
17. Voir les chapitres 15 et 16.

(Saint-Bertin, Fontenelle, Saint-Vaast, Ferrières-en-Gâtinais, Saint-Riquier...) qui devaient y vendre une part de leurs productions et s'y procurer des biens importés. Le polyptyque d'Irminon confectionné à l'abbaye de Saint-Germain-des-Prés (dans le *suburbium* de Paris) mentionne des corvées de charroi jusqu'à Quentovic. On sait également qu'en 787 *Geroaldus*, abbé du monastère de Fontenelle, est « procureur, chargé de l'approvisionnement dans plusieurs ports et cités » et prélève des tributs surtout à Quentovic.

De manière générale, ces *emporia* semblent s'effacer vers la fin du premier Moyen Âge. Si certains disparaissent ou déplacent leur activité à proximité, d'autres, plus rares (comme Ribe), deviennent des agglomérations du second Moyen Âge. Les raisons de leur disparition fréquente entre le IXe et le XIe siècle ont été longuement débattues. Une des explications est d'ordre environnemental : autour de 800, des phénomènes climatiques extrêmes entraînent une modification des littoraux des mers du Nord et des grands fleuves européens (ensablements et changements de lit des cours d'eau), fragilisant les établissements installés dans ces milieux. Après un temps de résilience plus ou moins long, ils ont entraîné soit l'abandon des sites (comme à Quentovic qui disparaît autour du Xe siècle), soit leur absorption par une autre agglomération située à proximité (comme Lundenwic par Londres). À cela s'ajoutent parfois des explications plus locales et économiques : en Angleterre et en Normandie, l'insécurité consécutive aux raids vikings semble avoir joué en faveur des cités remparées. Ailleurs, le développement d'aires de chalandise microrégionale tenues par l'aristocratie locale (laïque ou ecclésiastique) a favorisé des sites plus ancrés dans les arrière-pays ruraux et assurant donc mieux la valorisation commerciale des produits régionaux. C'est l'une des explications avancées pour l'abandon, dans le courant du Xe siècle, de Quentovic et Dorestad au profit de sites plus modestes (Montreuil-sur-Mer, Tiel, Deventer).

Dynamiques urbaines et circulations par voie de terre et d'eau

L'ensemble des sites qui viennent d'être évoqués et les échanges qu'ils ont suscités ont entraîné une pluralité de circulations qui a irrigué aussi les espaces ruraux, que ce soit par voie de terre ou par voie d'eau. Les hommes et les femmes du premier Moyen Âge héritent d'un réseau de routes antiques – qui s'appuyait souvent lui-même sur des tracés antérieurs. Il semble que les rois et certains établissements locaux ont su préserver cet héritage qui demeure vivace. Ainsi, dans la moyenne vallée du Rhin, les échanges mentionnés dans les documents émanant des monastères utilisent aux VIIIe-IXe siècles les principales routes romaines de la région. À l'extrémité occidentale de l'ancienne Gaule, en Bretagne, les actes du IXe siècle réunis dans le cartulaire de Redon comportent 16 mentions de *viae publicae* qui se rapportent, pour 11 d'entre elles, à des localités traversées ou bordées par des voies antiques. Pour autant, les modelés de ces voies ont évolué en fonction de l'usage et de l'entretien des tracés. Par ailleurs, leur emplacement a parfois glissé de quelques mètres et certaines sont abandonnées ou déclassées en raison de leur inadéquation avec l'organisation du peuplement. Enfin, de nouveaux tracés sont aussi créés, liés à de nouvelles centralités, ce qui permet de réviser l'idée longtemps admise selon laquelle il n'y aurait guère de créations routières avant le XIIe siècle.

La *via francigena* qui va de Rome aux Alpes constitue un cas intéressant. Entre 670 et 720 environ, les rois lombards reprennent une voie antique secondaire parce qu'elle évite les territoires byzantins tout en desservant leurs propres possessions en Italie centrale, et orientent vers elle les flux de circulation provenant du Nord pour se rendre à Rome. Durant le premier Moyen Âge, c'est en réalité non pas une, mais un faisceau de routes qui composent cet itinéraire – on parle d'« aire de routes » – : cinq ou six rameaux convergent en haute Italie depuis l'Europe du Nord pour se réduire à deux branches en Toscane et ensuite fusionner à l'approche de Rome. Les tracés sont mobiles : on sait, par exemple, qu'entre le Xe et le XIIe siècle, celui de l'un des deux grands chemins toscans a légèrement varié au moins trois fois ; l'usage de l'une ou l'autre des sections, parallèlement ou successivement, dépend des saisons, de l'état de la voirie, des besoins des voyageurs (donc de l'emplacement des lieux d'étapes ou des protections offertes par les autorités), des usages (commerce ou pèlerinage, par exemple), mais également de l'intensité de la circulation. En somme, la *via francigena* ne sert pas à relier le plus rapidement possible un ensemble de villes, mais constitue un réseau qui connecte le plus grand nombre possible de centres. C'est lorsque la fréquentation d'un axe augmente que le tracé emprunté devient net et précis. Par ailleurs, l'écheveau des routes et des chemins se resserre ponctuellement au passage d'un col, d'une rivière ou d'une ville. Toutes les études locales aboutissent au même constat et ce « métabolisme » particulier explique pourquoi il est si difficile de cartographier le réseau routier du premier Moyen Âge.

Les Carolingiens le perfectionnent afin d'asseoir leur autorité et de favoriser les échanges. La question de la gestion de la distance dans l'Empire est cruciale : il en va de la possibilité d'une communication efficiente au sein d'un ensemble composé de territoires dispersés, étendus et parfois très éloignés des centres politiques. Dans la partie orientale de l'Empire, particulièrement en Saxe, il semble que les souverains développent un réseau de routes qui permettra au Xe siècle l'organisation rapide de l'Empire ottonien. Pour assurer l'entretien des axes existants ou créés, ainsi que des haltes et relais qui les jalonnent, ils délèguent cette tâche aux communautés locales, y compris monastiques.

Si les historiens ont surtout privilégié les grands chemins, à l'échelle régionale voire suprarégionale, et leurs liens avec les pouvoirs[18], les découvertes des archéologues permettent aussi d'étudier les chemins locaux, en contexte d'habitat essentiellement. Les fouilles mettent, en effet, régulièrement au jour des bandes de roulement – empierrées (mais non « pavées ») ou terrées – qui facilitent la circulation entre les parcelles habitées et celles dédiées aux activités agropastorales. Certaines peuvent être reconnues à plus petite échelle, reliant les habitats entre eux et se raccordant au réseau principal. Ainsi, à Montours, en haute Bretagne, un gué empierré sur un ruisseau fait la jonction entre deux tronçons de chemins de terre reliant les sites du Teilleul et de Louvaquint, occupés entre le VIIIe et le Xe siècles. Il ne faut pas voir dans ces modelés parfois modestes un contrepoint du réseau antique : une étude de l'ensemble des découvertes dans le Bassin parisien a montré que les chemins de terre dominent largement à toutes les périodes, y compris durant l'Antiquité[19].

Sur l'ensemble de ce réseau, les déplacements se font principalement à pied, à cheval ou dans des véhicules tractés. L'intensification de l'usage du cheval s'explique par la diffusion de l'étrier en Europe du Nord-Ouest dans la seconde moitié du VIIIe siècle – il a été inventé en Europe centrale aux VIe-VIIe siècles –, et du fer à cheval dès les VIIe-VIIIe siècles dans le nord de la France, puis à partir de la toute fin du IXe siècle en Europe centrale et en Angleterre, enfin à partir de la fin du XIe siècle en Scandinavie. Si les déplacements sont bien évidemment plus pénibles, dangereux et longs qu'ils ne le seront à partir de l'ère industrielle, il ne faut pas pour autant imaginer des mobilités impossibles ou extrêmement difficiles. Les vitesses moyennes de déplacement durant l'époque carolingienne vont de 20-35 km/jour pour la

18. Perol 2004.
19. Robert et Verdier 2014.

cour impériale, 20-50 km/jour pour de simples voyageurs, à 50-75 km/jour pour des coursiers envoyés par les souverains. La vitesse de ces derniers est donc similaire à celle du *cursus publicus* romain (système de poste impériale) – en moyenne, car dans des moments extrêmes le service romain était plus performant –, à celle des services de poste des rois de la fin Moyen Âge et même de la poste à cheval de l'Empire ottoman au XIXe siècle[20].

Articulé ou non avec le réseau routier, le réseau fluvial offre d'autres moyens de déplacement et d'autres débouchés pour le transport des produits à moyenne ou longue distance ; pour cette raison il fut aussi intensément utilisé, entretenu et surveillé, en particulier depuis l'époque carolingienne. S'il est difficile d'établir une cartographie des voies navigables en raison des modifications environnementales parfois importantes qui ont eu lieu depuis les débuts du Moyen Âge, il semble néanmoins que de très nombreux fleuves et rivières furent navigables et navigués, y compris les plus modestes et même au sein des marais. L'articulation avec le réseau routier permettait de franchir les frontières naturelles des bassins versants. Il y eut bien une tentative isolée, voulue par Charlemagne, de relier les bassins du Danube et du Rhin par un canal (la *fossa carolina*), mais ce projet ne put être mené à bout en raison de difficultés techniques (l'opération n'aboutit qu'en… 1992 !).

Le réseau fluvial a constitué un instrument indispensable au développement économique et urbain. C'est l'une des raisons pour laquelle d'importants monastères sont fondés le long de la Seine et de la Loire au cours du VIIe siècle. Ainsi, l'abbaye de Saint-Martin de Tours, noyau d'un bourg à côté de la cité, possède, durant l'époque carolingienne, une quarantaine de domaines presque tous reliés au réseau ligérien, ainsi que douze navires et une exemption royale des

20. Gravel 2012.

tonlieux, ce qui lui assure une source importante de revenus[21]. L'abbaye de Saint-Germain-des-Prés à Paris dispose, elle aussi, d'une flotte propre qui lui permet d'exporter ses surplus de production vers la Manche et la mer du Nord grâce à la Seine par l'intermédiaire de Quentovic. D'autres établissements religieux parisiens, sur la rive droite, semblent même s'être installés dans des zones d'accès aisé au fleuve afin de faciliter l'échouage des bateaux. C'est d'ailleurs dans l'une d'elles, immédiatement à l'ouest de l'abbaye de Saint-Gervais, que s'installe à la fin du premier Moyen Âge le port principal de la ville, appelé « port de Grève ». De manière générale, c'est l'ensemble du centre de gravité de la ville de Paris qui bascule, entre l'Antiquité et le premier Moyen Âge, de la rive gauche, le long du *cardo maximus* (axe nord-sud) qui franchissait la Seine, vers la rive droite et en particulier le long du fleuve pour mieux en exploiter les avantages commerciaux. Le tissu urbain s'est adapté en conséquence, en s'allongeant le long de cet axe devenu majeur dans cette partie de l'espace urbain parisien.

MICHEL LAUWERS, MAGALI WATTEAUX
et ISABELLE CATTEDDU

21. Noizet 2007.

8.
Une Europe franque ?

(VIIe-IXe siècle)

« *Rex pater Europae* », le roi père de l'Europe : c'est ainsi que le poète de cour Angilbert désigne avec quelque emphase Charlemagne vers 799. L'étendue des territoires qui lui sont soumis au début du IXe siècle – à savoir l'ouest de l'Europe continentale, à l'exclusion de la péninsule Ibérique et du sud de l'Italie –, en fit un héros de légende dès la *Chanson de Roland* (vers 1100), puis, à l'époque contemporaine, une figure tutélaire de dimension européenne. Celle-ci est néanmoins caractérisée par son ambivalence : l'empereur fut ainsi aussi bien invoqué par les nazis, comme en témoigne l'existence de la division Charlemagne constituée de Français engagés au sein de la Waffen-SS, que par les opposants au communisme durant la guerre froide, qui organisèrent la remise annuelle d'un prix Charlemagne en 1949, ou par les partisans d'une unification de l'Europe, qui donnèrent son nom à un bâtiment de la Commission européenne[1]. De telles instrumentalisations du passé oublient, suivant les cas, la violence des conquêtes ou de l'imposition brutale du christianisme. Elles négligent aussi les ressorts anciens de la puissance carolingienne car davantage encore que le produit du règne d'un « roi de guerre », l'Empire carolingien constitue l'aboutissement

1. BROSE 2015 ; BRÜHL 2015 ; LARAT 2006.

d'une expansion continue du monde franc, qui, à partir du VIIe siècle, étendit régulièrement sa domination militaire, politique et religieuse sur l'Europe.

Les royaumes francs au VIIe siècle : unité et divisions

Le monde franc était caractérisé par la division et les affrontements de ses élites, alors même qu'elles étaient toutes au service du roi. Lors du premier siècle de leur installation sur les territoires de l'Empire romain d'Occident, les Francs étaient porteurs d'une identité ethnique centrée sur un groupe combattant. Clovis se présentait comme *rex*, sans plus de précision sur le périmètre de cette fonction, et le premier usage de la titulature *rex Francorum* n'est attesté qu'en 585. Elle sert notamment à Childebert II (575-596) dans ses relations diplomatiques avec l'Empire byzantin. Le nom de « Francs » avait désormais changé de portée. Plutôt que de désigner les pirates de la mer du Nord ou les barbares de Germanie, il se rapportait au royaume catholique établi en Gaule et qualifiait le nouveau groupe social formé par les élites de diverses origines unies dans le service du roi mérovingien[2].

De 572 à 613, les aristocraties furent déchirées par la guerre civile entre les fils de Clotaire et leurs descendants. Il n'était plus fait référence à l'ordre politique antérieur au pouvoir mérovingien et les évêques, les comtes et les abbés prirent parti dans les affrontements, en fonction de leurs intérêts politiques par rapport aux différents rois des Francs. Grégoire de Tours apparaît comme le défenseur d'une conception de plus en plus minoritaire lorsqu'il met en avant une communauté chrétienne de Gaule, organisée par cité et guidée par les évêques,

2. Voir les chapitres 1, 2 et 9.

sans mettre en avant d'appartenance ethnique[3]. Les grandes familles aristocratiques, dont les membres se reconnaissaient comme Francs, nouaient des alliances prestigieuses à cheval sur les différents royaumes. Ainsi, la reine des Lombards Gundeperge était considérée comme une parente des Francs parce que sa grand-mère Walderade, fille du roi des Lombards Wacho (510-540), avait épousé le roi des Francs Théodebald (548-555) puis le duc des Bavarois Garipald (m. 590), dont elle eut Théodelinde, la mère de Gundeperge, et le roi des Lombards Adaloald (616-626). Les rapports entre les groupes aristocratiques concurrents au sein des royaumes avaient ainsi des répercussions sur les relations avec les royaumes voisins, suivant les parentés qui y dominaient tour à tour[4].

Le roi Clotaire II, sorti vainqueur des affrontements en 613, établit un modèle de gouvernement efficace, relativement stable puisqu'il dura jusqu'au VIIIe siècle. Le royaume franc était divisé en trois sous-royaumes, Neustrie, Austrasie et Burgondie, qui avaient leur propre aristocratie, leur cour, avec souvent un roi spécifique et leur maire du palais. Suivant les différents souverains apparaissaient comme *sedes regni*, sièges du royaume, Paris, Soissons, Orléans, Chalon, Reims ou Metz. Après 656, l'ensemble fut recomposé autour de deux entités, Neustrie-Burgondie à l'ouest et au sud, Austrasie au nord-est. Dans la première, les rois ne résidaient que dans des palais urbains à Paris ou à Soissons, ou dans des palais ruraux proches de ces deux villes. Le palais de Compiègne jouait un rôle essentiel[5]. Le roi sortait rarement de cet espace central, car il gouvernait par délégation et se faisait représenter localement. Se rendre auprès du roi valait reconnaissance de son autorité et le souverain ne se déplaçait lui-même sur place que dans des circonstances exceptionnelles.

3. Reimitz 2015.
4. Le Jan 1995.
5. Barbier 2019.

Dans ces différentes parties du royaume franc, les aristocrates développaient leurs réseaux de pouvoir et négociaient leurs places dans le système politique ; le roi y partageait le pouvoir de façon consensuelle en le déléguant à une hiérarchie d'administrateurs et de chefs militaires. Le palais royal rassemblait l'embryon d'une chancellerie royale, le trésor, la haute cour de justice et les conseillers du roi. Lieu de vie et de formation, il permettait l'élaboration d'une vision commune du monde et la transmission des techniques de gouvernement par l'écrit et de l'administration de la justice. Il était aussi le lieu où se formaient les relations personnelles qui structuraient les élites[6].

Une telle organisation politique laissait la place aux rivalités et aux affrontements violents à l'intérieur de chaque sous-royaume franc. Les maires du palais y étaient régulièrement assassinés comme Grimoald, maire du palais d'Austrasie en 662 ou Ébroïn, maire du palais de Neustrie en 681. L'existence des rois était aussi menacée, comme le montrent les assassinats de Childebert II et de Dagobert II, rois d'Austrasie, en 675 et 679, car, depuis le milieu du VIIe siècle, tous les fils du roi n'héritaient plus d'une partie du royaume de leur père, mais étaient choisis et soutenus par les factions rivales. Ainsi, Dagobert II avait tout d'abord été exilé dans un monastère irlandais en 656, avant d'en être ramené par des membres de l'aristocratie, vingt ans plus tard, pour régner trois ans en Austrasie. Cette compétition exacerbée entraînait des fluctuations dans les patrimoines, car les rois pouvaient confisquer les biens de ceux qu'ils considéraient comme des traîtres et les redistribuer à ceux qui les avaient soutenus dans la guerre civile. Dans ce système mouvant, il était important pour les grandes familles de compléter leurs biens fonciers avec un capital symbolique attaché à la mémoire des saints. Ainsi, Grimoald (m. 662), maire du palais d'Austrasie, pouvait appuyer son prestige sur le souvenir de son père Pépin

6. Hen 2020.

(m. 640) qui avait occupé la même fonction, mais aussi sur les fondations monastiques de ses sœurs Begge et Gertrude à Andenne, Nivelles et à Fosses dans les années 650, qui survécurent à son éviction violente du pouvoir.

Dans le dernier tiers du VIIe siècle, les dissensions étaient fortes entre les factions à l'intérieur des sous-royaumes, mais elles éclatèrent aussi entre l'Austrasie et la Neustrie. Les Neustriens, sous la conduite du maire du palais Ébroïn, remportèrent une première victoire en 679, mais Ébroïn fut assassiné et ses soutiens furent finalement battus par l'armée des Austrasiens, menée par le maire du palais Pépin (m. 714) en 687 (*voir* carte 3, p. V). L'autorité de Pépin s'étendit ainsi aux deux sous-royaumes, sous le nom des rois de Neustrie, Thierry III (m. en 691) puis ses descendants. L'aristocratie de Neustrie garda une certaine autonomie, avec une mairie du palais confiée au fils de Pépin, Grimoald.

Après l'installation des Francs en Gaule, le latin était l'unique langue écrite. L'écart s'accroissait entre le latin écrit, proche héritier du latin employé par les Pères de l'Église, principalement Jérôme et Augustin au Ve siècle, et le latin parlé. Néanmoins, une communication verticale était maintenue entre les différents utilisateurs du latin, du plus aux moins lettrés[7]. Les Vies de saint écrites aux VIIe-VIIIe siècles pour rapporter la vie et les miracles d'un saint personnage et appuyer son culte révèlent l'habileté des procédés rendant un même texte compréhensible pour le lecteur, un ecclésiastique lettré, et pour l'auditoire, qui comportait en majorité des humbles et des illettrés. Le bilinguisme était la norme, car au latin nécessaire pour comprendre le discours religieux s'ajoutait la maîtrise d'une langue germanique, dont l'usage est rendu visible par les prénoms.

Qu'ils aient eu ou non des ancêtres dans l'entourage des rois francs avant leur installation en Gaule, les membres des grandes

7. BANNIARD 1992.

familles pouvaient se présenter comme Francs et utiliser des prénoms en langue germanique dont la récurrence, partielle ou totale, marquait désormais le prestige. Ainsi, l'évêque Bertrand (Berthramnus) du Mans (m. 616) avait reçu un nom qui reprenait la première partie de celui de sa mère, Berthegunda, de même que son frère Bertulfus. Aux VIIe-VIIIe siècles, dans la famille des Faronides de Meaux, on transmit les racines *Chagn* (Chagnoald, Chagneric, Chagnulf, Chagnetrade) et *Gund* (Gundoald, Burgundofaro, Burgondofara) ou la finale *oald* (Gundoald, Chagnoald)[8].

Un nouveau partage social s'établissait, à mesure que les paysans aussi utilisaient des prénoms en langue germanique : les noms de formation germanique représentent plus de 86 % des dépendants à l'abbaye Saint-Martin de Tours, à la fin du VIIe siècle, ce qui montre un vaste phénomène d'acculturation au système de dénomination barbare. Les paysans continuaient le plus souvent à recomposer les prénoms à partir de deux lexèmes germaniques, alors que les aristocrates transmettaient de plus en plus souvent les prénoms en entier. Ainsi, entre Seine et Rhin, l'aristocratie transmettait pour 31 % des enfants des prénoms entiers aux VIIIe-IXe siècles, tandis que ce n'était le cas que pour 6 % des enfants des dépendants au service de l'abbaye Saint-Germain-des-Prés au début du IXe siècle. Les prénoms choisis soulignaient souvent l'insertion de l'enfant dans un réseau de parenté, puisque la moitié héritait au moins d'un lexème parental. Par exemple, Ansegarius et son épouse Ingalteus, colons à Gagny, avaient deux filles recensées vers 820 : Ansegildis et Ingrisma. Les ascendances paternelles et maternelles étaient utilisées, mais pas de manière égale, car, dans 57 % des cas, le lexème choisi venait du côté paternel.

Le choix des prénoms révèle les transformations de fond de la société dans les royaumes francs. Au VIIe siècle, les familles aristocratiques fonctionnaient suivant un système

8. Le Jan 1995.

de parenté cognatique : les familles paternelle et maternelle étaient *a priori* aussi importantes pour l'enfant, pour qui l'on y choisissait les protecteurs les plus prestigieux et les plus puissants. La pratique croissante de répétition des prénoms sur plusieurs générations montre l'essor de la conscience de soi collective au sein des grandes familles. Au VIIIe siècle, une famille de hauts vassaux des Etichonides, en Alsace, se démarquait ainsi par des noms se terminant tous par «-bald» (Wicbald, Ratbald et Theotbald à la première génération, Gerbald, Rihbald et Sigibald à la suivante)[9]. Les aristocrates développaient des stratégies de représentation et de transmission de leur patrimoine et de leur capital symbolique, tout en maintenant une certaine ouverture. Des hommes qui parvenaient à acquérir richesse et puissance pouvaient entrer dans le réseau étroitement apparenté des familles nobles en épousant les filles de familles plus anciennes[10].

À leur niveau, ces familles reproduisaient les pratiques de la famille mérovingienne qui, malgré ses divisions, montrait sur le long terme une véritable stratégie dynastique. Au VIe siècle, celle-ci était très différente des familles aristocratiques, car le pouvoir royal se transmettait exclusivement du père à tous ses fils, suivant un système patrilinéaire atypique. Dès la troisième génération après Clovis, les Mérovingiens pratiquèrent la reprise des prénoms des ancêtres royaux avec Childebert II et Clotaire II. Dagobert est le dernier roi à porter un prénom nouveau. Un siècle après les rois, les familles les plus prestigieuses de l'aristocratie franque reproduisirent les mêmes pratiques : le petit-fils du maire du palais d'Austrasie, Pépin portait le nom de son grand-père et récupéra en 680 la charge de maire du palais d'Austrasie, qui avait été aussi celle de son grand-père puis de son oncle Grimoald, en dépit de la mort violente de ce dernier et de

9. *Ibid.*
10. BOUGARD, BÜHRER et LE JAN 2013.

la mise à mort de son frère Martin en 680. La famille des maires du palais d'Austrasie, que nous appelons pippinide pour pallier l'absence de nom de famille au premier Moyen Âge, s'appuyait sur la transmission patrilinéaire de la charge de maire du palais et sur l'association du fils héritier au pouvoir. Ainsi, l'héritier de Pépin, nommé Grimoald, reçut la charge de maire du palais de Neustrie pendant que son père était maire du palais en Austrasie et son frère Drogon était duc. Néanmoins, les oppositions à la prééminence de cette famille ne faiblirent pas et aboutirent à l'assassinat de Grimoald en 714, qui laissait deux fils mineurs. Son père mourut à la fin de cette même année.

Cet accroc dans la transmission programmée du pouvoir des maires du palais permit l'ascension d'un fils de Pépin dont le prénom de Charles montre qu'il n'était pas prévu comme héritier principal des charges et du prestige familial. Comme les rois mérovingiens, Pépin avait eu plusieurs femmes de rang inégal et son prestige propre était suffisant pour donner à son fils la chance de s'imposer par les armes. Le surnom de Martel fut ajouté à Charles au IXe siècle, pour permettre de le distinguer des nombreux autres rois dans sa descendance portant tous le même nom, volontairement sans différenciation et dont les désignations comme Charlemagne, Charles le Chauve ou Charles Le Bègue ne correspondent nullement à l'usage des contemporains. Charles Martel fut reconnu comme maire du palais d'Austrasie et de Neustrie, après plusieurs affrontements internes entre 715 et 717. Quel que soit l'héritier désigné, à tous les échelons de l'aristocratie, il devait prouver sa capacité guerrière pour être reconnu et les crises de succession offraient aux ennemis vaincus l'occasion de reprendre l'avantage. La mise à l'épreuve de Charles Martel fut plus importante, en raison de sa naissance hors de la lignée principale et de l'ampleur de la rébellion des Neustriens. Plectrude, veuve de son père, renonça à protéger les intérêts de ses petits-fils et lui remit les restes du trésor de son père en 717, ce qui signifiait sa soumission, forcée, à l'intérêt de la famille pippinide et de ses alliés, qui disposaient avec Charles d'un chef de guerre efficace. Tout comme son père Pépin, il sut réunir les combattants derrière lui par la soumission de nouveaux territoires, dont le butin et les terres lui permirent de rétribuer leur fidélité.

La réunification du monde franc

Après 687, et la défaite des Neustriens, Pépin apparaissait comme le « prince des Francs », le premier après le roi. Pour autant, son autorité s'exerçait sur un territoire restreint, car les affrontements entre l'Austrasie et la Neustrie-Burgondie avaient favorisé l'autonomie des périphéries du royaume franc. Dans un premier temps, cette autonomie avait été accompagnée par les rois mérovingiens, qui avaient reconnu la rédaction d'un nouveau code de loi pour les Francs de l'Est, la *Loi Ripuaire*, au VIIe ou VIIIe siècle, ainsi que pour les duchés des Alamans et des Bavarois dans le premier tiers du VIIIe siècle. Ces dénominations ethniques reprenaient des noms de groupes vaincus par les Francs, réorganisés sous l'autorité de grandes familles franques fidèles au roi mérovingien. Leur volonté d'autonomie croissait à mesure que s'imposait l'autorité des Pippinides, et rencontrait celle des grands d'Aquitaine et de Provence. Parmi les opposants à Charles Martel se trouvait Eudes, qui négocia sa soumission en 720 contre sa reconnaissance comme prince des Aquitains, tandis que la Provence était presque détachée du royaume franc.

Le siècle qui suit est marqué par des combats annuels : de 720 à 814, il n'y eut que sept années où les guerriers francs ne partirent pas au combat sous la direction de leurs maires du palais ou de leurs rois (en 740, 750-751, 759, 764, 790 et 807). L'ost se réunissait au printemps, dans un lieu à proximité de la zone d'affrontements. Chaque combattant arrivait avec ses armes et ses vivres, et repartait après quelques mois de campagne. La lenteur de la mobilisation faisait de l'armée franque une armée d'offensive, redoutable grâce à l'importance de sa cavalerie lourde, cuirassée, formée par les aristocrates et leurs propres fidèles. Charles Martel (717-741), Pépin (741-768) et Charlemagne (768-814) conduisirent presque tous les ans leurs hommes à l'attaque et développèrent une fraternité d'armes qui, associée à la redistribution des prises de guerres, soudait sous leur autorité les aristocrates du monde franc.

Les premières campagnes d'importance furent celles de Pépin. Elles avaient pour objectif d'étendre sa domination sur la Frise, jusqu'à Utrecht, ce qui permettait aux Francs de contrôler le trafic croissant autour du port de Dorestad, plaque tournante dans le système d'échange des mers du Nord. Celui-ci était en croissance continue depuis le VIIe siècle, et les taxes prélevées sur les échanges fournissaient des revenus substantiels[11]. Charles Martel rétablit l'autorité franque en Frise, après la crise de succession, puis l'étendit vers l'est en 734, tout comme son petit-fils Charlemagne en 770-800. Dans cette région païenne, les chefs francs mirent au point une nouvelle manière d'étendre leur autorité, passant par la christianisation des populations soumises. Le missionnaire anglo-saxon Willibrord qui y agissait avait reçu le *pallium* directement du pape : il était donc à la fois un évêque dans le monde franc et un représentant personnel du pape. C'est également le cas du missionnaire anglo-saxon Boniface, consacré par le pape en 722, qui fonda de nouveaux évêchés et monastères en Thuringe.

Les campagnes de Charles Martel visèrent avant tout la soumission des périphéries du monde franc : avant 730, il avait réussi à imposer son autorité sur les duchés de Thuringe et d'Alémanie et il profita d'une crise de succession pour imposer

11. Voir chapitre 7 et 16.

Odilon comme duc des Bavarois en 736. En Aquitaine, Eudes avait d'abord remporté une victoire prestigieuse contre les armées musulmanes qui faisaient le siège de Toulouse, en 721. Mais il ne réussit pas à contenir une nouvelle attaque, en 732, et fut contraint de recourir au soutien de Charles, qui remporta la bataille de Poitiers, protégeant le sanctuaire de Saint-Martin de Tours dont les richesses étaient probablement le but des assaillants. Dès lors, auréolé de ce qui était présenté comme une victoire contre les païens, Charles Martel put soumettre l'Aquitaine et la Provence à son autorité et à celle de ses vassaux dans les années qui suivirent.

Les guerres offensives incessantes de 687 à 820 reposent sur l'expansion de la vassalité carolingienne, qui unit les armées pour la reconquête des périphéries et l'extension du monde franc. À la fin du VIIe siècle, les maires du palais avaient la main sur les domaines et les ressources publiques, qu'ils attribuaient à leurs fidèles. Charles Martel, comme son père, confiait les terres à ses vassaux directs : ceux-ci avaient reçu de lui des terres en bénéfice (*beneficium*), c'est-à-dire confiées en échange de leur fidélité et de leur service, qu'ils ne pouvaient transmettre à leur descendance. Ils furent désignés pour la première fois comme les vassaux de Charles en 735-737. Ce dernier ajoutait une nouvelle catégorie de terres à répartir : les biens ecclésiastiques intégrés au fisc, c'est-à-dire au trésor royal, ce qui provoqua l'indignation durable d'une grande partie des clercs. Cette pratique ne fut jugée défendable qu'après avoir été définie et encadrée comme une concession d'usage en précaire, sur ordre du roi (*precaria verbo regis* : littéralement, une concession par l'Église effectuée « à la prière du roi ») qui garantissait le retour du bien à l'Église à la mort de son détenteur provisoire, comme l'acceptèrent deux conciles réunis en 744 sous l'autorité de Carloman et de Pépin, les fils de Charles Martel. Ces derniers recoururent de façon massive à de telles concessions de biens d'Église à leurs guerriers dès les années 740.

À la mort de Charles Martel en 741, la crise de succession divisa ses enfants : Pépin et Carloman s'unirent contre leur demi-frère Grifon (m. 753), leur sœur Hiltrude, qui épousa alors le duc des Bavarois Odilon, et les ducs des espaces périphériques qui soutinrent leur rébellion. La succession des événements ne permet pas de reconstituer pleinement la logique de leur enchaînement, en l'absence de tout récit contemporain[12]. Alors que le dernier roi mérovingien était mort en 737 et n'avait pas été remplacé, Carloman et Pépin choisirent d'élever à la royauté Childéric III, qui était auparavant moine, en 741. Les représailles dirigées contre les ducs d'Aquitaine, des Bavarois et des Alamans et leurs soutiens furent sanglantes. Seul Odilon ne fut pas destitué, sans doute parce que son fils Tassilon était le petit-fils de Charles Martel et qu'à sa mort, en 748, le duché put lui être confié. Les conciles réunis par Carloman et Pépin en 744 marquent leur reprise en main de l'héritage paternel. Pourtant, en 747, Carloman annonça son désir de retraite monastique et se fit tonsurer à Rome par le pape Zacharie. Cette retraite, dont nous ignorons l'aspect volontaire ou forcé, n'empêchait pas que son fils adulte Drogon continuât de représenter un héritier potentiel du pouvoir pippinide.

Le sacre ou le couronnement de Pépin comme roi en 751, après qu'il avait renvoyé au monastère Childéric III, doit sans doute être mis en rapport avec les luttes internes à la famille pippinide, dont nous ne connaissons que la situation finale : Carloman resta dans un monastère jusqu'à l'annonce de la descente de Pépin en Italie. Il revint dans le royaume franc pour s'y opposer et y mourut rapidement, en 754, tandis que ses fils furent tonsurés. La même année, Pépin se fit sacrer à nouveau par le pape et fit oindre ses deux fils Charles et Carloman. Les détails de la cérémonie, totalement nouvelle pour les Francs, nous échappent mais elle marque la naissance

12. FOURACRE 2005.

d'une nouvelle dynastie, fondée sur une famille « élue de Dieu » : celle de Pépin et ses descendants. Le nouveau roi Pépin (751-768) pouvait désormais prévoir sa succession car il avait récupéré l'intégralité du pouvoir de son père et éliminé ses frères et leurs descendants. Il ne restait plus que son neveu Tassilon, duc des Bavarois.

Pour sa sépulture, Pépin choisit le monastère de Saint-Denis, à côté de Paris, où reposaient son père Charles Martel et le roi Dagobert. En s'éloignant de l'Austrasie, région initiale de son pouvoir, il marquait son insertion dans la continuité du pouvoir royal sur l'ensemble du royaume franc, réunifié par les victoires obtenues contre les chefs des régions périphériques, mais aussi par l'intégration de tous les aristocrates dans ses réseaux de fidélité. À sa mort, seule la Bavière présentait une principauté structurée et autonome. Dans un premier temps, Tassilon se montra un fidèle allié du roi Pépin et combattit, par exemple, avec lui contre les Lombards en 755-756. Mais il ne participa plus aux expéditions après 763, notamment celles lancées presque chaque année contre le duc des Aquitains Waïfre qui ne cessèrent qu'avec l'assassinat de ce dernier, en 768. Les relations entre Tassilon et ses cousins Charles et Carloman furent de plus en plus tendues. En 787, Charles, roi des Francs, l'obligea à une cérémonie humiliante, au cours de laquelle Tassilon dut rendre le duché des Bavarois comme s'il lui avait été remis en bénéfice par Pépin en tant que vassal[13]. L'année suivante, Tassilon fut condamné à mort pour trahison, avant que la peine ne soit commuée en pénitence perpétuelle pour lui et son fils. Ces événements marquent la fin de la réintégration des périphéries franques sous l'autorité des Pippinides.

Le récit orienté des *Annales royales des Francs*, composées après 787 pour justifier le traitement de Tassilon[14], témoigne

13. Depreux 1995.
14. McKitterick 2009.

d'une conception nouvelle de la vassalité, par laquelle le roi des Francs prétendait s'assurer de la fidélité des aristocrates. Les vassaux directs des Pippinides étaient installés en priorité dans des régions sensibles, comme en Aquitaine. Ils formaient la base concrète de leur pouvoir, renforcé à chaque expédition victorieuse qui permettait le partage du butin et la redistribution des terres laïques et ecclésiastiques. Une grande proportion de ceux qui servaient Louis le Pieux (814-840) étaient issus de familles aristocratiques qui étaient déjà au service des maires du palais d'Austrasie au siècle précédent. L'une des caractéristiques de cette « aristocratie d'Empire » (*Reichsaristokratie*) était la dispersion de ses biens à l'échelle de tous les territoires placés sous l'autorité du roi franc, en raison des acquisitions liées aux reconquêtes et conquêtes territoriales continues au VIIIe siècle[15]. Elle contribuait ainsi à l'unification du monde soumis aux Francs. Par exemple, le marquis Évrard de Frioul (m. 866), épousa Gisèle, fille de l'empereur Louis le Pieux et de Judith. Le couple possédait des biens en Flandre occidentale, en Lotharingie, en Alémanie et dans le Frioul qui furent partagés entre leurs sept enfants.

La plus grande puissance d'Occident

Alors que le pouvoir franc gagnait en puissance tout au long du VIIIe siècle, le royaume wisigothique disparut. De nombreux éléments semblaient pourtant attester la solidité de la monarchie établie dans la péninsule Ibérique : les conciles de Tolède réunissaient régulièrement le roi et les évêques de l'ensemble de la péninsule, le code des lois wisigothiques était régulièrement mis à jour par les souverains. Depuis 654, toute différence légale entre Romains et Goths y avait été levée, et les élites se reconnaissaient comme un seul peuple

15. Voir le chapitre 15.

catholique, sous la direction du roi. Certes, les conflits entre les différentes factions aristocratiques y étaient récurrents mais ils avaient surtout lieu au moment des successions. Ainsi, la mort du roi Witiza en 710 provoqua la guerre de succession habituelle, mais le conflit ne connut de conséquences particulières qu'en raison de l'avancée des armées islamiques en Afrique du Nord.

Après une première série de victoires sur les territoires voisins de l'Arabie – en Syrie, Palestine et Égypte – et la prise de l'Iraq entre 622 et 640, un deuxième élan conduisit à l'extension maximale de l'Empire islamique, de l'Inde à l'Espagne en 711[16]. Les armées évoluèrent au cours de la conquête de l'Afrique du Nord, car de nombreux Berbères se convertirent. Ils formaient la majorité des armées qui passèrent le détroit de Gibraltar en 710 sous la direction de l'officier berbère Tarik ben Ziyad. Il avait certainement eu connaissance de la guerre civile en cours et fut peut-être même appelé par l'une des factions wisigothiques. La bataille décisive eut lieu en juillet 711 et fut un désastre pour les armées du roi wisigoth Roderic, qui fut tué.

La grande centralisation du pouvoir wisigothique entraîna probablement l'incapacité à organiser une résistance après la disparition du roi, alors que la majorité de la population restait chrétienne et hostile au nouveau pouvoir islamique. Après la chute de Cordoue puis de Tolède, le gouverneur Musa ben Nusayr débarqua en 712 avec un nouveau corps de troupes qui conquit Séville et Mérida, puis Saragosse. Néanmoins, la conquête fut perturbée par les rivalités entre les différents chefs islamiques. Le calife fit rappeler Tarik et Musa et les expéditions militaires suivantes furent conduites par des gouverneurs issus de clans rivaux, en poste quelques années seulement. Leur succession explique la confusion du gouvernement de la péninsule, l'organisation de raids en

16. Voir le chapitre 10.

direction du monde franc pour collecter du butin, mais aussi l'absence d'entreprise de conquête, malgré la prise de Narbonne en 719. Ainsi, de vastes zones au nord de la péninsule – en Galice, dans les Asturies, en Cantabrie, au Pays basque et dans les Pyrénées – restèrent hors du contrôle islamique et dans la seconde moitié du VIIIe siècle y dominaient des pouvoirs chrétiens indépendants.

Alors que les armées islamiques eurent raison du royaume wisigothique, leur avancée dans l'Empire romain d'Orient, dont elles mirent en danger l'existence même, rendait illusoire l'investissement militaire de ce dernier en Italie et fournissait au royaume lombard l'occasion d'établir sa continuité territoriale[17]. L'équilibre établi dans la péninsule depuis la fin du VIIe siècle disparut et l'évêque de Rome, isolé face à la menace des Lombards, ne pouvait que souhaiter l'intervention d'un nouveau tiers dans la péninsule : les Francs. Une première demande d'intervention fut formulée par le pape Grégoire en 739, mais Charles Martel n'y donna pas suite. En 751, les armées lombardes conquirent l'exarchat de Ravenne et le duché de la Pentapole et le roi Aistulf réclama au pape un tribut. La présentation de la suite des événements est complexe, car les négociations de Pépin sont obscurcies par le silence complet des sources contemporaines, franques mais aussi pontificales ou impériales, sur les conditions dans lesquelles il devint roi[18].

Les récits francs, tous rédigés après le règne de Pépin, rapportent que le pape Zacharie aurait donné dès 749 son accord pour un changement dynastique, puis que les évêques francs auraient sacré Pépin roi, sur le modèle des rois de l'Ancien Testament en 751 ; enfin, que le pape Étienne aurait passé les Alpes en 754 pour négocier la descente militaire de Pépin en Italie et aurait terminé son séjour en sacrant de

17. Voir le chapitre 9.
18. Fouracre 2005.

nouveau Pépin, cette fois avec ses fils Charles et Carloman à Saint-Denis. Ces présentations ne concordent pas entre elles et laissent de nombreux points obscurs : Boniface a-t-il participé au sacre de 751 ? Pourquoi le soutien du pape n'a-t-il pas alors été mis en avant ? Pourquoi renouveler la cérémonie trois ans plus tard ? La cérémonie du sacre, telle qu'elle avait été pratiquée dans le royaume des Wisigoths, pouvait être connue à travers la diffusion de la collection canonique *Hispana*, qui mentionne l'onction royale de 681, mais le modèle mis en avant était celui du roi David dans les récits de l'Ancien Testament. Une telle cérémonie était en rupture totale avec la pratique mérovingienne, où l'élection du roi par les grands et une élévation solennelle du prince sur le pavois, sur le modèle romain, étaient parfois mentionnées mais jamais aucune cérémonie chrétienne.

Le caractère tardif et incohérent des récits du changement dynastique peut laisser penser que l'accession au pouvoir royal de Pépin fut particulièrement problématique, au point que le silence ait longtemps paru le meilleur moyen de clore la controverse[19]. Les Mérovingiens bénéficiaient d'un prestige dynastique sans égal, appuyé sur une exclusivité royale depuis plus de deux cent cinquante ans, ce qui rend difficile d'imaginer qu'ils n'aient pas eu de soutiens. En outre, la collaboration d'un roi mérovingien et de maires du palais pippinides, telle qu'elle était pratiquée depuis deux générations, laissait aux autres familles aristocratiques la possibilité d'une résistance à l'autorité du maire du palais et ce partage de l'autorité fut sans doute défendu par elles, mais nous n'en avons aucune trace. Les récits postérieurs montrent néanmoins que la cérémonie de 751 fut jugée insuffisante et que le sacre par le pape en 754 apporta une légitimité nouvelle à Pépin, ce qui fait douter du soutien antérieur de Zacharie, ou en tout cas de son caractère officiel.

19. Voir les contributions rassemblées dans Becher Jarnut 2004.

Le troisième acteur dans la péninsule italienne, l'empereur de Constantinople, Constantin V, représentait aussi une source importante de légitimité possible pour le tout nouveau roi des Francs, en dépit des divergences concernant le culte des images[20]. L'absence de conquête territoriale en Italie, malgré les succès des expéditions franques de 754 et 755-756, repose peut-être sur l'utilité, pour Pépin, de maintenir la menace lombarde pour faire pression sur l'empereur. Dans un premier temps, le roi des Francs résista aux demandes byzantines et remit l'autorité des territoires impériaux repris aux Lombards sous l'autorité du pape. Après la mort d'Étienne II et d'Aistulf, en 756, les ambassades amicales échangées par Pépin et Constantin V établirent entre eux une amitié, symbolisée par le don d'un orgue au roi franc en 757. Un tel geste était sans précédent. Cet instrument était utilisé à Constantinople pour la pompe des cérémonies laïques, afin de magnifier la présence de l'empereur. Son usage pour les fastes de la cour franque présentait un signe fort et récurrent de la reconnaissance de Pépin en tant que roi par l'empereur.

Les démonstrations d'amitié entre les cours franque et byzantine cessèrent après la mort de Pépin. L'équilibre fut rompu avec la crise de succession, marquée cette fois par le partage des rôles entre Charles et Carloman. Leur père avait attribué à chacun une partie de son royaume, mais les deux frères restaient en concurrence. En 771, Charles abandonna l'alliance avec le roi des Lombards Didier en rompant l'union avec sa fille. L'hostilité s'accrut avec Didier quand Charles, à la brusque mort de son frère Carloman, en décembre 771, récupéra sa part du royaume, ne laissant d'autre choix à sa veuve et à ses enfants que de chercher des appuis dans le royaume lombard. La guerre éclata rapidement : dès 773, Charles prit Vérone, où ses neveux étaient réfugiés avec

20. Voir les chapitres 9 du présent tome et « Image » dans le troisième tome.

leur mère ; il s'empara de Pavie l'année suivante. Dès lors, Charles, connu plus tard comme Charlemagne, s'intitula « roi des Francs et des Lombards », mais confirma comme « Patrimoine de saint Pierre » les territoires que son père avait confiés au pape. Le fils du roi Didier s'était réfugié à Constantinople, mais la révolte qui eut lieu pour le rétablir, en 776, fut rapidement écrasée par les Francs.

La disparition des royaumes wisigoth et lombard plaçait le roi des Francs dans une position de domination sans égale en Occident. La séparation entre l'émir omeyyade de Cordoue et le califat abbasside, depuis 756, isola et amoindrit dans un premier temps la puissance islamique en Espagne. En 759, les Francs purent ainsi s'emparer de Narbonne et de la Septimanie. La tentative d'expansion du pouvoir franc au-delà des Pyrénées tourna court en 778, aboutissant à la défaite de Roncevaux[21]. L'épisode souligne que les capacités de l'armée franque étaient avant tout offensives et qu'elle résistait mal à une attaque surprise. Le roi franc préféra s'attaquer à des régions où ses ennemis étaient moins susceptibles de brusques renversements d'alliance, comme la Bretagne, soumise au tribut, la Frise et surtout la Saxe où des expéditions militaires furent menées presque tous les ans de 772 à 814. Cette expansion à l'est entraîna les armées franques à combattre les Avars, qu'elles vainquirent en 796, ce qui permit la récupération d'un butin considérable[22].

L'organisation politique de Charles resta dans un premier temps centrée sur le modèle mérovingien. Il donna en 778 les prénoms de Clovis et Clotaire à ses fils jumeaux, dont seul l'un survécut – le premier, plus connu sous le nom de Louis (futur empereur Louis le Pieux), francisation du prénom Clovis. Charles s'estimait ainsi le continuateur de l'œuvre des deux premiers rois de tous les Francs en Gaule. Comme eux,

21. Voir le chapitre 10.
22. Voir le chapitre 12.

il créa deux sous-royaumes pour ses fils : il plaça Pépin en Italie et Louis en Aquitaine, avec des cours qui leur étaient propres, mais un pouvoir clairement subordonné à celui de leur père. Il évinça son fils aîné, né en 769, qui portait aussi le prénom de Pépin. Ce dernier, dont Éginhard prétendit plus tard qu'il était bossu pour justifier le choix de Charles, fomenta en 792 la dernière révolte intérieure du royaume, mais échoua à faire reconnaître ses droits.

Dans la seconde moitié du VIIIe siècle, le modèle de la transmission royale restait donc celui de la famille mérovingienne : tous les fils avaient le droit d'hériter une part du royaume de leur père, mais celui-ci pouvait choisir de déléguer son pouvoir à certains plutôt qu'à d'autres, sans tenir compte du rang de naissance. Les fils évincés ou lésés devenaient les chefs naturels des divers mécontents du royaume, prêts à se soulever pour faire valoir leurs droits. Les guerres civiles étaient récurrentes à chaque succession et pouvaient faire intervenir des puissances voisines, comme le roi Didier en 771. Le flou sur le partage du royaume entre les fils du roi défunt était commun avec la dynastie précédente, mais la nouvelle famille royale y ajoutait la question des droits créés par l'alliance. Dès le premier siècle du pouvoir mérovingien, tout accès au pouvoir royal pour les descendants de roi par les femmes avait été exclu. Mais une telle pratique ne correspondait pas à celle des autres royaumes, comme le montre le cas des Lombards, non plus qu'à celle des grandes familles aristocratiques franques. Dès lors, le rôle des sœurs du souverain dans la transmission du pouvoir dynastique était imprécis. Hiltrude se maria au duc des Bavarois contre la volonté de ses frères, et l'hostilité de Charles envers Tassilon montre l'ampleur du danger représenté par son cousin germain, renforcé pour sa descendance, car il épousa une fille du roi Didier. Un projet de mariage fut formulé entre Gisèle, sœur de Charles, et l'empereur de Constantinople Léon IV (775-780), qui présentait l'avantage de souligner son prestige royal, tout en éloignant définitivement ses neveux. À la suite de son échec, aucune des filles du roi Pépin ne fut officiellement mariée : la naissance illégitime de leurs enfants empêchait probablement que leurs fils ne rivalisent avec les descendants de Charles.

Cette imprécision de la transmission dynastique n'empêchait pas le prestige croissant du roi Charles et le changement de nature de son pouvoir. Son royaume incorporait de nouveaux peuples, dont certains découvraient le christianisme, comme en Saxe, tandis que d'autres avaient leurs propres traditions anciennes de gouvernement par l'écrit, comme en Catalogne et en Italie. Cette diversité ainsi que l'alliance continue avec les papes depuis 754 expliquent l'importance sans cesse accrue accordée au christianisme comme fondement du pouvoir du roi des Francs. Les victoires remportées à l'Est sur des peuples païens, les Avars et les Saxons, renforçaient d'autant plus son prestige qu'il n'y avait plus d'autre royaume chrétien de taille comparable en Occident, et que l'Empire d'Orient était replié sur ses querelles internes autour de l'iconoclasme[23]. En 794, au concile réuni à Francfort, les évêques du monde franc condamnèrent comme hérétiques aussi bien les hypothèses du clergé espagnol sur l'adoption du Christ que l'autorisation du culte rendu aux icônes, décidée par le clergé byzantin au concile de Nicée II en 787. Sans recourir à l'autorité pontificale, Charles se présentait ainsi comme le chef de l'Église et le gardien de la pureté de la foi en Occident[24]. Ce rôle était illustré par la chapelle qu'il fit construire, à côté de son palais, à Aix, en Austrasie, à partir des années 790. À la fin du VIIIe siècle, le souverain des Francs, dont les fils régnaient en Aquitaine et en Italie, était auréolé d'un prestige sans égal en Occident, que le titre d'empereur vint couronner le 25 décembre 800.

23. Voir les chapitres 9 et 12.
24. Close 2011.

L'Empire carolingien

La diversité du pouvoir de Charlemagne s'exprimait dans une titulature complexe : « Charles, sérénissime Auguste couronné par Dieu empereur grand et pacifique gouvernant l'Empire romain, par la miséricorde de Dieu roi des Francs et des Lombards ». Ce n'est que dans la deuxième partie de son règne que Charlemagne s'employa à organiser ses conquêtes dans un ensemble plus intégré. Le cercle vertueux de l'expansion territoriale – en Bavière, en Italie et en Saxe, et de manière plus limitée en Bretagne et dans la marche d'Espagne – permettait de rémunérer fidélités et ralliements et notamment de faire oublier les tensions autour de la succession royale, telles qu'elles étaient apparues en 768. Charlemagne avait prévu un partage de son Empire entre ses fils, en 806, qui ne put être mis en œuvre en raison de leur mort prématurée. Louis, le plus jeune et le seul survivant, fut couronné par son père en 813 comme le seul héritier de l'Empire et Charlemagne mourut l'année suivante.

L'intégration des différentes régions soumises à l'empereur se fit de façon progressive, car les aristocrates locaux n'étaient déposés qu'en cas de révolte. Le pouvoir local était généralement exercé de la même manière, et par les mêmes personnes, mais leur action s'intégrait désormais dans un ensemble plus vaste[25]. En 804, dans la province récemment conquise d'Istrie, les habitants mirent en accusation le duc Jean devant les *missi* (c'est-à-dire les envoyés) représentant Charlemagne. Ceux-ci ne déposèrent pas le duc, mais se contentèrent de formuler des réprimandes sur ses actions passées. L'autorité du duc Jean, même si elle avait été établie avant la conquête franque, était présentée comme une délégation de pouvoir à un fidèle, sous condition du respect de la justice impériale. L'Empire était ainsi gouverné de manière décentralisée, même

25. Davis 2015, et le chapitre 15.

si les aristocraties locales étaient progressivement appelées à se couler dans des cadres institutionnels communs, comme en témoigne, par exemple, l'extension de la fonction comtale à des régions qui l'ignoraient jusque-là, comme l'Italie, la Saxe ou la marche d'Espagne. Les détenteurs d'offices (comtes, évêques, abbés) n'étaient que progressivement remplacés par des Francs, amenés à nouer des alliances matrimoniales avec les grandes familles locales, qui étaient associées à la réorganisation des institutions monastiques. À l'inverse, des membres des aristocraties locales pouvaient trouver dans le service de l'empereur le moyen de faire carrière à l'échelle de l'Empire, à l'image des cinq évêques et des dizaines de moines d'origine wisigothique arrivés de marche d'Espagne en Gaule à la fin du VIIIe siècle, parmi lesquels figurait le noble Witiza, plus connu sous le nom de Benoît d'Aniane (m. 821)[26]. Dans les espaces conquis, les grands monastères fondés ou captés par les Francs constituaient des foyers privilégiés de ce creuset des aristocraties. Ils accueillaient les enfants oblats (c'est-à-dire offerts au monastère par leurs parents) et les donations matérielles de diverses origines. Après avoir été d'abord marginalisée en raison de ses liens avec l'ancienne famille royale lombarde, l'abbaye Saint-Sauveur de Brescia devint ainsi, à partir des années 840, sous l'égide d'Ermengarde, épouse de Lothaire (fils aîné de Louis le Pieux), le lieu d'interactions étroites entre les familles de l'aristocratie de fonction liées au pouvoir carolingien, qu'elles fussent d'origines franques ou lombardes, ou mêlées. La confection en 856 d'un livre de mémoire, le *Liber vitae* (*Livre de vie*), mentionnant les noms des bienfaiteurs de l'abbaye montre que les différents ancêtres étaient désormais célébrés de façon commune, dans des prières qui entretenaient leur souvenir et favorisaient leur salut[27].

26. Aymat CATAFAU et Claudie DUHAMEL-AMADO, *in* LE JAN 1998.

27. Cristina LA ROCCA, *in* LE JAN 1998. Voir aussi le chapitre « Vivants et morts » du troisième tome.

À la suite des grands conciles d'Aix-la-Chapelle de 816-817 et 818-819, de nouvelles règles de vie pour les chanoines (liés aux églises cathédrales) et pour les moines furent promues par Louis le Pieux, le fils de Charlemagne. Elles étaient appelées à s'étendre à toutes les communautés de l'Empire. À la pointe de la Bretagne, le monastère fondé au VIe siècle par Guénolé à Landévennec fut ainsi associé en 818 à la nouvelle application de la *Règle de saint Benoît* élaborée par le principal conseiller de Louis, Benoît d'Aniane, dont le monastère d'Inden qu'il dirigeait constituait le modèle[28]. Chaque institution gardait pour autant son autonomie et pouvait refuser de modifier ses usages. Ainsi, le monastère de Saint-Denis se divisa tout d'abord entre les défenseurs des pratiques anciennes et les partisans de la réforme, qui partirent à Mours dans l'Oise. Ce n'est qu'en 832 que la nouvelle organisation monastique fut acceptée par toute la communauté monastique. Un autre instrument d'unification, plus coercitif, réside dans l'extension du versement obligatoire de la dîme. D'abord imposée par le pouvoir royal comme une mesure d'exception dès le règne de Pépin le Bref, entre 755 et 768[29], la dîme fut pérennisée (comme le montrent les capitulaires de 779 et de 794) et étendue aux territoires conquis, comme en Saxe dès 785. Elle joua un rôle politique majeur d'assujettissement des populations, en association avec la proscription du paganisme et l'obligation de fidélité envers le souverain. Même s'il demeure impossible d'apprécier l'effectivité de son prélèvement en dehors des grandes seigneuries, ne pas la verser apparaissait comme un signe d'infidélité politique et religieuse[30].

Charlemagne demanda à plusieurs reprises (en 789, 792, 802, 806, 812) à tous les hommes libres de son Empire un serment de fidélité à sa personne. Cette allégeance était

28. Voir le chapitre 13.
29. Breternitz 2020.
30. Toneatto 2012.

redoublée, pour certains grands, par un engagement personnel en tant que vassal du roi. La vassalité était aussi développée à un autre niveau, entre les fidèles du roi et leurs propres vassaux. L'ensemble ébauchait dans la première moitié du IXe siècle une structuration hiérarchique de la société à l'échelle de l'Empire, même si des régions entières, à l'est et au sud notamment, restaient à l'écart de ce mouvement. Cette hiérarchisation était fortifiée par l'interdiction des trustes (les suites armées composées de guerriers non installés sur une terre) et de toutes les formes de solidarités horizontales (les guildes et autres groupes assermentés). La terre confiée en usufruit en échange du serment vassalique, le *beneficium*, était de plus en plus souvent transmise de façon héréditaire, contre un renouvellement de l'engagement. De même, les *honores*, les fonctions d'abbé, de comte et d'évêque, étaient de plus en plus souvent redistribuées par le souverain dans la famille du détenteur défunt, de préférence dans un cadre agnatique (c'est-à-dire parmi ses descendants masculins). C'est ainsi que la charge comtale de l'Oberrheingau, en Rhénanie, demeura entre les mains des Rupertiens du VIIIe siècle à 837, ou celle du Mans sous le contrôle des Rorgonides tout au long du IXe siècle. La transmission se faisait même parfois en ligne directe, de père en fils, comme pour le comté de Paris tenu par les Girardides de 752 à 858/859. Au IXe siècle, la pression croissante pour l'hérédité des terres en usufruit et des fonctions s'expliquait par la réduction des richesses à partager entre les élites du monde franc[31].

Le règne de Louis le Pieux (814-840) marque en effet la fin de l'expansion franque. Louis avait pourtant mené lui-même un certain nombre de campagnes victorieuses, comme en 801 avec la prise de Barcelone, ou lors de campagnes contre les Bretons. Il nourrissait une ambition d'extension vers le nord-est de l'Europe, notamment vers le Jutland. En 826,

31. Le Jan 1995 ; Devroey 2006.

il accueillit Harald, un prince danois évincé du pouvoir qui accepta d'être baptisé et de devenir le filleul de l'empereur en échange de son soutien. Cette politique d'intervention accompagnait la désignation d'Anschaire comme missionnaire auprès des peuples païens qui entouraient la Baltique. Mais Harald ne réussit pas à rester roi, tandis qu'Anschaire fut contraint de se replier de Hambourg sur Brême dès 827[32]. Ces tentatives ne purent être poursuivies, en raison des conflits autour de la succession de l'empereur.

En 817, Louis avait organisé de façon novatrice sa succession en faisant de son fils aîné, Lothaire, l'héritier du titre impérial et d'une autorité sur ses deux frères puînés, Pépin et Louis, auxquels étaient confiés des royaumes subordonnés et périphériques. Or la naissance en 823 d'un nouveau fils, prénommé Charles, pour lequel Louis revit une première fois sa succession, en 829, afin de lui confier un duché, entraîna l'écroulement des fragiles compromis établis pour cette instauration du droit d'aînesse. La convocation habituelle de l'ost pour partir en campagne contre les Bretons, en 830, fut le déclenchement des affrontements entre les élites franques qui ne prirent fin de façon durable qu'en 843 : le partage de Verdun entérina alors la division de l'héritage impérial en trois royaumes indépendants, répartis entre les trois fils survivants de Louis le Pieux[33]. Les tensions au sein de la famille impériale reproduisaient de façon exacerbée celles qui existaient au sein des familles aristocratiques.

Dès lors que le nombre de conquêtes et de rétributions ne permettait plus d'assurer à chaque fils une position égale à celle de son père, le statut de la famille ne pouvait être préservé qu'en contournant les règles du partage égalitaire et la part de l'aîné devint de plus en plus importante par rapport à celle de ses cadets. Néanmoins, les vicissitudes des

32. Voir le chapitre 14.
33. Voir le chapitre 11.

guerres civiles entraînèrent la défaite de Lothaire et l'abandon de toute part dominante pour l'aîné dans la famille royale. À chaque génération, chaque royaume était ainsi partagé entre les fils du roi carolingien, de moins en moins capables de s'imposer à leur aristocratie. La réduction des richesses à partager conduisit à l'affaiblissement de la cohésion des élites au pouvoir et mena à une véritable crise des fidélités.

La déstabilisation durable du royaume danois en cours de constitution au Jutland eut pour conséquence de supprimer tout contrôle du trafic entre la mer du Nord et la mer Baltique. Par les routes du commerce des mers du Nord, établies depuis le VIIe siècle, les régions occidentales étaient ouvertes aux vikings. Ceux-ci s'attaquèrent tout particulièrement aux rivages frisons et atlantiques au cours du IXe siècle, profitant de la lenteur de la mobilisation de l'armée franque, incapable d'organiser une riposte rapide aux attaques côtières[34]. Les perspectives d'expansion furent abandonnées dans la seconde moitié du IXe siècle et l'organisation d'une défense efficace devint la première préoccupation des rois carolingiens, aussi bien contre les vikings que contre les royaumes francs voisins.

La période d'unité de l'Empire franc fut brève, mais exerça une profonde influence sur les espaces voisins. La cour carolingienne, centre du pouvoir et point d'attraction des hommes de talent[35], devint un modèle, exporté par exemple dans le Wessex par Judith, fille de Charles le Chauve après son mariage en 855 et repris par son beau-fils Alfred, roi des Anglo-Saxons (871-899).

MAGALI COUMERT

34. Voir le chapitre 14.
35. Voir le chapitre 13.

9.

L'horizon byzantin

(VIIe-IXe siècle)

Entre les VIIe et IXe siècles une grande mutation fit passer l'Empire romain d'Orient d'une forme encore largement fondée sur le modèle impérial antique à sa forme médiévale, à laquelle un usage lexical tardif (remontant au XVe siècle) et assez mal intentionné a donné, pour la période postérieure au VIIe siècle, le nom d'« Empire byzantin », à rebours de la dénomination qu'il voulut conserver tout au long de ses mille ans d'existence : celle d'« Empire des Romains » (*voir* carte 4, p. VI). Cette mutation considérable signifie que l'horizon byzantin qui est celui du monde latin au début du VIIe siècle n'est pas du tout le même que celui de la fin du IXe siècle. Entre-temps, tant la Chrétienté latine que l'Empire romain d'Orient auront évolué à la fois chacun de son côté et en interaction permanente. Au début de la période considérée, l'ensemble de la chrétienté, en Orient comme en Occident, communie dans un univers mental, et notamment idéologique, qui est celui d'un Empire largement effondré en Occident où l'on continue toutefois de dater les événements des règnes impériaux et de prier pour le salut de l'empereur de Constantinople. Au seuil du Xe siècle, au contraire et paradoxalement, les liens politiques réels se sont démultipliés alors que les liens idéologiques se sont affaiblis et que chaque ensemble disqualifie l'autre en usant, dans les moments de tensions, de stéréotypes réducteurs ou dépréciatifs, « Grecs » contre « barbares ».

Au sortir d'un apogée territorial atteint à la mort de Justinien (565), l'Empire romain (qui était donc redevenu un Empire d'Orient et d'Occident) affronte un contexte d'une brutalité remarquable : la peste dite « de Justinien », d'abord, qui débute en 541 et dont les retours seront ressentis jusqu'au milieu du VIIIe siècle[1] ; l'invasion de l'Italie par les Lombards, ensuite, qui met à mal, dès 568, les résultats chèrement acquis par trente années de guerre gréco-gothique[2] ; enfin et surtout deux importantes confrontations militaires, épuisante pour la première, dévastatrice territorialement pour la seconde. Sur la partie orientale de l'Empire a joué d'abord la guerre gréco-perse (610-630) contre le vieil ennemi héréditaire de l'Empire romain, l'Empire des Sassanides. Les armées perses conquièrent rapidement les provinces orientales jusqu'à l'Égypte, en passant par la prise (traumatique) de Jérusalem en 619, et progressent en Anatolie de manière si efficace qu'elles sont installées de l'autre côté du Bosphore lorsque les Avars font le siège de Constantinople en 626. La reconquête de l'empereur Héraclius (610-641) dénoue cette pression mais laisse les deux Empires à bout de forces lorsque commencent les conquêtes islamiques. En trente ans, celles-ci arrachent à l'Empire ses provinces les plus riches à savoir celles, orientales, du « croissant fertile » (Syrie, Palestine, Égypte) et menacent jusqu'à son cœur en assiégeant à plusieurs reprises Constantinople. Les conséquences économiques, politiques, religieuses de ces conquêtes sont considérables, qui contraignent l'Empire, menacé dans sa survie même, à mobiliser toutes ses forces pour sa défense et pour mener des entreprises de complète réorganisation militaire, administrative, fiscale et économique au cours des VIIe et VIIIe siècles ; des évolutions

1. Voir les chapitres 3 et 5.
2. Voir les chapitres 3 et 8.

qui en changent complètement la structure et l'adaptent aux nouvelles pratiques de la guerre, au rétrécissement des horizons économiques et à la ruralisation de la population. L'Empire devenu byzantin est territorialement amputé, économiquement appauvri mais, au prix des mutations qu'il a engagées, plus efficace militairement et fiscalement, et plus homogène culturellement et religieusement. En effet, les provinces qui ont été enlevées à l'Empire étaient aussi celles qui manifestaient une grande résistance à la domination de la langue grecque et de l'orthodoxie chalcédonienne[3]. Lorsque la menace islamique se relâcha un peu – la conquête de la Crète puis celle de la Sicile, au cours du IXe siècle, en sont les dernières grandes prises – le péril bulgare prit le relais. À ces dangers s'ajoutèrent des tensions internes, notamment ce qu'on nomme la « crise iconoclaste » qui, du début du VIIIe siècle jusqu'au milieu du IXe siècle, fit renouer l'Empire d'Orient avec les controverses dogmatiques dont il avait perdu l'habitude depuis la résolution des sécessions ariennes puis anti-chalcédoniennes au VIIe siècle[4].

Ce contexte extrêmement troublé, voire par moments chaotique, a en partie déterminé les scansions chronologiques internes de ces trois siècles de relations entre l'Occident et l'Empire romain d'Orient : la première rupture, au milieu du VIIIe siècle, découle en partie de l'incapacité de l'empereur de Constantinople, tout occupé qu'il est par la pression islamique, à défendre ses provinces italiennes, dont faisaient partie Rome et sa région, contre la menace lombarde : l'évêque de Rome opéra un retournement de son système d'alliance en faveur de la puissance montante en Occident, celle des Francs, d'où émergeait la famille des Pippinides. Il ne s'agit pas uniquement d'une manœuvre géopolitique conjoncturelle, mais de la durable sortie de l'Italie, et surtout de Rome,

3. HALDON 2016.
4. DÉROCHE-DEBIÉ 2019.

de l'orbite de l'Empire d'Orient. La seconde rupture, au milieu du IXe siècle, inaugura le règlement de la question iconoclaste à un moment où, en Occident, se faisaient sentir les premiers signes d'une réduction des horizons de la puissance carolingienne ainsi que les stratégies diplomatiques et discursives des papes pour affirmer leur autorité au-delà de celle d'un patriarche d'Occident. Là encore, le phénomène est durable. C'est donc en retenant ces grandes étapes chronologiques qu'il convient d'envisager les interactions entre l'Empire d'Orient et le monde latin.

Enfin, il apparaît d'emblée que l'Italie est au cœur des relations entre l'Empire byzantin et l'Occident. Ce n'est pas l'effet d'un pur déterminisme géographique. Deux raisons principales, et bientôt trois, s'associent pour donner à la péninsule un rôle privilégié : d'abord, la présence de la ville de Rome, qui cumule le statut de capitale impériale (d'un Empire romain désormais absent mais non disparu) et celui de siège de l'évêque de Rome et successeur de saint Pierre (les papes cherchant à donner une consistance plus politique à une primauté d'honneur dans l'Église que personne ne leur conteste)[5] ; ensuite, c'est par l'Italie et la Sicile que l'Empire romain d'Orient est aussi en Occident ; enfin, à partir de 774 les Carolingiens prennent place dans la stratégique plaine du Pô lorsque Charlemagne, renversant le roi des Lombards, reprend la couronne du royaume de Pavie, ce qui rapproche de Byzance son premier interlocuteur, et bientôt compétiteur, occidental[6]. L'Italie est donc la matrice des relations entre Orient et Occident et d'une distinction sur laquelle s'est construite, ultérieurement, la chrétienté latine.

5. Voir le chapitre 2.
6. Voir le chapitre 8.

Un horizon impérial commun (VIIe-milieu du VIIIe siècle)

Durant cette période, l'horizon géopolitique premier de l'Occident reste l'Empire romain, comme paradigme politique malgré sa disparition ; comme organe essentiel de la légitimation des souverains, dans la lignée des relations diplomatiques entretenues entre l'Empire romain d'Orient et les royaumes germaniques à partir de la fin du Ve siècle, lorsque les empereurs concédèrent aux rois « barbares » le titre de patrice pour officialiser la reconnaissance de leur autorité ; et enfin, comme entité politique au sein de laquelle, jusqu'au début du VIIe siècle, la mer Méditerranée est presque redevenue une mer intérieure.

La carte géopolitique de l'époque fait alors de l'Italie le centre d'un « grand jeu » et de toutes les attentions dans les interactions entre l'Empire et l'Occident puisque la reconquête justinienne a réintégré la péninsule dans l'ensemble impérial par le biais d'un gouvernement régional centré à Ravenne, capitale de la province impériale d'Italie appelée exarchat. Cet exarchat comprend à l'origine l'essentiel de la péninsule et notamment Ravenne et sa région, la Ligurie, la Vénétie, Rome, Naples et toute l'Italie méridionale, tandis que la Sicile bénéficie d'un statut spécial, lié notamment à l'importance des domaines pontificaux dans l'île[7]. L'extension occidentale de l'Empire de Constantinople en Italie et en Sicile explique le projet de l'empereur Constant II (641-668), en plein tourment des conquêtes islamiques, de transférer la capitale de son empire de Constantinople à Syracuse, un projet empêché par son assassinat.

Dès lors, et malgré les amputations territoriales que les avancées lombardes infligent à l'exarchat entre la fin des

7. Prigent 2009.

années 560 et le milieu du VIIIe siècle, Rome est réputée sous juridiction impériale. Le pape s'estime sujet de l'empereur de Constantinople, ce qui signifie que les relations entre l'évêque de Rome et l'empereur se jouent à l'intérieur d'un même cadre politique et que les éventuelles tensions entre les deux sont à comprendre comme des dissensions internes à l'Empire. Cet état de fait n'est que peu affecté par les évolutions linguistiques qui, depuis le VIe siècle, ont lentement contribué à défaire le bilinguisme fonctionnel qui était le régime linguistique de l'Empire romain, c'est-à-dire le double usage du latin et du grec[8]. Ainsi émergent une zone occidentale latinophone et un Empire romain d'Orient dans lequel le grec est devenu, au moment du règne de Justinien (527-565), langue de l'administration et du droit. L'historiographie récente a considérablement nuancé l'idée de deux blocs monolingues majoritairement ignorants de la langue de l'autre bloc[9], d'autant que les passeurs, traducteurs, interprètes et autres intermédiaires bilingues étaient nombreux à pouvoir assurer la communication de l'un à l'autre. Soulignons notamment que certaines zones circonscrites de l'ensemble latinophone ont entretenu au premier Moyen Âge une connaissance du grec qui était un marqueur de l'élite[10] – c'est le cas, en particulier, des îles Britanniques – tandis que d'autres comprenaient des communautés hellénophones permanentes qui procuraient des intermédiaires pour les échanges entre l'Occident, et notamment l'évêque de Rome, et l'empereur. L'époque voit en effet une nouvelle hellénisation de la Sicile qui est en partie le résultat de migrations d'élites monastiques et ecclésiastiques principalement chalcédoniennes et parties de Syrie, Palestine et Égypte au moment de la conquête islamique de ces régions – certaines spécificités liturgiques et

8. Dagron 1994.
9. Drocourt 2015.
10. Boulhol 2008.

le corpus des manuscrits grecs de l'Italie méridionale plaident pour une origine syro-palestinienne de ces populations – mais surtout de populations hellénophones ou bilingues originaires des Balkans[11]. À Rome même se maintiennent d'importantes communautés monastiques orientales, arméniennes et grecques, dont la pérennité est elle aussi liée à des apports extérieurs continus jusqu'à la fin du IXe siècle, notamment au moment de la crise iconoclaste quand le duché de Rome devient un refuge pour les opposants à l'empereur iconoclaste[12]. Ce milieu monastique oriental de Rome a fourni, de manière privilégiée, des envoyés du pape à Constantinople. L'hellénisation de la Sicile et, plus tardivement, de la Calabre a, de son côté, contribué à entretenir une série presque continue de papes « grecs » (à deux exceptions près : Benoît II et Grégoire II), onze au total depuis Agathon (678-681) jusqu'à Zacharie (742-751). On a longtemps voulu y voir une mainmise de Constantinople sur le siège romain, voire une « captivité byzantine » de la papauté, ce qui est exagéré : ces prélats avaient fait leur carrière dans le clergé romain, n'avaient guère quitté l'Italie, et ajoutaient seulement à leurs sympathies romaines un bagage intellectuel et linguistique (ils étaient bilingues) plus ouvert sur l'Empire byzantin.

Les relations entre l'empereur et l'évêque de Rome ne furent pas toujours pacifiques durant ce siècle et demi, agité encore par les divergences théologiques sur la nature du Christ et leurs ramifications politiques. Le pape est en effet résolument partisan de l'orthodoxie dogmatique définie lors du concile de Chalcédoine (451) et donc hostile à toute tendance un tant soit peu anti-chalcédonienne, notamment la tendance miaphysite, ou encore la tentative de synthèse monothélite promue par Héraclius qui, au-delà d'une querelle de théologiens, provoque une séparation politique croissante entre Rome et

11. Prigent 2017.
12. Sansterre 1983.

l'Empire byzantin[13]. C'est ce cadre conflictuel qui explique la déportation par l'empereur, en 653, du pape Martin Ier (par ailleurs compromis dans la révolte de l'exarque de Ravenne Olympios). Toutefois, dans les confrontations successives entre le pape et l'empereur, autour notamment du concile *in Trullo*, en 691, le second (en l'occurrence Justinien II) échoua à faire plier le premier (Serge Ier), protégé par les armées de Rome et de Ravenne qui avaient pris son parti contre l'empereur.

Le concile dit *in Trullo* (« sous la coupole », celle d'une salle du palais impérial de Constantinople), en 691-692, représente un tournant important parce qu'il aboutit à la première formulation officielle de condamnations de pratiques occidentales par l'Église de Constantinople au sein de canons dits « anti-romains » : le canon 13 condamne l'obligation du célibat ecclésiastique, et le canon 55, le jeûne du samedi. Ils seront constamment repris, à partir du milieu du XIe siècle, dans les arguments de la polémique anti-latine de l'Église byzantine malgré l'aspect réputé mineur de ces divergences[14]. Ces canons ont justifié le refus du pape Serge Ier de reconnaître ce concile comme œcuménique (c'est-à-dire universel, dont les décisions valent pour toute la chrétienté) : le pape désavoua ses légats qui avaient approuvé ces canons. Les décrets n'étaient donc pas recevables (et ne furent pas reçus) en dehors de la zone de juridiction du patriarche de Constantinople. C'est ainsi que

13. Le miaphysisme (qu'on trouve souvent sous le terme de « monophysisme », que l'historiographie moderne réserve désormais à la version radicale de cette doctrine), défini autant que rejeté par le concile de Chalcédoine en 451, envisage une nature unique du Christ – en grec *mia physis* – dans laquelle se combinent harmonieusement son humanité et sa divinité. Le monothélisme est une proposition doctrinale visant à résoudre les dissensions dogmatiques sur les relations entre les deux natures du Christ par l'idée d'une volonté unique du Christ régissant ses deux natures. Ces éléments très complexes de la théologie chrétienne sont clairement expliqués dans Déroche-Debié 2019.

14. Silvano 2013.

se déploya précocement une divergence de vues singulière et promise à un constant renforcement. L'évêque de Rome estime que la primauté romaine, liée à la succession de saint Pierre (et reconnue par les Églises orientales comme une primauté d'honneur et morale) entraîne un rôle dominant du pape comme premier théologien de l'orthodoxie : la conception romaine est donc d'emblée monarchique, et s'oppose à l'ecclésiologie orientale, plus collégiale, faisant des conciles les vrais organes de la définition de l'orthodoxie. Les conséquences de ce désaccord se déploieront sur le long terme[15].

Un horizon byzantin extérieur (milieu du VIIIe-milieu du IXe siècle)

Dans la première moitié du VIIIe siècle, sous les empereurs isauriens arrivés sur le trône impérial avec Léon III en 717, une série d'événements distincts font rapidement évoluer la situation. La réorganisation administrative byzantine permet une efficacité accrue de la pression fiscale comme de l'autorité impériale. Dans les années 720, l'empereur opère de manière unilatérale – comme il en a parfaitement le droit – une modification importante de la géographie ecclésiastique en transférant au patriarche de Constantinople la juridiction des évêchés de Calabre, Sicile et Illyrie, ce qui, au moins pour les deux premières régions, coïncidait avec une reconnaissance de leur hellénisation en cours. Au début des années 740, s'opère une modification probablement encore plus importante au détriment de l'évêque de Rome, avec la saisie impériale des très riches patrimoines pontificaux de Sicile au bénéfice de Constantinople[16]. Par ailleurs, la

15. Voir le chapitre 18 du présent tome et les chapitres 1, 5 et 24 du deuxième tome.

16. Prigent 2004.

promotion de l'iconoclasme par l'empereur – c'est-à-dire de la réprobation de la vénération des images saintes – suscite un certain nombre de réticences en Occident, en particulier dans le milieu pontifical, et Rome devient un des refuges des partisans de l'iconodoulie – c'est-à-dire de ceux qui, à l'inverse, défendent la vénération des images et reliques des saints. En 731, le pape convoque un synode à Rome, qui prend position contre la ligne iconoclaste déclarée depuis peu par l'empereur Léon III[17].

Enfin, depuis quelques décennies déjà s'est mis en place un jeu diplomatique triangulaire entre Constantinople et son *basileus*, Rome et le pape et celui, quel qu'il soit, qui tient la plaine du Pô : roi des Lombards d'abord, roi des Francs ensuite. Qui dit jeu à trois, dit alliances tournantes de deux contre un et la crainte, pour le plus faible des trois – en l'occurrence, le pape – que l'alliance des deux autres ne se fasse à ses dépens. Quand l'évêque de Rome demande l'aide du *basileus* contre la pression militaire des Lombards qui ont construit un royaume centré sur Pavie, c'est avec la peur que Constantinople ne choisisse de sacrifier Rome à une alliance lombarde ; et quand le pape cherche l'alliance des Francs, le *basileus* redouble d'efforts à l'égard de ces derniers, pour créer une alliance de revers contre le pontife.

C'est dans ce contexte de décisions fiscales abruptes, d'éloignement dogmatique (au sujet de l'iconoclasme), d'effacement diplomatique (dans la mesure où, à partir de 750, les *basileis* privilégièrent les relations diplomatiques avec le califat désormais installé à Bagdad et prioritaire dans leurs jeux d'alliance) et de géopolitique italienne que se négocia l'alliance du pape Zacharie (le dernier pape « grec ») avec Pépin le Bref[18]. Une ambassade permit à Pépin d'obtenir l'accord pontifical pour l'accession au titre de roi des Francs – consentement

17. Sansterre 1983. Voir le chapitre « Image » du troisième tome.
18. Voir les chapitres 8 et 10.

exprimé ensuite par le sacre de Pépin, en 751, à Soissons, des mains de l'évêque Boniface – en échange de la promesse d'une expédition militaire contre les Lombards. Le successeur de Zacharie, Étienne II, dut rappeler cette promesse en se déplaçant en personne, outre-Alpes, au début de l'année 754, ce qui permit le second sacre de Pépin, à Saint-Denis cette fois, et avec ses fils Charles et Carloman. Le pape était donc absent de Rome lorsque le *basileus* Constantin V lança la convocation d'un concile qui devait promulguer la théologie iconoclaste (Hiéreia, 754). L'empereur d'Orient avait bien perçu le danger de cette association entre le pape et les Francs et réagit selon la logique diplomatique triangulaire évoquée ci-dessus : en mai 754, il envoya une ambassade auprès de Pépin, à Compiègne, pour arranger un mariage entre la fille de Pépin et le fils de l'empereur, le futur Léon IV, et qui apporta au roi des Francs un orgue, instrument dédié aux cérémonies impériales « civiles », ce qui valait reconnaissance impériale de la royauté de Pépin. Du côté pontifical, le tournant géopolitique ne doit pas être considéré, comme on le fait souvent *a posteriori*, comme une rupture d'emblée définitive et irrémédiable : ce fut plutôt une construction progressive, qui n'empêcha pas le pape, pendant encore quelques décennies, de se considérer comme un partenaire privilégié de la souveraineté impériale d'Orient. En 772, le pape Hadrien Ier estimait suffisamment haute la confiance que lui inspirait l'empereur pour lui confier la garde d'ennemis qu'il lui envoya à Constantinople.

Que Pépin le Bref ait tenu son engagement envers le pape au cours de deux expéditions contre les Lombards, en 754 et 756, modifia profondément l'histoire de la papauté et de ses relations avec l'Empire byzantin. Dans la logique impériale, tout territoire qui a un temps appartenu à l'empire lui revient de droit. De ce fait, les zones que Pépin libéra de la pression lombarde et confia au pape – qui constituèrent, sous l'expression de Patrimoine de saint Pierre (*Patrimonium Sancti*

Petri), le noyau de la domination temporelle des évêques de Rome –, relevaient de l'exarchat de Ravenne et auraient dû revenir à l'empereur, et leur concession au pape fut considérée comme une usurpation des droits impériaux par les Francs. Par ailleurs, en 774, Charlemagne, en menant une expédition déterminante contre le roi des Lombards, dont il prit le trône, put assumer deux royautés, celle des Francs et celle des Lombards. Là encore, toutefois, il ne faut pas exagérer dans la pratique, les effets de cet argument de l'usurpation des droits impériaux : au contraire, cette conquête du royaume lombard renouvela les relations des Carolingiens avec l'empereur byzantin et occasionna un autre projet d'union matrimoniale dans lequel le pape vit, avec raison, un programme d'alliance à ses dépens.

Une plus nette rupture entre Carolingiens et Byzantins eut lieu dans les années 787-794, alors que de fortes tensions se faisaient jour : des affrontements militaires – brefs, mais les premiers connus – entre les deux puissances ; leur dispute au sujet du statut de Venise, que l'Empire byzantin considérait comme sienne (bien que cette appartenance fût toujours plus théorique) et que Charlemagne souhaitait annexer ; la convocation, enfin, par l'impératrice Irène d'un concile pour imposer la doctrine iconodoule (Nicée II, 787). L'ensemble conduisit Charlemagne à convoquer lui-même un concile à Francfort, en 794, dont les conséquences historiques dépassèrent la conjoncture géopolitique du moment. Ce concile constituait une réaction au concile de Nicée II qui, en raison de la présence de légats du pape, pouvait prétendre au statut de concile œcuménique, et à ce titre vouloir imposer ses décisions partout, y compris dans le monde carolingien[19]. Or, Charlemagne et son entourage refusèrent l'importation des décrets qui promouvaient le culte des images. Le concile de Francfort fut donc surtout, et à l'initiative de Charlemagne,

19. Auzépy 1997.

un concile anti-iconodoule qui permit en outre au roi des Francs et des Lombards de revêtir les attributions ecclésiastiques des empereurs[20]. Ce concile imposa aussi cette innovation théologique, voulue par Charlemagne et son entourage proche, de la double procession du Saint-Esprit et du Fils (*Filioque*) – et non seulement du Père – au sein du dogme trinitaire, qui représente le principal sinon unique point de divergence théologique entre les Églises d'Occident et d'Orient. Même si les papes mirent un siècle pour accepter l'introduction de cette innovation dans les usages de l'Église de Rome, ce qui permit aux Byzantins de considérer que la communion théologique de Constantinople avec Rome dura jusqu'au début du XIe siècle, le concile de Francfort ajouta un élément supplémentaire à l'éloignement des Églises.

Le couronnement impérial de Charlemagne le jour de Noël 800, à Rome, ne constitue donc pas la rupture brutale qu'on a pu y voir, du moins pour ce qui est des relations avec l'Empire byzantin. Certains chroniqueurs contemporains (en particulier, côté byzantin, Théophane) ne s'y sont pas trompés, qui ont souligné le caractère préparé et anticipé de l'événement, à rebours des narrations occidentales qui ont cultivé la légende d'un Charlemagne presque « piégé » par le geste pontifical. Certaines sources antérieures à 800 (notamment une lettre de Charlemagne adressée au nouveau pape Léon III pour le féliciter de son accession au trône romain en 796) attestent d'une ambition « césaropapiste » forte de la part du souverain franc, que seul le titre impérial peut consacrer. Par ailleurs, le demi-siècle qui a précédé l'événement met en lumière ce phénomène paradoxal déjà évoqué : alors que se met en place, en Occident, un paradigme géopolitique et idéologique nouveau, qui tourne partiellement le dos à l'ancien monde représenté par l'Empire romain et

20. Voir le chapitre 11 du présent tome et le chapitre « Image » du troisième tome.

méditerranéen, les relations directes et mutuelles n'ont jamais été aussi intenses entre l'Occident et l'Empire byzantin[21].

À partir de 800, un Empire existe donc à nouveau en Occident, et bien que Charlemagne ne prenne pas le titre d'empereur romain ni d'empereur « des Romains », qui était l'une des titulatures officielles de son homologue de Constantinople, le modèle impérial romain est clairement présent dans l'imitation de sa version chrétienne tardo-antique incarnée par Constantin (ne serait-ce que dans l'architecture palatiale d'Aix-la-Chapelle). Certes, la création d'un Empire des Francs, concurrent de l'Empire des Romains, était difficilement compatible avec les idées d'unicité et d'universalité, socles de l'idéologie impériale. Le projet, presque immédiat, de mariage entre Charlemagne et l'impératrice Irène a pu être conçu dans une perspective de réunification, mais la déposition d'Irène en 802 par un complot de palais le rendit rapidement caduc. Une confrontation militaire directe, la seconde du genre, mit le nouvel empereur aux prises avec l'empereur byzantin en 805 à propos de Venise qui soufflait alors le chaud et le froid à son avantage. Un accord fut trouvé, qui permit de soustraire Venise aux revendications carolingiennes en échange d'une reconnaissance officielle du titre impérial de Charlemagne par l'empereur de Constantinople. On a beaucoup écrit au sujet de ces questions de titulature, et du fait que la documentation officielle byzantine renâcle à user du terme de *basileus* pour le souverain franc[22]. L'essentiel est de constater que l'empereur des Francs rejoignit le Calife (et, avant lui, le « Grand Roi » de Perse) dans le cercle très restreint des souverains avec lesquels l'empereur byzantin consentait à entretenir, à titre exceptionnel, une relation fraternelle et non de supériorité (relation de supériorité qu'il avait avec tous les autres souverains légitimes).

21. Voir le chapitre 11.

22. Martin 2000 (pour une période un peu ultérieure, ce qui ne change pas grand-chose sur le fond).

Plus que toute titulature, cette relation d'égalité atteste la reconnaissance de l'autorité impériale du souverain carolingien par son « frère » le *basileus*. Jusqu'aux suites de la crise du règne de Louis le Pieux, donc à partir des années 840, les relations furent fort bonnes entre les deux empereurs.

Un horizon byzantin concurrentiel (des années 850 à la fin du IXe siècle)

Dans les années 840, le contexte change pour les deux ensembles, mais pas dans la même direction. Dans l'Empire byzantin, l'année 843 marque le « triomphe de l'orthodoxie », c'est-à-dire la victoire de l'iconodoulie sur l'iconoclasme, à l'initiative de la veuve de l'empereur Théophile, une victoire toujours célébrée dans le monde orthodoxe le 11 mars. Cet événement ne règle pas tous les problèmes de l'Empire, tant s'en faut, mais inaugure une période de redressement dont les effets se manifestent surtout avec la dynastie macédonienne, à partir de 867. Les tensions internes sont, au moins, affaiblies. À l'inverse, l'Empire d'Occident connaît une fragmentation politique croissante depuis le partage de l'Empire entre les petits-fils de Charlemagne à Verdun, en 843, fragmentation qu'accentuent encore, dans le cadre italien, l'indépendance du duché de Rome, celle de Venise, et la pression des « Sarrasins » (conquête de la Sicile à partir de 827, fondation de l'émirat de Bari en Pouille en 847 et traumatisant sac de Saint-Pierre de Rome en 846). L'affaiblissement politique des souverains carolingiens puis, à partir des années 880, de la dignité impériale elle-même, joue en faveur du pape, qui entend bien exploiter la situation en déployant un discours et des prises de position politiques singulièrement offensives, dont certaines sont dirigées vers le monde byzantin[23].

23. Voir les chapitres 11 et 17.

La première occasion en fut donnée par une affaire au départ interne à l'empire d'Orient, et qu'on désigne parfois sous l'expression de « schisme de Photius ». En 858, le *basileus* Michel III dépose le patriarche de Constantinople, Ignace, et lui substitue un haut fonctionnaire, aristocrate, du Grand Palais – et par ailleurs un des esprits les plus élevés du temps – Photius. Ignace n'en reste pas là et fait appel au pape, avec le soutien des nombreux alliés dont il dispose dans les milieux monastiques grecs de Rome. Il serait trop long de faire le récit détaillé des péripéties de l'affaire, qui nourrit de nombreux échanges épistolaires, des ambassades et des conciles. On pourrait croire que lorsque Michel III est assassiné, en 867, par Basile le Macédonien, qui devient empereur et dépose Photius pour réinstaller Ignace sur le trône patriarcal, l'affaire est entendue. Mais ce n'est pas le cas : elle connaît de nouveaux rebondissements jusqu'au retour en grâce de Photius, puis la restauration de l'union avec le pape en 879-880, sous le règne pontifical de Jean VIII. Ce qu'il faut retenir de ces événements, c'est la mise en place d'un schéma stratégique récurrent par la suite – on le retrouve notamment lors de l'affaire dite de la « Tétragamie de Léon VI » au début du xe siècle – qui consiste, pour le pape, à s'insérer dans un différend entre le *basileus* et le patriarche de Constantinople pour assumer ainsi une primauté qui ne soit pas qu'honorifique, mais comporte une réelle dimension ecclésiologique, en se faisant l'arbitre des conflits en dehors de sa « sphère » patriarcale. Les tensions autour de l'affaire Photius, sur deux décennies, s'inscrivent aussi dans un contexte géopolitique spécifique, celui de la compétition entre le siège romain et Constantinople pour l'évangélisation (notamment par les missionnaires Cyrille et Méthode) puis la conversion au christianisme des Slaves, et en particulier des Bulgares et des Moraves, qui jouent de la rivalité entre les deux obédiences et font, en quelque sorte, « monter les enchères ». En 864, le Khagan des Bulgares, Boris, choisit Constantinople et prend pour nom de baptême celui du *basileus* Michel (III) tandis que les Moraves préfèrent l'alliance pontificale.

Une autre offensive des papes à l'égard de Constantinople, dans les années 870-880, prit appui sur le couronnement de l'empereur d'Occident par le pontife. Précédemment déjà, la captation par l'évêque de Rome, au milieu du VIIIe siècle, de la concession du titre romain de « patrice » (donné à Pépin le Bref lors du sacre de 754, puis à Charlemagne après l'expédition de 774 contre le royaume lombard) signalait un détournement de cette dignité d'origine romaine, normalement attribuée par l'empereur et désormais accordée par le pape au titre de la défense de Rome et du pontife[24]. On sait également que, plus tard, certaines sources présentèrent le couronnement impérial de Charlemagne, en 800, comme une cérémonie organisée unilatéralement par le pape Léon III, et qui aurait pris le roi franc par surprise, non sans le mécontenter de devoir ainsi son titre impérial à l'évêque de Rome[25]. Dans la seconde moitié du IXe siècle, l'affaiblissement de la dignité impériale d'Occident renforça comme par contrepoids le rôle du pontife, ce dont surent profiter les papes Hadrien II (867-872) et Jean VIII (872-882) pour entreprendre une sorte de « pontificalisation » du titre d'empereur, qui dépendrait désormais de la bonne volonté du pape et d'une cérémonie à Rome. Cette mutation ne fut pas sans implication sur les relations avec Constantinople. La plus belle expression en est une lettre fameuse, rédigée pour le compte de l'empereur carolingien Louis II par un des grands intellectuels romains de l'époque, Anastase le Bibliothécaire, en 871, en réponse à une missive du *basileus* Basile Ier, lequel réclamait le monopole du titre d'« empereur des Romains ». Anastase y affirma qu'était « romain » non pas le successeur, à Constantinople, des empereurs romains

24. Voir le chapitre 8.
25. Folz 1953 et le chapitre 11.

– en effet le *basileus* ignore la vraie langue des Romains (le latin) et a sombré dans la « kakodoxie » (une foi chrétienne dégradée) –, mais celui qui, couronné à Rome des mains du pape, est le défenseur attitré du siège romain. Il s'agit là d'une rupture fondamentale, introduite par la papauté, au sujet de l'autorité politique du siège romain et de la nature de l'Empire et de la romanité. Elle se traduisit immédiatement, à partir de cette décennie 870-880, par l'usage péjoratif du terme de *Grecus* dans les sources produites à Rome pour qualifier ce qui relève du monde byzantin, un usage qui permettait de refuser à l'Empire d'Orient le qualificatif de *Romanus* sur lequel le *basileus* prétendait avoir le monopole[26]. En face, les documents byzantins reprirent l'antique usage dépréciatif du terme « barbares » pour désigner les Francs, associés à leurs ancêtres les Germains, peuple indiscipliné, batailleur et inculte. On aboutit donc à cette situation paradoxale de relations politiques et diplomatiques routinières mais marquées par une dégradation sensible des modes de représentation réciproques.

Un même monde ? Échanges et circulations culturelles

Les circulations intellectuelles, culturelles, matérielles et religieuses entre le monde byzantin et l'Occident latin restèrent, malgré ces aléas politiques, importantes. Elles furent facilitées par les voyages incessants des individus d'un côté à l'autre de la Méditerranée : ambassadeurs et représentants politiques se rencontraient dans les cours et échangeaient des biens précieux (manuscrits, reliques, or, soieries, objets et instruments de musique)[27]. Les accords que nouèrent Charlemagne et le calife abbasside permirent dès le début du IXe siècle une

26. Peters-Custot 2017.
27. Drocourt 2015.

intensification des déplacements des pèlerins et voyageurs latins vers la Terre sainte, et Jérusalem devint ainsi un autre pôle géographique de la rencontre entre Latins et Byzantins. Enfin, les circulations commerciales, bien qu'amoindries et déstabilisées par les conquêtes islamiques, n'ont pas été éliminées par ces dernières, et la fameuse thèse d'Henri Pirenne, qui prétendait, en 1937, que les invasions islamiques auraient brisé l'unité, notamment commerciale, du monde méditerranéen, a depuis longtemps été nuancée. Toutefois, une restructuration des échanges commerciaux est certaine : les commerçants italiens et byzantins échangèrent désormais davantage avec le monde islamique qu'entre eux, du moins jusqu'au milieu du Xe siècle[28].

Surtout, l'ensemble des relations entre le monde byzantin et l'Occident chrétien se déroule encore dans le cadre mental d'une chrétienté unique et d'une idéologie impériale forte bien que la rupture des années 850 ait aussi eu un impact culturel. Le modèle impérial romain, que seul l'empereur de Constantinople incarne avant 800, reste le paradigme idéologique de référence des souverains occidentaux. L'empire étant, selon les termes de Gilbert Dagron[29], une croyance plus qu'un territoire aux frontières nettes et précises définissant un dedans et un dehors, les rois occidentaux d'avant les Pippinides pouvaient se considérer comme membres de cette entité souple et illimitée. Les échanges culturels et religieux entre le monde byzantin et l'Occident relevaient donc de circulations internes impliquant uniquement, pourrait-on dire, les transferts linguistiques que nécessitait l'appropriation des textes de l'autre « bord ». C'est dans ce cadre qu'il faut comprendre l'entreprise de traduction en grec, commandée par le pape Zacharie dans les années 740, des *Dialogues* de Grégoire le Grand, dont le livre II contient la *Vie de saint Benoît de Nursie*. Depuis Rome cette traduction s'est diffusée rapidement dans l'Orient byzantin, à qui elle était

28. Voir les chapitres 10 et 16.
29. Dagron 2005.

destinée, et y connut un vrai succès attesté par le nombre des manuscrits de la version grecque qui y circulent, tant est si bien que Grégoire le Grand y est connu comme Grégoire « *Dialogos* », « le Dialogue » et que saint Benoît de Nursie y est vénéré[30]. Le modèle de sainteté qu'endosse saint Benoît dans l'œuvre de Grégoire, celui du saint ascète, solitaire puis directeur spirituel et thaumaturge, correspond tout à fait à celui du saint homme byzantin, et plus largement à ce type commun à toute la chrétienté : celui du moine[31]. La circulation de cette *Vie* se joue dans un univers religieux unique qui ne nécessite aucun effort d'appropriation, à part celui de la simple traduction. Il y a donc plus, dans ce cas précis, circulation et transmission que réel transfert.

De manière générale, la communion de foi, réelle et vécue comme telle malgré les divergences de pratiques et la question du *Filioque*, se double d'une communion de dévotion liée à l'appropriation liturgique de saints latins dans le monde byzantin, et inversement. Toutefois ces échanges restent dissymétriques et inégaux, comme cela avait été le cas à l'époque de saint Jérôme, dont l'œuvre de traduction en latin des auteurs de langue grecque avait promu l'idée selon laquelle, du point de vue du christianisme, l'Occident reçoit l'*Orientale lumen* (la lumière venue d'Orient) : les transferts de l'est vers l'ouest restent plus nourris que ceux qui vont dans l'autre sens. Ainsi, l'intégration de saints occidentaux dans le calendrier liturgique byzantin se limita, dans les grandes lignes, aux figures d'un christianisme unifié par l'Empire romain : apôtres, martyrs, papes et Pères de l'Église d'Occident[32]. Inversement, nombre de saints orientaux furent intégrés dans les dévotions occidentales, par le biais de transferts de reliques ou de traductions d'hagiographies : l'évêque (métropolitain) de Canterbury

30. Delouis 2015.

31. Voir le chapitre « Solitude » du troisième tome.

32. Paschalidis 2015 ; Acconcia Longo 2015.

Théodore (668-690), d'origine grecque, introduisit le culte de saint Anastase le Perse en Angleterre après avoir traduit en latin sa *Vie.* La *Passion des saints Julien et Basilissa* fut intégrée, dans sa version latine, dans le lectionnaire de Luxeuil, qui date de la fin du VIIe siècle ou du début du VIIIe siècle. Dans ce domaine, là encore, l'Italie et en particulier Rome et Naples jouent un rôle prédominant, à la fois comme destinations de nombreux voyages de clercs et de moines partis de l'Empire pour des raisons dévotionnelles et/ou politiques[33], comme centres de présence grecque permanente et comme lieux de nouvelles traductions du grec au latin.

Dans la Rome alto-médiévale, et jusqu'au Xe siècle, le monachisme oriental fut à la fois le lieu et l'expression d'une culture et d'une spiritualité grecques, nourries de liturgie, souvent favorisées par les papes eux-mêmes, en particulier au IXe siècle – Pascal Ier installa par exemple une communauté de prêtres grecs à Sainte-Prassède[34]. Pour l'ensemble de la Chrétienté latine, l'Orient « grec » reste le lieu des origines héroïques d'un christianisme qui s'est d'abord écrit en grec, d'un monachisme qui s'est d'abord institué dans la partie orientale de l'Empire, d'une patristique qui a d'abord brillé des feux de l'hellénisme : cet Orient conserva longtemps un statut particulier de réservoir des normes de la pureté originelle. Pour les papes en particulier, tensions géopolitiques ou non, le patronage exercé sur des moines et des prêtres « grecs » exprime l'universalité de l'Église et de leur primauté juridictionnelle.

L'époque vit continûment ou presque fleurir de nouvelles traductions de textes grecs, en particulier hagiographiques. Un personnage aussi engagé politiquement contre l'Empire byzantin qu'Anastase le Bibliothécaire y participa activement dans la Rome de la fin du IXe siècle, en traduisant de nombreuses hagiographies (dont celle de saint Denis l'Aréopagite

33. Delouis-Peters-Custot 2019.
34. Sansterre 1983.

pour l'archevêque de Reims Hincmar) ainsi que les canons du concile de Nicée II (787). Naples fut l'autre pôle de traduction et une trentaine d'hagiographies grecques de saints orientaux y est traduite en latin entre 870 et 960[35].

À la fin du IXe siècle, toutefois, à l'exception de ces deux cités, l'Occident devient moins demandeur de textes grecs, reflet probable d'un renfermement culturel lié au rétrécissement des horizons politiques. L'usage croissant des stéréotypes péjoratifs à l'égard des « Grecs », caractéristiques d'une culture franque moins subtile, que Chris Wickham n'hésite pas à qualifier désormais de « provinciale[36] », serait le corollaire de la désagrégation de l'autorité centrale carolingienne : avec l'effacement de la culture de cour qui accompagne cette désagrégation, c'est toute une vision complexe qui disparaît, remplacée par une vision étroite et mal renseignée de l'Empire byzantin. Pour autant, on ne saurait dire que l'Occident latin et l'Empire byzantin évoluent dès lors indifféremment l'un de l'autre. Certaines coïncidences chronologiques troublantes, comme, par exemple, les évolutions parallèles des structures monastiques, au IXe siècle, vers des confédérations de communautés – en Occident avec la réforme carolingienne, en Orient avec Théodore Stoudite – ou les modifications voisines des pratiques d'écriture pour une graphie cursive rapide, en grec comme en latin[37], laissent voir un monde divisé mais qui bat encore au rythme d'une pulsation commune.

ANNICK PETERS-CUSTOT

35. Granier 2015. Voir le chapitre 13.
36. Wickham 1998, p. 254-256.
37. Voir le chapitre 13.

10.
L'irruption de l'Islam

(VIIe-Xe siècle)

Il ne faut pas attendre les croisades pour que la Chrétienté latine découvre l'Islam. Écrit avec une majuscule, le terme désigne un monde social, une construction politique qui ne se réduit pas à la religion musulmane (l'islam avec une minuscule) mais qui se confond avec l'État impérial né de la prédication du prophète Muhammad et de la constitution d'un califat à partir du VIIe siècle de notre ère. Les différentes parties d'un monde hérité de l'Antiquité et conçu comme un très large bassin méditerranéen allant de l'Écosse à l'Arabie continuent ainsi d'être en contact tout au long des premiers siècles du Moyen Âge : les hommes, les idées et les marchandises circulent, les conquêtes territoriales impliquent des déplacements et rendent les allégeances mouvantes et les espaces interdépendants.

Dans ces conditions, peut-on encore considérer l'irruption de l'Islam comme une rupture dans l'histoire du monde méditerranéen ? L'historien belge Henri Pirenne (1862-1935), auteur d'un ouvrage fameux intitulé *Mahomet et Charlemagne* écrit en 1935 et paru à titre posthume en 1937, avançait que l'unité de l'ancien *Mare nostrum* des Romains aurait été brisée au VIIe siècle par les conquêtes de l'Islam. Les combats incessants auraient interrompu le commerce méditerranéen et produit une irrémédiable cassure dans l'histoire du monde, détournant l'Occident latin de la Méditerranée. Plus que les invasions germaniques, c'est l'irruption de l'Islam qui aurait contraint l'Europe à se développer vers le nord, coupant ainsi le fil de la continuité entre Antiquité et Moyen Âge. Les conquêtes islamiques aux VIIe et VIIIe siècles puis l'existence d'une piraterie sarrasine chronique aux siècles suivants auraient entraîné le naufrage, au sens propre du terme, du commerce en Méditerranée.

Cette thèse est aujourd'hui remise en cause par des historiens et surtout des archéologues qui ont montré la permanence de l'occupation humaine tout autour de la Méditerranée et la poursuite d'une activité économique ininterrompue au sein de cet espace pendant tout le premier Moyen Âge. Les profondes recompositions politiques et sociales ainsi que les évolutions qui affectent l'Occident latin à cette période sont moins la conséquence des répercussions des conflits avec l'Islam que le fruit des transformations des structures étatiques de l'Occident lui-même depuis au moins les crises de l'Empire romain tardif[1]. Des documents, comme ceux trouvés dans la *Geniza* du Caire (archives de la synagogue), montrent que la Méditerranée reste un espace parcouru, partagé, investi par de nombreux acteurs[2]. L'analyse de Pirenne enfin reposait sur une surestimation du rôle du commerce au sein de l'économie, surestimation renforcée par notre incapacité à estimer de manière fiable le volume des échanges pour des périodes aussi anciennes. Et comme le commerce le plus fréquent était celui des esclaves, indissociable des conflits et qui n'a guère laissé de traces, il est illusoire de considérer que la circulation des hommes et des biens à l'échelle de la Méditerranée a pu avoir les conséquences sociopolitiques que Pirenne lui prêtait.

Sa théorie a toutefois l'avantage de montrer que ce qui se passe en Orient a de profondes répercussions sur l'histoire

1. Voir les chapitres 1, 2 et 3.
2. Picard 2015.

de la Chrétienté latine, comme le titre de son ouvrage en témoigne. Il reprend l'idée, ébauchée dès le XIXe siècle dans les ouvrages d'histoire universelle composés en Europe, d'un pas de deux que danseraient le monde islamique et la Chrétienté latine depuis les débuts du Moyen Âge, l'irruption de l'un entraînant le recul de l'autre, jusqu'à ce que le mouvement ne s'inverse. L'Islam y joue le rôle de cet Autre nécessaire, ce meilleur ennemi plus proche que la Chine ou l'Inde, permettant une explication globale du monde[3]. Il se serait fait conquérant lors des premiers siècles du Moyen Âge grâce à l'écroulement de l'Occident latin sous les coups des invasions barbares, lequel, reprenant l'offensive au XIe siècle, aurait finalement entraîné la décadence de l'empire islamique. Les historiens ne privilégient plus aujourd'hui ce type d'analyse en termes d'apogée et de déclin, pas plus que le comparatisme entre « civilisations », un terme qui a le tort d'essentialiser les sociétés. Ils considèrent en revanche l'espace méditerranéen comme le lieu où elles se coconstruisent, tandis qu'émergent aux VIIe et VIIIe siècles de nouvelles entités politiques qui se situent toutes dans la continuité d'un modèle impérial. La péninsule Ibérique est alors l'espace par excellence au sein de la Chrétienté latine où pouvoirs chrétiens et musulmans sont en contact. Les relations se stabilisent entre États au siècle suivant, alors que des groupes rebelles, venus du Maghreb ou d'al-Andalus, longtemps réduits à l'exercice de la piraterie, créent de petits émirats sur les côtes européennes, faisant de l'Islam un acteur majeur de l'espace méditerranéen.

3. Martinez-Gros 2019.

Les conquêtes islamiques en Méditerranée occidentale aux VIIe et VIIIe siècles

La conquête de l'*Hispania* wisigothique par les troupes islamiques aux VIIe et VIIIe siècles ne peut se comprendre que dans le cadre de la constitution d'un empire, dirigé par des califes à partir de la mort du prophète Muhammad en 632. En un peu plus d'un siècle, c'est un immense espace faisant le double de la superficie de l'Empire romain à son apogée et allant de l'Indus aux Pyrénées et de la mer d'Aral au Yémen qui voit le jour. L'arabisation et le mouvement de conversion à l'islam seront beaucoup plus lents que cette fulgurante expansion. À la mort de Muhammad en 632, la quasi-totalité de l'Arabie est soumise et convertie, mais très vite de grandes révoltes menacent l'existence même du tout jeune État qu'il a fondé à Médine à partir de l'Hégire en 622. Son successeur, le calife Abû Bakr (632-634), initie les premières conquêtes en dehors de la péninsule Arabique pour transcender les divisions tribales et réunir les Arabes dans une entreprise fructueuse. Le deuxième calife, 'Umar (634-644), lance l'assaut contre les deux grands empires qui se partageaient alors le Moyen-Orient : l'Empire byzantin et l'Empire perse sassanide[4]. Les victoires sont foudroyantes : la Syrie-Palestine, parcourue de longue date par les tribus arabes, est la première province arrachée à Byzance ; l'empereur Héraclius est vaincu en 636 sur la rivière Yarmûk, Damas est pris puis Jérusalem capitule en 638. L'Égypte est conquise à partir des années 640 et l'ancienne province d'Africa, appelée l'Ifrîqiya par les Arabes, est atteinte une première fois en 647. L'Empire perse, qui couvre l'Iraq, l'Iran et une partie de l'Asie centrale, est conquis très exactement en même temps : la victoire de Qâdisiya permet aux Arabes d'enlever l'Iraq et

4. Voir le chapitre 9.

la capitale de l'Empire perse, Ctésiphon, en 636-638. Une deuxième victoire en 642 leur ouvre le plateau iranien et le dernier souverain sassanide est tué en 652 au Khurâsân, province du nord-est de l'Iran.

Ces victoires ont été permises par l'épuisement de ces deux empires, sans cesse en guerre l'un contre l'autre depuis des siècles, et que ne défendent plus que des mercenaires prompts à la défection, mais aussi par la relative indifférence des populations conquises, qui changent simplement de maîtres. L'expansion est freinée par la guerre civile, la *fitna*, qui oppose différents clans à la tête de l'État califal dans les années 650/660. L'avènement de la dynastie des Omeyyades (661-750) à la mort du quatrième calife, 'Alî (656-661), relance les conquêtes, qui elles aussi ont pour objectif de dépasser les divisions et de faire du butin. Elles sont menées dans trois directions : vers l'Empire byzantin (mais les troupes arabes échouent à prendre Constantinople en 717/718) ; vers l'Asie centrale, dans un assaut qui permet de prendre la riche province de la Transoxiane et ses cités de Bukhârâ et Samarcande, sur la route de la soie, entre 705 et 714, d'atteindre l'Indus, et de remporter contre les armées chinoises de la dynastie des Tang la victoire de Talas en 751. Vers l'ouest enfin : en 670, la fondation de Kairouan marque le point de départ de la conquête du Maghreb, rendue difficile par la forte résistance des Berbères qu'incarne notamment le personnage semi-légendaire d'une reine locale, la Kâhina. Il faut attendre 705-710 pour que le gouverneur Mûsâ ibn Nusayr soumette les différentes tribus et atteigne l'Atlantique. Il confie à un affranchi d'origine berbère, Târiq ibn Ziyâd, la conquête de l'*Hispania* wisigothique en 711. Celui-ci traverse la mer à la tête de 7 000 ou 12 000 hommes selon les sources, et débarque près d'un rocher qui prendra ensuite son nom (*djabal Tariq*/Gibraltar). L'association des Berbères à la conquête de l'Espagne permet de gagner leur soutien. Le roi Rodrigue, conscient du danger, se hâte de quitter le

Nord où il guerroie et le choc entre les deux armées a lieu sur le Guadalete, près d'Algésiras, en juillet 711. Rodrigue est trahi par les fils de Wittiza, son prédécesseur sur le trône wisigothique, qui rejoignent le camp adverse ; il est battu et disparaît même pendant la bataille sans qu'on retrouve son corps. L'année suivante, Mûsâ ibn Nusayr, à la tête de troupes arabes cette fois, rejoint Târiq dans la péninsule ; Tolède est pris en 713 ou 714, Saragosse en 714 puis, à des dates non précisées, Gérone, Tarragone et Barcelone tombent à leur tour. Les troupes islamiques continuent vers le nord, vers la Septimanie, prolongement naturel de l'*Hispania* depuis la domination wisigothique, vers ces zones riches qui attirent bien plus les conquérants que les montagnes de la Cantabrie et des Asturies, où se constitue alors le futur royaume asturo-léonais, ancêtre de la Castille. La riche Narbonne est prise en 719. Les armées islamiques échouent à s'emparer de Toulouse en 721, grâce à la résistance du duc d'Aquitaine Eudes, mais Nîmes, Arles et Carcassonne se soumettent en 725 au gouverneur d'al-Andalus, Anbasa b. Suhaym al-Kalbî, qui remonte la vallée du Rhône, razzie la Bourgogne et serait allé jusqu'à Autun[5]. Les itinéraires de pénétration sont les voies romaines, comme la *via Domitia* (suivie du col du Perthus jusqu'à Narbonne), le long desquelles on trouve des monnaies islamiques, notamment les fameuses pièces de cuivre appelées *fulûs*.

C'est une autre de ces expéditions armées que le maire du palais Charles Martel rencontre quelque part entre Tours et Poitiers en 732, au cours d'une bataille ou de plusieurs batailles, dont nous ignorons tout ou presque, mais qui occupe une place de choix dans le roman national élaboré aux XIXe et XXe siècles[6]. Si elle est importante dans la constitution de la légitimité carolingienne (les sources franques en profitent pour accabler le duc d'Aquitaine Eudes, coupable d'avoir appelé

5. Sénac 1980.
6. Blanc et Naudin 2015.

à sa rescousse les Arabes), si elle donne l'occasion à Charles Martel de s'imposer en Aquitaine[7], elle n'a pas de sens particulier dans l'histoire de l'Islam. D'autant que les offensives venues d'al-Andalus ne cessent pas, prenant notamment la direction de la vallée du Rhône dès 734 ; l'alliance des contingents islamiques avec le duc ou patrice de Provence Mauronte permet la prise d'Avignon, laquelle est récupérée par les Francs en 737 et livrée au pillage. Les populations et les agglomérations locales, prises entre Francs et Arabes, subissent d'importants dégâts pendant plusieurs années et de nombreux sièges épiscopaux, comme Béziers et Nîmes, sont incendiés par Charles Martel qui remporte en revanche une grande victoire sur les Sarrasins sur la Berre en 737, mais échoue toutefois à reprendre Narbonne, tête de pont de la présence islamique dans la région.

La question s'est longtemps posée de savoir s'il s'agissait de la part des troupes islamiques de simples raids destinés à faire du butin ou de véritables invasions ; les deux thèses ne sont pas contradictoires, toutes les conquêtes ayant d'abord été des expéditions ponctuelles ayant pour objectif de repérer les richesses et les résistances potentielles. On constate de plus que ce sont souvent les gouverneurs d'al-Andalus qui prennent en personne le commandement de ces expéditions, ce qui témoigne de leur importance : c'est ainsi le gouverneur Anbasa b. Suhaym al-Kalbî qui prend Nîmes, Arles et Carcassonne et pousse jusqu'à Autun en 725 ; c'est également un gouverneur, 'Abd al-Rahmân ibn 'Abd Allâh al-Ghâfikî, qui trouve la mort à Poitiers en 732. Les troupes sont encadrées, organisées, ce dont témoigne notamment la quarantaine de petits sceaux en plomb trouvée par les archéologues à Ruscino, près de Perpignan, portant la mention que le butin fait à Narbonne lors de la prise de la ville en 719 avait été partagé de manière légale.

7. Voir le chapitre 8.

Plus que de simples mouvements de troupes, dévastateurs et peu étendus dans le temps, ce sont parfois de véritables installations dans certaines zones du sud de l'actuelle France, notamment à Narbonne, où des troupes de l'Empire restent une cinquantaine d'années, jusqu'à la prise de la ville en 759 par les Carolingiens. Les géographes arabes expliquent encore au XIVe siècle qu'al-Andalus va jusqu'à Narbonne, ville qui constitue la pointe nord-est du triangle que forme pour eux « l'île d'al-Andalus ». Au-delà commence ce qu'ils nomment *al-ard al-kabîra*, la « Grande Terre », l'Europe. Les quarante années durant lesquelles Narbonne est sous domination islamique n'affectent pas l'importance économique de ce port, l'un des plus dynamiques du littoral méditerranéen. Comme dans toutes les terres conquises par l'Islam, les habitants de Narbonne purent conserver leurs biens et leur religion moyennant le paiement d'un impôt, la *jizya.* À Nîmes, trois tombes islamiques datant probablement des années 720 ont été découvertes en 2006 ; la disposition des corps, dont les têtes sont tournées vers La Mecque, dans un cimetière où se trouvent également des sépultures chrétiennes, témoigne du fait que ces hommes étaient des musulmans et que ceux qui les ont enterrés connaissaient parfaitement les rites de l'islam. Ce sont davantage les signes d'une implantation sur plusieurs décennies que d'une mort au combat au cours d'un raid passager.

Il faut, une fois encore, décentrer le regard et considérer ce qui se passe dans le reste du monde islamique car, quelle que soit l'efficacité de l'offensive des Francs, il convient de constater qu'en ce milieu du VIIIe siècle, les conquêtes de l'Islam marquent le pas sur tous les fronts, y compris en Asie centrale où pourtant les troupes islamiques ont remporté en 751 la bataille de Talas contre les armées chinoises des Tang. On passe d'un État de conquête (un *jihâd state*, selon l'historiographie anglo-saxonne) à un empire en voie de constitution : le pouvoir se structure, des groupes sont écartés, le butin est remplacé par le prélèvement de l'impôt et les résistances et conflits qui en résultent sont légion. C'est le cas des violentes luttes entre factions qui déchirent al-Andalus (entre Arabes du Nord et du Sud), mais aussi de la grande révolte berbère qui embrase le Maghreb en 740 et dont les répercussions se font sentir jusqu'en Provence, lorsque des soldats islamiques quittent en urgence cette terre pour retourner en al-Andalus. Mais le changement majeur qui se produit à l'échelle de l'Empire islamique et dont les conséquences sont essentielles pour l'Occident islamique, c'est le renversement de la dynastie califale des Omeyyades de Damas en 750 et leur remplacement par celle des Abbassides, lesquels vont organiser un empire qui ne s'étend plus. Un empire désormais recentré à l'est avec la fondation en 762 d'une nouvelle capitale au cœur des terres persanes : Bagdad. Un prince omeyyade, 'Abd al-Rahmân Ier, rescapé du massacre de sa famille en Orient, vient se réfugier au plus loin de l'Iraq et de la Syrie et fonde en 756 l'émirat omeyyade de Cordoue. Occupé à déjouer les complots fomentés par les Abbassides, à renforcer son pouvoir et à organiser son jeune État, il ne peut poursuivre les conquêtes vers le nord. C'est ce qui permet à une autre dynastie tout aussi nouvelle, celle des Carolingiens qui a détrôné les Mérovingiens en 751, d'occuper la place en Septimanie : Pépin le Bref prend Nîmes et même Narbonne en 759[8]. C'est la curée dans la région, et l'Aquitain Waïfre perd son duché entre 760 et 768. Toute la zone méridionale sert désormais de frontière entre deux projets impériaux, deux impérialismes, qu'il serait erroné de réduire à un simple conflit entre Islam et Chrétienté. Pépin le Bref noue ainsi des relations diplomatiques avec les Abbassides de Bagdad, ennemis jurés des Omeyyades, et envoie en 765 une ambassade au calife al-Mansûr, le fondateur de Bagdad. Nous savons par la *Continuation* du Pseudo-Frédégaire que les émissaires irakiens se rendirent en retour à Metz puis

8. Voir les chapitres 8 et 11.

au château de Champtoceaux, sur les bords de la Loire, en 768[9]. Pour les uns comme pour les autres, l'émirat omeyyade d'al-Andalus est bien plus qu'une simple périphérie de l'Islam au contact de la Chrétienté latine. Précisons que les sources latines, notamment les sources franques, n'évoquent que très rarement la religion de ces envahisseurs, ravalés le plus souvent au rang de païens ou d'infidèles. Ceux-ci sont nommés selon les nations, au sens médiéval du terme, auxquelles on les rattache : Sarrasins, Maures, Agarènes (les descendants d'Agar, servante d'Abraham dont elle eut un fils, Ismaël, considéré comme l'ancêtre des Arabes). Si les musulmans connaissent depuis longtemps la religion chrétienne, pratiquée par une majorité des habitants de l'Empire islamique jusqu'au XIe siècle et prégnante dans les terres conquises dès les années 630 (Syrie et Égypte), les Latins ignorent en revanche tout de l'islam, qui ne leur semble qu'une hérésie parmi d'autres. Il faudra attendre des siècles avant qu'ils n'aient conscience qu'il s'agit là d'une religion distincte. L'existence en al-Andalus d'une véritable pluralité confessionnelle (avec une majorité de chrétiens, un nombre croissant de musulmans et une forte minorité juive) fait de cette terre un laboratoire au contact de la Latinité et une passerelle entre différents mondes sociaux.

La péninsule Ibérique entre Islam et Chrétienté aux VIIIe et IXe siècles : des États en construction

En 756, le prince 'Abd al-Rahmân Ier, fuyant l'Orient désormais aux mains des califes abbassides, fonde l'émirat omeyyade de Cordoue, permettant à la glorieuse dynastie de refleurir en al-Andalus. L'histoire médiévale de la péninsule Ibérique est donc à replacer dans le cadre plus large des évolutions qui affectent tout à la fois la Chrétienté latine

9. SÉNAC 2015.

et l'Empire islamique aux VIIIe et IXe siècles, ce qui invite à changer d'échelle. Il faut se départir des analyses d'une historiographie déjà ancienne qui présentait l'Islam andalou comme profondément original et distinct du reste de l'Empire : l'organisation du pouvoir, l'existence d'une société où se côtoient musulmans et *dhimmî* (chrétiens et juifs protégés par le pouvoir), les structures économiques et juridiques sont pour l'essentiel identiques que l'on soit à Cordoue, Bagdad ou Damas. Au sein de cet espace relativement restreint qu'est la péninsule émergent également en ces premiers siècles du Moyen Âge de nouvelles entités politiques chrétiennes nées de l'effondrement de l'*Hispania* wisigothique et de la conquête islamique. Ces principautés qui voient le jour (et qui donneront par la suite le León, la Castille, la Navarre, l'Aragon et les comtés catalans) sont en constante interaction avec al-Andalus : l'histoire des États chrétiens et musulmans de la péninsule est loin de se réduire à une opposition religieuse, et les conflits comme les périodes de paix mettent en contact des sociétés et des individus qui s'influencent mutuellement, se connaissent et interagissent.

Bien que petit-fils du calife Hishâm (724-743), 'Abd al-Rahmân Ier al-Dakhil, « l'émigré », ne reprend pas le titre de calife que ses ancêtres avaient porté à Damas et se contente de celui d'émir (prince, roi). Au cours d'un long règne qui s'achève en 788, il consolide al-Andalus, réussit à déjouer les complots et lègue à ses descendants un État renforcé que nous ne connaissons qu'à travers les chroniques postérieures des IXe, Xe et XIe siècles. Cet État s'étend sur les riches terres du sud de la péninsule, le long du « grand fleuve » (« el oued el kebir », Guadalquivir), rétablissant le rôle éminent joué par Cordoue et Séville, comme à l'époque antique, au détriment de Tolède, érigée au rang de capitale par les Wisigoths. Les terres les plus septentrionales, de peu d'intérêt économique, sont progressivement évacuées par les troupes islamiques et les frontières d'al-Andalus se fixent, pour le centre de la péninsule, au nord de Tolède, et à l'est jusqu'aux Pyrénées, malgré la perte de la Navarre et d'une grande partie de la Catalogne à partir des années 785-800. Entre les terres islamiques et celles qui sont tenues par les pouvoirs chrétiens, il existe une zone de *no man's land*, sans doute très peu peuplée, où se développent des sociétés de la frontière assez mal connues.

La population d'al-Andalus est constituée aux VIIIe et IXe siècles d'une pluralité de communautés religieuses. Le groupe des musulmans, très minoritaire numériquement mais dominant politiquement, compte des Arabes, des Berbères mais aussi des indigènes convertis à l'islam appelés *muwalladûn*. Ces derniers, considérant qu'ils ne sont pas traités à égalité avec les Arabes, sont, bien plus que les chrétiens, à l'origine de la plupart des révoltes orchestrées contre le pouvoir, notamment lors du soulèvement en 818 du faubourg sud de Cordoue, que finit par écraser l'émir omeyyade al-Hakam. Une partie des vaincus doit s'exiler et certains de ces Andalous participent à la prise de la Sicile (827-902), et surtout de la Crète (828-831), dernières conquêtes de l'Islam. Les non-musulmans sont appelés, en al-Andalus comme dans le reste du monde islamique, des *dhimmî* : ce sont des juifs et surtout des chrétiens, nommés en al-Andalus « mozarabes ». Contrairement à la Chrétienté latine qui ne connaît comme altérité religieuse en son sein que des communautés juives peu nombreuses, l'Empire islamique s'est développé sur des terres où les non-musulmans (chrétiens, juifs et zoroastriens) ont représenté la majorité des populations jusqu'au XIe siècle au moins. Le pouvoir islamique a donc dû organiser dès sa fondation une coexistence entre plusieurs communautés religieuses, coexistence qui ne se fonde pas au Moyen Âge sur une conception égalitaire de l'autre (cela n'aurait aucun sens alors que l'infériorisation de nombreux autres groupes – femmes, esclaves, pauvres, non-nobles, etc. – est la norme). Les minorités religieuses sont, en raison de leur infidélité, des minorités juridiques, liées au pouvoir par le pacte de protection, la *dhimma*, dont on a longtemps attribué la fixation au deuxième calife, 'Umar ibn al-Khattâb (634-644), pour lui conférer un aspect canonique. Les principales dispositions sont la distinction entre communautés, le désarmement des *dhimmî*, le paiement d'un impôt (la *jiziya*) supérieur à celui que doivent les musulmans, en échange de la possibilité pour ces « gens du Livre », ces tenants des monothéismes antérieurs dont l'islam se prétend l'aboutissement, de pratiquer leur religion et d'être protégés par le pouvoir. Mais cette norme juridique a en réalité été élaborée sur le long terme, au moins jusqu'au XIIe siècle, au gré des contextes et des besoins formulés par le pouvoir, en réemployant parfois des dispositions existant dans l'Empire perse sassanide ou dans l'Empire romain (notamment concernant les juifs). Les textes juridiques ne rendent que très partiellement compte des réalités sociales et des pratiques, et il convient de se méfier considérablement de l'effet de sources : quand on répète inlassablement que les *dhimmî* ne doivent pas monter à cheval, doivent porter des signes distinctifs et ne peuvent se mélanger aux musulmans, c'est précisément parce qu'il se passe le contraire au sein de sociétés auxquelles ils sont pleinement intégrés. La *dhimma* offre un cadre juridique qui repose à la fois sur la discrimination, au sens neutre du terme, et sur la protection. Là aussi, al-Andalus est régie par les mêmes lois et règles que l'ensemble du monde islamique et il n'existe pas de « tolérance andalouse » particulière.

Même si elles ne sont pas forcées, les conversions à l'islam se multiplient, notamment dans le groupe des élites, qui veut garder ses prérogatives. On sait qu'un comte Cassius se fait musulman au moment de la conquête ; ses descendants, les Banû Qasî, formeront l'une des grandes familles dominant la marche supérieure, dans la haute vallée de l'Èbre. On connaît également le cas d'une princesse wisigothe, Sarah, qui s'était mariée avec un client des Omeyyades, l'un des principaux récits de la conquête ayant été rédigé par son descendant, Ibn al-Qûtiyya (« le fils de la Gothe »). Pour tenter d'endiguer ces conversions à l'islam, des moines et des jeunes gens recherchent le martyre dans un climat de messianisme apocalyptique entre 850 et 859, insultant publiquement le prophète Muhammad ou apostasiant l'islam pour revenir au christianisme, ce qui conduit à l'exécution d'une cinquantaine d'entre eux[10]. Il s'agit surtout de jeunes filles dont les pères s'étaient convertis à l'islam (contrairement aux mères qui restent souvent chrétiennes) et qui sont de ce fait considérées comme musulmanes. Cela révèle à la fois l'importance des conversions et le fait que les religions sont diverses au sein des mêmes familles. Ce mouvement prend fin grâce à l'opposition vigoureuse du haut clergé mozarabe, désireux de ne pas entrer en conflit avec le pouvoir omeyyade, et qui considère que cette recherche de la mort est moins un acte de martyre qu'un suicide ; mais cela entraîne également l'exil de certains mozarabes vers le nord chrétien de la péninsule, où les fondations de monastères se multiplient à partir de la seconde moitié du IXe siècle. La société andalouse, riche de ces différentes composantes, s'orientalise, s'arabise et s'islamise progressivement. La cour de Cordoue s'inspire des cours islamiques orientales, notamment de celle de Bagdad. Le musicien irakien Ziryâb importe le luxe abbasside dans le domaine de la musique (il dote le *hud*, le luth, d'une 5e corde), des arts de la table et même de la mode vestimentaire et capillaire (il invente la frange !). Malgré les crises, l'État omeyyade est assez solide pour repousser bien plus efficacement que les États carolingiens les assauts des vikings après le raid meurtrier qui vise Séville en 844.

Une crise faillit toutefois l'emporter à la fin du IXe siècle, une grave *fitna*, une guerre civile, qui embrase al-Andalus à l'initiative de 'Umar ibn Hafsûn, le chef des *muwalladûn* (les Hispaniques convertis à l'Islam), à partir de 880. Les villes et

10. Henriet 2002.

provinces d'al-Andalus, y compris Tolède et Séville (pourtant entre les mains de gouverneurs arabes), se soulèvent contre la tutelle omeyyade. Marwân al-Jilliqî (Marwân « le Galicien ») fonde ainsi un émirat indépendant à Badajoz entre 875 et 920. L'Empire carolingien, divisé après le partage de Verdun en 843, ne profite guère de cette fragilisation d'al-Andalus. Vers 900, 'Umar ibn Hafsûn contrôle l'est et le sud d'al-Andalus, mais il est battu par la cavalerie du *jund*, l'armée émirale, en 902, et la *fitna* est surmontée par un émir omeyyade aussi jeune que remarquable, 'Abd al-Rahmân III (913-961). Sous son règne, al-Andalus n'est plus une périphérie de l'Islam, elle en est désormais l'un des centres impériaux, au plus proche de la Chrétienté latine.

Dans le nord et le nord-ouest de la péninsule, dans des régions montagneuses que n'avaient dominées ni les Romains, ni les Wisigoths, ni les Arabo-Berbères, se constituèrent des principautés mêlant indigènes et *Hispani* (nom donné dans ces contrées aux gens fuyant al-Andalus). C'est au sein de la cordillère Cantabrique que naît ce qui allait devenir la monarchie asturoléonaise, naissance narrée dans des récits aussi légendaires que ceux rédigés du côté islamique pour justifier la conquête d'al-Andalus, et qui comme eux datent de la fin du IXe et surtout du Xe siècle, à l'instar de la *Chronique d'Alphonse III*, rédigée vers 900. Elle met en scène un noble wisigoth, parent de Rodrigue, le dernier roi de Tolède, et dont on ne sait s'il fut chassé par les Maures ou exilé par le souverain précédent Wittiza : Pélage/Pelayo, fondateur du royaume des Asturies vers 718. Son fait d'armes est d'avoir entraîné vers des grottes et battu les troupes islamiques en 722 lors de la bataille de Covadonga. Cela marque le début symbolique de ce qui sera nommé au XIXe siècle la *Reconquista*. Le gendre de Pélage, fils d'un *dux* wisigoth, Alphonse Ier, est le premier souverain de ce royaume entre 739 et 757, et la ville d'Oviedo devient en 781 la capitale d'une monarchie asturienne s'affirmant comme l'héritière du royaume wisigoth.

En reprenant et repeuplant quelques zones de la haute vallée de l'Èbre, berceau de la future Castille, le royaume d'Oviedo se consolide progressivement. La fragilisation de l'émirat omeyyade de Cordoue permet au royaume d'Oviedo, notamment au roi Alphonse III le Grand (866-910), de reprendre plusieurs localités le long du Duero et dans l'actuel Portugal, de les peupler et de les fortifier. Il vient même au secours de Marwân al-Djiliqî, « le Galicien », gouverneur musulman de la Marche inférieure en révolte contre le pouvoir cordouan, et apparenté aux souverains d'Oviedo. C'est dans cette ville que sont accueillies les reliques des martyrs de Cordoue, mais aussi de nombreux *Hispani* fuyant al-Andalus ; ces chrétiens, appelés mozarabes, c'est-à-dire « arabisés », importèrent des motifs de l'architecture islamique que l'on retrouve dans de nombreux monastères, comme celui de Valdediós. León devient la capitale à la place d'Oviedo vers 910 de ce que les historiens nomment désormais le royaume « asturo-léonais ». La ligne du Duero (Douro) est atteinte à la fin du IXe siècle avec les fondations de Burgos (884), Zamora (893), Porto (868) – et même dépassée sur le territoire actuel du Portugal, avec la fondation de Coimbra en 878. Au début du Xe siècle, la ligne des Sierras Centrales devient la limite entre al-Andalus et ce royaume qui s'étend également au nord sur des régions où les musulmans n'ont jamais vraiment pénétré : ses maîtres s'emparent de la Galice entre 780 et 800. C'est là, à Compostelle, vers 800, qu'est trouvé le corps supposé de l'apôtre saint Jacques qui devient au Xe siècle le saint patron de l'Espagne chrétienne – Santiago. Dès les IXe-Xe siècles la bourgade est le lieu de l'un des plus importants pèlerinages de la Chrétienté, avec Rome et Jérusalem[11].

Dans la continuité des visées franques sur les terres des Wisigoths, plus que dans le cadre d'une lutte de la Chrétienté contre l'Islam, les souverains carolingiens ont très tôt voulu

11. Voir le chapitre 13.

intervenir en Aquitaine, en Septimanie mais aussi dans la péninsule Ibérique[12]. Charlemagne, qui règne à partir de 768, a, comme son père Pépin le Bref, qui prend Narbonne en 759, et son grand-père Charles Martel avant lui, le projet de dominer des terres méridionales. En 777, le prétexte lui est fourni lorsque le maître de Saragosse se révolte contre l'autorité du premier émir omeyyade de Cordoue, ʻAbd al-Rahmân Ier (756-788), dans un contexte de vives résistances des gouverneurs des provinces à la constitution d'un État centralisé. Charlemagne, encouragé par le pape Hadrien Ier, franchit les Pyrénées en mai 778, mais ne peut prendre Saragosse que son nouveau gouverneur se refuse à livrer. Obligé de lever le siège pour retourner dans le Nord écraser une nouvelle révolte en Saxe, il détruit sur son passage la ville de Pampelune ; lorsque l'armée franque passe le col de Roncevaux, en août 778, les Vascons (les Basques) se vengent en attaquant l'arrière-garde, tuant plusieurs proches du roi carolingien, ce qui est raconté par Eginhard dans la *Vita Karoli*, mais qui devient un motif légendaire dans la *Chanson de Roland*, une chanson de geste composée au XIe siècle dans laquelle ce sont les Sarrasins, et non les Basques, qui sont présentés comme les attaquants. Ce changement d'identité de l'adversaire du preux roi témoigne qu'au XIe siècle, lorsqu'est composée la *Chanson* et avant même que ne commence la croisade, on ancrait dans la longue durée les contacts entre chrétiens et musulmans.

Comme le montre Philippe Sénac, les sources carolingiennes ne s'appesantissent guère sur ce cuisant échec, mais insistent en revanche sur la prise de l'Aquitaine par Charles qui en fait un royaume pour son fils Louis en 781[13]. Dans l'ancienne province de la Tarraconaise, en Catalogne actuelle, Charles a plus de chance qu'à Saragosse : en 785, la ville

12. Voir le chapitre 8.
13. SÉNAC 2015.

de Gérone est prise et, en 797, le gouverneur musulman de Barcelone vient à Aix-la-Chapelle, proposant de livrer sa ville aux Francs pour lutter contre les Omeyyades. De crainte de subir un nouveau revers, Charles envoie son fils Louis, qui prend Barcelone en 801. Cette éclatante victoire permet la constitution d'une Marche, une zone frontière entre terres franques et omeyyades. Côté andalou, c'est aussi le terme de zone frontière qui s'impose, *thagr* : face à la *Marca Hispanica*, entre Èbre et Pyrénées, la marche supérieure s'organise. Il s'agit là de l'évolution classique des relations entre deux structures impériales, Charlemagne étant devenu empereur en 800[14]. Aucun des deux souverains ne voulant une guerre durable, les frontières se stabilisent et des relations diplomatiques sont nouées, chacun s'assurant également un équilibre des forces en nouant des relations avec l'ennemi de l'ennemi : les Carolingiens avec les Abbassides, les Omeyyades d'Espagne avec les empereurs de Constantinople. Alors qúe l'émir omeyyade a fort à faire avec les velléités d'indépendance des zones de marche, Charlemagne de son côté veille à museler les ambitions des aristocrates qui veulent recréer un royaume goth, quitte à faire alliance avec les musulmans. L'histoire de la *Marca Hispanica*, ancêtre de la Catalogne, résonne des conflits entre Francs et Goths tout au long du IXe siècle. C'est le comte goth Guifré/Wifred le Velu puis ses descendants qui administrent le territoire formé par les différents comtés catalans, des années 870 jusqu'au XIIe siècle, avant de devenir rois d'Aragon. Une histoire qui ressemble à celle des autres principautés érigées sur les décombres de l'Empire carolingien, mais qui est originale toutefois en raison de la proximité d'al-Andalus, c'est-à-dire d'un système impérial concurrent qui, contrairement à l'Empire carolingien sombrant après 843, gagne en puissance et en ampleur jusqu'à devenir un califat au début du Xe siècle.

14. Voir le chapitre 11.

La piraterie sarrasine en Méditerranée occidentale au IXe siècle : mythe et réalité

Les vastes conquêtes engagées par le pouvoir califal aux VIIe et VIIIe siècles cessent, notamment parce que le califat abbasside organise désormais un empire qu'il ne peut plus et ne veut plus étendre. Et pourtant, l'Islam poursuit l'assaut au IXe siècle en Méditerranée, comme le montrent les multiples attaques que subissent sans relâche les côtes de la Chrétienté latine, par ailleurs harcelée également par les vikings tout au long de ce siècle sur son flanc occidental[15]. Nice est pillée en 812 Marseille en 838, Arles en 850 ; les abbayes sont détroussées, des abbés sont enlevés et rançonnés, comme l'archevêque Roland d'Arles en 869. La liste est longue, déroulée par des sources principalement monastiques qui énumèrent année après année les déprédations. Il ne s'agit cependant plus d'attaques menées par les gouverneurs d'al-Andalus au nom du pouvoir central, mais de raids orchestrés par ce que les contemporains et l'historiographie désignent comme la piraterie sarrasine. Alors que les États musulmans créés dans la tourmente des conquêtes au Maghreb et en al-Andalus se stabilisent, organisent leurs frontières et leur administration et parachèvent leur mainmise territoriale, des éléments internes de contestations, rebelles au pouvoir, sont expulsés à la périphérie des États et refoulés aux marges. Ces rebelles, qui forment des groupes organisés de convertis à l'islam, créent des implantations pérennes à la manière de colonies au sein de régions majoritairement dirigées par des pouvoirs chrétiens, mais pas seulement ; des implantations dont l'existence se poursuit parfois sur plusieurs décennies. À partir de ces bases, des raids sont lancés tout au long du IXe siècle et parfois du Xe siècle.

15. Voir le chapitre 14.

L'historiographie des XIXe et XXe siècles réduisait cette présence de l'Islam à de la piraterie, probablement parce qu'il était alors inenvisageable d'y voir des entreprises de colonisation menées par des Sarrasins sur le sol européen, des Sarrasins qui étaient en outre censés avoir été refoulés de la Chrétienté en 732. Mieux valait donc en faire des pirates sans foi ni loi, ou sans loi puisque sans foi. Cette historiographie opposait même le zèle religieux du conquérant arabe des VIIe et VIIIe siècles, animé par le *jihâd*, à la rapacité du pirate sarrasin ravageant la Méditerranée des IXe et Xe siècles par appât du gain. Pourtant, aucune de ces deux figures ne tient ; d'une part car l'attrait du butin motive tous les raids, lesquels se transforment en conquêtes quand les conditions sont favorables (le prélèvement de l'impôt se substitue alors à la prise de butin) ; d'autre part parce qu'on ne sait rien du zèle religieux des acteurs des conquêtes, faute de sources.

Des troupes islamiques ont donc bien été présentes pendant plusieurs décennies, un siècle parfois, en Languedoc, en Provence, en Italie aux IXe et Xe siècles ; plus que des pirates, ce sont des corsaires, venus d'al-Andalus et du Maghreb, appelés le plus souvent *bahriyûn* (marins). L'implantation la plus célèbre est celle du *Fraxinetum*, le *Djabal al-Qilâl* des sources arabes, dans le massif des Maures, vraisemblablement la région de La Garde Freinet au-dessus de la baie de Saint-Tropez, où des marins venus d'al-Andalus se fortifient dans les années 880 et ne sont délogés qu'un siècle plus tard, en 972 – présence qui est à l'origine de nombre de toponymes, notamment celui de massif des Maures. Nous ne savons presque rien de cette implantation, en dehors de la longue liste des cibles des attaques : Marseille, Avignon, Fréjus, Antibes, Nice, Villefranche, Arles, etc. On trouve ce type d'implantation y compris dans les terres islamiques, ce dont témoigne l'existence de la « république corsaire » de Pechina, port d'origine des marins andalous venus s'installer au *Fraxinetum*, une république maritime fondée en 844, qui est finalement détruite par le calife omeyyade en 955 et supplantée par Almeria. L'espace compris entre les rives nord et sud de la Méditerranée est ainsi un espace de conflits, de piraterie, mais aussi de réseaux commerciaux actifs, ce dont témoignent les quatre épaves dites « sarrasines », naufragées le long du littoral provençal, entre Marseille et Cannes, datant de la fin du IXe siècle ou du début du Xe siècle, qui suggèrent des pratiques habituelles de cabotage et d'acheminement régulier de denrées[16]. Des escales portuaires sont également fondées par des Andalous sur la rive sud, Tenès en 870 ou Oran en 902, permettant un quadrillage de la Méditerranée propice à tous les commerces, notamment celui des esclaves. Guerre et commerce sont des activités complémentaires en ce premier Moyen Âge, ce qui n'est pas exclusif du monde islamique : à la même époque, le grand marché de Verdun reçoit les esclaves venus, comme leur nom l'indique, du grand réservoir que constitue le monde slave, les drainant jusqu'aux cours islamiques, dont celle des Omeyyades, très friande de ces *Saqâliba* ou esclavons (le mot vient de « slaves »)[17]. Ces établissements sont le fruit de l'expulsion par les pouvoirs islamiques des éléments les plus remuants aux marges de l'Empire ; cela crée un rebond des offensives islamiques qui, pour n'être pas menées par des pouvoirs califiens, n'en sont pas moins efficaces, permettant l'ajout au domaine de l'Islam de lieux centraux en Méditerranée, et notamment des quelques grandes îles dont la maîtrise est essentielle pour le commerce comme pour la course qui reposent l'un et l'autre sur le cabotage – la Sicile, verrou entre les bassins occidental et oriental de la Méditerranée, est ainsi une étape incontournable entre al-Andalus et l'Égypte[18].

16. Richarté, Gayraud et Poisson 2015.
17. Voir les chapitres 12 et 16.
18. Baloup, Bramoullé, Doumerc et Joudiou 2018.

La conquête de la Crète, en 827, est menée par des révoltés, ceux du faubourg de Cordoue en 818, des indigènes convertis (*muwalladûn*) soulevés contre l'émir omeyyade, lequel fait raser ce faubourg sud et condamner à mort ou à l'exil la plupart des rebelles. Plusieurs milliers d'entre eux se réfugient en Égypte, à Alexandrie, où ils prennent le pouvoir à la faveur d'une situation troublée ; finalement expulsés de la ville, ils conquièrent la Crète byzantine vers 827 sous la conduite d'un certain Abû Hafs. Les nombreuses tentatives menées par Byzance pour reprendre l'île échouèrent, jusqu'à sa reconquête en 961 par Nicéphore Phocas[19]. C'est donc un émirat corsaire de Crète, indépendant du reste de l'Empire islamique mais prêtant une allégeance de façade au califat abbasside de Bagdad, qui menaçait désormais la Méditerranée orientale. L'empereur byzantin Théophile (829-842) demanda même l'aide de l'émir omeyyade de Cordoue contre ces rebelles, sans véritable engagement autre qu'un consentement verbal de la part de ce dernier. L'Italie a également été menacée par des troupes venues d'al-Andalus ou d'Ifrîqiya (Tunisie actuelle) tout au long du IXe siècle, et de manière plus offensive à partir des années 830/840. Les attaques visent principalement la Calabre et les Pouilles, à la faveur d'une situation géopolitique très complexe opposant Lombards et Byzantins. Les Sarrasins prennent Tarente en 840 qui leur sert de base en Italie du Sud, alors même que la Sicile est en train d'être conquise. Rome est pillée en 846 et Bari est prise en 847 ; se crée alors dans cette dernière ville un émirat semi-indépendant qui perdurera jusqu'en 871. Comme dans le cas des attaques des vikings, ce sont les riches monastères qui sont les cibles privilégiées des Sarrasins, comme l'attestent, entre autres exemples, le sac du monastère Saint-Vincent-du-Volturne en 881 et celui du Mont Cassin en 883. C'est enfin tout au long de ce même siècle, entre 827 et 902, qu'est menée la conquête progressive de la Sicile, non pas cette fois par des révoltés

19. Voir le chapitre 18.

CARTES
PLANS
SCHÉMAS

Les transformations du monde romain (395-625)
Mer de Norvège
Pictes
Scots
York
Bretons
Londres
Mer du Nord
Mer Baltique
Saxons
Thuringiens
Océan Atlantique
Trèves
Paris
Francs
Tours
Burgondes
Lombards
Ruges
Hérules
Gépides
Lyon
Milan
Bordeaux
Suèves
Toulouse
Arles
Ostrogoths
Sirmium
Ravenne
Mer Noire
Wisigoths
Tolède
Rome
Constantinople
Séville
Cordoue
Naples
Carthagène
Vandales
Carthage
Maures
Mer Méditerranée
Antioche
Jérusalem
Alexandrie
Mer Rouge
L'Empire romain au IVe siècle :
Limite de l'Empire
Partage de l'Empire par Théodose en 395
Principales villes
Territoire de l'Empire devenu indépendant :
Avant 450
Entre 450 et 500
Après 500
Scots Peuple barbare
Territoire où l'héritage impérial se maintient :
Territoire conservé par l'Empire d'Orient après 500
Territoire reconquis par Justinien (527-565)
Frontière de l'Empire d'Orient en 625
500 km
Projection Azimuthal Equal Area
Légendes Cartographie

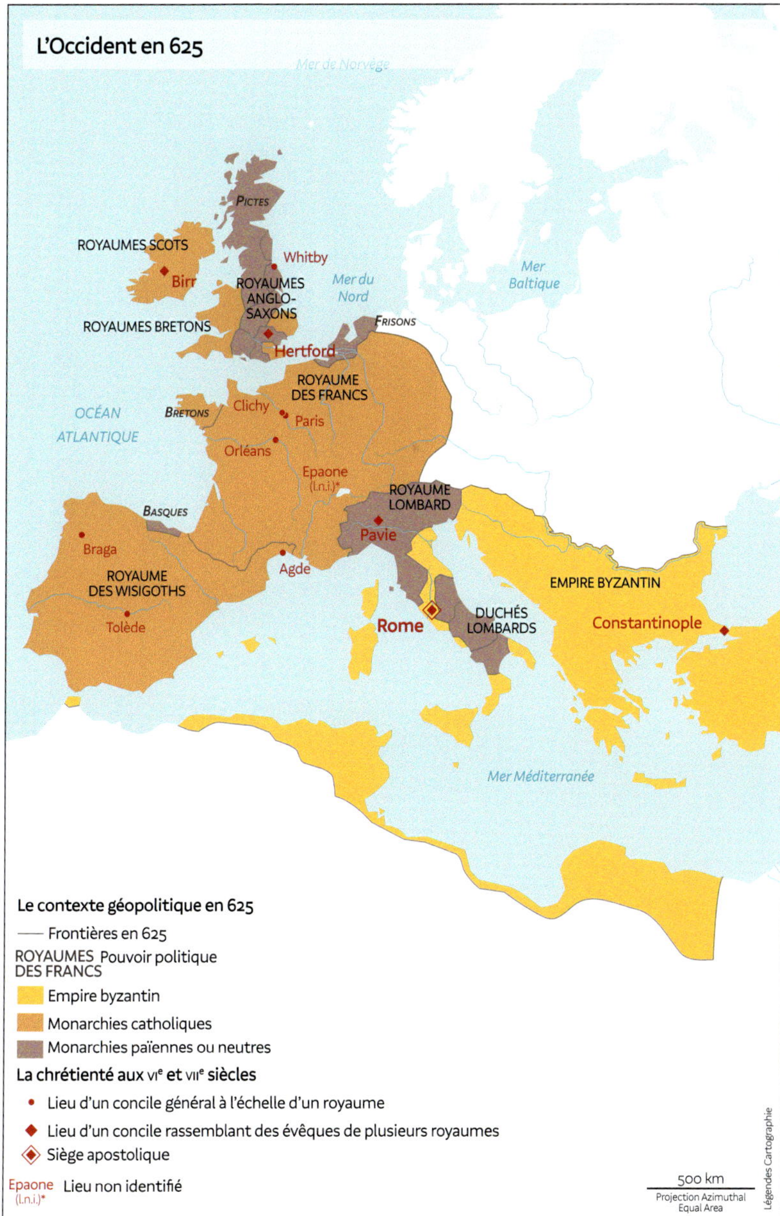
L'Occident en 625
Mer de Norvège
Pictes
ROYAUMES SCOTS
Birr
Whitby
ROYAUMES ANGLO-SAXONS
Mer du Nord
Mer Baltique
ROYAUMES BRETONS
Frisons
Hertford
ROYAUME DES FRANCS
OCÉAN ATLANTIQUE
Bretons
Clichy
Paris
Orléans
Epaone (l.n.i.)*
ROYAUME LOMBARD
Basques
Pavie
Braga
Agde
ROYAUME DES WISIGOTHS
Tolède
EMPIRE BYZANTIN
Rome
DUCHÉS LOMBARDS
Constantinople
Mer Méditerranée
Le contexte géopolitique en 625
Frontières en 625
ROYAUMES DES FRANCS Pouvoir politique
Empire byzantin
Monarchies catholiques
Monarchies païennes ou neutres
La chrétienté aux VIe et VIIe siècles
Lieu d'un concile général à l'échelle d'un royaume
Lieu d'un concile rassemblant des évêques de plusieurs royaumes
Siège apostolique
Epaone (l.n.i.)* Lieu non identifié
500 km
Projection Azimuthal Equal Area
Légendes Cartographie

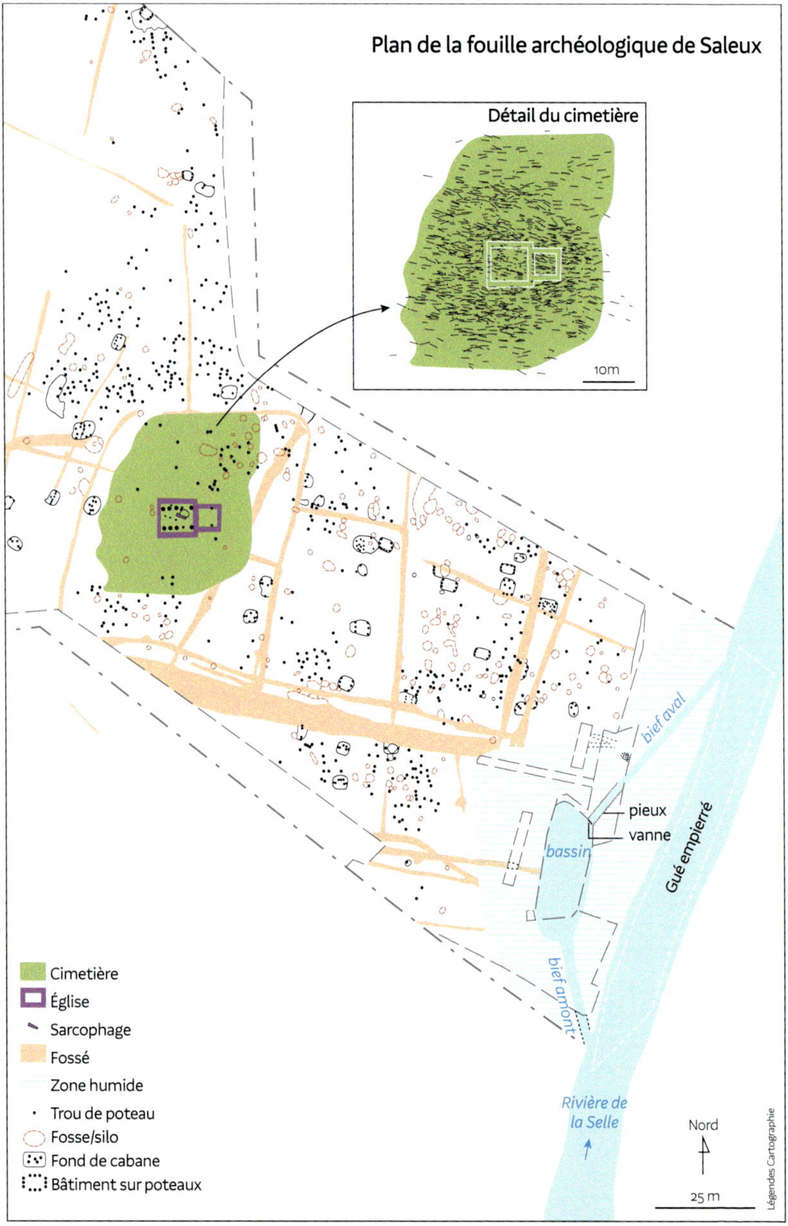
Plan de la fouille archéologique de Saleux
Détail du cimetière
10m
bief aval
pieux
vanne
bassin
Gué empierré
bief amont
Rivière de la Selle
Nord
25 m
Cimetière
Église
Sarcophage
Fossé
Zone humide
Trou de poteau
Fosse/silo
Fond de cabane
Bâtiment sur poteaux
Légendes Cartographie

L'expansion franque (687-830)
Mer Baltique
Mer du Nord
FRISE
SAXE
THURINGE
Cologne
Tournai
AUSTRASIE
Bayeux
Soissons
Reims
Rouen
Metz
Ratisbonne
BRETAGNE
NEUSTRIE
Paris
Troyes
Strasbourg
Orléans
BAVIÈRE
Langres
Tours
Besançon
Constance
OCÉAN ATLANTIQUE
Bourges
Poitiers
BOURGOGNE
CARINTHIE
Lyon
Genève
Milan
AQUITAINE
Bordeaux
Vienne
Pavie
Venise
Rodez
ROYAUME LOMBARD
PROVENCE
Ravenne
Toulouse
SEPTIMANIE
Avignon
ROYAUME DES ASTURIES
Arles
Marseille
Narbonne
Mer Adriatique
ÉTATS PONTIFICAUX
MARCHE D'ESPAGNE
Gérone
Rome
DUCHÉ DE BÉNÉVENT
Barcelone
Mer Méditerranée
Naples
ÉMIRAT DE CORDOUE
La réunification du monde franc
Cœur du monde franc en 687
Territoires réintégrés par les armes (687-787)
Les nouveaux territoires conquis entre :
680 et 720
720-770
770-830
Patrimoine de saint Pierre en 830
Les puissances voisines
Empire byzantin
Émirat de Cordoue
Duché de Bénévent
Royaume des Asturies
200 km
Projection Aziymuthal Equal Area
Légendes Cartographie

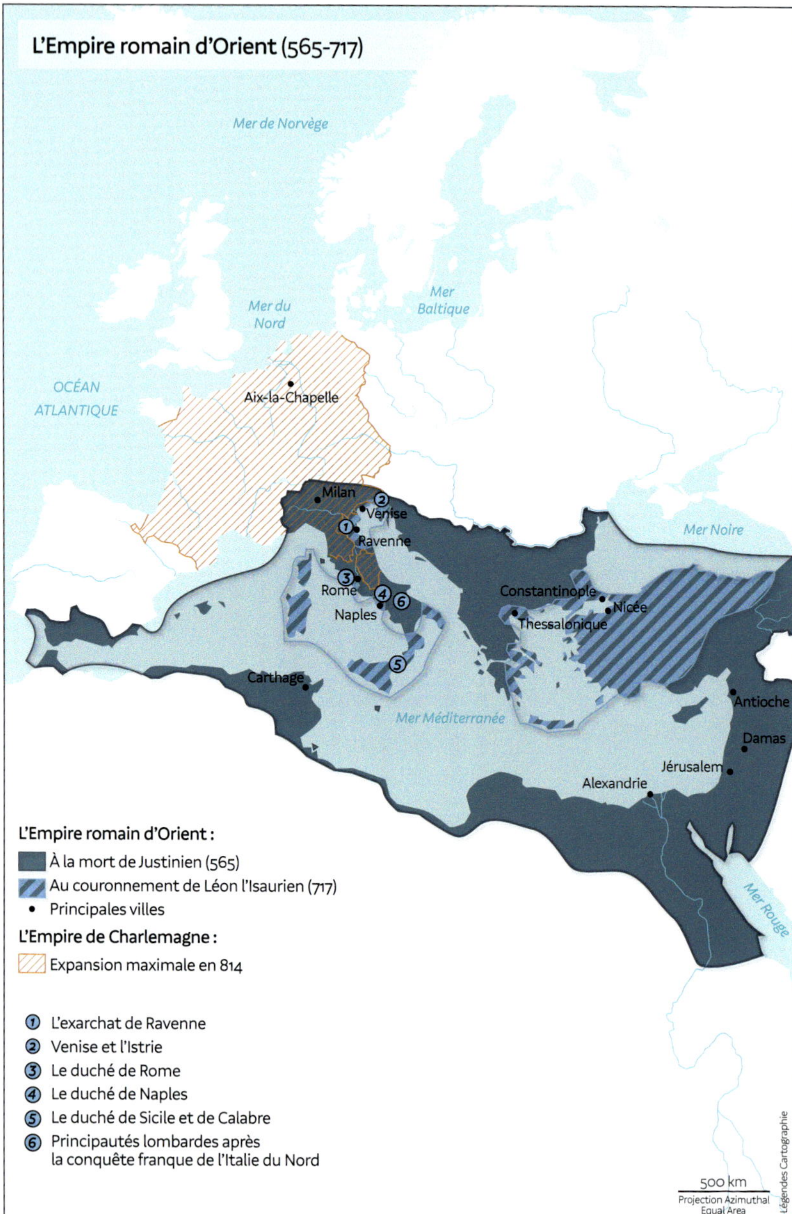
L'Empire romain d'Orient (565-717)
Mer de Norvège
Mer Baltique
Mer du Nord
OCÉAN ATLANTIQUE
Aix-la-Chapelle
Milan
Venise
Ravenne
Rome
Naples
Carthage
Constantinople
Nicée
Thessalonique
Mer Noire
Mer Méditerranée
Antioche
Damas
Jérusalem
Alexandrie
Mer Rouge
L'Empire romain d'Orient :
À la mort de Justinien (565)
Au couronnement de Léon l'Isaurien (717)
Principales villes
L'Empire de Charlemagne :
Expansion maximale en 814
1 L'exarchat de Ravenne
2 Venise et l'Istrie
3 Le duché de Rome
4 Le duché de Naples
5 Le duché de Sicile et de Calabre
6 Principautés lombardes après la conquête franque de l'Italie du Nord
500 km
Projection Azimuthal Equal Area
Légendes Cartographie

L'Empire de Charlemagne (814) et le Saint-Empire sous Otton Ier (962)
Mer Baltique
Mer du Nord
Oder
Elbe
Meuse
Rhin
Loire
Nimègue
Magdebourg
Quedlinbourg
Allsted
Cologne
Tournai
Aix-la-Chapelle
Herstal
Attigny
Ingelheim
Francfort
Quierzy
Mayence
Thionville
Verberie
Soissons
Worms
Metz
Ratisbonne
Paris
Strasbourg
Orléans
Doué-la-Fontaine
Tours
Constance
Besançon
OCÉAN ATLANTIQUE
Poitiers
Lyon
Bordeaux
Milan
Mantoue
Pavie
Ravenne
Toulouse
Arles
Narbonne
Mer Adriatique
Rome
Barcelone
Mer Méditerranée
Le contexte géopolitique
L'Empire de Charlemagne en 814
Frontière de l'Empire de Charlemagne
Le Saint-Empire sous Otton Ier en 962
Frontière du Saint-Empire d'Otton Ier
Les centres de pouvoir de :
Charlemagne
Otton Ier
200 km
Projection Azimuthal Equal Area
Légendes Cartographie

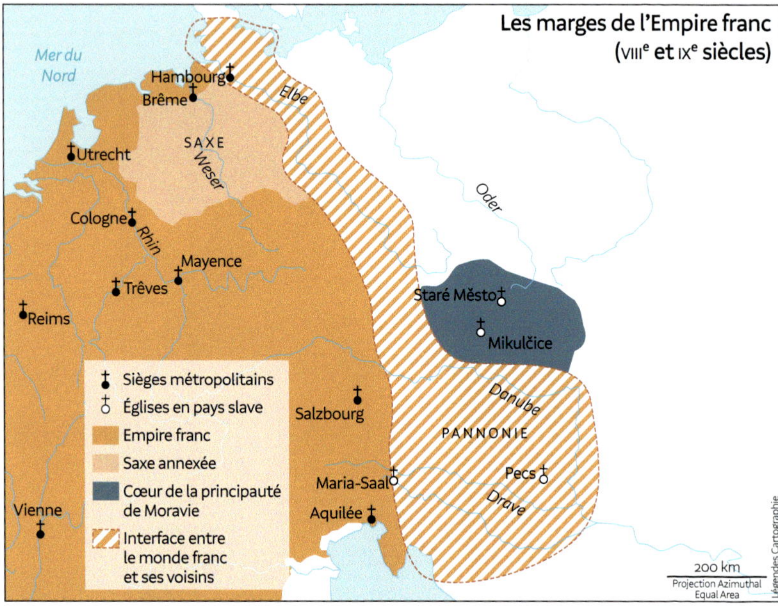
Les marges de l'Empire franc
(VIIIe et IXe siècles)
Mer du Nord
Hambourg
Brême
SAXE
Weser
Elbe
Oder
Utrecht
Cologne
Rhin
Mayence
Trêves
Reims
Staré Město
Mikulčice
Danube
PANNONIE
Salzbourg
Pecs
Maria-Saal
Drave
Aquilée
Vienne
Sièges métropolitains
Églises en pays slave
Empire franc
Saxe annexée
Cœur de la principauté de Moravie
Interface entre le monde franc et ses voisins
200 km
Projection Azimuthal Equal Area
Légendes Cartographie

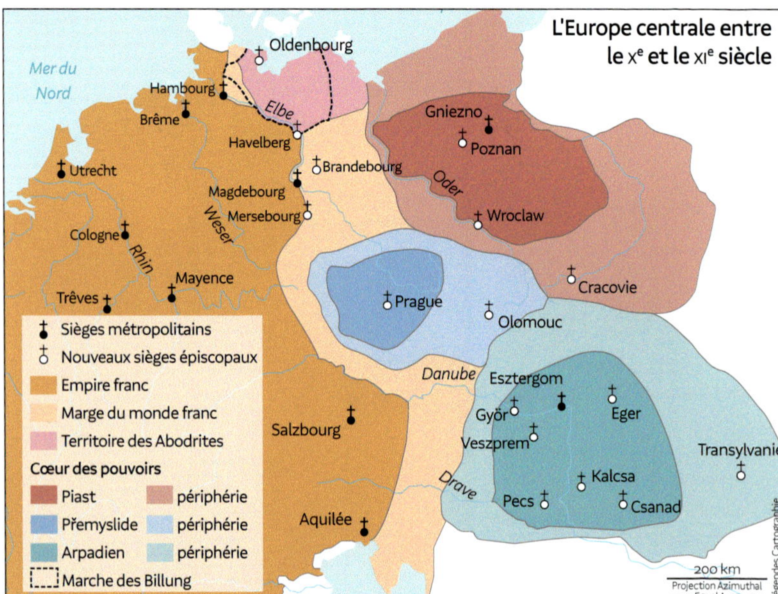
L'Europe centrale entre le Xe et le XIe siècle
Mer du Nord
Oldenbourg
Hambourg
Brême
Elbe
Havelberg
Brandebourg
Gniezno
Poznan
Oder
Wroclaw
Utrecht
Magdebourg
Mersebourg
Weser
Cologne
Rhin
Mayence
Trêves
Prague
Cracovie
Olomouc
Danube
Esztergom
Györ
Eger
Veszprem
Salzbourg
Transylvanie
Kalcsa
Drave
Pecs
Csanad
Aquilée
Sièges métropolitains
Nouveaux sièges épiscopaux
Empire franc
Marge du monde franc
Territoire des Abodrites
Cœur des pouvoirs
Piast
périphérie
Přemyslide
périphérie
Arpadien
périphérie
Marche des Billung
200 km
Projection Azimuthal Equal Area
Légendes Cartographie

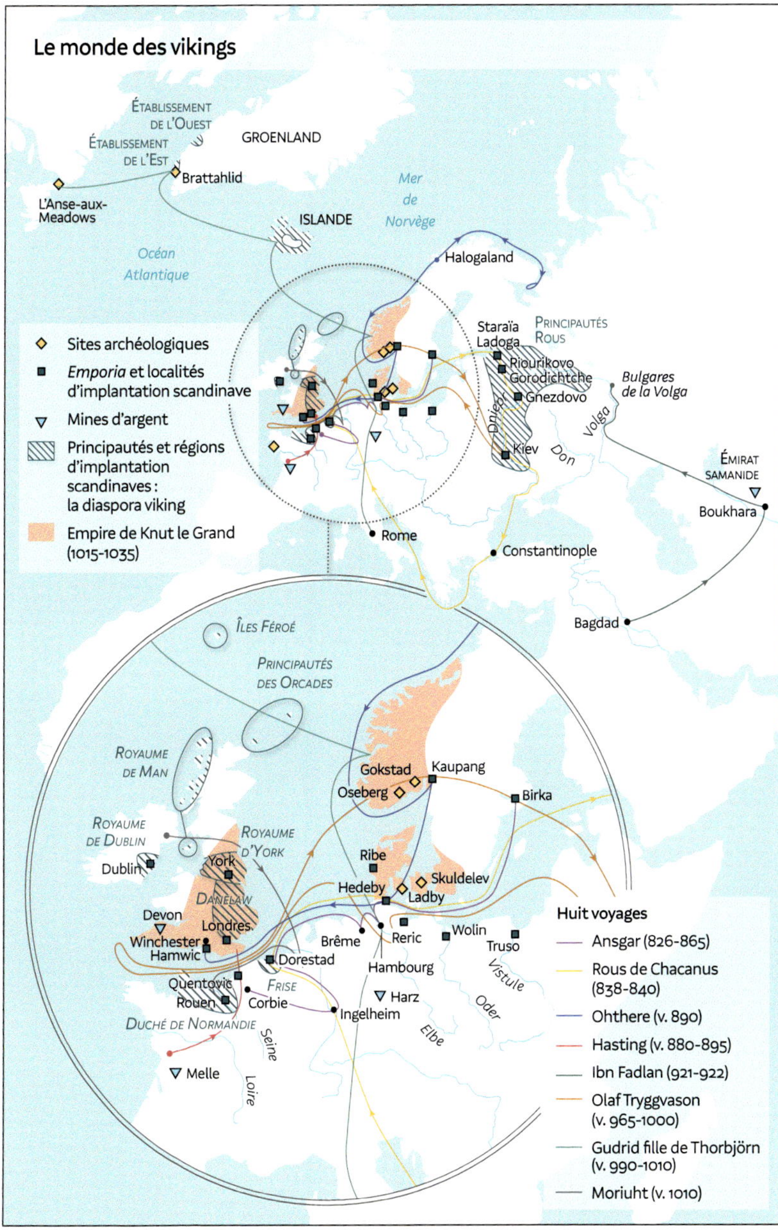

Le monde des vikings
Établissement de l'Ouest
Établissement de l'Est
GROENLAND
Brattahlid
L'Anse-aux-Meadows
Mer de Norvège
ISLANDE
Océan Atlantique
Halogaland
Staraïa Ladoga
Principautés Rous
Riourikovo Gorodichtche
Gnezdovo
Bulgares de la Volga
Volga
Dniepr
Kiev
Don
Émirat samanide
Boukhara
Rome
Constantinople
Bagdad
Sites archéologiques
Emporia et localités d'implantation scandinave
Mines d'argent
Principautés et régions d'implantation scandinaves : la diaspora viking
Empire de Knut le Grand (1015-1035)
Îles Féroé
Principautés des Orcades
Royaume de Man
Royaume de Dublin
Royaume d'York
Dublin
York
Danelaw
Devon
Londres
Winchester
Hamwic
Gokstad
Oseberg
Kaupang
Birka
Ribe
Hedeby
Skuldelev
Ladby
Brême
Reric
Wolin
Truso
Dorestad
Hambourg
Quentovic
Frise
Rouen
Corbie
Ingelheim
Harz
Duché de Normandie
Seine
Loire
Melle
Elbe
Oder
Vistule
Huit voyages
Ansgar (826-865)
Rous de Chacanus (838-840)
Ohthere (v. 890)
Hasting (v. 880-895)
Ibn Fadlan (921-922)
Olaf Tryggvason (v. 965-1000)
Gudrid fille de Thorbjörn (v. 990-1010)
Moriuht (v. 1010)

Dons et échanges

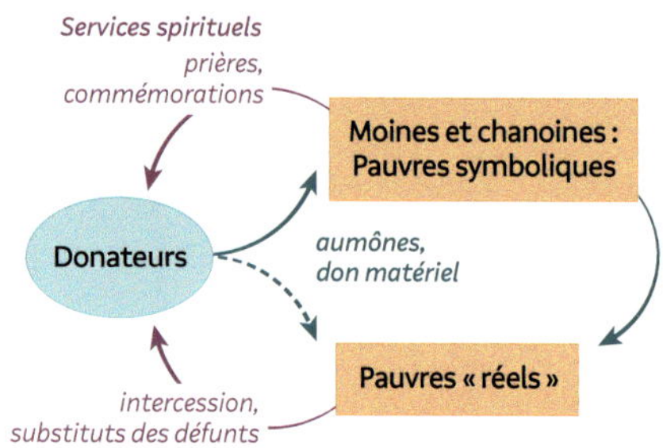

Source : Lauwers 1996, p. 182.

Production et commerce de céramiques dans le bassin de la Loire moyenne (VIIIe-Xe siècle)

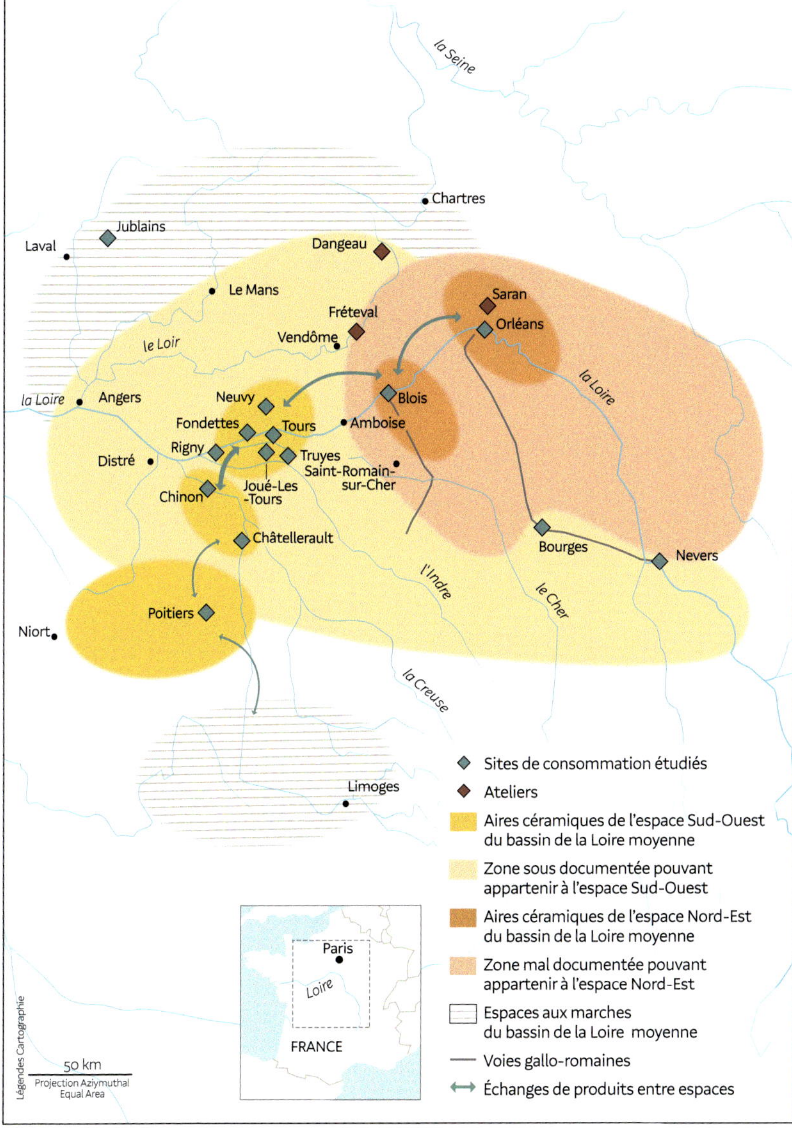

L'Empire byzantin en Occident, vers 1050
Rome
Grottaferrata
Valleluccio
18 JUIN 1053
BATAILLE DE CIVITATE
Mer
Adriatique
Gaète
Capoue
Bénévent
Bari
CATÉPANAT
D'ITALIE
Naples
Salerne
Amalfi
Brindisi
Tarente
SALENTO
Otrante
THÈME DE
LUCANIE
Mer
Thyrrhénienne
THÈME
DE
CALABRE
Rossano
Cosenza
Tropea
Mer
Ionienne
Palerme
Messine
Reggio
SICILE
ISLAMIQUE
Italie byzantine
Principautés lombardes
Duchés tyrrhéniens
Espaces hellénophones
Capitales de provinces byzantines d'Italie
Présence « grecque » en environnement latin
Fondations monastiques de saint Nil de Rossano
Mer
Méditerranée
100 km
Projection Azimuthal Equal Area
Légendes Cartographie

venus d'al-Andalus, mais par les émirs aghlabides d'Ifrîqiya (Tunisie actuelle), en quête de légitimité et désireux d'envoyer guerroyer au loin les éléments les plus contestataires du *jund* (l'armée), qui se sont révoltés contre leur pouvoir en 824-825. La conquête de la Sicile est liée à l'accession au pouvoir en Ifrîqiya d'Ibrâhîm ibn Aghlab, fils d'un gouverneur arabe du Khorâssân, en 800, elle-même conséquence de l'affaiblissement du pouvoir central abbasside et de l'autonomisation croissante de nombre de provinces de l'Empire. Ce qui affecte la Latinité est une fois encore le fruit d'une évolution qui s'est produite à plusieurs milliers de kilomètres. Appelées par le gouverneur Euphémios en révolte contre l'empereur byzantin Michel II, les troupes aghlabides mènent à partir de 827 des raids vers la toute proche Sicile, au moment même où la Crète, également byzantine, est attaquée. Comme l'ont montré Annliese Nef et Vivien Prigent, il s'agit plus d'opérations de guerre saisonnière que d'une véritable conquête, si tant est qu'il soit pertinent de les différencier[20]. C'est ce qui, conjugué à la résistance byzantine, explique l'étonnante durée de cette « conquête ». Il faut l'aide de troupes venues d'al-Andalus pour que l'armée aghlabide prenne Palerme en 831. La puissante forteresse byzantine d'Enna, au centre de l'île, tombe en 859 ; Syracuse, la capitale byzantine dans l'île, en 878, Taormine enfin en 902[21]. Alors que se clôt le IXe siècle, la Méditerranée est sur le point de devenir un lac islamique.

EMMANUELLE TIXIER DU MESNIL

20. Nef et Prigent 2013.
21. Voir le chapitre 9.

11.
Résurgences impériales
(IXe-milieu XIe siècle)

Le jour de Noël de l'an 800, dans l'église Saint-Pierre de Rome, devant une assemblée mêlant Romains et Francs, Charlemagne est couronné empereur par le pape : un empire réapparaît en Occident plus de trois siècles après la déposition de Romulus Augustule et le renvoi à Constantinople des insignes impériaux (*voir* carte 5, p. VII). L'événement a acquis dans la mémoire collective une place considérable et d'une certaine manière démesurée, car ses conséquences politiques paraissent faibles : le pouvoir de Charlemagne était bien établi auparavant, et le nouveau titre changea peu son exercice[1]. L'élévation de son fils Louis le Pieux (814-840) au titre impérial ne l'empêcha nullement d'être confronté aux difficultés de la transmission et du partage du pouvoir au sein de la famille carolingienne, qui aboutirent à une guerre civile dès 830. Mais, l'ambition idéologique portée par la rénovation d'un empire en Occident eut des effets profonds et durables sur les rapports avec l'Empire byzantin, les relations des souverains avec la papauté et la formulation d'une idéologie souveraine. La reprise du titre impérial par les rois de Francie de l'Est en 962, qui n'appartenaient plus à la famille carolingienne mais à une nouvelle dynastie d'origine saxonne, les Ottoniens,

1. Voir le chapitre 8.

révèle l'importance prise désormais par l'idéal impérial dans l'horizon politique occidental même si ce nouvel Empire diffère par bien des points de son prédécesseur carolingien.

Le couronnement impérial de Charlemagne : un geste polysémique

L'accession de Charlemagne au titre impérial repose à la fois sur le succès de ses conquêtes, cumulées depuis le début de son règne, et sur la défaillance conjoncturelle de l'Empire byzantin : le trône y était occupé depuis 797 par Irène, qui avait détrôné son fils[2]. Le rituel d'accession à l'empire pratiqué à Constantinople était celui d'un couronnement par le patriarche après l'acclamation qui faisait l'empereur. Or, à Rome, le 25 décembre 800, le pape Léon III choisit de couronner Charlemagne avant l'acclamation, ouvrant la possibilité d'interprétations ambivalentes de la cérémonie : l'accession à l'Empire était-elle un titre laïc, confirmant la position dominante de Charlemagne dans la Chrétienté, déjà célébrée par Alcuin en 799 ? Cette interprétation semble celle retenue par les *Annales de Lorsch*, qui rapportent que le concile tenu à Rome, le 23 décembre 800, s'était conclu par une acclamation de Charles comme empereur. Le pape n'aurait alors fait qu'entériner cette décision. Néanmoins, Eginhard affirme que Charlemagne aurait été surpris et déçu par l'initiative du pape tentant de s'arroger le droit de couronner l'empereur. Sa *Vita Karoli* souligne ainsi l'importance des débats à la cour et des divergences d'opinions entre les contemporains[3]. En définitive, ce n'est qu'après le règne de Charlemagne, par les choix de ses successeurs, que le sens de la cérémonie de 800 fut précisé pour retenir la dimension pontificale et religieuse de l'accession à l'Empire.

2. Voir le chapitre 9.
3. Patzold 2013. Voir aussi le chapitre 9.

La reformation d'un Empire en Occident eut peu d'effet sur le gouvernement de Charlemagne dont les pratiques n'ont pas changé après 800. L'exercice du pouvoir royal avait progressivement varié, à mesure que s'étaient ajoutés les territoires soumis à sa domination. La Saxe représentait des territoires à évangéliser, vierges de tout cadre administratif hérité. En revanche, le royaume des Lombards en Italie, soumis en 774, tout comme la Bavière réintégrée après 787 avaient leurs propres traditions de gouvernement et leurs propres lois, que Charlemagne avait tout intérêt à exploiter à son profit. Pour intégrer ces espaces divers, le roi organisa une réforme monétaire d'ampleur, en 793/794, reposant sur la mise en circulation d'un nouveau modèle de denier, plus lourd (de 1,5 à 1,7 g), avec une teneur en argent plus élevée, et portant toujours son monogramme. La standardisation et la diffusion de ce monnayage prouvent le contrôle de l'espace économique de l'Empire : elles entraînèrent le passage de l'or à l'argent en Italie et exclurent toute circulation de monnaie étrangère[4]. Le roi des Francs recourut aussi massivement à l'écrit, à travers la publication régulière de capitulaires à partir de 779. Il s'agit de listes d'articles normatifs, qui reprennent la forme et le vocabulaire des lois franques, la loi salique et la loi ripuaire, aussi bien que des édits royaux mérovingiens. Ils proposent une suite de dispositions, sans classement ni organisation systématique, mais qui vont toutes dans le même sens : celui de la présentation du roi comme la référence du droit et le dispensateur de la justice dans son royaume.

L'efficacité des capitulaires peut être appréciée de façon nuancée, car ils ne semblent jamais avoir été archivés de manière systématique par le roi comme par ses récipiendaires ; leur forme écrite est flottante et certaines dispositions paraissent avoir été répétées de nombreuses fois. Mais la diffusion du document lui-même, depuis sa proclamation lors d'un plaid

4. Coupland 2005.

général ou son élaboration à la cour jusqu'à sa diffusion locale, renforçait de façon continue la présentation du pouvoir central comme le lieu d'élaboration des normes de comportement et la définition des aristocrates comme les fidèles chargés d'appliquer ces normes au sein des communautés dont ils avaient la charge. Évêques, abbés, *missi* (envoyés spéciaux) et comtes recevaient donc une même mission générale : faire appliquer les décisions du roi, telles qu'elles étaient détaillées dans les capitulaires, pour mener le peuple au salut. Les répétitions entre les différents capitulaires étaient aussi le signe de la continuité des intérêts et des objectifs royaux.

Cette émission de normes de comportement et les injonctions pour leur mise en œuvre ne furent pas spécifiques de la période qui suivit le couronnement impérial. Les deux capitulaires de l'hiver 802/803 furent copiés dans de nombreux manuscrits, mais ce fut aussi le cas de l'*Admonitio generalis*, capitulaire émis en 789 ou d'un capitulaire pour les *missi*, composé entre 805 et 813[5]. L'intervention directe de Charlemagne dans la définition de la foi chrétienne ne remonte pas non plus à son titre impérial, car dès l'*Admonitio generalis* le roi se présentait comme le successeur du roi Josias, chargé de réécrire la Loi divine après une période d'oubli suivant l'épisode rapporté dans l'Ancien Testament (II Rois 22-23). Le concile qu'il réunit à Francfort en 794 montrait ses ambitions d'autonomie dans les décisions religieuses, en établissant, en présence de deux légats pontificaux, aussi bien la condamnation de l'adoptianisme, une doctrine défendue par certains évêques d'Espagne, que celle du concile de Nicée II qui autorisait le culte des images, à laquelle le pape Hadrien avait pourtant apporté son soutien[6].

La dimension impériale du pouvoir de Charlemagne – si on la définit comme la domination d'un territoire vaste et

5. Mordek 1995, n° 22, 39, 40 et 67.
6. Voir le chapitre 8.

composite, face auquel le pouvoir central admet des conventions particulières, par région, de même que l'exercice du pouvoir par des intermédiaires jouissant d'une grande autonomie – ne reposait donc pas sur la cérémonie romaine, mais sur l'étendue de ses conquêtes, leur diversité et le recours indispensable aux élites locales. Ce ne fut que lentement, en Italie, en Bavière et en Saxe, que celles-ci furent remplacées par des Francs et que leurs responsabilités furent transformées dans les fonctions de comtes et de *missi*. Les officiers des pouvoirs précédents ne furent que très rarement déposés (seuls dix cas sont référencés) et les évêques et abbés restèrent en place. Les modes de domination des élites ne changèrent probablement pas après la conquête, mais ils étaient désormais interprétés à une échelle différente, dans le cadre impérial, en termes de fidélité et de service de Charlemagne[7]. Néanmoins, en 811, celui-ci répartit son trésor entre vingt et une cités reconnues comme métropoles (chefs-lieux de provinces), ce qui indique qu'il considérait ces évêques métropolitains comme des relais privilégiés de l'autorité impériale.

L'émission centralisée des normes de comportement qui devaient s'appliquer dans tout l'Empire était accompagnée de réunions régulières des personnages importants, laïques et ecclésiastiques, autour du souverain, dans des plaids généraux. Certains capitulaires y étaient discutés et présentés, de même que les décisions importantes. C'est ainsi qu'à l'assemblée de Thionville, en 806, Charlemagne proposa un projet de partage entre trois de ses fils. Il ne prévoyait pas de transmission du titre impérial, ce qui montre qu'il considérait que la domination sans égale qu'il exerçait en Occident était personnelle et ne devait pas lui survivre.

Deux éléments vinrent néanmoins contrer cette première intention. En 812, les ambassadeurs de l'empereur byzantin Michel Ier se rendirent à Aix et prononcèrent dans la chapelle

7. Davis 2015.

les laudes impériales en grec, donnant à Charlemagne les titres de *basileus* et d'*imperator*. Ils manifestaient ainsi la reconnaissance officielle de Charlemagne par l'empereur byzantin comme empereur occidental, entérinant l'existence de deux empereurs, probablement inégaux à leurs yeux, sur les anciens territoires de l'Empire romain. Cette reconnaissance impériale donnait une nouvelle portée à la cérémonie de 800, exécutée lors de la vacance du trône byzantin (c'est-à-dire son occupation par une femme) et une série de monnaies frappée en 812/813 représente Charlemagne de profil avec une couronne de lauriers et le manteau impérial, le *paludamentum*[8]. Par ailleurs, seule la mort précoce de deux de ses fils héritiers explique que Charlemagne renonça au partage, pour finalement confier l'intégralité de son héritage à l'unique survivant, Louis. En 813, Charlemagne le couronna lui-même comme empereur à Aix-la-Chapelle, sans l'intervention du pape, ce qui montre qu'il considérait avoir acquis ce titre par ses conquêtes, et pensait pouvoir le transmettre sans intervention pontificale.

Louis le Pieux et l'impossible transmission du pouvoir impérial

Le règne de Louis le Pieux (814-840) fut celui de la mise en ordre des innovations lancées sous le règne précédent. La longue titulature adoptée par Charlemagne détaillait les différentes parties de son Empire, alors que Louis le Pieux se présentait comme « Louis, par ordre de la divine providence empereur auguste », une présentation qui insistait sur l'unité et la cohérence de l'Empire. Cette cohérence fit l'objet d'une réflexion théorique approfondie, qui considérait que la Providence avait empêché le morcellement prévu par Charlemagne, que Dieu avait choisi les Francs pour

8. Coupland 2005.

construire l'Empire et que le maintien de son unité relevait d'une mission divine.

En conséquence, Louis s'appliqua à transmettre cette unité, tout en refusant l'ambivalence qui caractérisait nombre de pratiques gouvernementales de Charlemagne. L'héritier impérial était unique, Louis le Pieux, mais l'Italie avait été confiée par Charlemagne en 813 à son neveu Bernard, fils du roi Pépin d'Italie (m. 810). Un certain nombre de fils illégitimes, nés de Charlemagne comme de ses filles, qu'il n'avait jamais mariées, occupaient aussi une place indéfinie dans l'entourage impérial. Les premières années de règne de Louis visèrent à clarifier toutes ces ambiguïtés. Il se fit couronner empereur par le pape, à Rome, en 816, choisissant la dimension religieuse et pontificale de l'accession à l'Empire. Il envoya ses sœurs au couvent, fit tonsurer ses demi-frères et maria ses propres filles aux membres de l'aristocratie impériale. Il refusait ainsi la flexibilité des unions pratiquée à la cour de Charlemagne, qui changea plusieurs fois d'épouse tandis que ses filles eurent des enfants sans mariage officiel, comme Nithard (m. en 844 ou 845), fils de Berthe, fille de l'empereur, et d'Angilbert, son conseiller.

En 817, l'*Ordinatio imperii*, proclamée lors d'une assemblée générale tenue à Aix-la Chapelle, réglait la succession de Louis : son fils aîné Lothaire était directement associé à l'Empire, aux côtés de son père, et ses deux frères cadets, Pépin et Louis, recevaient des royaumes périphériques, l'Aquitaine et la Bavière, subordonnés à l'autorité de leur frère empereur. Cette répartition ne mentionnait ni le royaume d'Italie, ni Bernard, qui se souleva immédiatement pour défendre ses droits. Il fut condamné à mort et l'empereur commua sa peine en aveuglement, mais Bernard mourut de ses blessures peu après, en 818. L'année suivante, Louis se remaria avec Judith, la fille du comte Welf, originaire d'Alémanie.

Cette mise en ordre de la famille carolingienne n'était pas sans danger. Le cadre officiel du mariage chrétien indissoluble correspondait à une nouvelle exigence de comportement qui refusait, en particulier pour les membres de la famille royale, les unions libres et les divorces. Mais il donnait des droits reconnus à un nombre accru d'enfants et associait de puissantes familles à la dynastie. Or le fils né de Judith en 823 reçut le nom de Charles, qui soulignait son destin royal alors qu'il n'avait pas été prévu dans la répartition de 817. Le compromis établi autour de la succession de Louis était donc déjà obsolète.

La volonté de mise en ordre de l'héritage de la génération précédente se retrouve dans de nombreux domaines. Les conciles de 816-817 visaient à unifier les pratiques monastiques dans l'ensemble de l'Empire, autour de l'interprétation de la *Règle de saint Benoît* défendue par Benoît d'Aniane. L'Empire et l'Église étaient considérés comme un même corps et l'empereur soutenait une vision religieuse de l'ordre du monde. Néanmoins, les relations entre le roi et les évêques restaient à définir. Charlemagne avait imposé le consensus épiscopal autour de ses choix doctrinaux en 794. En 822, ce sont les évêques qui imposèrent à Louis une pénitence pour la mort de son neveu. L'empereur sortit sans doute renforcé de cette démonstration d'humilité qui pouvait se revendiquer d'un précédent antique (la pénitence de Théodose face à Ambroise de Milan), mais reconnut le droit des évêques de juger ses actes au regard de la morale chrétienne[9].

La guerre civile qui ravagea l'Empire après 830 repose sur deux fondements principaux. D'un côté, la fin des conquêtes territoriales privait l'empereur de la dynamique nécessaire pour la rétribution de ses élites. Alors que les patrimoines étaient partagés entre les enfants à chaque génération, même avec un partage favorisant les fils et tout particulièrement l'aîné, le maintien des revenus aristocratiques d'une génération à l'autre ne pouvait être obtenu que par un afflux continu de richesses

9. De Jong 2009.

nouvelles, ce qui fut le cas durant le règne de Charlemagne. Or les conquêtes du règne de Louis le Pieux se limitèrent à une intégration renforcée de la pointe bretonne. Le soutien accordé à un prince danois Harald, baptisé en 826, et la mission d'évangélisation des espaces nordiques par Anschaire ne parvinrent pas à implanter un allié chrétien des Francs dans ces régions. D'un autre côté, les ambitions unitaires de Louis le Pieux avaient leurs propres limites. Le flou entretenu par Charlemagne avait l'avantage de rendre implicites un grand nombre de compromis, comme autour de l'élimination des fils de son frère Carloman. De telles pratiques n'étaient plus acceptables dans le cadre conceptuel plus précis élaboré après 814, et la pénitence imposée par les évêques à Louis pour la mort de son neveu, en 822, marque aussi une nouvelle perception de l'exercice du pouvoir impérial, susceptible de critiques et de refus par les élites de l'Empire. En 829, la constitution d'un duché pour Charles, avec des terres prises dans les zones attribuées à Lothaire, constituait une première remise en cause de l'*Ordinatio imperii* et entraîna une révolte en faveur de Lothaire. L'empereur reprit la main et décida un nouveau partage entre ses quatre fils, dans lequel Lothaire n'aurait exercé de pouvoir qu'en Italie. Dès lors, et jusqu'en 842, les élites franques s'affrontèrent dans une longue guerre civile.

Ces affrontements révélaient une crise profonde des fidélités. Le pouvoir royal puis impérial reposait sur deux formes de domination : d'une part, un engagement égalitaire de chacun, personnel, sans médiation, à l'égard du souverain, suivant le serment de fidélité régulièrement demandé à tous les hommes libres par Charlemagne ; d'autre part, une domination hiérarchique, avec une structure pyramidale reliant le roi à ses fidèles, puis ceux-ci à leurs vassaux, à laquelle fit par exemple appel Louis le Pieux en demandant à tous les grands de jurer le respect de l'*Ordinatio imperii* en 817. La discordance de ces deux loyautés n'était prévue ni sur le plan juridique ni sur le plan conceptuel, puisque les souverains mettaient en avant le consensus avec leurs fidèles comme base de leurs décisions. Fallait-il respecter l'idéal d'unité impériale ? l'*Ordinatio imperii* ? la coutume franque de partage entre les fils ? l'engagement personnel auprès d'un puissant ? la morale chrétienne ? En 833, les archevêques de Reims et de Lyon organisèrent ainsi la déposition de l'empereur en raison de ses péchés, parmi lesquels ils placèrent les violences contre sa famille, les sacrilèges, le scandale et la rupture de la paix. Après quelques mois, l'empereur fut néanmoins réhabilité et de nouveau couronné le 1er mars 834, à Metz.

Les retournements de situation de ce type furent nombreux, car les aristocrates francs se montrèrent volatiles et partagés dans leurs soutiens. Ils se reconnaissaient comme les fidèles de l'empereur, mais le lien entre les fonctions de pouvoir qu'ils exerçaient et le souverain s'était amenuisé à chaque génération, car elles étaient transmises, de fait, de façon héréditaire. Les détenteurs d'honneurs (évêques, comtes et abbés), confiés théoriquement par le souverain, comme les détenteurs de bénéfices, confiés par un seigneur à son vassal, avaient des intérêts interdépendants sur le plan local et régional. Même ceux que l'empereur désignait comme ses représentants spéciaux, les *missi*, ne pouvaient que s'insérer dans les réseaux d'intérêts croisés qui liaient les membres de l'aristocratie. Les factions au sein de la famille impériale démultipliaient les exigences et chaque aristocrate de l'Empire était pris dans de multiples conflits de loyautés et d'intérêts.

Après la mort du roi Pépin d'Aquitaine en 838, celle de l'empereur en 840 puis le massacre fratricide de Fontenoy-en-Puisaye (juin 841), une paix fut établie entre les trois fils restants de Louis le Pieux. Le partage de Verdun, en 843, reconnaissait trois parts égales. Lothaire avait hérité de la partie centrale de l'Empire, de la mer du Nord à l'Italie, ainsi que du titre d'empereur, mais il était dépourvu d'autorité sur ses deux frères, Charles le Chauve à l'ouest et Louis le Germanique à l'est. À sa mort, en 855, il appliqua lui aussi un partage égalitaire entre ses fils, bien que Louis II (855-875), l'aîné, ait reçu à la fois l'Italie et le titre impérial. L'affaiblissement du pouvoir effectif des empereurs d'Occident permit au pape de renforcer son rôle dans la désignation de l'empereur : Anastase le Bibliothécaire, proche conseiller des papes Hadrien II (867-872) et Jean VIII (872-882), affirmait en 871 que l'empereur des Romains était celui qui avait été couronné à Rome, des mains du pape, qui le choisissait comme défenseur attitré du siège romain.

La fragmentation du pouvoir carolingien et la dissociation du titre d'empereur et de l'autorité impériale n'empêchaient pas le maintien de l'idéal d'une autorité unique sur le monde franc. Charles le Chauve, couronné empereur par le pape à Rome à Noël 875 pouvait espérer au moins conjuguer la domination sur deux royaumes, la Francie de l'Ouest et l'Italie, mais il mourut dès 877. Charles le Gros (876-888), fils de Louis le Germanique, réunit quant à lui l'ensemble de l'héritage de son grand-père Louis le Pieux et fut couronné empereur par le pape à Rome en 881. Il échoua néanmoins à s'imposer aux aristocraties des différents royaumes, notamment face aux attaques vikings. Après sa mort en 888, le titre impérial fut encore porté par différents souverains en Italie, mais les élections royales de cette même année qui virent l'accession au pouvoir d'étrangers à la famille carolingienne (Rodolphe en Bourgogne transjurane puis en Lotharingie, Bérenger en Italie, Eudes en Francie de l'Ouest) montrent l'abandon de toute mise en pratique de l'idéal impérial[10].

10. Voir le chapitre 17.

Prétentions impériales à l'anglaise

L'absence d'un détenteur du titre impérial en Occident après 924 n'empêcha pas quelques rois d'adopter une posture impériale en Angleterre. Le roi du Wessex Æthelstan (924-939) fut sacré et couronné à son avènement, suivant une cérémonie influencée par le modèle royal franc. Après avoir réuni la Mercie et le Wessex, vaincu les vikings de York et soumis les rois de Strathclyde et d'Écosse et certains princes gallois, il s'intitulait dans les chartes, à partir de 931, « roi des Anglais, élevé sur le trône de l'ensemble de la Bretagne par la main droite du Tout-Puissant »[11]. Son monnayage le représente avec une couronne et porte la mention suivante : *rex totius Britanniae*, « roi de toute la Bretagne », reprenant ainsi l'idée développée par Bède, dans son *Histoire ecclésiastique du peuple anglais*, que quelques souverains pouvaient étendre leur domination à l'ensemble de la Grande-Bretagne. Dans la *Chronique anglo-saxonne* composée à la fin du IXe siècle, de tels rois recevaient le titre de *bretwalda* (seigneur de Grande-Bretagne). Néanmoins, Æthelstan ne se limitait pas à ce seul modèle, et s'inscrivait aussi dans la lignée des empereurs continentaux, car il employait aussi le terme de *basileus*, utilisé en grec pour l'empereur byzantin, pour s'affirmer « empereur des Anglais ».

Cette prétention impériale reflétait la soumission des rois voisins, mais la position hégémonique acquise par Æthelstan était trop précaire pour permettre une intégration réelle des différents royaumes. Elle s'explique sans doute aussi par ses contacts étroits avec les rois de Germanie, car sa demi-sœur Édith (m. 946) épousa Otton Ier vers 929-930. L'absence d'empereur en Occident après 924 n'empêchait pas que l'horizon impérial restât présent dans l'espace politique et

11. Foot 2011.

constituât un objectif pour tout souverain occupant une position dominante par rapport à ses voisins. Edgar (957-975), neveu d'Æthelstan, exprima à son tour, dans un contexte où son hégémonie était plus assurée, cette prétention impériale dans une cérémonie de consécration à Bath en 973. Celle-ci correspondait à la fois à la reconnaissance de son autorité par les rois voisins écossais et gallois, à la démonstration de sa puissance maritime grâce à sa flotte, et à l'imposition, avec l'aide de son conseiller Æthelwood, évêque de Winchester, de la réforme monastique promouvant la règle bénédictine dans les communautés britanniques[12]. Il mêlait ainsi, comme les souverains francs, l'idéal impérial unitaire et l'impératif de réforme religieuse.

Si les souverains anglais jouaient avec l'idéal impérial lorsqu'ils pouvaient s'imposer aux autres rois de l'île, l'accession concrète au titre impérial passait par une cérémonie à Rome. Bérenger Ier (m. en 924), marquis de Frioul et roi contesté en Italie, avait été le dernier à parvenir à un couronnement impérial, en 915. Le roi de Germanie Otton Ier fut le premier à pouvoir de nouveau organiser un couronnement impérial à Rome, en 962.

Un nouvel Empire

En 961, auréolé du prestige de ses victoires de 955 sur les Hongrois au Lechfeld et sur les Slaves païens du Mecklembourg à Recknitz[13], Otton Ier, roi de Germanie, fut appelé à l'aide par le pape Jean XII, menacé par le roi déchu d'Italie Bérenger II. À l'issue d'une rapide campagne militaire, il fut couronné empereur à Rome le 2 février 962. Un nouvel empire apparut, que l'on nommera à partir du XIIe siècle le

12. Voir le chapitre 13.
13. Voir le chapitre 12.

Saint-Empire, puis au XIIIe siècle le Saint-Empire romain (*voir* carte 5, p. VII). Otton Ier revendiquait le double héritage de Rome et des Carolingiens et prit le titre d'*imperator augustus* ; son fils Otton II accentua cet idéal antiquisant en adoptant à partir de 982 celui de *Romanorum imperator augustus*. Otton Ier se posait en défenseur privilégié de la papauté, embourbée dans les déchirements de l'aristocratie romaine, et confirma ses droits sur le Patrimoine de saint Pierre. Après s'être heurté à l'hostilité de l'empereur byzantin qui répugnait, comme en 800, à accepter un pouvoir impérial concurrent, il parvint à en obtenir la reconnaissance, manifestée par le mariage de son fils Otton II avec la princesse Theophano, qui exerça la régence durant la minorité d'Otton III, de concert avec la grand-mère de ce dernier, Adélaïde. Les relations entre les deux Empires restèrent cependant ambivalentes, alternant confrontations militaires en Italie du Sud et projets matrimoniaux avortés. Leur principal terrain de rivalité se trouvait toutefois en Europe centrale où christianismes latin et grec se disputaient les nouveaux peuples convertis[14].

Le royaume d'Otton Ier remonte à la division de l'Empire carolingien par le traité de Verdun et à l'émergence du royaume des Francs de l'Est confié en 843 à Louis le Germanique[15]. Dans ce royaume, la rupture avec les Carolingiens fut définitive après la mort du dernier souverain issu de cette famille, Louis l'Enfant, en 911 et l'avènement, dans un contexte de fortes rivalités aristocratiques, du duc de Franconie Conrad, puis du duc de Saxe Henri Ier (919-936), fondateur d'une nouvelle dynastie, celle des Ottoniens. Otton Ier (936-973) fut l'artisan de l'essor du royaume qui s'imposa au milieu du Xe siècle comme le plus puissant de la Chrétienté latine. Les victoires remportées contre les païens en Europe orientale, dans le cadre de guerres sacralisées et ritualisées, « liturgifiées »

14. LEYSER 1994. Voir les chapitres 12 et 18.
15. Voir les chapitres 15 et 17.

selon une heureuse formule (Philippe Buc), firent des souverains germaniques les nouveaux instruments de Dieu, ce que symbolisa la possession de la sainte lance attribuée à saint Maurice (le chef de la légion thébaine vénéré à l'abbaye d'Agaune), offerte à Henri Ier par le roi de Bourgogne transjurane Rodolphe II en 926[16]. La puissance ottonienne bénéficiait de l'affaiblissement de ses voisins. Les rois de Francie de l'Ouest, sous la pression des agressions scandinaves et empêtrés dans la rivalité entre Carolingiens et Robertiens (ancêtres des Capétiens), ne parvinrent pas à conserver la Lotharingie qui bascula définitivement du côté germanique à partir de 925, offrant aux rois de l'Est l'ancien cœur de l'Empire carolingien autour d'Aix-la-Chapelle[17]. Quant à la royauté italienne, elle était fragilisée par la compétition pour la couronne entre plusieurs grands groupes aristocratiques dont aucun ne parvenait à s'imposer durablement. C'est à la faveur de ces rivalités que les princes d'Allemagne méridionale, ducs de Souabe et de Bavière, commencèrent à intervenir dans le nord de la péninsule dans les années 940. Otton Ier s'imposa lui-même en se faisant couronner roi d'Italie à Pavie en 951 après avoir épousé Adélaïde, la veuve du roi Lothaire II, et écarté son compétiteur Bérenger II. Dix ans plus tard, le regain d'hostilité de ce dernier conduisit le pape à faire appel à Otton Ier qui se fit donc couronner empereur en 962[18].

L'instauration de l'Empire modifia peu les modalités de l'accession au trône dont la clé restait en Germanie. Il fallait d'abord y être élu roi par la haute aristocratie laïque et ecclésiastique. Malgré cela, la tendance dynastique était forte, ce qui explique la succession en ligne directe de deux familles, les Ottoniens de 919 à 1002 (et en branche collatérale jusqu'en 1024), puis les Saliens de 1024 à 1125. Cette tendance était

16. Buc 2003.
17. Schneider 2010.
18. Reuter 1991.

confortée par le couronnement du fils héritier du vivant de son père. Mais, en droit, la monarchie demeurait élective, ce qui conférait un pouvoir non négligeable aux princes, et plusieurs successions furent difficiles comme en 983, 1002 et 1024. D'un autre côté, les grandes charges ducales, tout en étant elles-mêmes héréditaires, pouvaient être confisquées par le souverain en cas de révolte, ce qui se produisit, par exemple, en 976 avec le duc de Bavière ou en 1035 avec le duc de Carinthie. L'empereur conservait bien plus d'emprise sur les grands honneurs que le roi de Francie occidentale. Ces équilibres délicats expliquent que le processus d'avènement restait complexe : même désignés ou pressentis, les candidats à la royauté s'exprimaient devant l'assemblée des grands ; ces derniers devaient s'entendre puis procéder à l'élection et à l'acclamation ; ensuite le nouvel élu se déplaçait pour un (ou plusieurs) couronnement et sacre par les archevêques de Cologne, Mayence et Trèves, puis, après 1002, pour une tournée inaugurale à travers les duchés. Le souverain germanique ne portait pas d'autre titre que celui de *rex*, l'appellation « roi des Romains » ne s'imposant qu'au début du XIIe siècle[19]. Il lui appartenait ensuite de se rendre en Italie pour recevoir à Rome la couronne impériale des mains du pape, ce qu'il ne faisait le plus souvent que plusieurs années après son accession au trône en Germanie.

En revanche, l'idéologie impériale renforça la conception providentielle qui faisait de l'empereur le vicaire du Christ et la vraie tête de l'Église, surtout à partir des règnes d'Otton III (983/996-1002) et Henri II (1002/1014-1024)[20]. Cette théocratie impériale justifiait l'emprise du souverain sur l'institution ecclésiale et lui attribuait la tâche de défendre la Chrétienté latine, ce qui conférait à l'expansion vers l'est une place

19. *Ibid.*

20. La première date est celle de l'accession à la couronne de Germanie, la seconde celle du couronnement comme empereur.

cardinale dans toute la politique impériale. Si les empereurs menaient une vie itinérante, Aix-la-Chapelle et Rome firent l'objet d'une considération particulière qui connut son apogée sous le règne d'Otton III. Désireux de s'approprier le prestige de son modèle et de placer sa dynastie dans le prolongement des Carolingiens, celui-ci fit rechercher et ouvrir la tombe de Charlemagne à Aix-la-Chapelle et transféra le corps de ce dernier, à la Pentecôte de l'an mille, dans un somptueux sarcophage romain en marbre sculpté. Otton III séjourna longuement à Rome, où il se fit construire un palais sur le Palatin. Il attribua d'antiques titres romains à certains grands offices et s'entoura d'intellectuels brillants, à commencer par Gerbert d'Aurillac dont il favorisa l'accession au pontificat sous le nom de Sylvestre II, cherchant à renouveler le prestigieux duo jadis formé par Constantin et Sylvestre Ier. Henri II opéra un recentrement sur le monde germanique mais renforça cette double influence idéologique romaine et carolingienne. Un tel contexte explique que l'espace germanique ne fut que très peu concerné par les conciles de la paix de Dieu apparus dans les diocèses de France méridionale à la fin du Xe siècle[21] : la justice et la paix y demeuraient fondamentalement des attributs du roi et c'est sous l'égide d'Henri III (1039/1046-1056) que furent nouées des alliances de paix (*foedera pacis*) entre les grands pour limiter les nuisances des guerres qui les déchiraient.

L'espace de l'Empire

Jusqu'au milieu du XIe siècle, trois régions où se concentraient les principaux palais, les plus nombreux domaines et les résidences majeures des empereurs ottoniens et saliens jouaient un rôle central : la Saxe orientale et la Thuringe

21. Voir le chapitre 17.

(Magdebourg, Quedlinbourg, Allstedt, Mersebourg, auxquels s'ajouta Goslar à partir d'Henri II) qui correspondaient au foyer familial des Ottoniens ; la Rhénanie moyenne et la Franconie autour de la confluence du Rhin et du Main (Francfort, Mayence, Worms), qui avaient été l'un des centres du pouvoir carolingien et constituaient le foyer familial des Saliens ; la Basse-Lotharingie (Cologne, Aix-la-Chapelle, Liège, Nimègue et Utrecht), qui avait été le foyer de la famille carolingienne. Cet espace était exclusivement germanique et fortement marqué par une polarité orientale liée aux origines saxonnes de la dynastie ottonienne d'une part, au rôle joué par l'expansion vers les pays slaves dans la géopolitique impériale d'autre part. Il ne correspondait plus à l'ancien espace impérial carolingien : l'empereur n'était plus un *rex Francorum*. Le titre de « roi des Francs de l'Est » fut d'ailleurs abandonné après 921[22].

Aux marges de cet espace germanique, l'influence impériale s'exerçait selon une intensité et des modalités très variables qui évoluaient en outre rapidement dans le temps. Adossé aux Alpes, le royaume de Bourgogne transjurane, issu des partages entre les descendants de l'empereur Lothaire (m. 855), entra dans la sphère germanique dès le règne de Rodolphe II (912-937). Son successeur, le roi Conrad Ier (937-993) tenta sans succès de s'imposer en Italie, mais parvint à récupérer la couronne de Provence (942). Son autorité ne s'exerçait cependant véritablement que sur la Transjurane (de Genève à Sion), grâce à l'appui des évêques notamment. Sa sœur Adélaïde, veuve de Lothaire II d'Italie, devint l'épouse d'Otton Ier en 951 et facilita l'accession de ce dernier à la couronne d'Italie. Cette union rapprocha encore le royaume bourguignon du pouvoir germanique. Au début du XIe siècle, Rodolphe III, dépourvu de fils, désigna l'empereur Conrad II comme son héritier : celui-ci se fit couronner roi de Bourgogne-Provence

22. Brühl 1994.

en 1033. L'influence impériale restait cependant limitée à la Transjurane, à l'épiscopat et à quelques familles ralliées, comme les futurs comtes de Savoie, et ignorait aussi bien la région lyonnaise que le Dauphiné et la Provence. À l'est de l'Empire, s'étendaient les terres slaves, soumises à la pression militaire, la mission évangélisatrice et la colonisation rurale germaniques. C'est ici autant qu'à Rome, dans la soumission et la satellisation des princes slaves, que se forgeait la légitimité ecclésiale du souverain et qu'il gagnait l'essentiel de son prestige politique et militaire[23]. D'autant que les combats contre Byzance ou les Arabes dans le sud de l'Italie étaient bien plus hasardeux : en 982, Otton II essuya même une sévère défaite face aux musulmans de Sicile à cap Colonne qui mit un terme aux ambitions impériales dans le sud de la péninsule[24]. Au xe siècle, le souverain germanique exerçait par ailleurs une influence certaine sur la royauté et les régions septentrionales de Francie occidentale. Relayé un temps par l'archevêque Brunon de Cologne (953-965), propre frère d'Otton Ier, il arbitrait les conflits aristocratiques, entretenait des relations privilégiées avec certains évêques et noua une alliance avec les Robertiens, ducs des Francs, que vint concrétiser le mariage d'Hugues le Grand avec Edwige, sœur d'Otton et Brunon. Il joua un rôle non négligeable dans les événements de 987 qui virent la couronne de Francie occidentale passer du Carolingien Louis V à Hugues Capet, petit-fils d'Otton Ier par sa mère[25].

Quelle place occupait l'Italie dans cet ensemble ? Le roi de Germanie se considérait d'emblée aussi roi d'Italie, sans en porter le titre ni recourir toujours à un couronnement particulier. S'il y avait deux archichanceliers (l'archevêque de Mayence pour la Germanie, celui de Ravenne pour l'Italie), la chancellerie impériale restait unique et ne recourait pas

23. Voir le chapitre 12.
24. Voir le chapitre 19.
25. Leyser 1994.

à des usages diplomatiques spécifiques. Le contrôle de ce royaume était cependant essentiel pour conserver l'accès à Rome où seul pouvait être célébré le couronnement impérial. Mais dans les faits, l'autorité du souverain demeurait fragile et n'était guère reconnue localement en dehors de la Lombardie, de Ravenne et de la Toscane, sauf lorsqu'il s'y rendait en personne. Même Otton III, pourtant couronné à Aix-la-Chapelle à la fois par les archevêques de Cologne et de Ravenne, ne fut reconnu en Italie qu'à l'occasion de sa venue en 996. Or la présence impériale se fit beaucoup plus rare à partir du début du XIe siècle : alors qu'Otton Ier passa neuf des douze dernières années de son règne dans la péninsule et Otton III cinq des sept années de son règne personnel, Henri II y resta moins de deux ans sur vingt-deux, Conrad II (1024/1027-1039) trois ans sur quinze, Henri III (1039/1046-1056) deux ans sur seize[26]. Pour compenser cette absence, les souverains s'appuyaient sur quelques grandes familles locales auxquelles étaient confiés les principaux offices (duché de Spolète, marquisat de Toscane) et encourageaient les alliances matrimoniales par-delà les Alpes, à l'image de celle unissant les marquis de Toscane aux ducs de Lotharingie. Mais celles-ci demeuraient rares et ne débouchèrent pas sur la constitution d'une aristocratie d'Empire sur le modèle carolingien. Les empereurs s'appuient en réalité surtout sur les évêchés où étaient nommés des clercs originaires de Germanie, en nombre croissant sous Henri II et Conrad II, surtout dans la province d'Aquilée, limitrophe de la Bavière et de la Carinthie, mais aussi à Ravenne, Milan et Verceil. L'importante diffusion de la collection canonique de Burchard de Worms atteste des liens forts qui unissaient les sièges d'Italie du Nord à l'Église impériale. Cette situation explique que la région sera, autant que la Germanie, le terrain privilégié de la querelle des Investitures à la fin du XIe siècle.

26. Reuter 1991.

L'empereur, les grands et l'Église

La vassalité était très peu répandue dans le royaume de Francie de l'Est de la seconde moitié du IXe siècle – aucun comte n'y est en même temps *vassus* du roi par exemple – et même si elle semble se diffuser au cours du Xe siècle, elle ne représente pas un fondement de l'ordre politique. Celui-ci reposait sur les grands duchés conçus comme des grands offices, des charges publiques (*honores*) dont le roi conférait l'investiture, au même titre que les évêchés ; il pouvait d'ailleurs en créer de nouveaux, comme Otton II le fit pour la Carinthie en 976. Ces duchés, assez peu nombreux (Bavière, Souabe, Franconie, Saxe, Lotharingie), ne constituaient pas pour autant des principautés territoriales : il s'agissait plutôt d'un ensemble de centres de pouvoir (palais, forteresses, abbayes), de droits publics et de seigneuries et d'une agglomération de clientèles aristocratiques et de réseaux ecclésiastiques. En s'appuyant sur les membres de sa parenté et par le jeu des alliances matrimoniales, Otton Ier parvint à contrôler un grand nombre de ces duchés, en particulier dans le Sud (Bavière, Souabe), ainsi que les sièges archiépiscopaux de Cologne (confié à son frère Brunon) et de Mayence (confié à son fils Guillaume), qui représentait avec Trèves la tête de l'Église allemande. Mais les Ottoniens, comme leurs prédécesseurs carolingiens, furent obligés de reconnaître le caractère héréditaire des bénéfices et des honneurs, comme le fit Otton Ier en faveur d'Udo, comte de Wetterau, Lahngau et Rheingau, en 949. L'enracinement des parentés aristocratiques, y compris celles issues de branches cadettes de la famille ottonienne comme en Bavière, était indéniable. Il s'accompagnait du renforcement de l'emprise des lignées ducales sur les couches inférieures de l'aristocratie, les comtes notamment, et, à partir du début du XIe siècle, sur les monastères. Cette emprise leur assurait une assez grande indépendance vis-à-vis du souverain, qui se perçoit dans les « pactes d'amitié » conclus entre Henri Ier et les grands au début du xe siècle comme dans la multiplication jusqu'au xie siècle des guerres internes à l'Empire que le faible pouvoir de contrainte de la justice royale ne parvenait pas à endiguer[27]. Le roi ne pouvait en réalité perturber la transmission héréditaire d'un duché et réinvestir celui-ci à un fidèle qu'en deux occasions : en cas de grave rébellion ou en l'absence d'héritier direct. À l'inverse, lorsque la lignée royale s'éteignait, c'était au sein des familles ducales qu'émergeaient les prétendants à la couronne et l'avènement d'un duc venait fondre son duché dans le patrimoine royal dont il accroissait la puissance, comme c'est le cas en 1002 avec l'accession d'Henri de Bavière. Cette dynastisation des pouvoirs princiers constitua un des motifs conduisant les souverains à développer leur emprise sur l'institution ecclésiale.

L'historiographie a révisé, depuis les années 1990, la conception d'une Église entièrement sous le contrôle des empereurs, ce qu'on a appelé le « système de l'Église impériale » (*Reichskirchensystem*), une vision largement construite de manière rétrospective à des fins polémiques par les réformateurs grégoriens pour justifier leur combat pour la *libertas Ecclesia*[28]. La réalité est plus complexe et nuancée et ne reflète pas un projet global pensé dès le règne d'Otton Ier comme on a pu le croire. Il n'en demeure pas moins que l'intégration des structures ecclésiastiques dans l'exercice du pouvoir royal a été beaucoup plus poussée dans l'Empire ottonien et salien que dans l'Empire carolingien ou n'importe quel autre royaume d'Occident contemporain. Dans cet Empire, les hautes charges ecclésiastiques (archiépiscopat, épiscopat, abbatiat), dont les titulaires étaient souvent choisis et investis dans leur charge par le souverain et lui devaient fidélité,

27. Althoff 1992 et 2003.
28. Schieffer 1998.

représentaient aussi un moyen de servir le roi, notamment parce que de nombreux sièges épiscopaux reçurent, surtout à partir des années 970-980 (Utrecht, Cambrai, Magdebourg, Liège…), des prérogatives royales sur le modèle de ce qui avait parfois été initié dans les Francie de l'Ouest et de l'Est au tournant des IXe et Xe siècles : droits de justice, droit de battre monnaie, tonlieux et droits de marché, châteaux – celui de Sarrebruck est par exemple concédé à l'évêque de Metz en 985 – et même parfois charge comtale – l'évêque de Liège reçut ainsi le comté de Huy également en 985. La multiplication de ces pouvoirs profitait aussi aux avoués, ces laïcs investis des prérogatives judiciaires et militaires des institutions ecclésiastiques qu'ils étaient appelés à protéger et qui les rétribuaient, et faisait plus généralement des avoueries un objet de convoitise au sein de l'aristocratie laïque. En contrepartie de cette association à l'exercice du pouvoir royal, les évêchés devaient le *servitium regis* : ils avaient l'obligation d'accueillir et d'entretenir la cour de passage et de fournir des contingents de chevaliers pour l'ost impérial – contingents qui peuvent être conséquents (100 chevaliers pour Strasbourg et Augsbourg en 982) et que bon nombre d'évêques, issus de l'aristocratie laïque, conduisaient eux-mêmes à la guerre[29]. Les empereurs, les Ottoniens plus que les Saliens, s'appuyèrent aussi sur les grandes abbayes (Fulda, Lorsh, Corvey, Quedlinbourg, Hersfeld, Wissembourg…), auxquelles furent concédés ou confirmés, à partir du milieu du Xe siècle, des privilèges d'immunité, le droit de battre monnaie, des marchés et tonlieux, et auprès desquels se développèrent aussi les avoueries. Lieux de séjour de la cour, foyer d'une historiographie qui faisait souvent figure de littérature d'éloge, les communautés monastiques intégraient la famille impériale dans leurs réseaux de prières et d'amitié. Mais elles devaient aussi fournir des contingents militaires à l'ost impérial.

29. KUPPER 1981 ; BÜHRER-THIERRY 1997 ; SCHIEFFER 1998.

La mise en place d'un processus ordonné d'accession à la fonction épiscopale à partir des années 960-970 constituait sans doute le trait le plus singulier de cette intégration de l'institution ecclésiale au sein des structures impériales : les fils de nobles étaient d'abord éduqués dans les écoles ou les chapitres des cathédrales, puis intégraient la chapelle palatiale où ils pouvaient développer une relation personnelle avec le souverain, avant d'être nommés à la tête d'un évêché vacant de l'Empire : 13 évêques sur 23 présentent un tel cursus pendant le règne personnel d'Otton III, 23 sur 47 sous le règne d'Henri II, 22 sur 44 sous le règne de Conrad II. Ceci n'en fait pas nécessairement des hommes affidés au souverain : ils conservaient des liens étroits avec leur parenté et défendaient aussi les intérêts propres de leur Église, ce qui pouvait parfois leur causer quelques conflits de loyauté. Mais cela contribuait de manière indéniable à la cohésion du groupe des évêques d'Empire et à leur proximité avec l'autorité et la personne même de l'empereur.

Cette cohésion et ce rôle ressortent d'autres phénomènes. L'Empire est le lieu de rédaction du premier livre rassemblant les rituels spécifiquement à l'usage des évêques (parmi lesquels figure le sacre des rois), le « pontifical romano-germanique », composé à Mayence vers 960-962 par la volonté d'Otton Ier et de son fils Guillaume, titulaire du siège auquel était associé l'office d'archichancelier. Cet ouvrage connut une très importante diffusion en Germanie et en Italie du Nord, favorisant l'unification liturgique de l'Église impériale. La même logique unificatrice guida la diffusion du *Décret* de l'évêque Burchard de Worms (1000-1025), qui constitua la plus importante collection canonique de la Chrétienté latine jusqu'au milieu du XIIe siècle. La puissance des évêques d'Empire se manifestait enfin à travers la reconstruction monumentale des abbatiales ou des cathédrales parmi lesquelles figuraient les plus grandes églises de la Chrétienté latine d'alors (abbatiale de Hildesheim, cathédrales de Magdebourg, Mayence,

Strasbourg ou Spire). Ces églises accueillaient très souvent la sépulture des évêques et étaient le foyer de rédaction de nombreuses Vies ou *Gesta* épiscopales, des récits à la fois historiographiques et hagiographiques associant l'action d'un évêque ou la célébration de la lignée épiscopale à la politique impériale et à la mémoire de la cité[30].

La représentation d'Henri II en ouverture du manuscrit du pontifical romano-germanique réalisé à Salzbourg vers 1020 pour la cathédrale de Bamberg constitue une remarquable illustration de la théocratie impériale : l'empereur, encadré par deux archevêques, est placé au centre d'une architecture ecclésiale ; en position dominante – il est plus grand et surplombe les deux prélats –, il gouverne l'Église, à la fois communauté des fidèles et institution, avec l'aide des évêques qui lui sont subordonnés. La manifestation la plus spectaculaire de ce gouvernement est certainement la création par Otton Ier de la nouvelle province de Magdebourg et de ses évêchés suffragants (Brandebourg, Havelberg, Mersebourg, Meissen et Zeitz), programmé dès 955 et réalisé en 968 ; un geste que répéta Henri II en créant l'évêché de Bamberg en 1007[31]. Un autre signe de cette théocratie impériale réside dans la conduite de la réforme monastique depuis la cour, comme cela avait été le cas sous Louis le Pieux, et non dans un cadre régional comme ce fut le cas en Francie occidentale. Ce contexte explique certains traits particuliers de la réforme en pays germanique : c'est ici le souverain et non le pape qui apparaissait comme le garant de la libre élection de l'abbé et de l'immunité ; les abbayes, qui ne constituaient pas de réseaux peu à peu institutionnalisés comme Cluny, restaient très liées aux évêques et à leurs avoués. Le foyer principal de cette réforme était la Lotharingie, depuis Borgne, Gorze, Saint-Èvre de Toul, Saint-Maximin de Trèves dès la première

30. Bührer-Thierry 1997 ; Giraud et Tock 2009.
31. Mazel 2016.

moitié du xe siècle – c'est là qu'Otton Ier recruta les premiers moines de sa fondation de Saint-Maurice de Magdebourg – jusqu'à Stavelot au début du XIe siècle.

Cette emprise sur l'Église s'étendit au royaume d'Italie (Ravenne, Milan, Verceil, Aquilée, Brixen...) à la fin du xe siècle, puis au royaume de Bourgogne (Bâle, Lausanne, Besançon) dans les années 1030-1040. Dans ces espaces périphériques où l'aristocratie laïque était souvent hostile au souverain germanique, archevêques, évêques et grandes abbayes se révélaient d'efficaces relais de son autorité. La papauté elle-même passa sous la coupe des empereurs germaniques. Au concile de Sutri de 1046, Henri III déposa trois papes et les remplaça par un pape germanique, Clément II, ancien évêque de Bamberg.

Liturgie royale et communication politique

Dans un contexte de relative fragilité institutionnelle et de faible recours à l'écrit (moins fréquent qu'à l'époque carolingienne), les relations interpersonnelles entre les élites et l'empereur revêtaient une importance majeure alors même qu'elles ne pouvaient s'appuyer sur une vassalité encore peu développée. Les empereurs s'attachèrent donc à revitaliser et à amplifier la culture politique de la fin de l'époque carolingienne, en privilégiant le déploiement de rituels destinés à mettre en scène leurs liens avec les grands tout en soulignant leur majesté. Même si les récits qui les rapportent, toujours ecclésiastiques, opèrent une relecture à des fins idéologiques qui peuvent être pour partie différentes de celles poursuivies par les empereurs et de la perception qu'en ont eu les grands, ces cérémonies représentaient une forme de communication politique à l'égard des puissants, fondée sur la parole et le geste et imprégnée de liturgie. Les couronnements et les funérailles, les grandes fêtes du calendrier chrétien (Noël, Rameaux,

Pâques, Pentecôte), les entrées dans les villes… constituaient autant de rituels d'unanimité, ordonnés par des règlements (*ordines*) et rappelant le rang de chacun tout en mettant en scène la supériorité et la sacralité du pouvoir impérial. À côté des célébrations religieuses, le banquet représentait souvent un moment particulier, comme en témoigne celui organisé pour le couronnement d'Otton Ier, en 936, au cours duquel les ducs durent chacun exercer un office palatin (échanson, sénéchal, chambrier…) au service de l'empereur. La soumission d'un rebelle passait par une cérémonie de prosternation qui permettait au roi d'octroyer sa grâce, laquelle pouvait s'accompagner de l'investiture de nouvelles charges : en préservant l'honneur et la dignité de chacun, le rituel officialisait la résolution du conflit et permettait de rétablir un équilibre indispensable au bon fonctionnement de l'Empire. À partir du début du XIe siècle, le nouveau roi prit l'habitude de faire une tournée (*transitus*) à travers le royaume, qui était à la fois une prise de possession de certains lieux et un rituel de rencontres avec les grands. Wipon évoque dans son *De itinerare regis per regna* le voyage de Conrad II en 1024, qui commença bien sûr à Aix-la-Chapelle[32].

De Widukind de Corvey et Liutprand de Crémone jusqu'à Thietmar de Mersebourg et Wipon, Ottoniens et Saliens bénéficièrent ainsi de cercles ecclésiastiques dévoués, prompts à célébrer ces rituels pacificateurs et à exalter la destinée providentielle des empereurs et leur rôle de médiateurs du salut des peuples réunis sous leur domination. Dans le même esprit, la célébration de la sainteté de quatre femmes membres de la dynastie ottonienne à partir des années 970 – au premier rang desquelles figurent Mathilde (m. 968), mère d'Otton Ier, et Adélaïde (m. 999), sa seconde épouse, louée par l'abbé Odilon de Cluny – attestait d'une possible et paisible conciliation entre vie chrétienne, rôle d'épouse

32. Leyser 1994 ; Althoff 2003 ; Buc 2003.

et engagement souverain qui rejaillit indirectement sur toute la lignée[33].

Par-delà les aléas successoraux et la fragilité des constructions politiques, la restauration d'un empire en Occident, d'abord en 800 puis en 962, a profondément renouvelé les paradigmes de la souveraineté dans le sens d'une vocation théocratique de plus en plus poussée, qui compensa les échecs d'une prétention à l'universalité régulièrement battue en brèche. Elle a aussi renouvelé le mythe impérial romain tardo-antique, adossé à la figure de Constantin, en l'enrichissant d'une série de motifs originaux appelés à nourrir dans la longue durée médiévale et moderne les aspirations de bien des rois et des princes, fussent-ils dépourvus du titre d'empereur.

MAGALI COUMERT et FLORIAN MAZEL

33. Corbet 1986 ; Giraud et Tock 2009.

12.

L'horizon saxon, slave et hongrois

(VIIIe-milieu XIe siècle)

En 772, les armées franques de Charlemagne pénètrent dans la Saxe païenne, ouvrant un épisode de violente conquête qui s'étale sur trente ans. En 919, c'est le duc des Saxons, Henri Ier, qui est élu roi de Germanie, et, en 962, son fils Otton Ier restaure un Empire chrétien en revendiquant le modèle carolingien[1]. En l'espace de deux siècles, toute une partie de l'Europe orientale s'intègre ainsi au monde franc, chrétien et latin au point de pouvoir en relever le flambeau (*voir* cartes 6 et 7, p. VIII).

Du milieu du VIIIe au milieu du XIe siècle, le monde germanique et tous les peuples qui vivent sur ses marges orientales et septentrionales se transforment donc radicalement : d'une multitude de peuples et de tribus peu organisés, on passe à un ensemble de principautés voire d'États construits sur le modèle franc ; d'un ensemble de populations pratiquant toutes sortes de polythéismes, on passe à un espace adepte du christianisme romain ; enfin de régions encore inexplorées, ou du moins peu connues par le monde franc, on passe à une constellation de pouvoirs largement imbriquée dans le système de l'Empire ottonien puis salien et de l'Église romaine. Ces évolutions peuvent être considérées de plusieurs points de vue : celui de la construction des identités, de la

1. Voir le chapitre 11.

conversion et de la christianisation des élites, mais aussi celui du transfert des modèles politiques et culturels qui rendent possible l'intégration de ces espaces dans le système impérial et leur connexion avec le reste du monde.

Construction des identités

Dans les dernières décennies du VIIIe siècle, le pouvoir franc s'attaque à la dernière région de Germanie restée hors de son contrôle. La conquête de la Saxe, qui s'étale sur une trentaine d'années (772-804), vient parachever la construction du pouvoir carolingien qui se pense désormais dans une dimension impériale[2]. Le monde des Saxons est un vaste espace qui s'étend du nord de la Thuringe jusqu'à la mer du Nord et au pays des Danois, et qui se déploie entre la Ruhr et l'Elbe. Mais cet espace ne correspond à aucune unité, ni politique, ni géographique, ni ethnique : si les Saxons apparaissent bien dans la documentation franque dès le VIe siècle, la Saxe à proprement parler n'existe pas avant la conquête carolingienne et, sur ses marges, on trouve tout à la fois des populations saxonnes, frisonnes, danoises, mais aussi slaves de part et d'autre de l'Elbe. C'est un monde de tribus qu'affrontent les armées franques : de petites structures, organisées autour de chefs dont le pouvoir est limité par le nécessaire consensus de l'assemblée des chefs de familles, pratiquant essentiellement l'agriculture et l'élevage, vénérant, outre les dieux du panthéon germanique comme Thor/Donar ou Wotan, toutes sortes de divinités locales, et qui ne sont susceptibles de se rassembler qu'en cas de danger imminent. C'est précisément la conquête carolingienne qui conduit les tribus saxonnes à se fédérer pour tenter de résister à l'envahisseur. Les annales franques nous ont laissé les

2. Voir les chapitres 8 et 11.

noms correspondant à divers groupes saxons : Westphaliens, Ostphaliens, Angrivariens, Wihmodiens, Nordalbingiens, mais rien ne prouve que les Saxons eux-mêmes se soient reconnus dans ces regroupements et encore moins dans une entité « saxonne ». En revanche, il est certain que plusieurs chefs saxons, appuyés par l'assemblée du peuple réunie près du grand sanctuaire païen de Marklo, aux sources de la Lippe, ont organisé la lutte contre le pouvoir franc. Le plus célèbre de ces chefs, Widukind, a cependant abandonné le combat en se ralliant à Charlemagne et en acceptant le baptême en 785 : l'affrontement n'est pas seulement militaire, il est aussi religieux. Charlemagne ne pouvait concevoir un empire au sein duquel tous ses sujets – à l'exception des juifs qui y sont tolérés et même protégés[3] – ne soient pas chrétiens, d'autant que la conquête est ici justifiée par l'expansion du christianisme. Rapidement christianisée par l'implantation de sièges épiscopaux et intégrée au système de gouvernement franc dans les premières décennies du IXe siècle, la Saxe devient un élément important de l'Empire carolingien qui fait face aux populations slaves et scandinaves établies à ses frontières : les marches militaires qui les jalonnent sont aussi un excellent moyen d'accroître le pouvoir des élites franco-saxonnes qui les contrôlent et les défendent[4]. On peut donc dire que, d'une certaine manière, les Carolingiens ont créé l'identité saxonne et favorisé l'émergence d'une aristocratie intégrée aux réseaux de l'Empire, au point qu'en 919 une grande famille saxonne prend le pouvoir en Germanie et fonde la dynastie ottonienne. Ainsi cette région périphérique du monde franc devient le centre du royaume de Germanie et, en 962, de l'Empire ottonien puis salien qui s'étend de l'Italie du Sud à la mer du Nord[5].

3. Voir le chapitre « Juifs et judaïsme » du troisième tome.
4. Ehlers 2007.
5. Voir le chapitre 11.

Le destin des Saxons n'est toutefois guère emblématique de ce qui se passe aux frontières du monde franc où rares sont les régions et les peuples soumis et englobés dans l'Empire carolingien. À l'exception de la Carinthie, dont les populations slaves sont directement contrôlées par les Bavarois depuis le milieu du VIIIe siècle, les relations entre les Slaves et le royaume franc sont faites de raids de pillage et surtout d'imposition de tributs. Au sein d'un vaste espace compris entre l'Elbe, le Dniepr et la basse vallée du Danube, on trouve un ensemble de peuples dénommé *Sklavenoi/Sclaveni/Sclavi* par les auteurs grecs et latins, un ethnonyme qui finira par désigner les « eslaves » tant ces populations ont servi de réservoir aux razzias des marchands d'esclaves occidentaux dans le haut Moyen Âge. Cet ensemble est repérable par des éléments constitutifs d'une culture archéologique sinon commune, du moins homogène, et par l'usage de langues apparentées. Mais tous ces éléments – espace occupé, culture commune, langues apparentées – ne se superposent pas aisément pour former un groupe possédant une identité claire : il faut plutôt imaginer des petites communautés juxtaposées dans cet immense espace, dont certaines parlent des langues slaves, à côté d'autres qui parlent balte, germanique, finnois au nord – mais aussi roman et grec plus au sud. Les archéologues ont retrouvé de petits établissements formés de quelques maisons très simples où les signes de distinction sociale sont rares, ce que confirment l'ensemble du mobilier et les pratiques funéraires (incinérations) – un élément qui est également souligné par les auteurs latins et grecs. Les mentions les plus anciennes de ces peuples slaves proviennent de l'œuvre dite du « Géographe bavarois » qui écrit au IXe siècle et énumère 56 tribus situées à l'est de l'Elbe et au nord du Danube. Ici encore, ce sont donc seulement les observateurs extérieurs qui les envisagent comme un tout, un ensemble cohérent au moins du point de vue de l'identité[6].

6. ROSSIGNOL 2013.

Au contact direct des Francs, certains espaces voient leurs caractéristiques évoluer plus rapidement que d'autres. Ainsi, à la frontière orientale de la Bavière, de l'autre côté du Danube et de l'Enns, se trouve le khaganat des Avars, un peuple de la steppe qui, depuis la fin du VIe siècle, avait établi un empire s'étendant de la Pannonie jusqu'au Caucase et qui contrôlait les tribus slaves résidant dans le bassin des Carpates : dans les années 790, après plusieurs expéditions militaires, les Francs détruisirent cette puissance avar et la région devint durant un siècle une zone de confins ouverte à l'influence des Francs et des Bavarois. Les Moraves, libérés du joug des Avars, commencèrent à y constituer une principauté en négociant ou en affrontant les Francs mais aussi en évangélisant la région. Bien connues des sources franques dès 820, trois générations de princes puissants, Mojmir (v. 830-846), Ratislav (846-870) et Svatopluk (870-894), étendirent leur pouvoir sur ce qui constitue aujourd'hui la République tchèque, la Slovaquie et une partie de la Hongrie. Le centre de leur pouvoir était établi en Moravie autour de Staré Město et Mikulčice. Cette première principauté morave qu'on appelle couramment « Grande Moravie » fut détruite en 902 par l'arrivée en Pannonie d'un autre peuple de la steppe, les Hongrois, ou Magyars, qui apparaissent dans la vallée du Danube vers 895. Contrairement à ce qu'on dit souvent – et à ce qu'ils disent eux-mêmes –, les Hongrois ne sont pas des descendants des Huns d'Attila auxquels, en effet, les auteurs du Xe siècle les ont tout de suite comparés. Ils font partie des populations dites ouraliennes qui ont vécu durant plusieurs siècles sous la domination d'un peuple turc, les Onogours, auxquels ils ont emprunté de nombreuses traditions : ils sont, comme toutes les populations nomades, le produit d'une longue acculturation. Après cinquante ans de déprédations diverses sous forme de raids qui les mènent jusqu'en Italie et jusqu'à la vallée de la Loire, ils sont sévèrement battus par les troupes de l'empereur Otton Ier à la bataille du Lechfeld, près d'Augsbourg, le 10 août 955, et finissent par se sédentariser pour donner naissance au royaume de Hongrie au tournant du millénaire sous le règne du roi Étienne (1001-1038), considéré comme saint presque immédiatement après sa mort[7].

Au nord-ouest de la Moravie, la Bohême, qui forme le cœur du pays tchèque, est relativement protégée des Francs par une montagne couverte de forêt qui représente encore aujourd'hui la frontière avec l'Allemagne. Là aussi, on voit le développement de forteresses dans le courant du IXe siècle impliquant une stratification sociale et un premier processus d'unification, sous le patronage des Moraves, avec Borivoj Ier (m. v. 890), le fondateur de la dynastie des Přemyslides. Cette première tentative se cristallise autour de Prague au début du Xe siècle et les princes finissent, après plusieurs revirements, par accepter la chrétienté latine sous Wenceslas Ier (921-v. 930) et sous son frère Boleslav Ier (v. 930-972). Le pouvoir de Boleslav s'étend sur la Moravie et le sud de l'actuelle Pologne mais ses successeurs ne pourront pas se maintenir dans cette région. La Bohême demeure en outre marquée par son intégration dans des structures ecclésiastiques latines et par une subordination pérenne à l'Empire ottoniensalien dont elle fait partie[8], contrairement aux deux entités politiques qui se développent à ses frontières, en Pologne et en Hongrie.

C'est autour de la région centrale de Poznań et Gniezno que se forme une première entité polonaise, sous la houlette de Mieszko Ier (v. 962-992), chef de la tribu des Polanes, qui étend sa domination jusqu'au monde balte. Ici, l'évolution est encore plus rapide qu'en Moravie ou en Bohême : de nombreuses petites forteresses qui dataient du IXe siècle sont abandonnées dans la seconde moitié du Xe siècle au profit de nouvelles, construites par Mieszko et ses successeurs, la dynastie des Piastes, qui sont aussi alliés par mariage avec

7. Kristo 2000.
8. Kalhous 2012.

toute l'aristocratie du monde germanique. Mieszko accepte le baptême en 966 et fonde un premier évêché en 968 à Poznań. Cette alliance entre les Piastes et les Ottoniens est cependant remise en question par la volonté d'expansion de son fils, Boleslav Chrobry, dit « le Vaillant » (992-1025), reconnu roi par l'empereur Otton III en l'an mille. De nombreux troubles politiques dans les années 1030 montrent toutefois que la royauté elle-même n'est pas encore extrêmement solide et que la hiérarchie n'est pas complètement stable. Au contact de la Bohême et de la Pologne, toute la région qui se trouve autour de la haute vallée de la Vistule et de l'Oder, la Silésie, est sans cesse disputée entre les deux puissances durant tous les Xᵉ et XIᵉ siècles.

Enfin, les populations slaves qui sont situées entre l'Elbe et l'Oder, au nord du duché de Bohême, notamment un ensemble de peuples connu sous le nom d'Abodrites, n'ont donné naissance à aucune forme politique autonome : si cette région n'est pas encore considérée comme une zone de colonisation par l'Empire germanique (ce qu'elle deviendra à partir du XIIᵉ siècle avec l'*Ostbewegung*, la poussée vers l'est), elle reste très largement sous l'influence de l'Empire qui a organisé le territoire sous la forme d'un système de « marches », régions frontalières militarisées dont le contrôle est aux mains de la puissante aristocratie saxonne, notamment la famille des Billungs. Les membres de cette aristocratie sont en charge du maintien de l'ordre et de la défense de cette frontière qu'il faut moins concevoir comme une ligne que comme un espace assez profond, caractérisé par la fluidité des identités et des loyautés. C'est aussi dans cet espace entre l'Elbe et l'Oder, plus précisément entre les Abodrites et les Poméraniens, qu'on trouve une fédération de tribus appelée « Liutizes » qui résisteront le plus longtemps à la christianisation, au point que sera déclenchée contre eux en 1136 une expédition militaire appelée « croisade contre les Wendes », autre terme générique utilisé pour désigner les

Slaves du littoral de la Baltique, à une époque où tout le reste de l'Europe du Nord est considérée comme chrétienne depuis plus d'un siècle.

C'est donc essentiellement par réaction à la menace que fait peser l'expansionnisme franc puis germanique sur ces espaces que se construisent progressivement les entités politiques et les identités. Pour autant, il ne s'agit pas d'un affrontement entre des blocs hermétiques mais plutôt du résultat de nombreuses interactions dont la plus évidente se rapporte à la diffusion, plus ou moins lente, du christianisme latin au sein de toutes les populations.

Conversion et christianisation

Entre le VIIIe et le XIe siècle, tous les espaces considérés ici ont été, de gré ou de force, convertis au christianisme et englobés dans un vaste ensemble qui revendique désormais le nom de « Chrétienté »[9]. Cette dynamique n'est connue que par les sources chrétiennes qui mettent en récit, souvent de manière téléologique, la progression de la foi parmi ces nouveaux peuples « barbares », c'est-à-dire placés jusqu'alors hors des cadres du christianisme. Il est en effet frappant de constater que, pour les auteurs de ce temps, tous ecclésiastiques, la figure de la barbarie, concept hérité du monde gréco-romain, est largement réinterprétée en termes d'appartenance religieuse : les « barbares » sont avant toute chose des païens dont on se plaît à décrire la rusticité des mœurs et la férocité, voire, pour les contrées les plus éloignées, le caractère monstrueux comme dans le cas des Cynocéphales, ces hommes à tête de chien que les missionnaires s'attendaient à rencontrer sur les bords de la Baltique[10]. Le récit livré par les sources disponibles est

9. Iogna-Prat 2011.
10. Wood 2001.

donc exclusivement celui des hommes qui ont porté la foi chrétienne au-delà des frontières du monde carolingien ; un récit mis par écrit souvent plusieurs années, voire plusieurs décennies après les événements ; un récit mû par l'exaltation de l'Église au nom de laquelle partent les missionnaires ou par la diffusion du culte d'un nouveau martyr dont il s'agit de s'approprier la figure tutélaire, à l'image d'Adalbert de Prague, martyrisé par les païens de la Baltique en 997[11].

Les modalités de la diffusion du message chrétien sont toutefois très diverses : s'il est clair que la conversion des Saxons a été obtenue par la force et imposée par une puissance conquérante, ce cas de figure reste exceptionnel. Au sein même de l'entourage de Charlemagne, des voix se sont élevées pour condamner « la prédication avec une langue de fer » et les lois imposant un strict respect des normes chrétiennes sous peine de mort, finalement abrogées en 797. Même si les missionnaires, imitant le geste de saint Martin, grand modèle d'apôtre répandu dans toute l'Europe, s'empressent de détruire des sanctuaires païens, parfois au péril de leur vie, on connaît peu de cas d'imposition du christianisme par une puissance conquérante – si ce n'est les exactions fiscales des margraves (comtes des marches) sur les populations fraîchement converties au nom du paiement de la dîme. En revanche, les nouveaux princes chrétiens ne tardent pas à édicter des lois contraignant plus ou moins fortement les populations à respecter les normes chrétiennes, comme le prince polonais Boleslav Chrobry qui, selon Thietmar de Mersebourg, faisait casser les dents de ceux qui étaient pris à manger de la viande durant le Carême.

Le processus de christianisation affecte en premier lieu les élites dans un modèle de « conversion par le haut » : l'évangélisation ne peut commencer qu'avec l'accord, voire le soutien, du chef de la communauté, qui trouve lui-même

11. Bührer-Thierry 2014.

un intérêt politique à devenir un prince chrétien, même si la voie est étroite entre la nécessité de ne pas se couper de son peuple en renversant les traditions dont le chef est aussi le garant, et la volonté d'intégrer un ensemble plus vaste au sein duquel il ne peut y avoir de reconnaissance qu'entre des pouvoirs chrétiens. C'est aussi pourquoi, dans un premier temps, on voit de nombreux chefs accepter le baptême tout en continuant à pratiquer des rituels païens qui sont au fondement de la communauté : ainsi Géza, le père d'Étienne de Hongrie, qui, selon Thietmar de Mersebourg, vénérait à la fois le Christ et les dieux païens et ne comprenait pas qu'un évêque puisse lui en faire le reproche. Cette anecdote montre que le processus d'évangélisation s'appréhende aussi comme une forme de compétition, non seulement entre les dieux, mais aussi parfois entre les Églises chrétiennes.

Cette compétition se place d'abord sur le terrain de la liturgie et de la prédication : il s'agit moins de convaincre de la valeur d'un corps de doctrine que de donner des exemples frappants de la puissance du dieu des chrétiens, pour qu'il soit considéré comme « le dieu le plus fort »[12]. Cette prédication passe à la fois par les gestes visant à démontrer cette supériorité mais aussi par les paroles, ce qui suppose une certaine connaissance des langues étrangères. Si on ne conserve que peu de traces de cette réalité, il ne fait pas de doute qu'il existait des centres ecclésiastiques qui se préoccupaient de former des missionnaires en leur enseignant notamment les langues slaves. Ainsi en Carinthie, où est attestée, à Maria-Saal, une communauté tournée vers l'évangélisation des Slaves dès la fin du VIIIe siècle : c'est là aussi qu'ont été produits les plus anciens textes que nous ayons conservés en langue slovène, compilés pour l'usage de l'évêque Abraham de Freising à la fin du Xe siècle. De même, l'église archiépiscopale de Magdebourg, considérée depuis sa fondation en 968 comme

12. *Ibid.*

la tête de la mission vers le monde slave au-delà de l'Elbe, a formé de nombreux missionnaires parmi lesquels Adalbert de Prague et Brunon de Querfurt (m. 1009). La question de la capacité à prêcher et le problème de la compréhension de l'autre apparaissent couramment dans les Vies de saints missionnaires : ainsi la *Vie des Cinq Frères Martyrs* montre des missionnaires originaires d'Italie s'installer en Pologne à la fin du xe siècle et se préoccuper d'abord d'apprendre la langue locale pour pouvoir prêcher. Adalbert lui-même, dont la langue maternelle était le tchèque mais qui savait aussi l'allemand et le latin, se trouve confronté au problème linguistique lors de sa mission chez les Baltes qui parlent une langue qui n'a rien à voir avec les langues slaves : découragé par la difficulté, il propose à ses compagnons d'aller prêcher plutôt chez les Liutizes qu'ils peuvent mieux comprendre.

Mais si la prédication se déroule logiquement en langue vernaculaire, il n'en est pas de même pour les célébrations liturgiques : contrairement aux traditions en vigueur dans l'Église orientale, le christianisme romain ne conçoit pas de cérémonie dans une autre langue que le latin. Or cette question est devenue brûlante en Moravie dans les années 860-870, lorsque le prince Ratislav a fait appel à des missionnaires originaires du monde byzantin qui, selon la tradition de leur Église, ont produit un rituel en langue slave à destination des populations locales, mais aussi un nouvel alphabet, appelé « glagolitique ». Toutes ces nouveautés ont été très mal reçues par le clergé franco-bavarois qui œuvrait dans la région depuis un siècle : les évêques bavarois en appelèrent au pape pour faire condamner l'usage d'une autre langue que le latin ainsi que le nouvel alphabet. Et, en 869, ils allèrent jusqu'à s'emparer du chef de cette mission, Méthode, qu'ils retinrent dans une prison monastique durant de longs mois avant qu'il ne soit libéré sur ordre du pape. La violence de cette confrontation et l'impossibilité de se maintenir en Moravie pour les disciples de Méthode après sa mort en 885 montrent combien le processus d'évangélisation, même s'il est mené hors de tout contexte de conquête territoriale, est un moyen essentiel de maintien du contrôle sur un peuple ou une région précise. En faisant appel à des ecclésiastiques extérieurs, l'objectif du prince morave était certainement de fonder une Église indépendante du pouvoir franc, ce qu'il obtint temporairement du pape avec la création de l'éphémère archevêché de Sirmium au profit de Méthode en 870[13].

Au-delà de cet épisode, la question de l'implantation de structures ecclésiastiques autonomes s'est partout posée avec la même acuité. La création de sièges épiscopaux est inhérente au processus d'évangélisation, au moins depuis la christianisation de l'Angleterre par les clercs envoyés par le pape Grégoire le Grand au début du VIIe siècle[14]. Confortés par le mandat obtenu du pape lui-même, tous les missionnaires anglo-saxons qui ont œuvré sur le continent, notamment Boniface (m. 754), se sont préoccupés de fonder des sièges épiscopaux dans les nouvelles contrées gagnées au christianisme. C'est encore la logique qui prévaut en Saxe où sept évêques sont installés par le pouvoir carolingien entre 780 et 815. Mais dans le monde slave, comme le montre l'épisode de Méthode, les missionnaires du monde germanique qui organisent l'évangélisation résistent, avec plus ou moins de succès, à la prise d'autonomie des nouveaux convertis, ce qui engendre de grandes différences dans le rythme d'implantation des nouvelles structures d'encadrement. Ainsi la Bohême dut attendre 973 pour voir Prague érigé en siège épiscopal, alors que l'évangélisation de la région avait commencé presque un siècle auparavant, tandis que le roi Étienne de Hongrie, lui-même fils d'un chef païen, obtint du pape la création d'une douzaine d'évêchés regroupés en une province ecclésiastique dont la tête était Esztergom, un des principaux sièges

13. Betti 2014. Voir le chapitre 9.

14. Voir le chapitre 2.

du pouvoir des Arpadiens (dynastie issue de Géza), dès les premières années du XIe siècle.

Ces différences s'expliquent par la situation géopolitique, mais également par le rôle du pape qui vient conforter les projets de ces nouveaux États chrétiens et manifeste ainsi sa prééminence. Rien n'illustre mieux ce point que la fondation au cœur du pouvoir des Piastes de l'église archiépiscopale de Gniezno, célébrée en l'an mille en présence de l'empereur Otton III et avec l'accord du pape Sylvestre II, après que Boleslav Chrobry y a fait rapatrier les reliques de saint Adalbert, qu'il a rachetées à prix d'or à ses bourreaux païens. Pouvoir construire un État chrétien conforte le pouvoir du prince, au point qu'on peut se demander si ce n'est pas la conversion au christianisme qui rend possible l'établissement d'un nouveau type de pouvoir princier, inspiré des modèles carolingien et ottonien[15].

Transfert des modèles politiques

Le caractère le plus frappant dans l'évolution de ces espaces est l'organisation progressive de nouvelles formes d'entités politiques : aux petites communautés locales largement autonomes succèdent des formes plus englobantes, dont les chefs revendiquent le titre royal ou princier et s'appuient sur les premiers réseaux ecclésiastiques mis en place, voire contribuent activement à l'organisation d'une nouvelle Église chrétienne. Ce fut ainsi le cas des ducs de Moravie à la fin du IXe siècle, des princes přemyslides de Bohême au Xe siècle, mais surtout des expériences politiques hongroise et polonaise au tournant de l'an mille. La capacité d'une famille à fonder une dynastie découle tout d'abord de sa capacité à rassembler autour d'elle suffisamment de guerriers et à soumettre ceux

15. Berend 2007.

qui ne veulent pas se rallier : ainsi la politique de Mieszko Ier, fondateur de la dynastie des Piastes, a d'abord consisté à rassembler un vaste domaine patrimonial en Grande-Pologne, étayé par sept à huit forteresses significatives qui sont à la fois des points d'appui servant à l'expansion continue du pouvoir et des manifestations de la puissance princière. Les plus anciens *castra* (châteaux) se trouvent au centre de la Grande-Pologne, autour de Gniezno, où une fortification fut sans doute établie par le propre père de Mieszko vers 940 sur un lieu de culte païen commun aux tribus des Polanes. C'est pourquoi le contrôle de ce lieu était indispensable à la consolidation du pouvoir des Piastes et il n'est pas étonnant que Gniezno soit devenu aussi le premier centre spirituel du nouvel État chrétien. À partir de 966, avec le baptême du prince Mieszko, le christianisme s'organise à partir de ces fortifications auprès desquelles on érige des baptistères, des églises et des chapelles. C'est là qu'apparaissent les premiers ecclésiastiques, tous étrangers, qui apportent avec eux les différents éléments de la culture liturgique latine, mais qui viennent aussi entourés d'artisans capables de construire les églises en pierre sur les modèles occidentaux : ils privilégient d'abord le modèle tchèque (c'est-à-dire la rotonde) et ensuite le modèle saxon (c'est-à-dire des églises avec un massif d'entrée – *Westwerk* – assez développé). On trouve là une forme de « transfert culturel » ou encore de « transfert de technologie » qui se retrouve dans tous ces espaces.

À Poznań, second lieu central de la dynastie des Piastes, les restes de la plus ancienne fortification, datée du second quart du xe siècle, se trouvent sous l'église préromane construite sous Mieszko, ce qui montre l'interdépendance voire l'assimilation entre centre de pouvoir militaire et lieu sacré. Tout l'enjeu en effet est de créer de nouveaux centres multifonctionnels pour passer d'un système dynamique, et donc instable, de chefferies multiples, à un système statique, et donc plus stable, d'un premier État territorial. De nombreux bouleversements dans le troisième quart du Xe siècle montrent une reconstruction complète de la fortification, avec érection de bâtiments en pierre et notamment d'une chapelle en forme de rotonde qui passe pour avoir été fondée par Dobrawka, fille du duc de Bohême et épouse chrétienne de Mieszko, ainsi qu'un baptistère rectangulaire qu'on peut dater de l'évêque Jordan (968-982), le premier évêque missionnaire arrivé en Pologne en 968.

Cet exemple polonais montre que la conversion est une sorte de préalable à l'établissement d'un pouvoir princier qui construit en même temps son autorité monarchique et les cadres de la nouvelle religion. Sans aucun doute, ce pouvoir princier préexiste à la conversion : l'existence d'un réseau de fortifications et le développement des lieux centraux en témoignent. Mais on observe aussi comment ces lieux centraux peuvent acquérir une autre dimension par l'introduction du sacré chrétien qui sert de base à la construction de nouvelles identités, et en particulier d'une nouvelle identité politique qui puise ses références dans la grammaire politique de l'Empire carolingien et de son successeur ottonien[16].

Cependant, l'adoption des modèles politiques issus du monde carolingien n'est nulle part aussi manifeste qu'en Hongrie où les Arpadiens construisent une royauté chrétienne en imposant à l'ensemble de leurs sujets le respect de normes et de cadres nouveaux. La rapidité de cette transformation est particulièrement saisissante puisque les Hongrois passent en moins d'un siècle (de la bataille du Lechfeld en 955 au règne d'Étienne Ier mort en 1038) du statut de hordes païennes nomades, ennemies publiques de la Chrétienté, à celui d'État chrétien, reconnu par le pape et l'empereur, et gouverné sur le modèle germano-franc. On le voit par exemple avec la création des comitats, structures territoriales et administratives centrées sur un château, dont le modèle est à rechercher dans

16. Klaniczay 2004.

le monde franc et germanique, sans qu'on puisse clairement établir que ce sont les Bavarois accompagnant Gisèle, fille du duc de Bavière Henri le Querelleur et épouse d'Étienne Ier, qui l'aient véritablement introduit en Hongrie. En effet, cette forme d'organisation territoriale reposant sur une circonscription dépendant d'une place forte s'est développée au XIe siècle dans presque toute l'Europe centrale, en Bohême et en Pologne, sans qu'aucun de ces pays ait reproduit un modèle unique. Si l'inspiration vient indéniablement du monde germanique, il est évident que chaque prince a adapté cette réalité à ses propres besoins. On doit toutefois remarquer qu'en Hongrie le comitat édifié par Étienne est une véritable institution royale qui quadrille le territoire et s'étendra progressivement depuis la Transdanubie jusqu'à l'ensemble du bassin des Carpates lorsqu'Étienne aura fini de soumettre tous les princes réfractaires à son autorité. Cette territorialisation du pouvoir s'accompagne également de la christianisation du pays qui passe par l'érection de diocèses et de paroisses, donc par l'établissement de nouveaux cadres territoriaux. Le second livre du code des lois d'Étienne, dont de nombreux chapitres recopient purement et simplement la législation carolingienne, ordonne l'édification, la dotation et l'entretien d'une église pour dix *villae*. Le roi crée ici de toutes pièces des cadres territoriaux contraignants qui donneront progressivement naissance aux paroisses dans des régions qui, certes, connaissaient déjà des établissements permanents depuis le IXe siècle, mais dont la stabilité était très relative. Au bout du compte, l'exigence de sédentarisation énoncée pour toutes les couches de la société représentait une transformation culturelle majeure, notamment pour les élites dont le « nomadisme » était sans doute moins un véritable mode de vie qu'un signe de distinction[17].

Ce transfert de modèle qui aboutit à la constitution de nouveaux États chrétiens aux frontières de l'Empire germanique

17. Bührer-Thierry 2014.

n'a pourtant rien de systématique et ne connaît pas d'évolution linéaire. Au contraire, presque partout, ces tentatives d'établissement de nouvelles formes de pouvoir se sont vues remises en cause par de violents mouvements de contestation, notamment en Pologne, après la mort de Mieszko II dans les années 1030, et en Hongrie dès la fin du règne d'Étienne, à partir de 1032. Ces mouvements sont régulièrement qualifiés, par les sources comme par les historiens, de « réactions païennes » parce qu'ils s'en prennent très fréquemment aux églises et au clergé, souvent encore d'origine étrangère ; mais ces « réactions » sont surtout l'occasion de remettre en cause l'ordre social nouvellement fondé et apparaissent alors comme des mouvements d'ordre politique. Nulle part cependant la résistance aux modèles chrétiens n'a été plus forte qu'entre l'Elbe et l'Oder, un espace où les tentatives de christianisation ont été le fait de princes restés dans une dépendance étroite à l'égard de l'Empire et qui, pour cette raison, ne peuvent ni protéger le pays d'une forme d'oppression, notamment fiscale, ni créer cette nouvelle identité nécessaire à la reconstruction des communautés anciennement fondées dans le paganisme. C'est là toute l'histoire des Nakonides, des princes abodrites, chrétiens depuis le début du IXe siècle, qui ont tenté plusieurs fois de créer une principauté autour de Mecklembourg mais n'y sont jamais parvenus, malgré le soutien de l'empereur : leur première tentative est éradiquée par la grande révolte des Slaves de 983, la seconde, plus violente encore, aboutit à la révolte de 1066 dans laquelle le prince nakonide Gottschalk trouve la mort. Certes, on ne connaît cette histoire que par les sources chrétiennes, notamment par Adam de Brême, contemporain des faits, et par Helmold de Bosau, qui écrit cinquante ans plus tard, mais il en ressort que l'hostilité déclarée aux Nakonides n'est pas seulement une opposition à l'œuvre de christianisation : si les opposants à Gottschalk sont des païens déclarés dont la première préoccupation semble avoir été de mettre à mort tout ce que le pays comptait de chrétiens, ils représentent aussi une autre forme d'autorité, celui des « chefs de famille », qui ne veulent pas voir le pouvoir de leur groupe disparaître dans la grande œuvre du prince qui consiste – idéalement – à supprimer toutes les structures d'autonomie locale au profit d'une organisation politique ressemblant à un État princier. La christianisation mise en œuvre par le pouvoir du prince n'est donc possible qu'à condition que les élites puissent bénéficier du baptême collectif et que le pays ne soit pas livré à l'avidité des margraves de l'Empire, qui contrôlent la frontière et oppriment les populations. Christianisation et construction du pouvoir princier doivent marcher d'un même pas, prendre appui l'une sur l'autre et, surtout, doivent aboutir à fonder une nouvelle identité à laquelle l'ensemble du groupe concerné doit pouvoir adhérer sans avoir le sentiment d'être contraint et exploité par des « étrangers ». On observe cependant la grande malléabilité de cette notion : Adalbert, né d'un prince de Bohême et évêque de Prague, élevé à Magdebourg et ami de l'empereur saxon Otton III, est perçu par les sources chrétiennes polonaises comme un saint « autochtone ». C'est donc bien la capacité du pouvoir princier à recréer une communauté politique autour de nouveaux pôles de sacralité et autour de l'obligation de loyauté envers la dynastie qui demeure la condition de la réussite.

Affrontements et connexions

Ces espaces situés à l'est du monde germanique sont aussi, quelle que soit leur organisation politique, des zones de contact dont la nature diffère : s'il ne fait aucun doute que l'affrontement, notamment militaire, demeure une des formes principales de ces contacts, y compris entre des ensembles politiques réputés chrétiens, on connaît aussi entre ces mondes de nombreuses connexions pacifiques.

L'affrontement militaire est fréquent parce que toutes les sociétés concernées sont des sociétés guerrières où l'autorité du chef se construit par sa capacité à rassembler des guerriers autour de lui pour mener des actions de conquête, mais surtout des actions de prédation. Le butin, sous toutes ses formes, est en effet un élément essentiel de la puissance des chefs de guerre qui ne peuvent consolider les fidélités qu'en distribuant des richesses et en conservant un trésor qui légitime leur pouvoir. C'est vrai des chefs hongrois venus piller l'Italie et la Germanie, tout comme des rois carolingiens dont le pouvoir est rapidement affaibli par l'arrêt des conquêtes dès le début du IXe siècle[18]. De ce point de vue, l'aristocratie saxonne qui dispose d'un vaste espace d'expansion à l'est de l'Elbe se trouve dans une situation privilégiée qui explique en partie le rôle dominant qu'elle exerce à partir du début du Xe siècle sur le royaume de Germanie[19]. Plusieurs peuples slaves frontaliers, comme les Sorabes ou les Hévelliens, furent conquis et intégrés au système ottonien, comme on le voit avec l'érection de nouveaux diocèses à Brandebourg et Havelberg, décidée par Otton Ier en 968, tandis que d'autres peuples, comme les Wilzes, se contentaient de payer un tribut aux Saxons.

Ce système fut cependant radicalement remis en cause par la grande révolte des Slaves de 983 aboutissant à la prise du contrôle de ces régions par la fédération des Liutizes qui luttaient contre toute forme de concentration du pouvoir et contre toute tentative d'instauration du christianisme. Toutefois, si la brutalité des affrontements entre Saxons et Slaves, tout comme entre païens et chrétiens, ne fait aucun doute, il ne suffit pas de devenir chrétien pour garantir la paix. Ainsi voit-on en 1003 s'ouvrir un conflit très violent entre deux princes chrétiens, Boleslav Chrobry qui poursuit

18. Voir les chapitres 11 et 17.
19. Leleu 2010.

sa politique d'émancipation envers l'Empire et convoite la Silésie contrôlée par le duc de Bohême, également nommé Boleslav (999-1003) et qui est, en outre, son cousin germain. L'empereur Henri II intervient dans ce conflit, oblige Boleslav Chrobry à se retirer de Prague et exige de lui soumission et fidélité : le prince polonais qui s'estime indépendant depuis sa reconnaissance par le précédent empereur, Otton III, en l'an mille, refuse de se soumettre. Il s'ensuit une guerre dans laquelle le pieux empereur Henri II (vénéré par la suite comme un saint) n'hésite pas à faire alliance avec les Liutizes païens contre Boleslav qui est pourtant un prince chrétien, au grand scandale d'une partie des ecclésiastiques de son entourage. Ce conflit se poursuivit jusqu'à la paix de Bautzen en janvier 1018.

Il serait faux cependant de résumer les contacts aux épisodes d'affrontements : outre le soutien et la reconnaissance de nombreux princes slaves par l'empereur, de riches échanges ont eu lieu de manière continue, soutenus par la circulation de nombreux acteurs, et en premier lieu celle des femmes. De nombreuses filles de l'aristocratie germanique ont été mariées à des princes d'Europe centrale et orientale dans le cadre d'un véritable système d'échange et de solidarité qui unissait le monde germanique aux nouveaux États chrétiens frontaliers. Ces alliances matrimoniales sont une part essentielle de la stratégie des familles de l'aristocratie et servent aussi de supports à la diplomatie : ainsi, il n'est pas rare que les conclusions de paix soient redoublées par un mariage entre les familles des anciens opposants, comme on le voit à Bautzen où Boleslav Chrobry obtient pour son fils Mieszko II la main de Richezza, cousine germaine de l'empereur Otton III. Mais ces politiques matrimoniales vont bien au-delà des réconciliations : lorsque le prince hongrois Géza, fraîchement converti, obtient vers 996 pour son fils Étienne la main de Gisèle, fille du duc de Bavière Henri le Querelleur, il met en place une alliance qui garantit sa frontière tout en accueillant dans son entourage une suite nombreuse qui apporte avec elle des modèles, des techniques, des savoir-faire.

Comme partout, le modèle est d'abord politique et évidemment religieux : le mariage d'Étienne et de Gisèle a d'abord pour but, du point de vue des Bavarois, d'implanter durablement le christianisme en Hongrie. Mais on peut considérer qu'il englobe plus largement de nombreux éléments de la culture à laquelle les Hongrois vont progressivement s'adapter, tout en la transformant : il s'agit donc d'un véritable transfert culturel[20]. C'est ainsi qu'on peut considérer la précieuse chasuble de Székesfehérvár offerte par Gisèle, qui a servi de manteau du couronnement pour les rois de Hongrie jusqu'au XIIe siècle, dont on sait aujourd'hui qu'elle fut réalisée non pas en Bavière, bien qu'elle imite le modèle du manteau de l'empereur Henri II, frère de Gisèle, mais dans un atelier de Veszprém qui était la résidence de la reine.

Cependant le transfert le plus important concerne l'usage généralisé du latin comme langue du pouvoir. Le choix du christianisme romain était aussi le choix du latin. Partout, la conversion offrait au nouveau chrétien une sorte de « bagage culturel » fondé sur l'héritage romain : l'usage de l'écrit, avec celui des livres et du latin, mais aussi les notions romaines concernant la loi, l'autorité, la propriété et le gouvernement, même si ces notions étaient largement réinterprétées. L'introduction de l'écrit constitue un changement capital dans toutes les sociétés d'Europe centrale, où le témoignage oral conserve longtemps une importance fondamentale pour la validation des actions légales. Chartes et codes de lois promulgués par tous les souverains sont avant tout une manifestation symbolique de leur pouvoir sur le modèle carolingien-ottonien, ce qui est particulièrement évident dans le cas du code de lois d'Étienne, la Hongrie étant le

20. Bührer-Thierry 2014.

premier État où une législation écrite au service du pouvoir royal a été si rapidement introduite.

Ainsi, ces espaces d'Europe centrale et orientale se constituaient comme un élément solidement arrimé à l'Église romaine par opposition à ceux qui avaient opté pour le christianisme de tradition orientale comme les Bulgares et les Russes. Or ce partage n'était pas évident comme en témoigne l'expérience de la mission de Méthode en Moravie : si celle-ci resta sans lendemain, il semble que plusieurs monastères de Bohême pratiquaient encore la liturgie en langue slave au Xᵉ siècle[21]. En Hongrie aussi, plusieurs princes ont accepté le baptême dans la tradition grecque avant que les Arpadiens n'imposent l'unification liturgique de tout le pays. De cette compétition, l'Église romaine et l'empereur germanique ressortaient vainqueurs et l'Europe centrale devenait une sorte de carrefour des influences, mettant en contact des espaces lointains et ouvrant une route terrestre pour atteindre la Terre sainte, celle qu'empruntera Godefroy de Bouillon à la tête d'une des armées de la première croisade en 1096.

GENEVIÈVE BÜHRER-THIERRY

21. Voir les chapitres 9 et 18.

13.

Renaissance, unité ou fragmentation culturelles ?

(VIIIe siècle-milieu XIe siècle)

En 1840, l'historien Jean-Jacques Ampère fut le premier à utiliser le terme de « renaissance » pour décrire l'essor culturel commencé sous Charlemagne. Si les érudits du IXe siècle ne peuvent pas par bien des aspects être comparés aux humanistes des XVe-XVIe siècles, ils leur ressemblaient par le désir de reconstituer un héritage écrit qui aurait été négligé pendant des siècles. Une telle démarche allait de pair avec la représentation péjorative de la période précédente, répondant à la volonté politique de discréditer la dynastie évincée, que reflète par exemple Éginhard lorsqu'il évoque dans la *Vie de Charlemagne*, écrite entre 817 et 833, les derniers Mérovingiens comme des « rois fainéants ». Si la rupture est moindre que ne l'envisageaient les courtisans de la nouvelle dynastie, comme Éginhard, le bref moment d'unité de l'Empire carolingien joua néanmoins un rôle décisif dans l'histoire culturelle de l'Occident.

Nouvel essor de l'écrit ou meilleure conservation ?

L'idée d'une renaissance carolingienne repose sur un élément objectif : l'augmentation exponentielle du nombre de documents écrits conservés à partir du VIIIe siècle. Pour les sept premiers siècles de notre ère, on connaît 1 800 manuscrits, alors qu'on en compte 7 000 copiés entre 750 et 900. De même, les actes de la pratique ne nous sont parvenus sous forme originale, dans leur immense majorité, qu'à partir du VIIIe siècle. Mais cette évolution correspond peut-être davantage à l'amélioration des supports matériels des écrits et aux transformations des pratiques de copie qu'à un essor sans pareil de l'utilisation de l'écrit.

En effet, il existait des livres copiés sur parchemin, sous la forme parallélépipédique du *Codex*, depuis le IVe siècle de notre ère, mais d'autres étaient copiés sur papyrus, un matériau moins onéreux mais à la conservation beaucoup plus délicate. En moyenne, la durée de conservation d'un papyrus est de deux cents ans, quand celle d'un parchemin atteint le millénaire. Or les archives des royaumes héritiers de Rome étaient principalement écrites sur du papyrus produit en Égypte, et son remplacement systématique par du parchemin n'eut lieu, hors d'Italie, qu'au dernier quart du VIIe siècle, probablement en raison de difficultés d'approvisionnement[1]. Ainsi, les rois mérovingiens établirent leurs diplômes sur papyrus jusqu'au dernier quart du VIIe siècle, tandis que les papes utilisèrent ce support jusqu'au milieu du XIe siècle. Le nombre de documents sur parchemin conservés varie brutalement : nous n'en connaissons pour l'Occident aucun du VIe siècle, moins de 100 du VIIe siècle, 700 du VIIIe siècle et plus de 2 300 pour le IXe siècle. La renaissance carolingienne ne serait-elle alors qu'une illusion documentaire, en raison du remplacement du papyrus par le parchemin ? Pas totalement. On constate une même augmentation du nombre de documents pour les livres, pour lesquels l'usage du parchemin était pourtant plus ancien. Et elle s'accompagne aussi d'un changement dans les pratiques de copie, avec le choix d'une écriture aisément déchiffrable

1. INTERNULLO 2019.

(la minuscule caroline) et d'une langue figée, proche du latin utilisé par les Pères de l'Église au ve siècle.

Le support, la lisibilité, la langue sont ainsi les trois éléments qui ont concouru à rendre les écrits de la période carolingienne plus intéressants à conserver que ceux des siècles précédents. Outre la fragilité du papyrus, les écrits antérieurs ont aussi disparu en raison des innovations diffusées dès les règnes de Charlemagne (768-814) et Louis le Pieux (814-840), qui en rendirent obsolètes la langue et l'écriture. Ces deux innovations constituèrent les bases de l'outillage culturel des siècles suivants.

Les réformes de Charlemagne

La renaissance carolingienne reflète surtout un élément nouveau : l'attention du pouvoir royal à la production écrite[2]. Auparavant, la pratique de l'écrit était un héritage du monde romain, importé avec le christianisme dans les régions qui étaient restées en marge de l'Empire, comme dans les îles Britanniques. Le recours à l'écrit était courant dans certains milieux, non encadré, et ne relevait pas des préoccupations royales. Celles-ci se limitaient à la surveillance de la diffusion écrite de leurs décisions. Ainsi, la diffusion du *Bréviaire* qui résumait et modifiait le *Code théodosien* sous l'autorité du roi des Wisigoths Alaric II, en 506, avait été placée sous l'autorité d'Anianus. Celui-ci était chargé de vérifier l'exactitude de ses copies. Mais une telle surveillance cessa de fait, dès lors que le *Bréviaire* fut recopié dans les royaumes francs. De façon générale, du vi^e au viiie siècle, le contrôle royal sur l'écrit ne s'exerçait que sur les diplômes émanés du roi, dont l'élaboration était surveillée par le référendaire, un aristocrate de l'entourage princier investi de cette fonction.

2. Mckitterick 1989.

Les autres textes étaient diffusés et copiés sans surveillance, dans un cadre local fractionné, ce qui explique par exemple l'impossibilité de reconstituer une version originelle de la loi salique dans les royaumes mérovingiens. Les textes de référence chrétiens, la Bible et les collections canoniques, étaient aussi recopiés localement, sans contrôle, ce qui posait à terme le problème de leur conformité avec les modèles initiaux et avec le reste de la Chrétienté.

La participation active des Anglo-Saxons, comme Willibrord (m. 739) et Boniface (m. 754) aux missions placées sous l'autorité du pape, en Frise et en Germanie dans la première moitié du VIIIe siècle, eut pour conséquence la rencontre des traditions écrites insulaires et continentales et, probablement, la perception de divergences dans la pratique de la langue latine comme dans la copie des Saintes Écritures. Mais le passage de ce constat à une volonté royale de *correctio* du latin et des écrits n'apparaît qu'avec l'arrivée d'Alcuin, écolâtre d'York, dans l'entourage de Charlemagne. Après l'avoir rencontré à Rome en 782, il fit partie de sa cour et inspira deux textes commandant une action en ce sens, la lettre *De litteris colendis* et le capitulaire de 789 appelé *Admonitio generalis*.

Ces écrits montrent le lien nouveau opéré entre le ministère royal et le contrôle du latin et des copies manuscrites : le roi, comparé au prophète Josias, responsable devant Dieu de la conduite morale de son peuple, doit s'assurer de leur correction, de crainte que les erreurs ne conduisent à une mauvaise interprétation des Écritures saintes. Charlemagne ordonnait donc aux évêques et aux abbés d'organiser une formation efficace des clercs, pour des interprétations et des copies des Écritures fiables[3]. La préoccupation du roi se concentrait sur les textes bibliques et leurs commentaires (l'exégèse), mais, dans une société où la culture écrite était

3. Depreux 2002.

presque totalement prise en charge par l'Église, une telle volonté eut des effets bien au-delà des buts initiaux.

Sous cette impulsion royale, les efforts des érudits allèrent dans trois directions. Tout d'abord, l'élaboration d'une nouvelle écriture[4]. Les différentes écritures développées depuis la fin de l'Empire romain étaient caractérisées par leur diversité, une recherche esthétique (ligatures, variétés de la taille des lettres) et une évolution rapide qui en rendaient le déchiffrement difficile. Or les souverains carolingiens soutinrent une recherche formelle en vue de la lisibilité et de la stabilité de l'écriture qui aboutit à une écriture homogène et standardisée : la minuscule caroline. Cette appellation n'apparaît qu'à l'époque contemporaine, mais l'adjectif correspond avec justesse à son époque d'élaboration, sous Charlemagne. La minuscule caroline fut créée en abandonnant les formes cursives au profit d'une séparation nette entre les lettres et d'une proportion régulière entre les hastes (les barres verticales) et le corps des lettres. Le résultat est une écriture figée, plus lente à copier, relativement volumineuse, mais d'une lisibilité maximale. Ses caractères restèrent déchiffrables par tous à travers les siècles – et furent de nouveau mobilisés au moment de l'invention de l'imprimerie.

En parallèle, des efforts pour parvenir à une meilleure version du texte de la Bible peuvent être signalés dans quasiment tous les centres ecclésiastiques du monde carolingien[5]. Les travaux les plus importants commencèrent sous l'abbé Maurdramne de Corbie (772-781) dans un manuscrit de la Bible en douze volumes qui disposait à la fois d'une meilleure orthographe et de l'expérimentation graphique de la minuscule caroline. Mais cette réalisation n'empêcha pas une nouvelle tentative, comme en témoignent les huit manuscrits dits « du groupe d'Ada », produits entre 781 et 814, que leur luxe fait associer

4. Ganz 1995.
5. Ganz 2012.

à la cour impériale, tandis que l'évêque Angilram de Metz (m. 791) proposait pour la première fois dans le monde franc une Bible de grand format en un volume, qu'Alcuin, abbé de Saint-Martin-de-Tours de 796 à sa mort, en 804, y supervisait la production d'au moins six Bibles complètes différentes et que Théodulfe (m. 821), évêque d'Orléans et abbé de Saint-Benoît-sur-Loire, travaillait, après 797, à sa propre version du texte biblique, dont il donna au moins six exemplaires différents.

Ces efforts témoignent des principes de la réforme lancée par Charlemagne. L'impulsion royale ne fait pas de doute et est clairement exprimée dans des textes programmatiques. Les recherches sont menées sous la direction d'érudits placés à dessein à la tête de grands centres ecclésiastiques. Mais il n'est pas proposé d'en tirer un seul texte de référence, qui s'imposerait à tous. Différentes versions rénovées de la Bible, reposant sur des traductions latines et des traditions textuelles variées circulaient ainsi dans l'Empire, l'essentiel étant qu'elles aient été corrigées par un clerc compétent et inspiré par Dieu.

La troisième direction des efforts lancés par Charlemagne concerne la langue latine. Depuis la fin de l'Empire romain d'Occident, la langue parlée avait évolué plus rapidement que la langue écrite. Cette évolution avait lieu de façon variée, en raison de la réduction de la circulation des hommes. Des individus formés à une langue latine différente de la langue vernaculaire, comme dans les îles Britanniques, pouvaient relever l'écart entre la langue pratiquée sur le continent et la langue qu'ils avaient apprise, fondée sur les traductions de la Bible et ses commentaires, principalement élaborés au tournant des IVe-Ve siècles par Jérôme (m. 420) et Augustin (m. 430). Ils étaient eux-mêmes habitués à enseigner cette langue à des jeunes qui ignoraient tout du latin. Depuis Bède le Vénérable (m. 731), les savants du monde britannique mêlaient enseignement de la grammaire latine et éducation chrétienne approfondie. Boniface et Alcuin n'y faisaient pas exception, et tous deux écrivirent un traité de grammaire latine.

Ils furent confrontés, sur le continent, à des pratiques langagières plus complexes, combinant avec habileté la communication écrite et orale entre les lettrés et les illettrés[6]. Divers compromis langagiers y rendaient possibles la communication verticale entre les différents groupes sociaux, mais restaient implicites et dissimulés à l'écrit derrière une apparente forme latine traditionnelle. Le souverain, notamment sous l'influence d'Alcuin, promut une réforme du langage fondée sur le rejet des formes populaires et un retour aux normes les plus strictes de la grammaire latine. Ces efforts accompagnèrent la disparition des formulations traditionnelles sur lesquelles s'appuyait la communication entre les érudits et les simples. Lors de la série de grands conciles organisés dans l'Empire en 813, les évêques furent obligés d'admettre la nécessité de traduire le latin restauré pour garantir la compréhension, même dans les régions latinophones telles que la province ecclésiastique de Tours, et d'employer la « langue romaine rustique », que l'on désigne comme la langue romane.

La réforme langagière eut donc pour conséquence la prise de conscience du divorce entre chrétienté et latinité dans l'ensemble du monde franc. Le bilinguisme était structurel dans les îles Britanniques, où les plus anciens textes en langue vernaculaire furent copiés, à côté du latin, dès le début du VIIe siècle en Irlande et dans la première moitié du VIIIe siècle dans les royaumes anglo-saxons[7]. L'usage de deux langues écrites apparut nécessaire dans les missions orientales du monde franc dès le dernier tiers du VIIIe siècle, où furent composés les premiers écrits en langue tudesque. La chronologie fut proche en Espagne mozarabe car, au cours du IXe siècle, la résistance à l'islamisation et à l'arabisation rapides de la société

6. Banniard 1992.
7. Voir le chapitre 4.

provoqua aussi une rupture de la communication orale en latin, par le repli sur les formes anciennes de l'expression chrétienne. Néanmoins, l'Italie resta relativement à part de ce mouvement de dissociation de l'écrit et de l'oral et le latin y resta une langue vivante, permettant une communication entre toutes les composantes de la société jusqu'à la première décennie du xe siècle au nord et au centre de la péninsule.

Le renouveau culturel

La réforme souhaitée par Charlemagne et son entourage se concentrait sur la compréhension et la transmission des Saintes Écritures. Mais les outils créés dans ce but eurent des effets bien plus vastes, renforcés par l'unité et la paix qui régnèrent dans l'Empire de 800 à 830. L'organisation de la vie quotidienne et de la formation au sein des monastères et des évêchés fit l'objet de réflexions et d'expérimentations, dont témoignent aussi bien, dans des directions divergentes, l'interprétation de la règle bénédictine appliquée par Benoît d'Aniane (m. 821) dans les monastères dont il était l'abbé, qui renforçait la distance entre les moines et la société, que le plan d'un monastère idéal réalisé dans les années 820 à la Reichenau et aujourd'hui conservé à l'abbaye de Saint-Gall. Comme l'a montré Giles Constable, ce plan entre en vive contradiction avec la réforme d'Aniane, notamment par la place à part qu'il ménage à l'abbé, qui jouit d'une habitation isolée[8]. Le monastère se trouve placé au milieu du monde : il n'est pas clos de murs – ce qui n'est pas une omission du copiste mais le reflet fidèle de la réalité – pour permettre la libre circulation des troupeaux et des hommes ; son église fait office d'église paroissiale pour les baptêmes ; des artisans y confectionnent les équipements militaires que les moines

8. Giles Constable, *in* Grosse et Sot 2018, p. 199-217.

doivent au roi ; il ne dispose pas d'équipements hydrauliques apparents ; une sorte de clôture interne cependant préserve la tranquillité des moines au sud de l'église. Par certains traits, il est en adéquation parfaite avec ce que l'on connaît du monde monastique du premier IXe siècle : sans salle du chapitre, mais avec une cuisine-sacristie dévolue à la préparation du pain eucharistique, il ressemble moins à un plan programmatique qu'à un plan d'après nature. Et si une unique église doit servir à toutes les célébrations – à une époque où il y en a sept à Jumièges et trois au moins à Saint-Riquier – c'est une église monumentale, avec plus d'une dizaine d'autels, indices de la cléricalisation du monachisme carolingien. Au total, c'est un plan qui synthétise des traditions anciennes – le monastère dans le monde – et des exigences récentes – la vie commune plus que l'ascèse individuelle.

Les compétences du clergé s'élevèrent partout, tandis que les individus prometteurs pouvaient circuler auprès de différents maîtres pour bénéficier d'un enseignement approfondi. Or Charlemagne avait su attirer à sa cour des talents venus de l'ensemble de l'Occident, dont les compétences cumulées permettaient de reconstituer une grande partie des connaissances de l'Antiquité chrétienne[9]. Les liens privilégiés entre les souverains carolingiens et les papes donnaient aux rois francs la possibilité d'assurer une position de protecteur des missionnaires venus des îles Britanniques et Boniface fut peut-être impliqué dans le changement dynastique de 751. Néanmoins, c'est seulement à partir de la conquête de l'Italie que Charlemagne put s'entourer des plus grands lettrés de son temps. Après 774 vinrent ainsi d'Italie les savants Pierre de Pise, Paulin d'Aquilée et Paul Diacre. Après 782 Alcuin, venu de Northumbrie, et Théodulfe, venu de Septimanie, qui connaissaient les traditions savantes anglo-saxonnes et wisigothiques, arrivèrent à leur tour à la cour. Peu avant 800,

9. Sot 2005, p. 85-114.

ce sont des Scots (c'est-à-dire des Irlandais) comme Clément Scot, Dicuil et Dungal qui apportèrent leur connaissance de la tradition irlandaise. Dans le domaine de l'astronomie et de la géographie, les savants irlandais bénéficiaient d'une transmission de qualité des écrits scientifiques de l'Antiquité tardive et Dicuil put proposer avec son *Liber de mensura orbis terrae*, composé en 825, une description complète de l'Europe, l'Afrique et l'Asie, qui ne reposait que sur leur compilation.

Ces individus de talent avaient tous pour point commun leur volonté de revenir aux formes classiques du latin, qui s'exprimait sous la forme de traités de grammaire, d'orthographe ou de poèmes. Certains apportaient des compétences particulières, comme Paul Diacre dont le rôle est particulièrement important pour l'élaboration des récits du passé. Son *Histoire romaine* et son *Histoire des Lombards* composent un récit continu de l'Antiquité à son époque et son *Livre des évêques de Metz* reprend, en 784, à la gloire des ancêtres des rois carolingiens, la forme des notices du *Liber Pontificalis*. Élaboré en continu dans l'entourage des papes depuis le VIIe siècle, cet ouvrage proposait des notices standardisées sur les différents pontificats depuis la fondation du siège apostolique et composait ainsi un récit à sa gloire.

L'expérimentation de Paul Diacre à propos des évêques de Metz fournit un modèle pour un nouveau genre de récits consacrés aux évêques ou aux abbés : les *Gesta*, des séries de notices biographiques qui mêlent des sources diplomatiques, comme les actes de donation, des récits de miracles et des éléments historiques pour glorifier les différents sièges et monastères. Les Vies de saints élaborées aux siècles précédents furent réécrites en respectant les nouvelles formes du latin, mais aussi afin d'être lues lors des cérémonies liturgiques. Les annales présentaient un récit rétrospectif, mais découpé en années liturgiques, pour légitimer les choix du présent. Ainsi, les *Annales royales des Francs*, composées après le procès du duc des Bavarois Tassilon en 787, proposent une lecture orientée des événements du demi-siècle précédent pour justifier la condamnation du cousin de Charlemagne. Elles furent ensuite poursuivies en plusieurs rédactions successives au cours du IXe siècle. La cour fut à l'origine d'une correspondance raffinée entre érudits, ainsi que d'une poésie aulique, alliant virtuosité et louange du prince, comme l'illustrent les poèmes figurés des *Louanges de la sainte Croix* dédiés par Raban Maur (m. 856) à Louis le Pieux.

Un tel renouvellement des genres littéraires en latin s'accompagna de nouvelles pratiques concernant l'écrit pragmatique (soit la rédaction des actes et documents diplomatiques : chartes, notices, diplômes…). Les premiers cartulaires, à savoir la copie de documents variés dans des registres reliés, furent rédigés au début du IXe siècle dans des institutions situées à l'est de l'Empire, notamment en Bavière. Furent aussi dressés des polyptyques, des inventaires précis de domaines ecclésiastiques détaillant la répartition des terres, leurs occupants et leurs obligations et redevances. Celui qui fut établi pour l'abbaye de Saint-Germain-des-Prés vers 825-828 a été conservé sous sa forme originale jusqu'à nos jours[10].

Les connaissances héritées furent mises en commun par la composition de nouveaux ouvrages, la circulation des individus en formation ainsi qu'un effort général de copie et d'émendation, qui permettait, en consultant plusieurs versions d'un même texte, d'en choisir les meilleures variantes. Ainsi, les lettres de Loup de Ferrières nous montrent comment il fut envoyé étudier auprès de Raban Maur à Fulda, qu'il quitta en 836, mais aussi comment il profita de ses déplacements pour rencontrer des érudits, comme Éginhard à Seligenstadt, et collationner les meilleurs manuscrits des auteurs antiques qu'il pouvait trouver.

Les résultats furent diffusés dans tout l'Empire et au-delà, grâce à la lisibilité de la minuscule caroline et à l'organisation des *scriptoria*, des ateliers de copie sur parchemin, utilisant les

10. Voir le chapitre 15.

peaux des troupeaux des grands domaines ecclésiastiques. Dans leur recherche d'une langue latine classique, les copistes carolingiens recopièrent même des ouvrages païens de l'Antiquité classique et ces rares exemplaires permirent leur transmission jusqu'à nos jours. Le *De natura rerum* de Lucrèce, par exemple, n'est connu que par des manuscrits copiés au IXe siècle, dont deux conservés de façon intégrale. Il n'existe aucune trace antérieure de ce texte, à part les restes d'un papyrus brûlé à Herculanum au Ier siècle de notre ère. Cette redécouverte de la culture antique ne fut cependant qu'une conséquence annexe de la recherche de la correction des textes sacrés et de leurs commentaires.

La renaissance carolingienne se présente ainsi comme un renouveau culturel résultant d'une préoccupation religieuse et de l'implication inédite du roi dans la qualité de la transmission de l'écrit. Elle ne constitua pas une révolution culturelle, dans la mesure où la disparition des écrits des époques précédentes ne permet pas d'évaluer de façon comparative les usages antérieurs de l'écrit, mais elle apporta une mise en ordre générale de l'héritage culturel de l'Antiquité chrétienne. Elle fournit ainsi un point de départ commun à l'ensemble de la Chrétienté latine : en Saxe, en Bavière, au nord de l'Italie, entre Loire et Rhin comme en Aquitaine et en Provence existaient des communautés ecclésiastiques dont les bibliothèques rassemblaient les connaissances héritées de l'Antiquité chrétienne, exposées de façon claire et ordonnée par les pédagogues du monde franc, transmises dans une langue figée et sous une forme textuelle plus stable.

Les efforts entrepris à la faveur de la paix intérieure et de l'idéal impérial furent néanmoins brefs. Walafrid Strabon, disciple de Raban Maur, qui avait lui-même été formé par Alcuin, mourut noyé dans la Loire en 849, au cours d'une ambassade entre les fils de Louis le Pieux – triste symbole de cette troisième génération d'érudits du monde franc dont les potentialités disparurent parfois dans les tourments des guerres civiles.

Les nouvelles limites des royaumes, issus du partage de Verdun en 843, ne correspondaient ni à des frontières linguistiques ni à des frontières culturelles. Dans l'*Histoire des fils de Louis le Pieux*, Nithard, abbé de Saint-Riquier, choisit d'écrire pour la première fois en langue romane rustique, à côté d'un parler tudesque, pour rapporter les serments échangés par les deux fils de Louis le Pieux à Strasbourg en 842. Il s'agit d'un acte politique volontariste, mettant en avant une répartition politique symbolique, illustrée par des langues différentes, mais Nithard indique bien que les élites maîtrisent toutes les langues parlées dans le monde franc, puisque Louis, par exemple, jure en langue romane pour se rapprocher des soutiens occidentaux de Charles. Peu après 882, à Saint-Amand, près de Lille, furent recopiées dans un même manuscrit deux œuvres complètes en langue vernaculaire : la séquence de Sainte-Eulalie, en langue romane et le chant de Louis III (879-882), ou *Ludwigslied*, en francique rhénan[11]. Ce recueil montre que lecteurs et copistes maîtrisaient ces deux langues à côté du latin et qu'ils leur accordaient un prestige identique[12]. Avec le latin, elles constituaient les éléments partagés d'une même culture écrite, transmise et approfondie dans tous les royaumes issus de la fragmentation de l'Empire d'Occident. La nouvelle régionalisation des réseaux culturels qui eut lieu à partir du xe siècle reposait ainsi sur des reconstructions politiques et non sur un héritage linguistique qui avait toujours été divers.

11. Schneider 2020.
12. Voir le chapitre « Langues » du troisième tome.

Entre tradition et régionalisation

En dépit de la disparition de l'Empire, les pratiques culturelles des Xᵉ et XIᵉ siècles demeurent empreintes de traditions carolingiennes. Le fait est évident pour les usages scolaires qui reposent sur l'enseignement du *trivium*, et en particulier de la grammaire, même si l'arithmétique et l'astronomie (deux disciplines du *quadrivium*) acquièrent à la fin du Xᵉ siècle une importance nouvelle sous l'influence des échanges avec le monde islamique à travers la Catalogne notamment[13]. Les activités littéraires témoignent également d'un certain conservatisme : l'écriture d'annales se perpétue jusque vers 960-980 (l'œuvre de Flodoard de Reims restant la plus marquante), avant de s'effacer, tandis que les *Gesta* restent un genre pratiqué mais surtout dans l'espace lotharingien, ancien cœur du monde carolingien (Verdun, Trèves, Metz, Cambrai...), à la notable exception d'Auxerre et du Mans. Le poids des héritages carolingiens est plus marqué en matière de rédaction des actes diplomatiques, la chancellerie royale capétienne, par exemple, s'inscrivant au XIᵉ siècle dans la continuité de celle des derniers Carolingiens[14]. Les usages architecturaux se diversifient, mais aucune rupture formelle ni technique n'existe entre l'art carolingien et les arts « préroman » ou « roman », « ottonien » ou « salien », autant d'appellations traditionnelles ou nationales sans réelle pertinence. Les principales évolutions tiennent à l'importance prise par le monachisme, à la multiplication des messes votives et au culte des reliques, qui expliquent l'essor des massifs occidentaux (ces façades d'église souvent pourvues de tours et/ou d'une avant-cour) et des chevets (extrémités du chœur de l'église où se multiplient cryptes, déambulatoires et chapelles rayonnantes) ainsi que la diffusion

13. Voir le chapitre « Sciences » du troisième tome.
14. Guyotjeannin 1989.

du cloître, apparu dans quelques monastères au IXe siècle. La seule véritable innovation réside dans la légitimité accordée à l'image qui conduit à la réapparition de représentations figurées, sculptées ou peintes, dans de nombreux sanctuaires au cours des Xe-XIe siècles[15].

Pour autant, deux évolutions majeures dessinent les contours d'une nouvelle géographie culturelle. Tout d'abord, la cour royale ne constitue plus un centre hégémonique d'où viendraient les principales innovations. Même dans l'Empire ottonien et salien, les principaux foyers culturels sont les écoles cathédrales (Trèves, Cologne, Liège – où s'illustre l'évêque Notger à la fin du Xe siècle –, Mayence, Worms, Spire, Bamberg à partir de sa création en 1007) et certains monastères (Corvey, Gandersheim – avec notamment l'abbesse Hroswitha au milieu du Xe siècle – Saint-Emmeran de Ratisbonne, la Reichenau, Saint-Gall). Bon nombre d'entre eux sont liés aux empereurs ou aux femmes de la famille impériale par des liens de patronage ou des relations personnelles entre souverains, évêques et abbés, mais leur activité se déploie dans un cadre bien plus décentralisé qu'à l'époque de Charlemagne et Louis le Pieux. À une échelle plus modeste, le phénomène est identique dans les royaumes de Francie occidentale, où se distinguent les écoles de Reims, Laon et Chartres, ou d'Italie avec les écoles cathédrales de Crémone et Bergame ou le monastère de Bobbio. L'hégémonie de la cour royale demeure paradoxalement plus forte dans les anciennes périphéries du monde carolingien : dans les royaumes ibériques d'Asturies, puis d'Oviedo-León, ou de Pampelune, et surtout en Angleterre, avec l'affirmation de Winchester et Canterbury sous les rois Alfred (871-899), Æthelstan (924-939) et Edgar (959-975), lequel s'entoure de plusieurs grandes figures monastiques placées à la tête des principaux évêchés (Dunstan, Æthelwood, Oswald) et coordonne un

15. Mazel 2010. Voir le chapitre « Image » du troisième tome.

programme de rénovation religieuse et culturelle d'inspiration carolingienne.

Parallèlement, pratiques et réseaux culturels sont affectés par un processus de régionalisation plus ou moins marqué. C'est particulièrement vrai dans les principautés qui se constituent aux Xᵉ et XIᵉ siècles en Francie occidentale, mais également dans certains duchés de l'Empire et en Italie. La politique de soutien au monachisme est ici assumée à l'échelle régionale par les princes et les évêques qui, en privilégiant certaines figures et quelques établissements, favorisent l'affirmation de configurations régionales cohérentes. Dès la première moitié du Xᵉ siècle, l'action réformatrice de Gérard de Brogne (m. 959), soutenu par les ducs de Lotharingie et les comtes de Flandre, unifie les réseaux monastiques de l'espace flamand et lotharingien (Brogne, Saint-Amand, Saint-Riquier, Saint-Bertin, Saint-Pierre au Mont-Blandin près de Gand...). Dans la seconde moitié du siècle et les premières décennies du XIᵉ siècle, l'action des comtes de Poitiers et des ducs d'Aquitaine en faveur de Charroux, Saint-Cyprien, Saint-Jean d'Angély, Saint-Maixent et Saint-Michel-en-l'Herm, ainsi que leurs fondations de la Trinité de Poitiers et de Maillezais contribuent également à l'unité d'une vaste Aquitaine entre Loire et Garonne. Il en va de même en Catalogne à travers le rayonnement de Ripoll sur de nombreux établissements grâce aux relations de l'abbé Oliba (1008-1046) avec plusieurs maisons comtales. C'est dans ce contexte que se consolident des traditions diplomatiques régionales dont rendent comptent l'apparition de formulaires spécifiques (les modalités de validation des actes par exemple), le recours plus ou moins fréquent aux langues vernaculaires (en Catalogne dès 1020-1030 par exemple) ou l'insertion dans les chartes, normalement impersonnelles, de petits récits enlevés (comme dans les notices des régions ligériennes)[16].

16. Barthélemy 1993 ; Zimmermann 2003.

Cette accentuation de traits régionaux caractérise également certaines périphéries de la Chrétienté latine où les contacts avec les mondes arabe ou grec jouent un rôle majeur. L'ouverture de la Catalogne aux influences venues du califat de Cordoue explique la multiplication de traductions de l'arabe vers le latin dans les domaines du *quadrivium*. Il en va de même en Italie du Sud avec la traduction à l'abbaye du Mont-Cassin des traités de médecine d'Hippocrate et Galien, de l'arabe vers le latin, par Constantin l'Africain (m. 1087), ou celle, à Naples, de nombreuses légendes hagiographiques orientales, du grec vers le latin[17]. D'une certaine manière, ce processus de régionalisation atteint aussi l'Angleterre qui se distingue du continent par l'affirmation précoce d'une littérature en langue vernaculaire (le vieil anglais) aussi bien dans le domaine patristique et historique (les traductions d'Augustin, Orose, Boèce, Grégoire le Grand et Bède le Vénérable par le roi Alfred) qu'hagiographique (les compositions de Vies de saints et d'homélies d'Ælfric, abbé d'Eynsham) ou épique (les poèmes du *Beowulf* ou de la *Bataille de Maldon*).

L'apparente fragmentation que laisse entrevoir cette régionalisation du monde latin est compensée par de puissants facteurs d'unité. Le prestige de Rome et de l'Italie continue de s'exercer avec vigueur : Otton Ier attire en Germanie plusieurs maîtres italiens (Étienne de Novare, Gunzo) et, comme Charlemagne avant lui, prélève en Italie des colonnes antiques pour orner sa fondation de Saint-Maurice de Magdebourg ; de nombreux évêques germaniques rapportent des reliques d'Italie, suscitant l'écriture de toute une série de textes hagiographiques célébrant ces translations sacrées[18]. Le phénomène n'est pas limité à l'Empire : la fondation de l'abbaye de Cluny sous l'égide des apôtres Pierre et Paul et sous la protection

17. Granier 2015. Voir les chapitres 18 et 19 du présent tome, ainsi que le chapitre « Sciences » du troisième tome.

18. Voir le chapitre 11.

du siège romain constitue, dès 910, la première étape d'une diffusion à travers l'ancienne Gaule de la soumission symbolique à l'autorité pontificale, que manifestent le versement au pape d'un cens annuel ou la dédicace à saint Pierre de nombreux autres monastères, tels Déols (917), Montmajour (954), Maillezais (vers 989), Bourgueil (1003)... Un autre facteur d'unité réside dans l'essor des pèlerinages. Celui de Rome reste dominant : Jean de Vendières, le futur réformateur de Gorze, y puise en partie son inspiration au début des années 930 ; les abbés et princes catalans s'y rendent régulièrement à partir des années 950-960 ; ils sont suivis par beaucoup d'autres, tels les abbés de Cluny et Fleury en quête de privilèges d'exemption épiscopale (996 et 998), ou le duc Guillaume V d'Aquitaine qui fait le voyage à plusieurs reprises. Le pèlerinage à Jérusalem connaît un net regain d'intérêt autour de l'an mille lorsque s'y rendent, par exemple, l'abbé Poppon de Stavelot, le comte d'Anjou Foulques Nerra ou de nombreux chevaliers normands, tandis qu'émerge celui de Compostelle, où repose le corps de l'apôtre Jacques le Majeur « découvert » dans les années 820, visité par l'évêque du Puy dès 951 ou par le comte de Grez, un Liégeois, en 1056. Bien d'autres sanctuaires attirent alors des pèlerins venus de loin, comme le Mont-Saint-Michel, Saint-Martin de Tours, Aix-la-Chapelle, Saint-Gilles, le Monte Gargano, Bury-St-Edmunds...

Le principal facteur d'unité du monde latin est toutefois constitué par les circulations ecclésiastiques. L'Église impériale a pu susciter une certaine mobilité épiscopale ou canoniale, dont témoigne, par exemple, la carrière d'un Rathier de Vérone (m. 974), originaire de la région de Liège, formé à l'abbaye de Lobbes puis nommé par l'empereur évêque de Vérone et ponctuellement de Liège. Cette mobilité politique pouvait s'accompagner de circulations intellectuelles, comme le montre l'exceptionnelle trajectoire de Gerbert d'Aurillac : après avoir étudié le *quadrivium* à Vic et Ripoll vers 967-970, puis la dialectique à Reims où il est nommé écolâtre du chapitre, il devient, grâce au soutien de l'empereur, abbé de Bobbio, en Italie, en 983, puis archevêque de Ravenne en 998 et enfin pape en 999. Mais le phénomène est surtout monastique.

Dynamiques et circulations monastiques

Après quelques décennies de difficultés liées à la fragmentation de l'Empire carolingien et aux raids scandinaves, arabes ou hongrois, le monachisme connaît une vive expansion. D'anciens établissements sont restaurés (Saint-Wandrille en 960, Saint-Victor de Marseille en 977, Marmoutier avant 985...), de nouveaux sont fondés (Ripoll vers 879-880, Cluny en 910, Saint-Michel de Hildesheim en 996, Bury-St-Edmunds en 1020...), des communautés de chanoines adoptent la vie monastique jugée meilleure (Saint-Vanne de Verdun en 952, Saint-Aubin d'Angers vers 960-966, le Mont-Saint-Michel vers 965-966...), des usages plus stricts de la règle bénédictine (Cluny, Fleury) se diffusent. La plupart de ces initiatives, que l'on désigne sous le terme générique mais ambigu de réforme monastique, sont dues aux princes, ducs, comtes et vicomtes, et aux évêques, qui agissent le plus souvent de concert et maintiennent une grande emprise sur les communautés[19]. En dépit de l'existence de fortes particularités, le modèle bénédictin s'impose partout et parvient à absorber la plupart des expériences érémitiques, à l'image de celle de Romuald de Ravenne (m. 1027), fondateur des Camaldules dans l'Apennin toscan. Les réformes mettent en valeur la liturgie, la commémoration des défunts – à Cluny, on imagine une célébration collective tous les 2 novembre à partir des environs de 1030[20] –, la multiplication des messes et le chant des psaumes, les chœurs des moines, dont on exalte la virginité, préfigurant

19. Voir les chapitres 15 et 16.

20. Voir le chapitre « Vivants et morts » du troisième tome.

celui des anges au paradis. Mais les moines des Xᵉ et XIᵉ siècles se consacrent aussi à la *lectio divina* et à la copie des manuscrits. Ceci explique l'essor des bibliothèques monastiques : à Ripoll la bibliothèque passe de 60 à 246 ouvrages entre 976 et 1046, tandis qu'entre 250 et 300 manuscrits sont copiés à Fleury avant le milieu du XIᵉ siècle.

La circulation des abbés et des moines, qui s'accompagne de celle des manuscrits et des reliques, favorise la diffusion de certains usages (les coutumes monastiques) ou de traités liturgiques ou culturels spécifiques, parfois sur de grandes distances. Les vecteurs de ces circulations sont multiples. Des relations fort anciennes sont parfois réactivées, comme en témoigne la réforme monastique anglaise dans la seconde moitié du Xᵉ siècle, qui se nourrit d'intenses échanges avec la Flandre. Des ivoires et des manuscrits enluminés circulent entre Saint-Bertin, Saint-Omer et Winchester. L'*Éloge de la reine Emma* (reine d'Angleterre de 1002 à 1035) est composé en 1041-1042 par un chanoine de Saint-Omer ; le manuscrit existant encore aujourd'hui, destiné à Emma, fut confectionné à l'abbaye Saint-Augustin de Canterbury[21]. Un autre vecteur réside dans l'adaptation des moines aux agressions scandinaves et aux stratégies de replis mises en œuvre avec le soutien de réseaux aristocratiques actifs. En effet, si les récits hagiographiques mettent souvent en scène la brutalité des agresseurs païens et la fuite précipitée des moines et des reliques, la réalité est plus organisée et même parfois planifiée, comme le montre le cas de la communauté de Saint-Philibert qui, depuis Noirmoutier, abandonnée en 836, finit par s'installer définitivement à Tournus, en Bourgogne, en 875, après plusieurs étapes en Herbauge, en val de Loire (858) et en Poitou (862), et un probable nouveau déplacement temporaire en Auvergne entre 945 et 949, tous rendus possibles par le soutien du roi et de réseaux aristocratiques puissants.

21. ROLLASON, LEYSER et WILLIAMS 2010.

En dépit de ces déplacements successifs, *a priori* peu compatibles avec l'idéal de stabilité monastique, la cohésion de la communauté demeure solide, structurée par la figure de l'abbé et la gestion des reliques. Son identité ressort même renforcée d'une itinérance pensée comme la réitération de certaines expériences monastiques antérieures, en particulier celle de l'Irlandais Colomban. En outre, toutes ces étapes sont précédées ou s'accompagnent de l'acquisition de nombreux domaines qui constituent autant de jalons dans la formation du réseau de dépendances (*cellae*, *villae*, *monasteriola*) appelé à assurer le rayonnement de l'abbaye aux XIe et XIIe siècles[22].

Un troisième vecteur des circulations monastiques figure dans le rayonnement des coutumes ou des savoirs d'une communauté. Fleury, en Orléanais, accueille ainsi des fils de l'aristocratie anglaise, qui en retour font appel à elle pour accompagner la réforme mise en œuvre outre-Manche, qui repose notamment sur la généralisation de la règle bénédictine. Les coutumes de Fleury sont adoptées à Abingdon à l'initiative d'Æthelwood, tandis que la *Regularis Concordia*, rédigée pour les monastères anglais à l'initiative de l'archevêque Dunstan de Canterbury et du roi Edgar, s'inspire des coutumes de Saint-Pierre de Gand et de Fleury. Abbon de Fleury, alors écolâtre de l'abbaye, se rend au monastère de Ramsey pour y enseigner vers 985-988 et met son séjour à profit pour rédiger une *Vie du roi Edmond* à la demande de Dunstan[23]. Pour sa part, une abbaye comme Cluny met par écrit pas moins de quatre coutumiers à partir de 990-1015, dont les usages sont adoptés au cours des Xe et XIe siècles par des dizaines de communautés bénédictines en Bourgogne, Auvergne, Provence, Languedoc, Italie du Nord…, en général à la suite du passage de l'abbé ou de l'envoi de quelques moines issus de l'abbaye bourguignonne[24].

22. Cartron 2009.
23. Dufour et Labory 2008 ; Rollason, Leyser et Williams 2010.
24. Iogna-Prat 2002.

Une dernière pratique, plus originale même si elle est attestée dès l'époque carolingienne (avec Benoît d'Aniane notamment), joue également un rôle décisif : le multi-abbatiat, c'est-à-dire l'exercice simultané par une seule personne, à titre personnel et viager, de plusieurs abbatiats d'établissements parfois fort distants les uns des autres. L'abbé Odon de Cluny (926-942) cumule ainsi l'abbatiat de dix-neuf communautés dispersées en Bourgogne, dans les Alpes, en Auvergne, en Aquitaine, en val de Loire, en Septimanie et jusqu'à Rome. Une telle situation résulte non seulement du prestige croissant des usages de Cluny mais aussi des réseaux aristocratiques d'Odon découlant de sa parenté, de ses études, de son action réformatrice… Ils le lient aux comtes d'Angers, à l'archevêque de Tours, aux Robertiens (ducs des Francs), aux Rodolphiens (rois de Bourgogne), aux Bosonides (rois de Provence puis d'Italie), aux Guillelmides (ducs d'Aquitaine), aux Théophylactes (maîtres de Rome)[25]. Comme pour la quinzaine d'abbayes dirigées par Guillaume de Volpiano (m. 1031), qui s'égrènent de la haute vallée du Pô à la Normandie en passant par la Bourgogne, la Lotharingie et l'Île-de-France, il s'agit de réseaux personnels, non encore institutionnalisés et en permanente reconfiguration. Une innovation d'importance intervient à Cluny sous l'abbatiat d'Odilon (994-1049) : « l'Église clunisienne » (*ecclesia Cluniacensis*) ne constitue alors pas encore un ordre au sens juridique du terme – ce type d'organisation n'apparaît qu'au XIIe siècle avec les cisterciens notamment –, mais structure déjà un réseau de dépendances reconnaissant l'autorité de l'abbé et des coutumes de Cluny de manière pérenne et non plus viagère. Cette institutionnalisation s'accentue sous l'abbatiat d'Hugues de Semur (1049-1109) avec la hiérarchisation des multiples dépendances en abbayes subalternes, prieurés ou simples celles, toutes considérées comme sujettes de Cluny : l'abbé de Cluny n'est plus un multi-abbé mais un archi-abbé,

25. Rosé 2008.

à la tête du plus vaste réseau monastique de la Chrétienté latine. Son abbatiale, reconstruite pour la troisième fois, est alors la plus grande église du monde latin[26].

La mémoire et l'oubli

Les Xe et XIe siècles voient l'essor remarquable des écrits historiques et mémoriaux. Mais l'horizon de ces récits, histoires ou chroniques, se rétrécit de plus en plus à l'échelle d'un royaume ou d'une principauté, comme en témoignent les œuvres de Liutprand de Crémone (m. vers 972), Raoul Glaber (m. vers 1047) ou Adhémar de Chabannes (m. 1034), les *Gesta* des évêques de Cambrai (dont la rédaction commence vers 1024/1025) ou les chroniques épiscopales italiennes comme celles des évêques de Grado au milieu du XIe siècle. Plusieurs auteurs se consacrent à une dynastie, à l'image de Widukind au profit des Ottoniens (vers 962-973) ou de Dudon de Saint-Quentin au bénéfice des ducs de Normandie (vers 1015-1026).

Les communautés ecclésiastiques, qui sont les lieux où l'on écrit et qui bénéficient de flux de donations considérables, s'engagent par ailleurs, à partir de la fin du Xe siècle, dans un vaste mouvement de conservation de l'écrit documentaire à des fins de gestion seigneuriale, de défense juridique et de mémoire communautaire. Le phénomène concerne surtout les abbayes, à l'image de Saint-Denis, Cluny, Saint-Bertin, Montier-en-Der…, et s'accompagne d'opérations de sélection et de manipulation des diplômes, chartes et notices. On trie dans les archives, provoquant la disparition de séries entières qui n'ont plus d'intérêt pour les contemporains. On recopie dans des cartulaires, ces registres sous forme de codex (ou plus rarement de rouleaux) dont le genre se diffuse en Francie

26. Iogna-Prat 2002.

occidentale : celui de Saint-Bertin est réalisé vers 962, le premier des cartulaires de Cluny vers 1030. Ces opérations procèdent autant à l'oubli de certaines figures ou événements qu'à la conservation d'une mémoire : à Montmajour, à côté d'Arles, les tris du début du XIe siècle permettent de plonger dans l'oubli le rôle joué quelques décennies auparavant par la parenté du marquis Hugues d'Arles dans les débuts de l'abbaye alors que ce dernier et sa descendance ont désormais perdu pouvoir et prestige en Provence comme en Italie (où Hugues fut roi de 926 à 947)[27]. Dans certaines communautés, on retouche certains actes, voire on en forge de toutes pièces pour acquérir les privilèges royaux ou pontificaux que l'on n'a pas reçus ou que l'on a perdus.

Ces pratiques à la fois archivistiques, scripturaires et mémorielles qui choisissent de valoriser ou d'occulter certains moments du passé peuvent être associées ou complétées par la rédaction de récits de plus grande ampleur : chroniques, Vies de saints, translations de reliques et recueils de miracles... Bon nombre de ces textes sont des récits étiologiques, mettant en valeur en les idéalisant les origines des institutions concernées. Le succès croissant des légendes de fondation apostoliques des sièges épiscopaux en constitue un bel exemple, de même que les légendes de fondation de nombreuses abbayes d'Aquitaine ou de Septimanie soulignant le rôle plus ou moins imaginaire des souverains carolingiens Charlemagne ou Charles le Chauve, parfois confondus[28]. L'hagiographie connaît dans ce contexte un important développement, célébrant principalement des évêques (dans l'Empire surtout), des abbés, mais aussi des laïcs, rois (Edmond d'Angleterre, Robert le Pieux de Francie), reines (Mathilde ou Adélaïde, en Empire) ou nobles (Géraud d'Aurillac). Au-delà de la célébration de modèles statutaires, ces écrits contribuent à l'affirmation identitaire des

27. Geary 1996.
28. Remensnyder 1996.

communautés qui les produisent et qui entretiennent un lien particulier avec les figures dont ils font l'éloge, que celles-ci aient contribué à leur fondation ou à leur rayonnement, de leur vivant ou *post mortem*, en y élisant sépulture.

Ainsi, de manière indéniable, les réformes carolingiennes des règnes de Charlemagne et Louis le Pieux ont posé les fondements de nouvelles pratiques culturelles et scripturaires appelées pour nombre d'entre elles à une longue postérité, à commencer par l'écriture caroline et la restauration du latin « classique ». Pour autant, le modèle culturel d'un monde dominé par l'hégémonie de la cour fait long feu et s'efface derrière la résurgence ou l'affirmation d'ensembles régionaux dominés par les réseaux ecclésiastiques et que rapprochent la circulation des clercs, des moines et des manuscrits. Certains pays méditerranéens présentent toutefois une spécificité qui ne cessera de se renforcer : l'écrit y est aussi pratiqué par des laïcs, ce qui explique qu'il soit plus diffusé et joue un rôle plus important dans les transactions foncières, judiciaires ou féodales, même si les pratiques demeurent traditionnelles – on ne commence à rédiger de nouveaux recueils de formules notariales, par exemple, qu'à partir du milieu du XIe siècle[29]. Ces laïcs sont des juges et des notaires dans les cités d'Italie du Nord, des juges également dans les villes de Catalogne. C'est aussi dans les premières décennies du XIe siècle que l'on commence, en Septimanie ou en Provence, à coucher sur parchemin les serments de fidélité. Cependant, même dans ces pays, les seules institutions à conserver les écrits et à être pourvues d'archives restent les sièges épiscopaux et les monastères.

MAGALI COUMERT et FLORIAN MAZEL

29. CAMMAROSANO 1991 ; ZIMMERMANN 2003.

14.

L'âge viking

(VIIIe-XIe siècle)

À partir de la fin du VIIIe siècle, plusieurs textes écrits dans des langues diverses signalent la présence, le long des côtes et des cours d'eau d'Europe et un peu au-delà, de navires et de navigateurs venus du Nord – plus précisément des régions correspondant aux deux tiers sud de l'actuelle Scandinavie – dont les intentions et les activités ne sont guère pacifiques. Après quelques décennies marquées par des raids de pillage encore peu nombreux mais qui frappent les esprits des contemporains, le phénomène prend de l'ampleur et, à partir des années 830-840, leurs incursions se multiplient. Les pirates, qui remontent les fleuves de plus en plus loin et effectuent parfois des coups de main d'une audace étonnante, déstabilisent les sociétés et mettent en danger les pouvoirs chrétiens dont la légitimité repose en premier lieu sur leur capacité à protéger les populations et plus encore les églises – premières victimes de ces expéditions car, riches et non fortifiées, elles représentent des proies faciles.

Les flottes constituent ainsi une menace à laquelle les souverains chrétiens se doivent de répondre, soit en s'efforçant de les repousser militairement – ce qu'ils ont fait, bien plus souvent qu'on le croit –, soit en entrant en négociation avec leurs dirigeants pour obtenir leur départ, leur amitié ou leur soumission. Bientôt, de l'Irlande jusqu'à la mer Noire, les marins venus du Nord s'imposent comme des acteurs majeurs du jeu politique. Désireux de récompenser leurs hommes et de consolider leur pouvoir, plusieurs chefs d'origine scandinave parviennent à créer des principautés dont le succès a parfois été durable, renforçant encore les mouvements commerciaux ou migratoires qui avaient accompagné les premiers raids. C'est ainsi qu'entre la fin du IXe siècle et le début du Xe siècle, en Frise ou en Normandie, dans le nord et l'est de l'Angleterre et sur les côtes de l'Irlande, ou encore le long des fleuves de la Russie et de l'Ukraine actuelles, s'est constitué une véritable diaspora[1]. C'est dans ce cadre que, pendant encore deux siècles, les échanges et les affrontements suscités par l'interaction, tantôt pacifique, tantôt conflictuelle, entre les marins et les populations locales ont continué à marquer l'histoire de la moitié nord de l'Europe. La période allant des années 790 à la fin du XIe siècle peut donc à bon droit apparaître comme l'âge viking[2].

Qu'est-ce qu'un viking ?

Pour désigner ces marins, à la fois guerriers et commerçants, qui ont marqué l'histoire de l'Europe pendant environ trois siècles, le nom de « vikings » a fini par s'imposer – d'abord en anglais et dans les langues scandinaves puis, bien plus récemment, en français et dans les autres langues romanes. Là où les sources latines les désignent habituellement comme des « Danois » ou des « hommes du Nord » – *Normanni*, d'où le nom de « Normands » qui leur a plus souvent été donné en français –, les sources orientales utilisent plutôt les mots « Rous » (en slavon *Rus'*) puis « Varègues » (en grec *Varangoï*) ; mais tous s'accordent pour voir en eux des « pirates », des

1. Jesch 2015 ; Bauduin 2019.
2. Brink et Price 2009 ; Bauduin 2019.

« marins », des « étrangers » et surtout des « païens » (en latin *pagani*, en vieil anglais *hæðen*, en arabe *madjūs*). Empruntant l'un des mots qui désignent ces hommes en vieil anglais (*wicing*), mais aussi dans des textes scandinaves généralement plus tardifs (*víkingr*), les historiens ont pris l'habitude de les appeler « vikings »[3].

Cela dit, entendons-nous bien sur ce terme. Il désigne des hommes – mais aussi, comme des sources le laissent entendre, des femmes et enfants accompagnant certaines flottes – qui prennent la mer pour chercher fortune. Ils ne forment donc pas un peuple : en termes de langue et de culture, ce sont des Scandinaves, même si beaucoup d'autres ont pu s'agréger aux groupes de vikings ; en termes d'appartenance politique, ils sont d'abord les fidèles de leurs chefs, ces « rois de mer » dont les textes occidentaux égrènent les noms et que les textes scandinaves plus tardifs, aux XIIe et XIIIe siècles, présenteront comme de véritables héros – des chefs qui, à l'âge viking, sont bien souvent concurrents et ne s'allient que lorsque la promesse de victoire et de butin rend l'alliance profitable. Être un viking, ce n'est donc pas relever d'une identité ethnique ou politique en particulier, c'est exercer une activité – d'où la minuscule qu'il convient d'utiliser au début de ce qui, de fait, doit être traité comme un nom commun[4].

Le but d'une expédition viking est de faire fortune sur mer, de « se procurer des richesses », pour reprendre une expression assez courante. Pour cela, tous les moyens sont bons, pacifiques ou violents. En effet, si les vikings se livrent volontiers au commerce, celui-ci est difficilement séparable de pratiques d'extorsion, de chantage, de capture et tout simplement de pillage. Que faire, par exemple, de quelques tonnes de sel extorquées à une communauté de sauniers à l'embouchure de la Loire, sinon aller les vendre dans un port

3. Bauduin 2019.
4. *Ibid.*

anglais ou irlandais ? Et, au retour, on peut aller razzier les côtes du pays de Galles pour y faire des prisonniers : ceux dont les proches peuvent payer une rançon seront relâchés sur place, les autres iront fournir les marchés d'esclaves qui fleurissent alors dans une grande partie de l'Europe[5]. L'opportunisme semble avoir été la règle, en particulier dans les premiers raids et dans les expéditions les plus modestes. Les entreprises plus vastes qui se multiplient après 830-840 procèdent d'une autre logique, plus systématique et plus coordonnée, mais restent marquées par cette grande diversité des activités qui, concrètement, permettent à chaque viking de s'enrichir ; l'amplification du phénomène ouvre de nouvelles perspectives, puisque les conquêtes et les accords conclus avec les pouvoirs locaux offrent la possibilité de s'implanter dans une nouvelle région et d'y acquérir des terres à cultiver ou des hommes à dominer.

Une logique compétitive

La logique politique et sociale qui préside à toutes ces expéditions reste plus ou moins la même tout au long de la période. La principale origine du phénomène réside dans l'émergence en Scandinavie, à partir du VIIIe siècle, de pouvoirs royaux et princiers en forte concurrence. La compétition acharnée qui règne entre les chefs scandinaves les amène à recruter des hommes en nombre croissant, des hommes qu'il faut récompenser, fidéliser par des dons : nourriture et boisson bien sûr, mais aussi armes, parures, chevaux, esclaves[6]... Or, dans un monde marqué par l'omniprésence de la mer et par l'essor de la construction navale, les perdants temporaires de ces jeux politiques complexes peuvent souvent se replier sur

5. Voir le chapitre 16.
6. WINROTH 2018.

leur flotte et chercher l'aventure ailleurs, dans l'espoir de reconstituer leur puissance outre-mer et de revenir tenter leur chance au pays[7].

Ajoutons que, dans une Scandinavie marquée par un climat rude et une réelle pauvreté économique et agricole, la meilleure manière de se procurer les richesses nécessaires est, pour la plupart des acteurs, d'aller les prendre dans des régions plus fertiles et plus prospères situées plus au sud. Tout cela explique les opérations de commerce et de piraterie relativement limitées, impliquant un petit nombre de navires et quelques dizaines d'hommes, qui dominent au début de la période mais ne cessent jamais d'exister ; cela explique aussi les grandes entreprises de conquête et de migration de la seconde moitié du IXe siècle, comme la « Grande Armée » qui débarque dans l'est de l'Angleterre en 865, et dont les effectifs, difficiles à estimer, pourraient se compter en milliers d'hommes se déplaçant sur plusieurs dizaines de navires ; ces éléments permettent enfin de rendre compte de la construction progressive de pouvoirs plus stables, au fur et à mesure que les princes vainqueurs imposent leur autorité et contraignent leurs concurrents à se soumettre ou à aller chercher fortune ailleurs[8].

Cette logique de compétition n'a cessé de nourrir le phénomène viking et a donc prévalu jusqu'à la fin du XIe siècle : c'est alors seulement que l'institutionnalisation, dans des frontières à peu près stables, des trois grandes monarchies scandinaves – les royaumes des Danois, des Norvégiens et des Suédois – marque la fin de l'âge viking. En effet, si un royaume danois émerge dans la documentation dès le début du VIIIe siècle, celui-ci a connu de nombreuses vicissitudes. L'autorité des souverains danois, qui se convertissent au christianisme vers le milieu du Xe siècle, est tantôt partagée

7. Cooijmans 2020.
8. Gautier 2018.

entre plusieurs princes concurrents, tantôt unifiée à l'échelle de tout le sud de la Scandinavie – ce fut sans doute le cas au tout début du IXe siècle –, voire étendue à un véritable empire maritime comprenant l'Angleterre et la Norvège, comme sous le règne de Knut le Grand (1015-1035), seul roi à avoir effectivement esquissé (mais sans lendemain) l'unification politique de ce vaste espace septentrional parcouru par les vikings ; la consolidation d'un Danemark inscrit dans ses frontières médiévales ne s'est faite qu'après l'effondrement de cet empire éphémère. Malgré quelques tentatives précoces, ce n'est qu'après le recul de cette influence danoise que des chefs norvégiens, à partir du début du XIe siècle, ont dans un même mouvement réuni les différentes chefferies en un royaume unique et favorisé l'évangélisation du pays. Quant à la monarchie suédoise, même si elle revendique une grande ancienneté, elle ne s'est réellement stabilisée et christianisée qu'au tournant des XIe et XIIe siècles[9].

Un monde difficile à connaître

Les sources dont nous disposons, de nature et de valeur extrêmement diverses, peuvent être réparties en quatre grandes catégories. Les données les plus précises et les plus abondantes se trouvent dans des textes tardifs (datant parfois du XIIIe voire du XIVe siècle) écrits dans la diaspora viking par des auteurs qui se voulaient les descendants et les héritiers des vikings. Les sagas islandaises, longs récits en prose que le lecteur moderne peut comparer à des romans historiques, sont parmi les plus emblématiques de ces sources face auxquelles l'historien doit bien sûr être extrêmement prudent, car elles résultent de processus complexes de transmission orale, de réécriture et de composition originale ; même si elle

9. Berend 2007.

est plus ancienne que les sagas, l'œuvre latine de Dudon de Saint-Quentin, qui écrit autour de l'an mille l'histoire de la fondation du duché de Normandie environ un siècle auparavant, présente à maints égards les mêmes caractéristiques et les mêmes difficultés. La richesse de cette documentation est donc en partie trompeuse, car une saine critique historique contraint bien souvent à rejeter leur témoignage.

Un deuxième type de sources, un peu moins abondantes et généralement plus allusives que les sagas et autres textes scandinaves tardifs, est constitué par des textes écrits pendant l'âge viking, mais par des non-Scandinaves : auteurs francs, irlandais ou anglo-saxons écrivant en latin (mais aussi en vieil anglais ou en vieil irlandais), auteurs byzantins écrivant en grec, auteurs andalous ou irakiens écrivant en arabe. Ces sources extérieures au monde des vikings présentent l'intérêt d'être proches dans le temps des événements qu'elles décrivent. Mais, parce qu'ils émanent pour la plupart des victimes des pirates, ces textes ont tendance à exagérer l'ampleur du phénomène et à insister sur la sauvagerie des vikings ; en outre, parce qu'ils connaissent mal le fonctionnement interne des bandes de guerriers vikings, ces auteurs chrétiens ou musulmans ont des difficultés à comprendre leurs motivations. Ainsi, des auteurs monastiques francs, dont les abbayes ont parfois été pillées et détruites, ont rendu compte de la violence des « hommes du Nord » en termes de punition divine ou en invoquant la brutalité foncière des « païens » et leur prétendue haine du christianisme et du Dieu chrétien[10]. On notera qu'aucune donnée interne au monde scandinave ne vient corroborer de telles explications.

La troisième catégorie de sources, à savoir celles produites par des Scandinaves pendant l'âge des vikings, est malheureusement beaucoup moins fournie que les deux premières. Bien qu'écrites au XIIIe-XIVe siècle, les sagas intègrent volontiers dans

10. Bauduin 2019.

leur narration des poèmes scaldiques, c'est-à-dire composés par des scaldes, poètes faisant l'éloge des chefs et de leurs guerriers ; la forme très complexe de ces compositions, peu susceptibles de varier avec le temps, autorise l'historien à leur accorder une certaine confiance et à considérer que plusieurs d'entre elles ont en effet été élaborées au Xe ou au XIe siècle. Cela dit, le nombre de poèmes scaldiques reste assez réduit et leur forme même, faite d'allusions, de métaphores complexes et de références mythologiques parfois cryptées rend leur utilisation difficile. L'autre grand corpus textuel contemporain des vikings est constitué par environ 3 000 inscriptions mémorielles gravées sur pierre en faisant usage des runes, un alphabet élaboré au début de notre ère pour noter les langues germaniques. Malgré leur relative abondance, ces inscriptions présentent toutefois un certain nombre d'inconvénients : d'une part, les textes gravés sont généralement très brefs et les formulaires extrêmement répétitifs – le plus souvent, le message prend la forme suivante : « X a ordonné de faire ériger cette pierre en l'honneur son père/son fils/son frère Y. Que Dieu ait soin de son âme » – ; d'autre part, la distribution chronologique et géographique des inscriptions runiques est très inégale puisqu'environ les deux tiers sont localisées en Suède (principalement dans la région de Stockholm) et que la grande majorité datent du XIe siècle, pendant ou après la christianisation de la région[11].

L'apport de l'archéologie

Reste donc un dernier groupe de sources, dont la quantité va croissant : les données tirées du sol. On a fouillé, depuis le XVIIIe siècle et avec des méthodes de plus en plus élaborées, un grand nombre de nécropoles et de tombes isolées,

11. Winroth 2018.

dont plusieurs (comme celles d'Oseberg ou de Gokstad en Norvège) contenaient des restes de navires. On a aussi fouillé de nombreux habitats, allant du simple village (comme celui de Vorbasse dans le sud du Jutland) au complexe princier (comme celui de Lejre à l'ouest de Copenhague) en passant par des implantations temporaires au gré des mouvements des armées (comme les camps vikings de la « Grande Armée » d'Angleterre, à Torksey et à Repton) ainsi que des places commerciales et des centres urbains (comme les *emporia* de Ribe, Hedeby, Kaupang, Birka et Staraïa Ladoga, mais aussi des quartiers commerçants ou d'habitation de Dublin, York ou Rouen). L'archéologie subaquatique a livré les épaves danoises de Skuldelev et les appontements de l'*emporium* de Dorestad aux Pays-Bas. Les fouilles, les découvertes fortuites et les prospections d'amateurs (autorisées dans certains pays) ont aussi livré une abondante documentation numismatique, très majoritairement composée de monnaies d'argent, qui éclaire la géographie des échanges à divers moments de l'âge viking[12].

C'est bien par l'archéologie que l'on connaît le mieux le principal outil des vikings : leurs navires. Le nom de « drakkars » qui leur est souvent donné en français est à la fois fautif et anachronique : entré dans la langue française au XIXe siècle, il résulte de la déformation d'une forme suédoise du mot islandais *dreki* (dragon), employé par métonymie dans certains poèmes pour évoquer telle ou telle embarcation. Mieux vaut parler tout simplement de bateaux ou de navires, ou faire usage des termes qui composaient le riche vocabulaire nautique du Nord : *skip* (navire), *langskip* (long navire), *knörr* (gros bateau de commerce), *karvi* (petite barque à tout faire), *skeið* (navire de guerre) ou encore *snekkja* (petit navire rapide). Tous construits à clin (c'est-à-dire que les planches de bordage se chevauchent), ce sont des bateaux solides et maniables, à faible tirant d'eau (ce qui leur permet

12. MALBOS 2017. Voir les chapitres 7 et 16.

de remonter les fleuves), mus tant à la rame qu'à la voile[13]. À Skuldelev au Danemark, à quelques kilomètres en aval de la ville de Roskilde, cinq navires ont été volontairement coulés à la fin du XIe siècle dans le but de rétrécir le passage pour faciliter la navigation et assurer la sécurité de ce qui est alors le principal siège du pouvoir danois. L'intérêt principal de cette découverte réside dans la variété des épaves, qui constituent une sorte de catalogue des divers bateaux vikings connus. « Skuldelev 2 », long de 30 mètres pour 3,8 mètres de large, est un long navire effilé, à savoir un *langskip* ou une *skeið* pouvant embarquer jusqu'à quatre-vingts hommes sur trente bancs de nage ; la dendrochronologie (datation par les cernes du bois) a établi que les chênes ayant servi à sa construction ont été abattus en 1042 en Irlande. « Skuldelev 1 », avec ses 16 mètres de longueur et ses 4,8 mètres de largeur, est au contraire un bateau ventru, probablement un *knörr* qui, avec six à dix hommes d'équipage, pouvait servir au transport de marchandises, y compris en haute mer ; construit dans l'ouest de la Norvège, il a connu maintes réparations, en particulier au Danemark et dans la région d'Oslo[14].

Il convient cependant de ne pas céder à l'illusion selon laquelle l'archéologie pourrait entièrement suppléer aux manques et aux défauts des sources écrites, ce qu'illustre bien le cas normand. Les textes montrent sans aucun doute possible qu'un groupe de Scandinaves dirigé par un certain Rollon s'est implanté au début des années 910 dans la basse vallée de la Seine et y a fondé, en accord avec le roi des Francs Charles le Simple, une nouvelle principauté ; cela est par ailleurs confirmé par des indices linguistiques, des mots scandinaves ayant influencé la toponymie et les parlers normands, en particulier en termes de vocabulaire maritime. Pourtant, le nombre d'objets pouvant être identifiés comme vikings ou

13. RIETH 2016.
14. HAYWOOD 1996.

scandinaves reste extrêmement faible dans l'ensemble de la Normandie : les seules données archéologiques ne laisseraient aucunement soupçonner que la dynastie des ducs normands et une partie de l'élite dirigeante du duché appartenaient à la diaspora viking[15].

Pour illustrer la multiplicité de ces échanges, rencontres et affrontements qui font toute la saveur de l'âge viking, il peut être intéressant de se pencher sur quelques-unes de ces sources qui, malgré tous leurs défauts, offrent parfois des portraits de voyageurs – commerçants, « rois de mer » ou colons, mais aussi ambassadeurs, missionnaires ou pèlerins – dont les activités dessinent toute la diversité des interactions dans l'Europe des VIIIe-XIe siècles.

Missionnaires, ambassadeurs et « rois de mer »

L'un des premiers voyageurs dont les déplacements nous font connaître avec une certaine précision les terres situées au nord du royaume des Francs est Ansgar, plus tard connu comme saint Anschaire, « l'apôtre du Nord ». Sa vie nous est rapportée par son successeur Rimbert, qui compose vers 875 une *Vie d'Ansgar* ; comme toutes les Vies de saints, l'œuvre est avant tout destinée à exalter les vertus de son protagoniste et à promouvoir son culte, et doit donc être lue avec prudence, mais elle offre de nombreux détails sur les mondes du Nord au IXe siècle. Moine de l'abbaye de Corbie en Picardie, Ansgar est désigné au milieu des années 820 pour mener une mission d'évangélisation vers la Scandinavie : cet effort participe d'un rapprochement entre l'empereur carolingien Louis le Pieux (814-840) et le roi danois Harald Klak (819-827), tout juste converti au christianisme et que le moine franc est chargé d'accompagner, et sans doute aussi de surveiller, à

15. BAUDUIN 2019.

son retour au Danemark. Cette mission est un premier échec pour Ansgar mais, pendant les quarante ans qui suivent et jusqu'à sa mort en 865, il reste dans le Nord. On le voit dès lors parcourir les mers septentrionales, une activité qui, entre naufrages, attaques de pirates et négociations délicates avec les pouvoirs locaux, n'est pas de tout repos. En 831, l'empereur crée pour lui un nouveau siège d'archevêché à Hambourg, tout près de la frontière danoise ; mais la ville ayant été saccagée par un raid viking en 845, l'archevêque se replie sur Brême. Lors de ses déplacements, il destine d'abord sa prédication aux princes scandinaves, dans l'espoir que leur conversion entraîne celle des populations ; cette tentative d'évangélisation du haut vers le bas ne rencontre guère de succès. Mais les rois danois ou suédois autorisent aussi Ansgar à prêcher aux habitants des *emporia* comme Birka ou Hedeby : il y fonde alors des communautés chrétiennes qui, malgré leur relatif isolement et le manque de prêtres, maintiennent le contact avec les ports de l'Empire carolingien comme Dorestad. Ces églises des *emporia*, ainsi que quelques autres connues seulement par l'archéologie, ont permis l'implantation certes éclatée, mais précoce, du monothéisme chrétien dans le Nord scandinave. Quant à l'archevêché de Hambourg-Brême, il revendique jusqu'au XIIe siècle et la création des provinces de Lund (1103) puis Nidaros (1153) et Uppsala (1164), l'exclusivité de la prédication et de l'encadrement religieux des pays scandinaves[16].

En 839, quelques années après le départ d'Ansgar vers le Nord, d'étranges voyageurs arrivent au palais carolingien d'Ingelheim près de Mayence, dans les bagages d'ambassadeurs byzantins, et se présentent avec eux à la cour de Louis le Pieux. Les *Annales de Saint-Bertin*, une chronique tenue à la cour franque par l'évêque Prudence de Troyes, reproduisent leur discours. Ils sont, disent-ils, des *Rhos*

16. Coviaux 2019.

– forme grecque du mot « Rous », qui désigne en Orient les navigateurs scandinaves parcourant les fleuves de l'est de l'Europe. Ils affirment venir d'une contrée dont le roi est appelé Chacanus : ce nom est soit une déformation du nom scandinave Hákon, soit une variante du titre de *khagan* donné aux souverains des steppes d'Europe orientale et d'Asie centrale ; ce serait en tout cas le dirigeant d'une des fondations suédoises du nord de la Russie actuelle comme Staraïa Ladoga – où des fouilles ont démontré une présence scandinave dès le milieu du VIIIe siècle –, Riourikovo Gorodichtche – près de Novgorod, où une présence ancienne est probable – ou Gnezdovo (un peu plus au sud, près de l'actuelle Smolensk). De là, ils ont traversé des pays « où vivent des peuples féroces » puis, ayant franchi la mer Noire, sont arrivés à Constantinople ; ils y ont été reçus avec honneur par l'empereur Théophile (829-842) qui, afin de leur épargner un dangereux voyage de retour, leur a permis d'accompagner l'ambassade qu'il envoie à son collègue occidental. Ce n'est qu'une fois arrivés à la cour franque que ces *Rhos* sont identifiés comme des *Sueones*, des Suédois. Louis ordonne dès lors de les reconduire à la frontière danoise ; ils peuvent ainsi s'embarquer à Hedeby et regagner leur pays. Trois sceaux de plomb du patrice Théodose Baboutzikos (un diplomate bien connu de la cour byzantine) découverts sur les sites danois de Hedeby, Ribe et Tissø, et neuf monnaies de l'empereur Théophile, retrouvées à Hedeby, Birka, Riourikovo Gorodichtche et Gnezdovo, se rattachent sans doute à cet épisode. Ainsi, ces *Rhos* ou *Sueones* auraient « bouclé la boucle » et seraient revenus chez eux, au pays de Chacanus, après avoir rencontré les plus grands souverains de leur temps et avoir servi d'intermédiaires entre eux, transportant dans leurs bagages des lettres scellées par le patrice Théodose, des pièces d'or, d'argent et de bronze à l'effigie de Théophile et, sans nul doute, des présents offerts par Louis le Pieux et tous les potentats visités en chemin[17].

Reconstituer la carrière et les mouvements d'un chef viking – d'un « roi de mer », disent les textes norrois – s'avère bien plus difficile, car il est rare que nous disposions de l'éventail documentaire exceptionnel offert par le périple des sujets de Chacanus. Les chroniqueurs occidentaux donnent certes les noms de tel ou tel chef de flotte viking, mais se préoccupent peu de leurs origines et de leurs allées et venues entre deux épisodes de pillage ou de négociation. Au IXe siècle, un certain Hasting défraie la chronique, ou plutôt les chroniques puisqu'il apparaît sous divers noms (Alstingus, Anstignus, Hæsten) dans les *Annales de Saint-Vaast* comme dans la *Chronique anglo-saxonne* ; un siècle plus tard, Dudon de Saint-Quentin lui consacre la majeure partie du livre I de son *Histoire des premiers ducs de Normandie*, où il lui prête des aventures pour le moins rocambolesques. Si l'on suit le récit de Dudon, sa carrière de chef viking aurait été très longue, débutant vers 830 au Danemark et se terminant en Angleterre au milieu des années 890, après avoir parcouru toute l'Europe occidentale en passant même par l'Italie et le détroit de Gibraltar. Le Hasting de Dudon serait donc mort à l'âge d'au moins 80 ans, en étant toujours à la tête de ses troupes, ce qui est tout de même peu probable… Peut-être y a-t-il eu plusieurs Hasting ? L'un d'eux, en tout cas, est identifié avec une assez grande certitude. Peut-être apparenté à un précédent chef du même nom, il apparaît dans le bassin de la Loire au milieu des années 860. Les opportunités qu'il saisit à divers tournants de sa carrière l'amènent à opérer de plus en plus au nord avec ses hommes et ses navires. On le voit d'abord quitter les bords de Loire en 882, et il semble avoir ravagé pendant quelque temps les côtes de la Bretagne ou de l'actuelle Normandie. On ne le retrouve avec certitude

17. Sindbæk et Trakadas 2014.

qu'en 890, pillant la Picardie. En 892, à Boulogne-sur-Mer, il est l'un des principaux chefs d'une grande flotte viking qui embarque pour l'Angleterre. C'est dans le Kent qu'il meurt vers 893, après avoir affronté les troupes du roi Alfred (871-899) et négocié une paix avec lui. Ainsi Hasting, bien que d'origine scandinave, n'est attesté en réalité qu'entre la Charente et la Tamise : l'« homme du Nord » venait du sud ! De fait, il n'est pas impossible qu'il soit né outre-mer et que, de sa vie, il n'ait jamais navigué sur les mers du Nord[18]…

Voyager, commercer, s'installer

Le roi anglo-saxon Alfred le Grand, qu'on vient de voir affronter Hasting et négocier avec lui, passe l'essentiel de son règne à combattre les incursions vikings et à tenter de trouver des accommodements durables avec les différentes composantes de la « Grande Armée » (*voir* carte 8, p. IX). Homme cultivé, désireux d'améliorer la formation intellectuelle de ses hommes, il fait traduire en vieil anglais plusieurs « classiques » de la littérature latine. Parmi les traductions attribuées à son patronage, on compte celle de l'*Histoire contre les païens* d'Orose, une œuvre du début du ve siècle. Pour compléter le tableau géographique du monde qui ouvre le livre I, le traducteur a inséré une description de l'Europe septentrionale et orientale et les récits de deux navigateurs, Ohthere et Wulfstan[19]. Le premier offre à « son seigneur Alfred » un rapport particulièrement intéressant. Originaire du Halogaland, au nord de la Norvège face aux îles Lofoten, Ohthere est un homme influent : il possède un peu de bétail et surtout des troupeaux de rennes ; il sait également comment se procurer (par le commerce ou par la force) des fourrures et des plumes auprès des populations

18. Gautier 2018.
19. Lebecq 2011 ; Sindbæk et Trakadas 2014.

sames qui parcourent l'intérieur de la péninsule. Il a navigué très loin, au-delà du cap Nord et jusqu'en mer Blanche, à la recherche d'un bien dont l'Occident est demandeur : des défenses de morse, dont l'ivoire sert à fabriquer des reliquaires et autres objets précieux. Ohthere évoque aussi sa navigation vers le sud, le long des côtes norvégiennes, jusqu'à des marchés où il écoule sa cargaison : il mentionne les *emporia* de Kaupang et, bien sûr, de Hedeby. On ne sait pas contre quoi il échange ses marchandises, mais on imagine qu'il se procure des biens venus du Sud : du blé ou du vin de Rhénanie ou d'Île-de-France ; des épées franques dont le commerce, interdit par les Carolingiens, fait l'objet d'une contrebande ; des meules en basalte du massif de l'Eifel pour moudre le grain ; des toiles de laine frisonnes ou, bien plus onéreuses, des soieries byzantines[20]. Tous ces biens, il va sans doute les vendre à Londres, à Hamwic (Southampton), voire à la cour de Winchester où il offre à Alfred deux défenses de morses. Contemporaine de la carrière de Hasting, celle d'Ohthere illustre une autre facette de l'entreprise viking et montre que, malgré la piraterie, le commerce et l'exploration de nouveaux marchés n'ont jamais cessé à l'âge viking.

Si Ohthere a navigué loin vers le nord, d'autres se sont aventurés à l'ouest, à travers l'Atlantique Nord. Les îles Orcades et Shetland, puis les Féroé et enfin l'Islande à partir de 870, ont fait l'objet de « prises de terre » par des colons principalement venus de l'ouest de la Norvège. Peu avant l'an mille, des Islandais ont poussé jusqu'aux côtes du Groenland, où deux établissements principaux ont servi de base à des expéditions plus lointaines, vers le nord et la baie de Disko (pour la chasse au morse) mais aussi vers le sud le long des côtes du Labrador (sans doute à la recherche de bois). Ces expéditions vers ce qui est aujourd'hui l'Amérique du Nord nous sont racontées par deux œuvres du XIIIe siècle,

20. Malbos 2017.

la *Saga d'Erik le Rouge* (le premier colon du Groenland) et le *Dit des Groenlandais*, qui mentionnent plusieurs navigations vers un pays fertile appelé Vinland (pays de la vigne), où les Groenlandais affrontent des autochtones hostiles qu'ils appellent *skrælingar* (barbares, sauvages)[21]. On a longtemps douté de la véracité de ces récits tardifs, dont la figure la plus marquante est sans doute Gudrid, fille de Thorbjörn. Née en Norvège ou en Islande où sa famille est installée, elle navigue en personne jusqu'au Groenland où elle épouse un fils d'Erik le Rouge puis un marchand nommé Thorfinn Karlsefni. Avec lui, elle se rend au Vinland où, aux environs de 1010, elle donne naissance à un fils, sans doute le premier Européen né en Amérique. Devenue veuve, elle fait un pèlerinage à Rome et, de retour en Islande, finit sa vie sous l'habit religieux[22]. Est-ce elle qui, en chemin, a raconté tous ses voyages ? Le fait est que le chanoine Adam de Brême, qui, depuis le poste d'observation idéal que constitue le siège de l'archevêché du Nord, compose vers 1070 la première synthèse sur l'histoire politique et religieuse de ces régions, mentionne l'existence du Vinland. Quant aux descendants islandais de Gudrid, parmi lesquels on compte trois évêques, ils ont pu répéter oralement les récits de leur aïeule jusqu'à ce que soient composées les deux « sagas du Vinland ». Leur contenu a fini par être confirmé, dans ses grandes lignes, par l'archéologie : le site de l'Anse aux Meadows, à la pointe nord de Terre-Neuve, a livré les fondations d'un habitat de pierres et de mottes de gazon semblable à ceux des Islandais et des Groenlandais, qui atteste la présence de Scandinaves en Amérique du Nord aux environs de l'an mille[23].

Aux voyages occidentaux de Gudrid répondent d'innombrables voyages orientaux qui, pour la plupart, sont restés

21. Haywood 1996 ; Bauduin 2019.
22. Jochens 2008.
23. Bauduin 2019.

anonymes. Pourtant, la route de l'Est est bien plus attirante que l'Atlantique. Au lieu du cabillaud, du bois et de l'ivoire de morse, on y convoie surtout des esclaves, marchandise dont la demande est forte dans l'Empire byzantin comme dans le monde islamique[24]. On en rapporte des produits à haute valeur ajoutée comme la soie ou les épices, mais aussi de l'argent monnayé. De fait, ce sont d'abord des dirhams qui circulent dans le Nord : l'île suédoise de Gotland en a livré un grand nombre, principalement frappés en Asie centrale, dans l'émirat samanide. En revanche, même si la monnaie d'argent y a entièrement remplacé la monnaie d'or à la fin du VIIe siècle, le monde latin peine à se procurer du métal précieux, les mines de Melle en Poitou et quelques autres étant peu productives, et ce n'est que vers 960, avec l'exploitation des mines du Harz en Saxe, que l'argent occidental a pu dominer les marchés du Nord. La grande route de l'argent qui, à son apogée, relie l'actuel Ouzbékistan à la Suède a été en partie parcourue par un auteur arabe. Parti de Bagdad en juin 921, Ibn Fadlan fait partie d'une ambassade envoyée par le calife al-Muqtadir (908-932) auprès du khagan des Bulgares de la Volga. Après avoir rejoint Boukhara, l'ambassade descend l'Amou-Daria et, passant entre la Caspienne et la mer d'Aral, arrive sur les rives de la Volga en mai 922. C'est là que l'auteur rencontre un groupe de Rous et assiste aux funérailles de leur chef. La description détaillée des rites funéraires – qui incluent le viol collectif et le sacrifice d'une esclave puis l'incendie du bateau funéraire – a fourni une abondante imagerie à l'arsenal des clichés vikings[25]. En réalité, on ne saurait affirmer que les pratiques funéraires de ces Rous, parcourant la Volga et ses affluents depuis des décennies, étaient exclusivement scandinaves. De fait, les vikings qui, à la même époque, enterrent un des leurs dans un navire ont

24. Voir les chapitres 9, 10, 18 et 19.
25. WINROTH 2018.

des pratiques variées : le bateau de l'île de Groix, au large de la Bretagne, a été incendié puis enseveli sous un tumulus ; celui de Ladby dans l'île de Fionie est surmonté d'un tumulus, quatre chiens et onze chevaux ayant été sacrifiés pour l'occasion ; et la barque d'Ardnamurchan dans l'ouest de l'Écosse est couverte d'un simple tas de pierres[26].

Du roi à l'esclave : des circulations contrastées

Le voyage vers l'au-delà d'un viking défunt pouvait donc le conduire sur des routes très diverses ; mais Olaf Tryggvason est mort noyé et son corps n'a jamais été retrouvé. Ce chef viking a connu une vie mouvementée que de nombreuses sources ont tenu à raconter : deux versions latines de sa vie, écrites à la fin du XIIe siècle, ont été perdues, mais nous disposons de trois adaptations islandaises des XIIIe-XIVe siècles ; leur récit n'est pas toujours concordant. Né en Norvège dans les années 960, Olaf appartient à une famille aristocratique, mais il doit fuir très jeune son pays natal pour échapper aux meurtriers de son père Tryggvi. Sa mère Astrid et lui trouvent refuge en Suède puis, faisant voile vers l'est, sont capturés par des vikings estoniens de l'île de Saaremaa qui réduisent l'enfant en esclavage. Quelques années plus tard, il est racheté par Vladimir, prince des Rous de Novgorod et de Kiev, qui l'affranchit et fait de lui le chef de sa garde. Désireux d'opérer à son propre compte, il revient en mer Baltique et s'allie à un prince polonais, dont il épouse la fille, puis à l'empereur germanique Otton II (973-983), pour le compte de qui il guerroie contre les Danois. Ayant ainsi acquis une flotte et des hommes, il ravage les côtes des îles Britanniques. C'est là, auprès d'un ermite breton des îles Sorlingues (au large de la Cornouailles), qu'il se convertit au

26. Bauduin 2019.

christianisme et reçoit le baptême ; ce choix est confirmé en 994 lors d'un accord de paix avec le roi anglais Æthelred II (978-1016), puis lorsqu'il épouse la sœur d'un autre viking chrétien, Olaf Cuaran, roi de Dublin (945-980). Olaf est désormais assez puissant pour revenir en Norvège en 995 ; il y impose, non sans brutalité, la religion chrétienne et sa propre autorité, puis incite les Islandais et les habitants des îles Orcades à faire du christianisme leur religion officielle. Mais Olaf suscite contre lui une coalition qui unit des princes danois, suédois et slaves aux chefs norvégiens mécontents. En l'an mille, au retour d'une expédition en Poméranie, sa flotte est attaquée et détruite à la bataille navale de Svold[27]. Tous les détails de cette vie de viking, connus par des sources écrites plus de deux siècles après les faits, sont-ils exacts ? Si certains sont confirmés, comme par des coups de projecteur, dans de rares sources étrangères, il ne fait aucun doute que la légende a embelli son histoire au détriment de l'exactitude historique…

S'il n'est pas aisé de retracer les mouvements d'un chef comme Hasting ou d'un roi comme Olaf, il est encore plus difficile de suivre ceux d'une victime des vikings. Combien de femmes et d'hommes razziés et vendus sur des marchés lointains, combien de paysans et de marchands fuyant leurs habitats ravagés n'ont laissé aucune trace… Sur tout cela, un étrange poème intitulé *Moriuht* lève brièvement le voile. Son auteur, Garnier de Rouen, poète latin du début du XIe siècle proche de l'archevêque Robert de Rouen, y livre le récit de deux existences brutalement perturbées. Le protagoniste, Moriuht, est un poète irlandais à l'orgueil aussi grand que son talent est médiocre. Quand son épouse Glicerium est capturée par des vikings, il se lance à la poursuite des ravisseurs, mais est lui-même fait prisonnier par des pirates qui le soumettent à des traitements infâmants (Garnier s'étend longuement sur

27. Winroth 2018 ; Bauduin 2019.

les sévices sexuels qui lui sont infligés). Il est ensuite acheté à vil prix à Corbridge, dans le nord de l'Angleterre, par des moniales qu'il n'a guère de mal à séduire ; mais ses exploits virils provoquent la colère des habitants de la ville, qui le rouent de coups. S'étant échappé, l'Irlandais fait voile vers l'est… pour être à nouveau capturé, battu et violé par une autre bande de vikings. Vendu en Saxe à une riche veuve, il devient son amant et obtient d'elle de quoi poursuivre sa route jusqu'à Rouen où il a appris que sa femme était détenue. Là, il se rend auprès de la comtesse Gunnor, mère de l'archevêque Robert et du duc Richard II (996-1026), et obtient d'elle assez d'argent pour libérer la malheureuse Glicerium, devenue la possession d'une veuve qui la maltraite et la force à se prostituer. Ayant recouvré son orgueil et son honneur, Moriuht compose un très mauvais poème en l'honneur de la comtesse. Que faire d'un tel récit, dont les personnages principaux n'ont peut-être jamais existé car l'œuvre vise d'abord à démontrer la virtuosité de son auteur dans le maniement de la satire, du sarcasme et de l'invective ? Même si Garnier ne fait preuve d'aucune compassion à l'égard des deux Irlandais qu'il insulte et ridiculise sans vergogne, les mauvais traitements, les coups, les viols, l'esclavage, la prostitution peignent un tableau assez crédible de ce qui pouvait advenir à celles et ceux qui avaient la malchance d'être capturés par des vikings[28].

Ce dernier détail nous rappelle à quel point les vikings se sont imposés dans la culture populaire du XIXe au XXIe siècle. Leur sauvagerie, leurs drakkars, leurs casques à cornes, leurs jurons par Thor et par Odin, leurs funérailles nautiques participent d'un imaginaire qui puise certes à des sources médiévales et à des découvertes archéologiques, mais en les déformant au point de les rendre méconnaissables. Certains vikings étaient sans nul doute des brutes qui sacrifiaient des

28. WYATT 2009.

esclaves à leurs dieux sur la tombe de leurs chefs sanguinaires ; mais d'autres étaient des commerçants opportunistes qui priaient le Christ plutôt que Freyr et la Vierge Marie plutôt que Freya et qui rêvaient plus d'une existence confortable dans une ferme d'Islande ou une boutique de Hedeby que d'exploits guerriers et de pillages lointains. Il reste que l'infinie variété des existences humaines dans les régions du Nord a été profondément bouleversée par les circulations de tous ceux qui, pendant plus de trois siècles, ont sillonné les mers et les fleuves de Terre-Neuve à la mer d'Aral et qui, de gré ou de force, pour le pire comme pour le meilleur, ont créé un espace d'échanges à l'échelle d'un continent.

Les principautés de la diaspora viking

Le phénomène viking a eu un impact sur l'ensemble des pouvoirs de l'Europe atlantique et septentrionale, mais ses effets sont particulièrement visibles là où s'implantent des dynasties scandinaves. Si certaines tentatives – en Frise, en Bretagne, à l'embouchure de l'Oder – restent sans suite, d'autres constructions politiques, renforcées par la conversion au christianisme de leurs fondateurs, s'avèrent plus durables.

Dans l'est de l'Angleterre, plusieurs royaumes et autres entités politiques dominées par des Scandinaves apparaissent après les opérations de la « Grande Armée ». Un royaume viking d'Est-Anglie est attesté entre 878 et 918 ; les « Cinq Bourgs » de Derby, Leicester, Lincoln, Nottingham et Stamford ont abrité des pouvoirs d'origine scandinave jusqu'à leur conquête par les rois anglais dans les années 940 ; enfin, le royaume d'York a dominé tout le nord de l'actuelle Angleterre entre 876 et 954. Si la durée de ces constructions politiques instables est assez modeste, leur intégration au sein du royaume des Anglais s'est faite en tenant compte du caractère « anglo-danois » de leurs élites et des coutumes auxquelles celles-ci étaient attachées : à partir du milieu du xe siècle, les régions situées au nord-est d'une ligne allant de Londres à Chester forment le *Danelaw*, le pays de la « loi danoise », à l'originalité juridique reconnue et garantie par la Couronne. L'importance de cette implantation, mais aussi les maladresses du roi anglais Æthelred II (978-1014) expliquent le retour de visées scandinaves sur l'Angleterre à la fin du xe siècle. Après l'obtention de plusieurs tributs importants (10 000 £ en 991, 48 000 £ en 1012), ces expéditions prennent l'allure d'une véritable conquête aboutissant à l'avènement du roi danois Sven Barbe-Fourchue (1013) puis, après un bref retour d'Æthelred (1014-1016), de son fils Knut. Ce dernier, qui règne jusqu'à sa mort en 1035 sur un éphémère empire réunissant les deux rives de la mer du Nord, a l'habileté d'épouser la Normande Emma, veuve d'Æthelred. Il réside le plus souvent à Winchester et son attitude de prince chrétien conforme aux attentes de l'aristocratie anglaise favorise la fusion avec les élites d'origine scandinave[29].

En Occident, quatre principautés vikings subsistent pendant plus d'un siècle. Le royaume viking de Dublin, fondé vers 850, est un des acteurs majeurs de l'histoire irlandaise jusqu'à sa conquête par les Anglais en 1170. Le royaume de Man et des Îles, qui réunit à partir des années 870 diverses îles et archipels de la mer d'Irlande et de l'actuelle Écosse, subsiste jusqu'en 1164, et certaines de ses composantes conservent par la suite une grande autonomie (l'île de Man est encore aujourd'hui un territoire largement souverain). La principauté des jarls des Orcades, établie vers 875, garde longtemps son indépendance puis passe sous autorité norvégienne avant d'être annexée par l'Écosse en 1468. Quant au duché de Normandie, établi en 911, il connaît un développement remarquable sous la direction d'une dynastie issue de son fondateur Rollon, jusqu'à sa conquête par le roi de France

29. Bauduin 2019.

Philippe Auguste en 1204. C'est depuis la Normandie que sont menées à partir du milieu du XIe siècle plusieurs entreprises d'expansion territoriale, à l'initiative des ducs eux-mêmes – la conquête de l'Angleterre entre 1066 et 1071 par le duc Guillaume le Bâtard (1035-1087) en est l'exemple le plus éloquent – ou par des aventuriers opérant pour leur propre compte – comme le montre la formation de principautés normandes en Italie du Sud et en Sicile[30].

Le succès de ces implantations scandinaves en Occident ne doit pas nous faire oublier que la plus grande réussite politique au sein du monde viking se situe en Orient, avec la création de la principauté de Kiev. Dirigés par une dynastie qui prétendait descendre d'un héros fondateur scandinave nommé Riourik (IXe siècle), les Rous de Kiev sont à l'origine, à partir du Xe siècle, de la première construction étatique durable en Europe orientale ; leur domination s'appuie sur le rapprochement avec Byzance et la conversion à l'orthodoxie. La fragmentation politique qui prévaut à partir des années 1050 entraîne la réplication du modèle dans les nombreuses principautés qui revendiquent l'héritage de Kiev et de ses princes les plus emblématiques, tels que Vladimir le Grand (980-1015) ou Iaroslav le Sage (1019-1054).

Avec les trois royaumes scandinaves et les fondations de l'Atlantique Nord (Féroé, Islande, Groenland), ces principautés forment une « diaspora viking »[31]. Au début du XIe siècle, toutes ces régions ont en effet certains traits en commun : des scaldes composent des poèmes en norrois en l'honneur des souverains à Rouen comme à Winchester ou à Trondheim ; des auteurs racontent, en latin, en vieil anglais ou en slavon, comment les ancêtres des diverses dynasties vinrent autrefois du Nord ; le culte de saint Olaf, roi norvégien baptisé à

30. Voir les chapitres 18 et 19 du présent tome, et 4 du deuxième tome.

31. Jesch 2015.

Rouen en 1014, exilé un temps à Kiev et mort en 1030 à Stiklestad en Norvège, se diffuse de Londres à Constantinople en passant par la cathédrale de Nidaros où sont conservées ses reliques. Il faut cependant souligner que les élites dirigeantes des « principautés vikings » ont partout adopté la plupart des traits culturels des régions conquises : les usages funéraires et vestimentaires, la langue, la religion, les pratiques de gouvernement ne sont en aucun cas uniformes. Après le milieu du XIe siècle, les princes de Kiev se désignent certes comme des « Rous », mais ils ne parlent plus norrois et promeuvent le christianisme orthodoxe. De même, il ne reste plus grand-chose de viking dans la Normandie du duc-roi Guillaume. La langue des Normands de 1066 n'est pas le norrois mais bien le français, ils ne vénèrent plus Thor ou Odin mais le Christ, la Vierge ou saint Michel, et leur organisation politique et administrative, comparable à celle qui prévaut en Anjou ou en Flandre, n'est pas celle des royaumes scandinaves ; seuls les bateaux brodés sur la Tapisserie de Bayeux témoignent du maintien de traditions nautiques communes à l'ensemble de la diaspora viking.

ALBAN GAUTIER

15.

La domination seigneuriale

(VIIIe-XIe siècle)

Au début du IXe siècle, un noble franc – certains y voient le comte Umfrid, nommé par Charlemagne en Rhétie – se fit représenter sur les murs de la petite église qu'il avait fondée à Malles, dans les Alpes tyroliennes. Debout et de face, en habits francs, il tient dans ses mains une épée dans son fourreau, à la fois signe de son statut de guerrier et insigne de son pouvoir. À bien des égards, cette image témoigne du nouveau contexte créé par l'expansion des Francs : l'aristocratie, principal soutien de l'autorité royale, domine par la guerre, la possession de vastes domaines et le contrôle de l'Église.

En effet, alors que les Ve-VIIe siècles furent marqués à la fois par un recul des pouvoirs étatiques, l'affaiblissement de la haute aristocratie et l'essor de sociétés paysannes faiblement hiérarchisées[1], les VIIIe et IXe siècles voient à l'inverse l'affirmation d'une aristocratie puissante, d'abord entre Loire et Rhin, au cœur du monde franc, puis dans certaines des régions où celui-ci étend sa domination : l'Italie padane, la Franconie, la Souabe, la Saxe. Restée en dehors du monde franc, l'Angleterre est également gagnée par un processus semblable, surtout à partir du Xe siècle[2]. Cette affirmation ne

1. Voir le chapitre 3.
2. Wickham 2005 ; Feller 2017.

peut être réduite à la diffusion de ce que l'historiographie a pris l'habitude de nommer le « grand domaine », une seigneurie foncière associant une réserve gérée en mode de faire-valoir direct et des manses paysans dont les tenanciers contribuaient à l'exploitation de la réserve par le biais de corvées obligatoires, car le rapport de domination seigneurial ou *dominium* repose presque toujours simultanément sur la possession de la terre et l'autorité sur les hommes, et cela dès les VIIIe-IXe siècles. Cette affirmation ne peut pas, non plus, être limitée au seul moment carolingien mais apparaît comme un processus de grande ampleur et de longue durée, sans solution de continuité avec « l'âge féodal » traditionnellement défini, à tort, comme celui de l'instauration de la seigneurie, que l'on mette l'accent sur le Xe siècle (à la suite de Marc Bloch) ou sur le XIe siècle (à la suite de Georges Duby ou Pierre Bonnassie, pour en rester aux historiens français). Dans ce cadre, la domination seigneuriale pèse, à partir des VIIIe-IXe siècles, sur l'immense majorité des populations par-delà la grande variété des statuts personnels et des situations locales et l'étonnante résilience de certaines sociétés paysannes. Si en son cœur se trouve l'idée de service (*servitium*) dû par le dépendant envers son seigneur (*dominus*), cette domination multiforme entremêle les questions foncières, l'exercice de la justice, l'accès aux armes et l'usage de la violence, l'accès aux marchés de la terre ou des biens, la mobilité et les déplacements… Elle renvoie à un faisceau de rapports sociaux hiérarchisés, d'intensité variable selon les lieux et les catégories de personnes, plus qu'à un espace, même si cette intrication revêt une forme de plus en plus territoriale au cours des XIe, XIIe et XIIIe siècles[3].

On est dès lors conduit à renoncer à l'idée d'une rupture fondamentale constituée par la « mutation de l'an mil » ou la « mutation féodale », au cœur de laquelle figurerait l'avènement de la « seigneurie banale » conçue comme la captation

3. Voir le chapitre 6 du deuxième tome.

abusive de droits et pouvoirs « publics » (justice, fortification, péages…), présentée comme une « privatisation », par une partie des seigneurs désormais émancipés de toute tutelle royale ou princière. Un seigneur foncier a presque toujours, dès l'époque carolingienne, de larges pouvoirs « publics » sur ses hommes : des droits de nature militaire et judiciaire, un pouvoir de contrainte, des capacités d'intimidation… Les agents du souverain, eux-mêmes recrutés au sein de l'aristocratie, ne peuvent agir sur les membres des *familiae* seigneuriales, c'est-à-dire l'ensemble des dépendants, libres inclus, sans la médiation des grands, maîtres des seigneuries. C'est vrai dans le cadre du grand domaine, mais également partout où la seigneurie aristocratique (ce qui inclut les seigneuries ecclésiastiques) est en position hégémonique, en Gaule comme en Italie, en Germanie comme en Angleterre. En Italie, en 787, un capitulaire de Charlemagne précisait ainsi que tous les paysans qui travaillaient les terres de l'Église, qu'ils soient réputés esclaves, tenanciers ou libres, relevaient en première instance de la justice des évêques. Au IXe siècle, les contrats d'entrée en tenure (portés par écrit et appelés *livelli* en Italie du Nord) soumettaient les tenanciers à la justice de leur maître[4]. Au début du XIe siècle, l'usage du terme *dominium* dans le *Conventum Hugonis*, ce récit de la rivalité entre un seigneur châtelain, Hugues de Lusignan, et le comte de Poitiers, entremêle étroitement le public et le privé. Dès lors, même si un certain caractère public demeure attaché à des biens et des droits (en particulier les fiscs, c'est-à-dire les domaines royaux, et les possessions de l'Église), ce que manifeste parfois le maintien d'une terminologie particulière, la distinction juridique entre droits publics et droits privés dans l'exercice du pouvoir seigneurial n'a guère de pertinence, avant comme après l'an 1000, et il faut lui préférer l'idée d'une gradation (du moins public vers le plus public) en fonction de l'intensité du lien des seigneurs avec le souverain, les princes et l'Église.

4. BOUGARD 1995.

Les puissants et les faibles

Les capitulaires carolingiens présentent souvent le monde laïque en distinguant les *potentes* des *pauperes*, une opposition davantage politique que socio-économique[5]. Les puissants sont ceux qui exercent une autorité sur les hommes, voire détiennent un honneur (*honor*) : un terme qui, à l'époque carolingienne, renvoie à la fois à un office (la charge de comte, évêque ou abbé notamment) et à l'ensemble des biens et des droits qui le rémunèrent, puis qui, aux Xᵉ-XIIᵉ siècles, englobe toutes les ressources d'un puissant, son château et les chevaliers (*milites*) qui tiennent des fiefs de lui, comme le formule, par exemple, le chroniqueur Adhémar de Chabannes. Les pauvres sont moins les misérables que les faibles, tous ceux qui, tout en étant libres, ont besoin de la protection des puissants ou sont exposés à leurs abus. Cette présentation binaire efface bien sûr la diversité de la société, à laquelle fait parfois droit un troisième terme, intermédiaire, celui de *mediocres*. Elle révèle cependant que ce qui figure au cœur de la hiérarchie sociale est le pouvoir de contrainte exercé par les seigneurs. Dans ce cadre, la noblesse n'est pas un statut juridique mais un état de supériorité sociale reconnu par tous et dont les détenteurs sont eux-mêmes fortement conscients, par-delà l'infini nuancier des niveaux de noblesse au sein d'une société extrêmement hiérarchisée. Cet état et cette reconnaissance reposent sur la naissance – pour Isidore de Séville, est noble celui « dont on connaît le nom et la famille » –, la puissance (*potestas*) et les relations personnelles (les relations « d'homme à homme », fondées sur la *fides*, foi et fidélité mêlées), à la fois héritées, incarnées et entretenues, car la noblesse « se justifiait par le passé mais s'estimait dans le présent » (Régine Le Jan)[6].

5. Devroey 2006.
6. Le Jan 1995 et 2001.

L'importance accordée à la parenté légitime les violentes charges portées contre les hommes nouveaux, à l'image de celles qu'un Thégan formule dans les années 830 à l'encontre de l'archevêque Ebbon de Reims auquel sont reprochées ses origines serviles, ou des rumeurs dont est victime Haganon, proche conseiller de Charles le Simple, accusé dans les années 920 d'être « né de parents obscurs ». Les réseaux de parenté apportent en effet l'essentiel du patrimoine, fournissent des relations, structurent les solidarités qui s'expriment notamment dans les pratiques vindicatoires mobilisées en cas d'atteinte grave à l'honneur familial (le meurtre d'un parent, le viol ou le rapt d'une femme...). Ces réseaux englobent toute la parenté cognatique, c'est-à-dire une parenté élargie aussi bien en ligne maternelle que paternelle, même si, dès l'époque carolingienne, se dessine une hiérarchisation croissante des liens de parenté au profit d'une conception plus verticale accordant une certaine primauté à la filiation (la parenté par le sang), selon un modèle venu de la famille royale carolingienne elle-même, adopté rapidement par certaines grandes familles de l'aristocratie d'Empire comme les Robertiens (ancêtres des Capétiens). Aux xe et xie siècles, dans un contexte où les souverains, à l'exception de l'Empire, contribuent de moins en moins à la puissance aristocratique, l'alliance (la parenté à travers le mariage) continue de jouer un rôle fondamental en ce qu'elle permet d'accroître sa qualité nobiliaire, de se trouver des alliés et d'acquérir un capital à la fois matériel (toute alliance s'accompagne de transferts patrimoniaux) et symbolique. C'est pourquoi elle se déploie dans un cadre très compétitif d'hypergamie masculine (les hommes cherchent à épouser des femmes d'un rang supérieur) qui n'est pas sans préserver quelques marges de manœuvre aux épouses et aux veuves, sous réserve qu'elles aient pourvu leur époux d'une descendance masculine. La fréquence des redoublements ou des renchaînements d'alliances (des mariages contemporains entre deux fratries ou entre cousins, ou bien entre deux mêmes familles sur plusieurs générations) consolident les solidarités préférentielles entre groupes aristocratiques et facilitent la reproduction sociale et patrimoniale des puissants, ce qui explique que les interdits ecclésiastiques ne soient guère respectés[7].

La puissance aristocratique associe richesse matérielle et exercice du pouvoir. La première est à la fois foncière et mobilière : les terres, les résidences et les églises en constituent le fondement, mais le trésor – monnaies, bijoux, vaisselles, armes d'apparat, objets liturgiques et reliquaires, tissus et livres de luxe, qu'énumère par exemple, en 867, le testament d'Évrard de Frioul – en représente la forme la plus ostentatoire et la plus facile à mobiliser pour les échanges ritualisés et les relations sociales. Les domaines aristocratiques sont composites, associant des biens fonciers (cultes et incultes), des biens et des droits ecclésiastiques, des droits fiscaux, militaires et judiciaires. Ils sont également toujours dispersés, y compris, même si c'est à une échelle plus réduite, au sein de la petite aristocratie. C'est que les grands ont plus d'intérêt pour l'accumulation des richesses et la constitution de réseaux de fidélité et d'alliance que pour la concentration et la gestion domaniales[8]. L'étiolement des références au droit romain, en dehors des pays méditerranéens et de la sphère ecclésiastique où le souvenir du *Code théodosien* perdure, a entraîné le recul de la notion de propriété individuelle (*proprietas* ou alleu). Au sein des parentés aristocratiques, la possession de la terre repose sur des superpositions et enchevêtrements de droits hiérarchisés selon des logiques à la fois juridiques, parentales et seigneuriales qui rendent plus complexes les transactions dont la finalité est aussi sociale (tisser des liens) et politique (manifester un pouvoir) qu'économique (transférer des richesses). Certaines terres sont toutefois dépositaires d'un sens particulier en matière de mémoire familiale et de légitimation

7. Le Jan 1995 et 2001 ; Mazel 2002.
8. Morsel 2004 : Depreux, Bougard et Le Jan 2007.

politique et font l'objet d'une attention privilégiée : les biens fiscaux, qui permettent de souligner une proximité avec le roi et de conforter une éminence sociale et une légitimité ; les biens des femmes, issus de la dotation paternelle ou maritale ou bien d'un héritage, qui sont destinés à des usages spécifiques (doter les églises, alimenter les dotations féminines des générations ultérieures) ; les églises et leurs domaines enfin, dont la possession rappelle, au même titre que les fiscs ou les bénéfices, un statut aristocratique, une proximité avec les clercs et une forme de responsabilité en matière de salut collectif[9]. L'exercice du pouvoir entremêle l'autorité domestique et patriarcale du chef de famille, l'exercice de prérogatives de nature judiciaire, ecclésiale ou fiscale, parfois officiellement conférées par un souverain à travers l'octroi d'un honneur (comte, duc, marquis, *missus*, avoué, évêque ou abbé d'une abbaye immuniste), le plus souvent transmis de manière héréditaire, et enfin l'activité guerrière. Celle-ci est extrêmement valorisée, conforte la domination masculine et sert à légitimer l'exercice du pouvoir à travers la protection des faibles ou le droit de disposer d'une suite armée. Le port des armes, et en particulier de l'épée, constitue l'élément majeur du paraître aristocratique, comme en témoignent les rituels qui scandent une existence nobiliaire, depuis la remise de ses armes à celui qui accède à l'âge d'homme (que l'on appellera adoubement à partir du XIIe siècle) jusqu'au dépôt de l'épée sur l'autel d'un sanctuaire de celui qui désire finir ses jours sous l'habit monastique, une pratique qui se répand aux Xe et XIe siècles[10].

Le pouvoir des grands repose enfin sur un système de relations qui les unit à la fois aux vivants et aux morts. Un noble se déplace toujours accompagné d'une suite plus ou moins nombreuse. Outre ses proches parents, il peut s'appuyer sur une clientèle de guerriers. Certains ont pu se placer sous

9. Bougard, La Rocca et Le Jan 2005.
10. Lauwers 2002.

sa protection en se recommandant entre ses mains, selon une pratique qui se diffuse en pays franc depuis le VIIIe siècle – la vassalité –, et recevoir en échange de leur fidélité et du service attendu une terre en bénéfice (*beneficium*, qui signifie cadeau)[11]. D'autres formes de solidarités, plus horizontales, lient les puissants entre eux, qu'il s'agisse de l'amitié ou de pactes individuels, qui doivent être entretenus par des rituels et une sociabilité partagée à travers les banquets, la chasse ou la guerre[12]. La conscience de soi des puissants ne découle pas seulement du regard d'autrui mais de la connaissance et de l'entretien d'une mémoire familiale. Dans le « manuel » qu'elle rédige à l'intention de son fils Guillaume, vers 841-843, la noble Dhuoda souligne la primauté des liens de parenté sur la fidélité politique : le père (et les aïeux) passe avant le roi. Au milieu du Xe siècle, la *Vie de Brunon*, archevêque de Cologne, rappelle qu'« aussi loin que remonte la mémoire des hommes, les ancêtres de ses ancêtres étaient tous très nobles ». Le souvenir des ancêtres, entretenu par les femmes et par les communautés religieuses liées à la famille, fortifie l'identité familiale et le sentiment de supériorité. Il explique la pratique précoce de la *genealogia*, plus ou moins légendaire, attestée aussi bien dans la haute aristocratie (la famille ducale des Agilolvinga en Bavière par exemple), que dans la moyenne (la famille de Paul Diacre en Italie lombarde) ou la petite aristocratie (les familles de *machtierns* bretons)[13]. La continuité familiale, réelle ou recomposée, se manifeste également à travers les traditions anthroponymiques : dès les IXe-Xe siècles, on reprend les mêmes noms propres, d'abord dans les familles royales, surtout lorsqu'elles abandonnent, au début du Xe siècle, le partage du royaume au profit de sa transmission au seul aîné, comme chez les Ottoniens (Otton

11. Voir les chapitres 8 et 17.
12. ALTHOFF 1990.
13. DAVIES 1988.

et Henri) et les derniers Carolingiens de l'Ouest (Charles, Louis et Lothaire) ; puis dans les maisons ducales et comtales, comme chez les comtes de Flandre (Baudoin et Arnoul), les comtes d'Angers (Foulque et Geoffroy) ou les ducs d'Aquitaine (Guillaume). Mais c'est aussi vrai dans certaines familles de moindre envergure, comme dans cette famille de la région de Tours où l'on redonne les noms Corbon et Arduin à chaque génération du milieu du IXe au XIe siècle[14].

La domination aristocratique se manifeste en acte plus qu'en droit. Elle peut passer par une présence physique qui fait impression : les grands le sont d'abord par la taille et la prestance, fruits d'une meilleure alimentation et d'une éducation sportive, que confirment certaines découvertes archéologiques comme celle de ce comte de Toulouse des environs de l'an mille, inhumé dans l'abbaye Saint-Sernin, d'une taille exceptionnelle pour les hommes de l'époque (1,91 mètre), revêtu d'habits de luxe (des chausses rouges, une tunique en futaine au motif nordique mais tissée en al-Andalus islamique) et au corps marqué par les exercices équestres et militaires. Le fait de se déplacer souvent, voire de voyager au loin pour le service de cour, la guerre ou un pèlerinage, est une autre manifestation de supériorité. Toute une série d'exhibitions de la violence relèvent de pratiques sociales de la domination. Les guerres locales ou vicinales, qui pullulent aux Xe et XIe siècles et ont contribué à la légende noire de ces siècles de fer en dépit de leur faible mortalité et d'opérations pour partie ritualisées, en constituent le meilleur exemple, avec comme objectif de resserrer les liens entre les combattants et d'apeurer les faibles[15]. Les jeux guerriers, comme ceux qui opposent les suites de Louis le Germanique et de Charles le Chauve, évoqués par Nithard en 842, ou les exercices chevaleresques qui se déroulent en marge des conflits et dans lesquels on peut voir l'origine des

14. Le Jan 1995.
15. Voir le chapitre 17.

tournois, à l'image de ceux des chevaliers normands devant Mileto en 1062, rapportés par Geoffroy Malaterra, concourent au même but tout en témoignant d'une forte continuité de culture entre l'époque franque et « l'âge féodal »[16].

L'essor de la seigneurie domaniale

Le « grand domaine » se diffuse dans le monde franc à partir de la fin du VIIe siècle et traduit l'introduction par l'aristocratie d'une forme d'exploitation des paysans plus coercitive et plus efficace[17]. Le capitulaire *de villis*, promulgué à la fin du VIIIe siècle pour les domaines royaux, témoigne de la sensibilité économique des gouvernants et de leur volonté d'encadrer la gestion des grands domaines par un certain nombre de règles communes. Le système domanial est toutefois surtout connu grâce aux polyptyques, ces inventaires seigneuriaux conservés au nombre d'une trentaine pour l'époque carolingienne. Les plus célèbres, ceux de Saint-Germain-des-Prés (dû à l'abbé Irminon vers 825-828), Saint-Remi de Reims ou Saint-Bertin, concernent le cœur du monde franc, mais leur usage s'est étendu à l'espace germanique (Wissembourg, Prüm), à la Provence (Marseille) et à l'Italie du Nord (San Giulia de Brescia, Bobbio). Dans ces documents, qui rendent compte des prémices d'une gestion seigneuriale par l'écrit, la structure foncière distingue une part exploitée en faire-valoir direct (le *mansus dominicatus*, « part du maître », appelé « réserve » dans la tradition historiographique), au cœur de laquelle se trouve un centre domanial appelé cour (la *curtis*), et une part divisée en tenures appelées « manses » (un terme apparu dans le monde franc au VIIe siècle), aux mains de paysans libres ou non libres (des esclaves chasés, c'est-à-dire installés

16. Dominique Barthélemy, *in* Bougard, Le Jan et Lienhard 2012.
17. Wickham 2005 ; Devroey 2006 ; Feller 2017.

sur une terre), qui les exploitent dans un cadre familial et doivent s'acquitter de redevances variées, en nature ou en espèces, et surtout de corvées effectuées sur les terres de la réserve. Ces corvées figurent en effet au cœur du système et c'est pourquoi la diffusion de toponymes issus de *carrogata* (« charruée » : le nom donné aux parcelles objets des corvées de labour) constitue un bon indice de sa diffusion, aux côtés des termes « couture » ou « condamine » associés aux grandes parcelles céréalières des réserves. Ces corvées sont de deux types : en travail, pour les labours surtout, et en transport (lourd ou à longue distance) ; et suivent deux rythmes : hebdomadaires (d'un à trois jours selon les domaines) et saisonniers, lors des grands travaux que sont la moisson, la fenaison et les vendanges. Elles découlent de la volonté des maîtres de disposer d'une main-d'œuvre qualifiée et équipée (d'outils et de trains de labour) pour exploiter leur réserve et en améliorer les rendements ; parallèlement, la part des esclaves non chasés ne cesse de diminuer, sauf sur les petits domaines. De fait, cela a permis l'incorporation sur les réserves de pratiques paysannes efficaces, comme les labours attelés ou la rotation des cultures, réduisant les risques liés aux aléas climatiques. Même si la part de la réserve tend à diminuer aux Xᵉ et XIᵉ siècles en raison des lotissements en faveur de nouveaux tenanciers, on ne constate nul déclin des corvées dans la plupart des régions où le grand domaine était florissant au IXᵉ siècle. On continue d'ailleurs souvent de copier ou de mettre à jour les polyptyques, comme à Saint-Pierre de Gand, Saint-Bertin, Lobbes ou Saint-Remi de Reims, tout en élaborant de nouveaux documents comme les censiers qui privilégient une présentation calendaire des prestations paysannes et sont plus adaptés à la réduction des réserves. Corvées et redevances relèvent ainsi d'une coutume domaniale qui garantit la transmission héréditaire des tenures (une sécurité pour les dépendants) et la stabilité des droits et des devoirs des tenanciers (une sécurité pour le maître), quand bien même ces coutumes évoluent au gré des rapports de force et des évolutions socio-économiques.

À l'époque carolingienne, le grand domaine paraît dominant entre Loire et Rhin et dans une moindre mesure en Hesse, en Franconie ou en Italie du Nord, avec cette spécificité que la prise en tenure des terres passe ici par l'établissement d'un contrat écrit, le *livello*. Il se concentre dans les zones de forte propriété royale et de grandes seigneuries monastiques. L'intensification de la domination y est rendue plus nécessaire par la présence de la cour, l'ampleur des communautés à entretenir et l'insertion maximale des élites dans l'économie politique franque de la guerre et de la conquête, qui implique des dépenses (notamment militaires), des profits (butin, accès aux honneurs) et des circulations remarquables. Il s'agit par ailleurs de régions de plaines à terre lourde bien adaptées aux corvées de labours attelés. Ces éléments expliquent qu'après avoir longtemps pensé le grand domaine comme une structure autarcique, typique d'une économie fermée, on considère désormais au contraire qu'il représente un facteur de dynamisme et d'ouverture dans le cadre d'échanges à moyenne distance des produits agricoles et de l'élevage. D'autant qu'une assez grande variété existe dans les usages des réserves : si la céréaliculture domine dans le monde franc, la part de l'élevage ou des cultures arbustives (vignes, oliviers, châtaigniers) peut être assez importante en Italie, en particulier en moyenne montagne ou dans les zones marécageuses. Les grands domaines constituent parfois des seigneuries homogènes et cohérentes, qui couvrent entièrement un terroir associé à un habitat groupé en village et à une église paroissiale (soit un finage), comme à Palaiseau ou Villeneuve-Saint-Georges, relevant de l'abbaye Saint-Germain-des-Prés au début du IXe siècle, ou à Villance dans les Ardennes, qui dépendait de l'abbaye de Prüm à la fin du IXe siècle. Dans les seigneuries monastiques, cette homogénéité peut être renforcée par des politiques de concentration domaniale, bien attestées à Fulda, Wissembourg ou Saint-Clément de Casauria, ou par l'acquisition de privilèges d'immunité qui transfèrent au seigneur l'essentiel des prérogatives des agents royaux à l'intérieur de la seigneurie. Cependant, il s'agit bien souvent d'ensembles plus hétérogènes et discontinus, que l'on appelle, à la suite de l'historiographie allemande, des « groupements domaniaux » dont les parties, tout en relevant d'une même *curtis*, se déploient en archipel sur plusieurs terroirs au sein desquels elles n'embrassent jamais la totalité des terres ni l'ensemble des habitants. Les enchevêtrements seigneuriaux sont donc fréquents et sont accentués au cours des IXe, Xe et XIe siècles par les acquisitions et les aliénations régulières, sans parler des confiscations ou des concessions en bénéfice ou en précaire. Même les plus gros seigneurs monastiques ne possédaient pas seulement des « seigneuries de finage » (Jean-Pierre Devroey) : sur les vingt-deux grands domaines du polyptyque de Saint-Germain-des-Prés, moins des deux tiers correspondent à ce modèle au début du IXe siècle. Mais, partout, le fondement du grand domaine reste l'articulation entre réserve et tenures par l'intermédiaire des corvées.

Le « système manorial » qui se diffuse en Angleterre aux Xe-XIe siècles (le terme manoir renvoie ici à la seigneurie) correspond aux formes les plus lâches du grand domaine continental[18] : les réserves y sont plus modestes, mais sont exploitées à la fois par des esclaves et par des libres astreints à des corvées, hebdomadaires pour ceux dont les tenures, appelées *hides*, se trouvent au cœur des domaines (l'*inland*), saisonnières et liées aux grands travaux pour ceux installés dans l'*outland*. Ces *hides* doivent également des redevances de nature et d'ampleur variables selon le statut des hommes dans un contexte de recul de la paysannerie libre et de stratification très poussée du monde paysan. Ici aussi l'extension de la seigneurie domaniale n'est pas générale et privilégie les zones de plaines où le labour tracté se répand tôt et où

18. Faith 1999 ; Crick et Van Houts 2011.

l'archéologie environnementale a repéré, dès les xe-xie siècles, des traces de parcellaires laniérés[19].

Des seigneuries plus légères ou extensives existaient là où il n'y avait pas de corvée et donc pas d'articulation entre réserve (qui n'existait pas ou bien était exploitée par des esclaves, des domestiques ou des prébendiers) et tenures : la relation de dépendance ne repose ici, sur le plan foncier, que sur le versement de redevances. Ces seigneuries, très répandues en France méridionale, en Italie centrale, en Espagne chrétienne, en Écosse, en Frise ou en Armorique, s'accompagnent d'une plus grande fragmentation des terroirs en multiples parcelles, bien perceptible dans la région arlésienne dès le ixe siècle ou dans la plaine languedocienne au xe siècle. La seigneurie foncière est alors essentiellement rentière et la *curtis* un lieu de concentration des redevances et de contrôle des dépendants. Mais la domination aristocratique trouve à s'exercer ailleurs, dans le contrôle des espaces incultes (dont l'ouverture peut être soumise au versement d'une redevance spécifique, comme le pasquier en Provence) ou l'exercice de la justice.

En définitive, la seigneurie domaniale repose sur le contrôle des hommes, autant sinon plus que des terres : pour un puissant, le rang et le prestige se comptent plus au nombre de ses dépendants (et de ses fidèles) qu'à l'étendue de ses domaines. Elle a pour finalité de soumettre les libres, en les astreignant à des redevances et des services gratuits en travail, sans pour autant remettre en cause les exploitations familiales. Ces prestations sont inscrites dans des dispositifs sociaux qui visent à manifester la soumission et son acceptation : leur calendrier, comme celui de Saint-Remi de Reims par exemple, est adossé à des temps liturgiques qui insèrent la domination seigneuriale dans les rythmes du culte ; leur versement prend la forme de rites d'offrandes et s'accompagne parfois de contreparties

19. Voir les chapitres 16 du présent tome et « Paysage » du troisième tome.

symboliques de la part des seigneurs, destinées à entretenir l'idée d'une apparence de réciprocité. La dépendance se manifeste également à travers les mobilités imposées aux libres (qui viennent compléter les mobilités interdites à la catégorie plus déprimée des esclaves) : déplacements sur les parcelles seigneuriales pour y effectuer les corvées de labour, déplacements vers les greniers ou les marchés pour les corvées de charroi, déplacements liés au service de messagerie, déplacements à la *curtis* seigneuriale pour y verser les redevances… Tout ceci explique que le terme « colon », qui signe la dépendance, soit le plus utilisé pour définir les paysans, de préférence à *agricola* (celui qui travaille la terre) ou *rusticus* (celui qui vit à la campagne), et que se diffusent des appellations générales, comme « les hommes de Saint-Germain », englobant sous un même terme tous les tenanciers, libres ou non libres, d'une même seigneurie[20]. Le statut des libres se rapproche ainsi de celui des esclaves chasés alors que les dernières traces de groupes d'esclaves à l'antique s'effacent – dans l'espace alpin et rhodanien, c'est chose faite dès la seconde moitié du VIIIe siècle. La dépendance aux maîtres et une commune servitude que l'on peut désormais appeler servage (ce qui n'empêche pas une grande variété de degrés en son sein) caractérisent désormais la quasi-totalité du monde paysan[21]. La seigneurie domaniale ouvre toutefois la voie à quelques possibilités d'ascension sociale à travers l'exercice de fonctions d'encadrement ou la gestion d'outils de transformation des productions agricoles au premier rang desquels figurent les moulins. Ces hommes, qu'ils soient maires, ministériaux ou prêtres, libres (cas le plus fréquent dans l'ancienne Gaule et en Italie) ou non libres (cas le plus fréquent dans les pays germaniques), sont recrutés par les seigneurs au sein des communautés locales, parmi les plus riches, sont assujettis à des charges allégées (ils sont

20. Devroey 2006.
21. Carrier 2012.

souvent exemptés de corvées) et jouent un rôle fondamental de médiateurs entre seigneurs et paysans.

Cette généralisation de la dépendance est un processus de longue durée, sans rupture ni aggravation notable autour de l'an mille ou au XIᵉ siècle. Les libres enserrés dans les rets de la seigneurie s'éloignent de l'armée et de la justice publique dès l'époque carolingienne. De manière générale, la petite paysannerie libre et indépendante décline fortement dans le monde franc et germanique, en Italie centro-septentrionale et en Angleterre. Elle demeure plus importante dans les royaumes ibériques, la marche d'Espagne, la Septimanie et la Provence et dans de nombreuses régions d'Italie (Vénétie, Toscane, principautés lombardes et terres byzantines du sud de la péninsule), où la pression aristocratique est parfois limitée par des mécanismes de mise en valeur des terres facilitant la reconstitution d'une petite propriété paysanne, comme l'aprision en Catalogne et en Septimanie (appropriation des terres nouvellement défrichées)[22] ou le complant en Provence (appropriation partielle des friches transformées en vignobles), ou par les défrichements de fragments de l'inculte échappant au contrôle seigneurial, bien attestés en Italie centrale autour des domaines des abbayes de Farfa ou Saint-Vincent-au-Volturne au IXᵉ siècle, comme en Mâconnais autour des domaines de Cluny aux Xᵉ et XIᵉ siècles.

La seigneurie partagée : les grands et l'Église

Les pouvoirs royaux qui s'estiment en charge du salut collectif des populations considèrent souvent les terres d'Église comme un prolongement du fisc, ce qui les autorise à toutes sortes d'appropriations (des « confiscations » au sens propre) plus ou moins temporaires. Si le droit supérieur de l'Église demeure, du moins en théorie, les droits d'usage sont transférés

22. Voir les chapitres 6 et 16.

au souverain qui peut à son tour les concéder à des fidèles sous forme de bénéfices. Le vassal de Louis le Pieux, Hérembert, reçoit ainsi peu avant 833 un bénéfice constitué de domaines prélevés sur le patrimoine de l'Église du Mans et composé de trois forêts, de la moitié d'un péage sur la Sarthe et de quatorze terres, dont l'une est désignée comme *curtis* et l'autre comporte une chapelle, le tout dispersé dans une zone de plus de 100 km^2[23]. Le roi peut également contraindre des institutions ecclésiastiques (évêchés, abbayes) à concéder directement des biens à ses fidèles sous la forme, très répandue aux VIIIe et IXe siècles, de précaires *verbo regis* (des biens concédés par l'Église « à la prière » du roi).

Cette intégration des seigneuries ecclésiastiques et laïques se retrouve à tous les niveaux de l'aristocratie, qui exerce partout une véritable emprise sur les charges, les biens et les droits ecclésiastiques à travers une très large gamme de dispositifs. Ici aussi les ressorts profonds de cette emprise sont d'ordre social et politique plus qu'économique : il s'agit pour les puissants d'affirmer leur rang, d'acquérir du prestige (auprès de leurs pairs comme auprès des dépendants) et d'assumer, dans le cadre de ce qu'on peut appeler leur « vocation théocratique » (Florian Mazel), ce qu'ils estiment relever de leur responsabilité ou ethos, à savoir la direction et la protection de l'Église en vue du salut des populations placées sous leur autorité[24]. Dans ce cadre, la généralisation des titulatures « par la grâce de Dieu » chez les princes et les comtes à partir de la fin du IXe siècle – le premier cas connu est celui de Bernard Plantevelue, en Auvergne et Aquitaine, en 864 puis 886 –, puis la diffusion du titre de « seigneur » (*domnus*, *dominus*, jusque-là réservé à Dieu et aux rois) à tous les niveaux de l'aristocratie au cours des Xe-XIe siècles manifeste moins une émancipation vis-à-vis des rois qu'une affirmation de plus en

23. Florian MAZEL, *in* DEPREUX, BOUGARD et LE JAN 2007.
24. MAZEL 2002.

plus explicite des fondements religieux de toute domination ; d'autant que ces formules et titres sont d'abord en usage chez les évêques avant de l'être chez les rois.

Le contrôle des honneurs ecclésiastiques, à commencer par les sièges épiscopaux, constitue le moyen le plus efficace d'asseoir et de perpétuer la domination locale d'un groupe aristocratique en ce qu'il donne accès à l'hégémonie dans une cité (*civitas*) et ce qui en dépend. Perceptible dès le IXe siècle en Bavière, cette emprise sur les évêchés se diffuse massivement aux Xe et XIe siècles, en particulier dans les régions de l'ancienne *Francia media* issue du partage de Verdun, depuis la Basse Lotharingie jusqu'à la Provence et l'Italie du Nord, où l'autorité royale est faible et sa domination sur l'Église limitée, au moins jusqu'à l'établissement de l'hégémonie ottonienne. Mais le phénomène se rencontre aussi en Francie de l'Ouest (Normandie, Maine, Bretagne, Poitou, Gascogne…). C'est ainsi que le groupe des Adalbéron domine le siège de Metz à partir du début du Xe siècle, celui des Matfrid le siège de Liège, les vicomtes de Marseille celui de Marseille à partir du milieu du Xe siècle… En détenant un siège, ces familles ont accès au patrimoine épiscopal (l'*episcopatus*) ainsi qu'à celui des abbayes qui en dépendent : en accédant au siège de Sées et du Mans au tournant des Xe et XIe siècles, les seigneurs de Bellême étendent du même coup leur emprise sur les abbayes Saint-Martin-de-Sées et Saint-Vincent du Mans. Une bonne part des premiers domaines de la famille de Baux, en Provence, est de la même manière issue des abbayes épiscopales arlésiennes. Contrôler un évêché donne accès au chapitre cathédral et aux prébendes des chanoines, autant de fonctions et de ressources qui permettent de rétribuer des fidèles et d'entretenir des réseaux. D'autres charges permettent aux grands de contrôler les institutions monastiques ou canoniales. La fonction d'abbé laïque permet à un grand de diriger une communauté, d'accéder à ses reliques (source de prestige) et de disposer d'une partie de son patrimoine. Les Robertiens ont ainsi bénéficié du prestige et des ressources de l'abbaye de Saint-Martin de Tours (à partir de 886), les Guillemides de celle de Saint-Julien de Brioude (à partir de 895), les comtes de Flandre de celle de Saint-Bertin (à partir de 900). La charge d'avoué, par laquelle un laïc est investi, souvent dans un cadre héréditaire à partir du xe siècle, de l'exercice des prérogatives judiciaires et militaires des évêchés ou abbayes bénéficiaires d'une immunité (délégation de pouvoirs de la part du souverain), donne également accès à certains biens, droits et privilèges. En Flandre, en Lotharingie et dans les pays germaniques, elle profite à de nombreuses familles aristocratiques, à l'image des Éverard d'Arques dont la puissance, aux xe-xie siècles, est assise sur l'avouerie de Saint-Bertin.

À l'échelle locale, les églises sont également intégrées à la seigneurie[25]. Les grands, qui ont fondé, entretenu, restauré ou dotés les églises, en sont considérés comme les patrons, c'est-à-dire à la fois les maîtres et les protecteurs : ils en désignent les desservants (souvent recrutés au sein des mêmes familles de prêtres) et en perçoivent certaines redevances (part des offrandes et des droits levés sur les fidèles). De manière significative, les polyptyques intègrent les églises à la réserve et celles-ci constituent souvent un élément majeur des domaines dispersés. Les chartes de donation d'églises en faveur des monastères, qui se multiplient à la fin du xe et au xie siècle, témoignent aussi de leur intégration antérieure à la seigneurie des laïcs. La dîme, instaurée par les Carolingiens au tournant des viiie et ixe siècles et introduite en Angleterre à partir du xe siècle, se voit, de fait, intégrée à la seigneurie domaniale : elle est collectée par les maîtres des églises et levée dans le cadre des domaines et non dans celui des paroisses[26].

Cette coseigneurie entre laïcs et ecclésiastiques est parfois théorisée à travers la notion de *militia*, qui renvoyait dans

25. Wood 2006.
26. Lauwers 2012.

l'Antiquité au service militaire et qui, sous la plume de Dhuoda ou de Raban Maur, dit la proximité et la collaboration au service de la chrétienté des deux milices, celle des nobles et des guerriers d'une part, celle des clercs et des moines d'autre part.

Le pacte seigneurial entre grands et moines

L'Église/église est « le lieu symbolique où se légitime le pouvoir » (Régine Le Jan), le point d'ancrage d'une *memoria* familiale, à la fois souvenir et piété, gage de continuité. À travers l'ensemble des relations privilégiées que les puissants tissent avec ceux qui prient et célèbrent l'office divin, c'est un véritable « pacte seigneurial » (Michel Lauwers) qui unit les grands à l'Église et plus particulièrement aux moines[27].

Si les puissants continuent de fonder des communautés de prêtres ou de chanoines, notamment pour desservir les chapelles de leurs résidences, à l'image du prince de Salerne Guaifier Ier établissant en 868 l'église Sainte-Maxime à côté de son palais, à partir du VIIIe siècle et plus encore du milieu du Xe siècle, ils accordent plus souvent leurs faveurs aux moines. L'initiative peut venir des princes, à l'image de Cysoing, abbaye fondée par le marquis de Frioul et son épouse Gisèle en 867, de Cluny, fondée par le duc d'Aquitaine Guillaume Ier et son épouse Engelberge en 910, ou de Quimperlé, fondée par le comte de Cornouaille Alain Canhiart vers 1040-1050. Mais elle vient aussi de groupes de moindre rang, à l'origine de petits établissements qui n'ont pas toujours laissé de traces documentaires, comme Saint-Zénon de Campione, fondé avant 756 par une famille lombarde, finalement offert à l'abbaye Saint-Ambroise de Milan en 835[28], ou les nombreux petits monastères liés aux seigneurs locaux apparus dans les Alpes à

27. Lauwers 1996 ; Mazel 2011.
28. Gasparri, La Rocca 2005.

partir des années 1020, comme celui de Domène. L'emprise des familles fondatrices revêtait des formes variées et pouvait par ailleurs évoluer. Mais ces fondations manifestaient un rang et permettaient d'agréger des réseaux de parents, fidèles et vassaux autour d'une même *familia* monastique, comme l'atteste la *Vie du seigneur Bouchard*, comte de Vendôme, rédigé vers 1058 : « plusieurs parmi les Francs qui avaient vu ou entendu parler de la dévotion dont [Bouchard] faisait preuve envers ce lieu [Saint-Maur-des-Fossés] donnèrent eux-mêmes beaucoup de biens » ; parmi eux se trouvaient Josselin, vicomte de Melun, ou le chevalier Ermenfred, deux vassaux de Bouchard[29].

Le contrôle des reliques et leur ostension lors de processions ou d'assemblées représentent un autre moyen pour les grands de conforter leur autorité par une légitimité sacrée. C'est pourquoi les comtes de Flandre, par exemple, mènent dans la première moitié du Xe siècle une politique systématique de rassemblement de reliques dans les centres de leur pouvoir, chapelles castrales ou monastères sous tutelle. Le duc des Francs Hugues Capet n'hésite pas, vers 950-980, à leur disputer les reliques de saint Valery et de saint Riquier pour se les approprier. Au début du XIe siècle, en Lotharingie, une compétition semblable oppose les seigneurs d'Orchimont et de Florenne pour la détention des reliques de saint Gengoul. Les vicomtes de Marseille utilisent alors les reliques de saint Victor lors de leurs plaids judiciaires pour impressionner les foules et renforcer la valeur des engagements. C'est sur deux reliquaires que le duc Guillaume de Normandie fait prêter serment à Harold vers 1064-1065, selon le récit de la broderie de Bayeux. Et c'est à un petit reliquaire pendu à son cou qu'il confie le soin de le protéger sur le champ de bataille d'Hastings le 14 octobre 1066 (*voir* schéma 1, p. X).

Alors que la *Règle de saint Benoît* n'y fait jamais allusion, les pratiques commémoratives se diffusent massivement dans

29. Lauwers 2002.

les monastères à partir de l'époque carolingienne[30]. La multiplication des prêtres dans les communautés monastiques est directement liée à l'essor des messes en l'honneur des défunts – selon Raoul Glaber, à Cluny, au début du XIe siècle, « le grand nombre des frères permettait de célébrer la messe sans interruption » –, de même que l'apparition de livres dédiés à la commémoraison : « livres de vie » et « livres de mémoire » aux VIIIe-IXe siècles, obituaires, nécrologes et rouleaux des morts aux Xe-XIe siècles, lesquels témoignent d'une commémoration plus individuelle au jour anniversaire de la mort. L'élection de sépulture, lorsqu'elle est répétée sur plusieurs générations, débouche sur de véritables nécropoles familiales qui associent souvenir des ancêtres, commémoraison monastique et lieux de pouvoir. Car si la commémoraison peut se faire individuelle, la *memoria* est familiale et structure les groupes de parenté. Ce n'est pas un hasard si la première généalogie des comtes de Flandre est réalisée, sous une forme liturgique, vers 960, par Witger, un moine de Saint-Bertin, l'abbaye où sont inhumés les premiers comtes.

Outre les moines, les communautés féminines, nombreuses dans le monde franc et en Angleterre dès les VIIe-VIIIe siècles et qui se diffusent en pays germanique, apparaissent également comme les dépositaires privilégiées de la *memoria* de leurs familles. Elles sont souvent fondées par des épouses ou des veuves qui prélèvent la dotation initiale sur leur douaire, à l'image des fondations des reines lombardes puis carolingiennes en Italie du Nord (Sainte-Marie de Pavie, Saint-Sauveur de Brescia…), ou, à un moindre niveau, de la fondation du monastère de Milz en Thuringe, en 783 ou 784, par la noble Emhilt. Ces communautés sont particulièrement nombreuses en Saxe, où évêques et grandes familles multiplient les fondations : au nombre de quinze à l'époque carolingienne, elles sont quarante-cinq au milieu du XIe siècle. Ces établissements

30. Voir le chapitre « Vivants et morts » dans le troisième tome.

restent très liés aux familles fondatrices qui exigent que l'abbesse et/ou l'avoué soient recrutés en leur sein.

Au fondement de ces relations figurent les flux de donations *pro anima* (« pour le salut de l'âme ») des laïcs vers les moines. Si l'Église valorise la nature rédemptrice du don en lui-même, ces transferts prennent tout leur sens dans le cadre d'une véritable économie du don-échange : au don matériel des grands répondent les services spirituels (chants, prières, messes, assistance aux pauvres) assurés par les moines, dont l'efficacité permet l'accès au paradis ; une conviction renforcée par l'assimilation des moines aux anges et par la répétition régulière des prières et des messes, en particulier aux dates anniversaires des décès dont les nécrologes gardent le souvenir. L'élection de sépulture au monastère ou, mieux encore, la conversion *ad succurendum* (« au secours de l'âme »), c'est-à-dire la prise d'habit monastique au soir de sa vie, en constituent des garanties encore plus sûres. Ces pratiques prennent une ampleur considérable aux Xe et XIe siècles, en particulier à l'abbaye de Cluny et dans ses dépendances, où sont élaborés de nouveaux dispositifs liturgiques et funéraires, décrits par le *Liber tramitis* (« livre du chemin ») vers 1030, et où est inaugurée dans les mêmes années la célébration universelle de tous les défunts chaque 2 novembre. Les flux de donations en faveur de l'abbaye sont considérables, entraînant une inflation considérable des commémorations liturgiques : on a conservé la trace de 637 donations (dont 72 avec demande de sépulture) sous l'abbatiat de Maïeul (954-994) et de 1 018 autres (dont 124 pour la sépulture) sous celui d'Odilon (994-1048), tandis que les neuf nécrologes de communautés clunisiennes parvenus jusqu'à nous (une infime partie de leur nombre total) rassemblent les noms de 48 000 défunts[31].

Les donations n'abolissent pas tout lien entre le donateur et le bien aliéné, lien qui peut se manifester par la répétition

31. Iogna-Prat 2002.

du don, sur plusieurs générations parfois, le maintien de la perception de certains droits sur le bien donné, ou une demande de restitution en usufruit. Il en découle parfois des tensions, voire des conflits, généralement éteints par le renouvellement de l'échange ou de nouvelles transactions. Parmi celles-ci, les précaires, très répandus entre les VIIIe et XIe siècles, occupent une place singulière[32]. Une concession en précaire (c'est-à-dire « à la prière » de celui qui en fait la demande) permet à une institution ecclésiastique de remettre une terre à un individu et sa descendance, pour une ou plusieurs générations, en échange d'un cens recognitif modeste. Autrement dit, il s'agit d'une concession en usufruit d'un bien d'Église (*res ecclesiae*) permettant de rémunérer une fidélité tout en perpétuant un lien social et religieux. Il ne s'agit pas forcément d'une mauvaise affaire pour les clercs ou les moines car, comme l'atteste le cas de l'abbaye de Farfa, en Italie, ou celui de Gorze, en Lotharingie, bon nombre de précaires sont en fait des restitutions de biens à l'origine possédés en alleux et préalablement offerts à la communauté ; d'autres fois, il s'agit de biens issus seulement pour une part du patrimoine ecclésiastique et pour une autre part de la famille bénéficiaire, solution la plus fréquente à partir du IXe siècle. Dons, confirmations, conflits et réconciliations, précaires… permettent aux grands d'exercer sur les populations une seigneurie partagée et de tisser entre les puissants, les moines, les reliques et les saints une véritable relation de voisinage et d'amitié qui conforte leur domination[33].

FLORIAN MAZEL

32. Laurent MORELLE, *in Les Transferts patrimoniaux* 1999.
33. ROSENWEIN 1989.

16.

Une dynamique d'expansion

(VIIIe-XIe siècle)

Dans le courant des VIIIe-XIe siècles, l'Occident chrétien connaît un essor enclenché probablement dès le VIIe siècle par des transformations économiques et sociales profondes. En outre, dès leur avènement au milieu du VIIIe siècle, les Carolingiens insufflent un nouveau dynamisme en promouvant un projet eschatologique à vocation universelle qui articule l'ensemble de leur action : l'avènement providentiel d'une *respublica christiana*. Ils promeuvent une nouvelle économie morale et politique, engagent de profondes réformes des institutions civiles et religieuses, suscitent un renouveau culturel, lancent moines et soldats à l'assaut de l'Europe pour unifier les peuples sous une même bannière franque et chrétienne. Le monde latin entre alors dans une période d'expansion tous azimuts dont les manifestations les plus spectaculaires sont militaires, territoriales, culturelles et religieuses, avec la création d'un empire chrétien gigantesque qui s'étend des confins du monde islamique dans la péninsule Ibérique aux mondes germano-slaves. Cette expansion modifie les grands équilibres géopolitiques mais aussi économiques entre l'Orient et l'Occident, provoquant – bien plus que l'expansion islamique, dont les effets économiques sont aujourd'hui très relativisés[1] – la bascule du cœur économique

1. Voir les chapitres 1, 2, 8 et 10.

de la Chrétienté latine des rivages de la Méditerranée vers ceux de la mer du Nord. Cette dynamique se prolonge après la disparition des Carolingiens, mais finit par favoriser, à partir du XIe siècle, le retour des Latins en Méditerranée.

La connaissance d'une croissance économique initiale, marquée par l'essor de la production agraire, l'urbanisation, la commercialisation de l'économie, le développement des activités artisanales et industrielles... a été totalement renouvelée à partir de la dernière décennie du XXe siècle. Pendant longtemps, confrontés à l'extrême rareté des sources écrites, les historiens ont considéré l'Europe, à l'instar de Georges Duby dans *Guerriers et paysans* (1969), comme « un pays profondément sauvage » où « le niveau de la civilisation matérielle demeure si bas que l'essentiel de la vie économique se réduit à une lutte, celle que l'homme, pour survivre, doit mener quotidiennement contre les forces naturelles ». Les chercheurs anglais et américains désignaient alors cette période par l'expression « *dark ages* », les âges obscurs. Cette obscurité, qui témoignait davantage de la faible quantité de données disponibles et de la cécité des historiens que d'une réalité historique, relevait d'une posture idéologique de dévalorisation systématique de temps « barbares » coincés entre deux périodes réputées prospères : l'Antiquité romaine en amont, le « temps des cathédrales » en aval. La réévaluation des sociétés rurales des VIIIe-XIe siècles a été permise par l'afflux massif des données matérielles issues de l'archéologie préventive à partir des années 1970-1980 dans les pays septentrionaux, 1990 en France. On commença alors à appréhender avec plus de finesse la réalité matérielle des campagnes du premier Moyen Âge, provoquant en retour un réexamen des sources écrites et un renouvellement des interprétations. En France par exemple, c'est en 1988 qu'est posée pour la première fois, dans le cadre d'une rencontre internationale tenue à Flaran, la question d'une possible croissance agricole dès le premier Moyen Âge. Progressivement, à mesure que sont publiées des données inédites issues des fouilles d'habitats ruraux dans l'ensemble de l'Europe, puis des synthèses de plus en plus documentées, s'impose la certitude que la grande croissance économique des XIe-XIIIe siècles, généralement présentée comme la période des « grands défrichements », n'est en réalité que l'amplification d'un essor qui débute bien plus tôt, aux VIIe-VIIIe siècles. Aujourd'hui, on ne pose plus l'existence d'une croissance économique aussi précoce comme une hypothèse ; on s'interroge sur ses causes, ses manifestations, sa chronologie et sa géographie.

Révéler l'invisible

Les historiens ont longtemps interprété l'extrême rareté des sources tant écrites que matérielles comme le témoignage d'une déprise économique propre aux sociétés « barbares » ; tout essor économique aurait été fondamentalement impossible à cause d'un sous-développement chronique de l'économie rurale. Suite à une longue crise qui aurait débuté au IIIe siècle et se serait accentuée au cours des Ve-VIe siècles dans un contexte de déliquescence de l'Empire romain et de ravages de la « peste justinienne », les campagnes auraient souffert de la combinaison de deux blocages : d'une part des structures foncières inadaptées, d'autre part de graves insuffisances techniques[2]. L'exploitation de la terre aurait été structurellement incapable de produire en quantité suffisante non seulement pour permettre une accumulation de richesses nécessaire à tout essor économique, mais même pour seulement nourrir la population. Les hommes n'auraient donc fait que survivre, incapables, passifs, dans le dénuement le plus total, sans défense, en permanence menacés par une nature hostile et livrés à une insécurité récurrente. La productivité agricole aurait été si faible, les rendements si bas qu'ils auraient condamné les

2. Voir les chapitres 3, 5 et 6.

sociétés européennes du début du Moyen Âge à une économie autarcique de subsistance, voire de survie. Source de malnutrition et de sous-alimentation, cette pénurie chronique aurait bloqué toute possibilité de croissance démographique et d'accumulation de richesse. Comble de malheur, cette indigence de l'économie rurale aurait été aggravée, à partir du VIIe siècle, par la fermeture des relations commerciales entre l'Orient et l'Occident suite à l'expansion islamique. Ces sociétés auraient également souffert d'une pénurie de fer, à l'origine d'une défaillance de l'outillage et d'une faiblesse des rendements agricoles. Abandonnant la construction en pierre, les hommes se seraient réfugiés dans de fragiles huttes en bois et terre, régulièrement abandonnées et reconstruites de loin en loin, donnant l'impression d'un peuplement labile, instable, et de terroirs mal maîtrisés… Telle est la conception misérabiliste que les historiens de l'« école minimaliste » se sont faite des sociétés des premiers siècles du Moyen Âge, jusqu'à la remise en question de cette théorie à partir des années 1980[3].

C'est à une approche interdisciplinaire des sociétés médiévales, dans laquelle l'archéologie joue un rôle majeur, que l'on doit ce renouvellement fondamental, en ce qu'elle a donné à voir ce qui jusqu'alors était invisible. Les explorations menées dès les années 1960-1970 en Europe septentrionale et centrale (Grande-Bretagne, Scandinavie, Allemagne, Pologne…) jetèrent les bases de l'étude de l'habitat et des sociétés rurales médiévales. En France, le développement de l'archéologie dite « de sauvetage », avant qu'elle ne devienne « préventive » (en lien avec le déploiement des aménagements immobiliers, ferroviaires, autoroutiers, industriels et commerciaux), provoqua un afflux de données nouvelles[4] : les sociétés rurales des premiers siècles du Moyen Âge sont alors apparues aux yeux des historiens. La vision de ces sociétés s'est aussi enrichie d'une

3. TOUBERT 2004.

4. CHAPELOT 2010. Voir le chapitre 6.

approche anthropologique mettant à distance les théories et conceptions économiques modernes pour mieux comprendre les ressorts profonds du fonctionnement des sociétés préindustrielles. Que signifiait alors travailler[5] ? Cherchait-on à accroître sa production ? Le marché existait-il ? La monnaie circulait, mais qui l'utilisait vraiment ? où ? comment ? pourquoi ? dans quelle mesure et dans quelles circonstances ? Comment les prix étaient-ils fixés ?… Autant de questions dont les réponses ne sont en rien évidentes et conditionnent l'appréhension de l'activité économique du Moyen Âge, et l'interprétation des textes et des sources archéologiques. Dans les sociétés médiévales, la sphère économique est si profondément enchâssée dans les relations interpersonnelles et les conceptions ecclésiales qu'une grille d'analyse construite à partir des lois de l'économie de marché, stipulant que tout comportement humain est dirigé dans le but de maximiser un intérêt ou une satisfaction, est d'une utilisation délicate[6]. Les pratiques sociales du patronage, de l'amitié, de l'hospitalité, de l'alliance matrimoniale, de la résolution des conflits, mais aussi les rapports de domination (asservissement, affranchissement, patronat, vassalité…) et les conceptions ecclésiales du travail, du service ou de l'échange, occupent une telle place qu'elles brouillent la frontière entre transactions marchandes et non marchandes, c'est-à-dire des transactions sans équivalence matérielle perçue entre les biens échangés instaurant entre les personnes des liens qu'aucune transaction marchande ne peut rompre : par exemple, les dons/contre-dons ou les concessions en bénéfice qui créent un lien d'obligation réciproque mais hiérarchisé entre deux protagonistes[7]. Au VIIIe siècle, les évêques du Mans concèdent par exemple de nombreuses terres de leur cathédrale à des grands laïcs, tantôt sous le régime de la précaire (une concession,

5. Voir le chapitre « Travail » du troisième tome.
6. Voir le chapitre 16 du deuxième tome.
7. Voir les chapitres 15 et 17.

viagère le plus souvent, assortie du versement d'une redevance annuelle d'un dixième des revenus du bien), tantôt sous celui du bénéfice (l'octroi sans limite de temps d'un « bienfait » en échange de l'engagement à rendre un certain nombre de services), pour les intégrer dans leur réseau de fidèles et en contrepartie des donations pieuses (dites *pro anima*, « pour l'âme ») que ces bénéficiaires avaient effectué auparavant en faveur de leur église.

Du fait de l'inexistence de la notion de « marché théorique », la société médiévale n'est pas capitaliste, et l'économie médiévale n'est pas une « économie de marché ». De ce fait, une approche anthropologique, décentrée par rapport à nos conceptions modernes, peut révéler des logiques autrement invisibles. Elle ne doit toutefois pas être exclusive, car on a également pu repérer dans certaines circonstances, à côté des comportements et des représentations imposés par les organisations sociales et familiales comme par les obligations religieuses et morales, l'existence de véritables calculs « économiques » cherchant à améliorer ressources et revenus[8]. Les moines de l'abbaye de Bobbio, dans l'Apennin central, à la fin du IXᵉ siècle, et de l'abbaye de Santa Cristina di Corteolona, dans la région de Pavie, au cours du Xᵉ siècle, ont ainsi consciemment développé des stratégies seigneuriales leur permettant d'améliorer la production et de faire face à la pression démographique : la première en ouvrant au défrichement des espaces forestiers jusque-là incultes, la seconde en divisant sa réserve foncière insuffisamment mise en valeur au bénéfice de nouvelles exploitations paysannes. Au passage, les moines de Bobbio en ont profité pour rapprocher les conditions seigneuriales des deux catégories de dépendants à leur service, les *massari* (des hommes libres chasés) et les *livellarii* (les tenanciers bénéficiant d'un contrat écrit, le *livello*)[9].

8. Devroey 2003 ; Feller, Gramain et Weber 2005 ; Feller 2011.
9. Feller 2007.

Les manifestations de la croissance

Cinq indicateurs permettent d'affirmer qu'une croissance économique à l'échelle de l'Europe occidentale a vraisemblablement débuté dès le VIIIe siècle, peut-être même le VIIe siècle dans le nord de l'ancienne Gaule, bien avant la période dite des « grands défrichements » des XIe-XIIIe siècles : la croissance démographique, l'amélioration de la productivité agricole, la diversification des activités rurales, un processus d'accumulation des richesses et le développement de courants d'échanges multi-scalaires.

On ne dispose pas, pour les premiers siècles du Moyen Âge, de séries statistiques permettant d'estimer de manière fiable la population européenne. Il est possible toutefois d'esquisser des tendances pluriséculaires grâce à des inventaires de quelques grandes abbayes de Champagne (Saint-Remi de Reims), région parisienne (Saint-Germain-des-Prés), Provence (l'Église cathédrale et Saint-Victor de Marseille), des régions mosanes et rhénanes (Prüm) ou d'Italie centrale (Farfa, Saint-Vincent-au-Volturne), mais aussi grâce aux études paléodémographiques menées sur des squelettes retrouvés en contexte funéraire. En France, en Allemagne comme en Italie, la structure familiale usuelle est fondée sur la famille conjugale simple avec une moyenne autour de 5 individus par ménage (père, mère avec 2 à 4 enfants survivants), ce que confirme la taille des unités d'habitation fouillées. Le solde semble *a priori* positif d'une génération à l'autre, assurant une croissance démographique modeste qui débouche dans la longue durée sur un accroissement important de la population, un doublement toutes les cinquante à cent années dans les domaines franciliens de Saint-Germain-des-Prés, tous les soixante ans en moyenne pour ceux de Saint-Remi de Reims. Cette croissance fut cependant ralentie par des accidents démographiques, particulièrement des famines, dont témoignent les capitulaires de

Francfort (794) et de Nimègue (806), qui fixent des maximums pour les prix des grains et interdisent la constitution de stocks spéculatifs, ou le terrible récit de Raoul Glaber sur la famine de 1030-1033 : « Au moment de la récolte les champs étaient couverts de mauvaises herbes. [...] Le muid de grain [unité de 100 ou 200 litres selon les régions] monta à 60 sous. Quand il n'y eut plus d'animaux à manger, les hommes, tenaillés par la faim, se nourrirent de charognes et d'autres choses immondes. Ils allèrent jusqu'à dévorer de la chair humaine. Les voyageurs, attaqués par des hommes plus robustes qu'eux, étaient découpés, cuits et mangés. En plus d'un endroit on déterra les cadavres qui servirent eux aussi à apaiser la faim. On vit même quelqu'un porter de la chair humaine cuite au marché de Tournus pour la vendre. » Les sources mentionnent soixante-quatre années de grande faim dans le royaume franc entre le VIIIe et le XIe siècle, soit une famine tous les six ou sept ans en moyenne[10]. Le spectre de la faim et de la maladie a sans aucun doute ralenti la crue des hommes durant le premier Moyen Âge ; il ne l'a pourtant pas enrayée. La manifestation la plus claire de cette dynamique démographique est le surpeuplement des exploitations paysannes. On observe en effet la division de plus en plus fréquente des tenures exprimées en fractions de manse (demi-manse, quart de manse). Pendant longtemps, cet entassement démographique des structures de production paysanne a été interprété négativement, comme un facteur majeur d'appauvrissement conduisant, dans le contexte d'une agriculture incapable d'augmenter sa production et d'améliorer ses rendements, à la famine et à la malnutrition (théorie malthusienne). Le point de vue des historiens a radicalement changé, puisqu'on considère aujourd'hui que cette pression a alimenté une mobilité notable depuis les tenures héréditaires surpeuplées vers des réserves foncières, qu'il s'agisse de

10. DEVROEY 2009.

nouvelles tenures constituées sur des terres domaniales ou de zones cultivées conquises sur les terres publiques vacantes : la croissance démographique de la période carolingienne aurait donc ouvert des fronts pionniers, et serait un facteur d'accroissement de la production agricole[11].

Les « grands défrichements » n'auraient donc pas débuté aux Xe-XIe siècles, mais dès la période carolingienne, voire avant. En Île-de-France, comme à Serris, en Brie, les données archéologiques attestent de l'implantation de nouveaux habitats ruraux accompagnée de défrichements dès le VIIe siècle[12]. Partout en Europe, on trouve dans les textes des indices précoces d'essartages. Au Val Moreau (Perche), le polyptyque d'Irminon (vers 823-828) rapporte par exemple qu'un certain Maurhaus, serf de l'abbaye de Saint-Germain-des-Prés, défriche environ 20 hectares de terres arables et 7 arpents de pré. Dans les domaines de Saint-Bertin, Lobbes, Wissembourg ou Prüm (Flandre, pays mosans et rhénans) au IXe siècle, les structures originales de certaines unités domaniales témoignent de l'importance des défrichements. Ainsi à Montier-en-Der (Champagne), des cens légers porteraient sur des terres issues de défrichements limités et interstitiels dans des secteurs de conquête agricole. Dans la région de Northampton (Midlands), les sources archéologiques et environnementales suggèrent que les zones recolonisées par les friches et les bois aux VIe-VIIe siècles sont déjà essartées et mises en culture au IXe siècle. En Catalogne, le grand mouvement de conquête, très bien documenté, est remarquable par sa rapidité, sa simultanéité et son ampleur ; initié à la fin du VIIIe siècle, le défrichement est massivement réalisé entre 850 et 950[13]. L'espace agricole est alors conquis, comme en Espagne du nord-ouest (vallée du Duero et comté de Castille), par des couples paysans fuyant la

11. Devroey 2003.
12. Voir le chapitre 6.
13. Bonnassie 1990.

faim ou la servitude, s'installant sur des terres vacantes publiques qu'ils s'approprient régulièrement par leur travail harassant de valorisation des incultes. On pourrait multiplier les exemples en Italie, en Auvergne, en Languedoc, en Provence…

Les rendements ne sont pas aussi catastrophiques qu'on l'a longtemps affirmé sur la base d'une analyse littérale de l'inventaire des stocks de céréales du domaine fiscal d'Annappes, dans la région lilloise, vers 800, fixant des ratios si dérisoires (de l'ordre de moins de deux grains récoltés pour un semé, voire un récolté pour un semé) qu'il est impossible qu'ils puissent refléter une réalité économique standard : la survie d'une exploitation agricole nécessite en effet des rendements moyens minimums sous la barre desquels le travail de la terre n'a pas de sens. Quelques fragiles indices semblent montrer des rendements meilleurs, mais guère importants. Sur les meilleures terres de San Tommaso de Reggio d'Émilie (Italie septentrionale) au Xe siècle, les rendements s'élèvent à un ratio de 5 à 6 grains récoltés pour un semé. On peut penser que le rendement moyen s'élevait généralement à une fourchette de 3 à 5 pour un. Mais cette moyenne peut cacher des écarts importants selon les années (aléas météorologiques) et selon les zones cultivées. Il existe en effet des potentiels agricoles très différents selon la qualité des sols et les conditions climatiques, mais aussi en fonction du caractère plus ou moins intensif de l'exploitation des terres : les terres proches des habitations, intensivement cultivées (bien amendées, soigneusement travaillées) offrent des rendements meilleurs que des terres lointaines, temporairement et extensivement cultivées dans des friches arbustives (loi des rendements décroissants). Aujourd'hui, les spécialistes considèrent comme probable l'amélioration progressive des rendements moyens dès les VIIIe-IXe siècles, et non le XIe siècle comme on l'a longtemps pensé. Ils se fondent sur un faisceau d'indices d'une intensification des pratiques agricoles grâce à des innovations techniques. Les sources mentionnent dès l'époque carolingienne la pratique de la rotation triennale (alternance jachère/céréale d'hiver/céréale de printemps sur trois années) qui offre, sur une même parcelle, deux récoltes tous les trois ans, là où la rotation biennale (jachère/céréale d'hiver ou jachère/céréale de printemps sur deux années) n'en permet qu'une seule tous les deux ans ; cette pratique favorise en outre la production d'avoine (céréale de printemps), accompagnant ainsi les besoins de l'armée royale et de l'aristocratie pour entretenir une cavalerie de plus en plus importante. Pour l'heure, rien ne permet de penser que l'assolement (biennal ou triennal), correspondant à une généralisation et à une coordination collective de la rotation à l'échelle d'un terroir, remonte aussi loin dans le temps. On possède toutefois quelques attestations de parcellaires laniérés, caractéristiques des systèmes d'*openfield* qui organisent, grâce à l'entente des usagers du terroir, les assolements permettant la céréaliculture et l'élevage sur les mêmes terres. Dans le Yorkshire, au cœur du territoire colonisé par les Danois aux IXᵉ-Xᵉ siècles (*Danelaw*), la documentation fiscale médiévale et moderne conserve la trace de la répartition des très longues lanières constitutives des tenures paysannes selon une organisation planifiée typiquement scandinave, le *solskifte*. Ce parcellaire allongé est lié au développement précoce, dès les premiers siècles du Moyen Âge, de la charrue qui, mieux adaptée que l'araire sur les sols lourds, améliore les rendements[14].

En effet, il ne fait plus aucun doute que l'équipement des campagnes connaît une nette amélioration dès avant le Xᵉ siècle. Le fer est omniprésent, contredisant la thèse d'une pénurie de l'outillage métallique durant le premier Moyen Âge. À Colletières (Dauphiné), habitat piégé vers 1040 par la soudaine montée des eaux du lac de Paladru, les archéologues ont retrouvé le mobilier métallique quotidien : faucilles, houes, lames, haches, pics, forces, louches et cuillères, clefs,

14. HENNING 2009.

gonds, hameçons, garnitures de coffrets, fers à cheval, marteaux, boucles de harnais, épingles… Rien ne manque. Les inventaires des domaines dressés aux IXe-Xe siècles montrent par ailleurs d'importants investissements seigneuriaux pour équiper les campagnes de moulins à eau, au moment même où les structures domaniales se rationalisent et dégagent de notables surplus. Ainsi, par exemple, les domaines de l'abbaye de Prüm sont dotés de 48 moulins dès la fin du IXe siècle, dont 43 révélés par le polyptyque. Ces équipements libèrent du temps et de la force de travail, tout en assurant aux seigneurs des ponctions supplémentaires sur la production des tenures[15].

Un troisième indicateur de la croissance réside dans la diversification grandissante des cultures et des activités rurales, qui témoigne à la fois d'une meilleure alimentation, d'une moindre emprise des logiques vivrières et d'une première insertion dans des réseaux d'échanges à l'échelle locale. Dès le Xe siècle, les blés vêtus (épeautre, engrain…) reculent au profit du froment dans les régions septentrionales, et du seigle dans les régions méridionales ou montagneuses. La vigne, qui exige temps et investissements, se diffuse aussi bien au nord (Laonnois, vallées de la Seine, de la Moselle et du Rhin) qu'au sud (Languedoc, Catalogne, Provence, Toscane), surtout après le milieu du Xe siècle : les motifs liturgiques comptent bien moins ici que le bon rapport de la vente du vin. En outre, la vigne favorise l'essor de toute une série d'activités artisanales à base de bois et de fer comme la tonnellerie ou la charronnerie. Le développement des activités textiles dans un cadre domestique connaît pour sa part un essor continu depuis le IXe siècle. De nombreux sites archéologiques témoignent notamment de la multiplication de structures matérielles spécifiques liées à l'installation de métiers à tisser verticaux à deux ou trois pieds dans des petits bâtiments semi-enterrés (longtemps mal nommés « fonds

15. Lohrmann 1989 ; Champion 1996.

de cabane ») construits à proximité de l'habitat principal. À l'échelle locale, l'économie paysanne repose par ailleurs sur l'intégration aux activités vivrières de l'exploitation des espaces incultes (forêts, landes, garrigues, marais…), où l'on envoie paître les bêtes, où l'on prélève bois d'œuvre et bois de chauffe, où l'on collecte baies et champignons, roseaux et ajoncs, petit gibier et poissons.

L'accumulation de richesses peut être à la fois une condition et une manifestation de l'essor économique. D'une part l'ouverture de nouveaux terroirs, leur réorganisation, l'élaboration de structures de production plus performantes… peuvent nécessiter l'investissement de capitaux, qu'ils soient matériels ou symboliques. D'autre part l'accumulation de produits à des fins spéculatives est le signe tangible du développement d'une activité économique. Ces hypothèses d'accumulation de richesses et de production de surplus capables d'alimenter un marché peuvent être analysées au travers des structures de stockage. Les textes évoquent fréquemment ces installations : *spicarium*, *granaries*, *granicia*, *cellaria*, *horrea*, *scuras*, *screona*… autant de termes régulièrement mentionnés dans les codes de lois barbares et les actes de la pratique juridique attestant du caractère courant de ces équipements dans les exploitations agricoles, mais qui demeurent abstraits. L'archéologie permet d'aborder, non sans difficulté, la matérialité du stockage des récoltes dans la longue durée et de pister des processus témoignant de transformations que l'on peut interpréter comme les signaux d'un développement économique. Durant les VIe-VIIe siècles, les unités d'exploitation sont couramment équipées de silos et/ou de greniers sur poteaux installés dans la proximité immédiate de l'habitat ; les capacités modestes et la situation de ces silos semblent révéler un usage plutôt domestique et familial, à la fois destiné à l'autoconsommation des grains, à la conservation de semences et à la constitution de quelques réserves en prévision de la soudure ou du risque de disette. C'est à partir des VIIe-VIIIe siècles que l'on perçoit les débuts d'une évolution, amplifiée au cours des IXe-XIe siècles. Apparaissent alors des batteries de silos, d'une dizaine à plusieurs centaines d'unités en Languedoc, Catalogne et Midi toulousain. Ces concentrations sont soit rattachées à des unités d'exploitation, soit correspondent clairement à des zones d'ensilage distinctes de la zone habitée. Les capacités moyennes des silos tendent à augmenter, même si des disparités importantes demeurent entre des réservoirs de taille modeste et des silos d'une contenance très supérieure à 2 m^3 (soit 20 hl). Si on constate la persistance de silos inscrits dans l'emprise des unités d'habitation, le phénomène de concentration et d'inflation des capacités indique assurément un mouvement progressif de spécialisation dans le traitement et le stockage des récoltes. Ces zones sont en effet installées le long de chemins, souvent à l'interface des centres habités et du terroir cultivé, parfois équipées d'infrastructures pour gérer l'humidité des sols (drains, puits et puisards) et assurer le traitement des récoltes (aires de dépiquage, battage ou vannage ; fours pour le séchage ou le grillage…), ainsi que leur acheminement et leur (dé)chargement. Une augmentation des quantités stockées et une sophistication de l'organisation du stockage sont donc manifestes dans un grand nombre de régions à partir de la période carolingienne. Cela résulte-t-il d'initiatives paysannes ? Ces zones spécialisées seraient alors le reflet d'organisations collectives, et témoigneraient de l'action de communautés paysannes bien avant que les textes n'évoquent leur existence aux XIe-XIIe siècles. S'agit-il plutôt d'installations seigneuriales ? Ces aménagements indiqueraient alors la capacité de l'aristocratie (laïque et ecclésiastique) à capter les productions agricoles et à alimenter des circuits de redistribution, notamment commerciaux. La tentation est grande de relier l'émergence de ces structures massives de stockage avec l'instauration sur le continent par les souverains carolingiens (imités au Xe siècle par les rois anglais) du prélèvement de la dîme, et d'une manière générale avec l'appesantissement de la domination seigneuriale. Quoi qu'il en soit, il est manifeste que les sociétés du premier Moyen Âge ont mis en place dès la période carolingienne, selon des modalités et une géographie qui restent à préciser, des capacités d'accumulation de capitaux issus de l'exploitation de la terre[16]. Cette accumulation croissante permet de reconsidérer le fonctionnement et l'intensification des échanges commerciaux à partir des VIIIe-IXe siècles.

Les équilibres commerciaux du monde romain se sont profondément modifiés durant les premiers siècles du Moyen Âge, sans que jamais ne cessent les échanges entre l'Orient et l'Occident. Suite à la ruralisation de la société, les cités antiques se sont rétractées jusqu'à parfois disparaître, perdant leur rôle économique moteur en matière de production, de consommation et de redistribution[17]. En Europe, le centre de gravité a progressivement glissé, entre le VIIe et le IXe siècle, de la Méditerranée vers la Manche, la mer du Nord et la Baltique. À l'époque carolingienne, même si le Pô et ses affluents jouent un rôle important pour les échanges locaux et régionaux en Italie du Nord, le flux commercial européen est désormais principalement drainé par le Rhin, la Meuse, la Moselle, la Seine, la Tamise… tandis que les échanges se cristallisent dans des centres économiques nouveaux, désignés sous les termes de *portus*, *wics* ou *emporia* et situés à l'interface des circuits maritimes et des grandes plaines septentrionales : Quentovic, Dorestad, Hamwic (actuelle Southampton), Lundenwic (Londres), Jorvik (actuelle York), Hedeby (actuelle Haithabu)[18]… On y échange les esclaves et des produits de luxe tels que les soieries, les épices, les verreries… mais aussi des productions de masse tels que le vin, le sel (indispensable à la conservation des poissons et des viandes) et les

16. Vigil-Escalera Guirado 2013 ; Lauwers et Schneider 2021.
17. Voir le chapitre 7.
18. Hill et Cowie 2001. Voir le chapitre 7.

céréales (plusieurs de ces sites disposant de denses zones de stockage) ainsi que de nombreux produits artisanaux (vêtements en peaux, cuir et fourrure, céramique). Le dynamisme économique de ces sites s'accélère à partir du milieu du VIIIe siècle et n'est guère affecté par les expéditions vikings, les Scandinaves contribuant au contraire à intensifier les échanges et développer certains sites majeurs comme Jorvik (York) ou Dublin au tournant des IXe-Xe siècles[19]. À la fin du Xe siècle, l'importance de ces échanges et des circulations humaines qui les soutiennent est attestée, par exemple, par la mention de marchands de Rouen, du Ponthieu, de Nivelles, Liège ou Huy sur les registres du tonlieu de Londres aux alentours de l'an mille, comme par la découverte de monnaies frappées à Rouen entre 980 et les années 1020 sur les îles d'Iona et d'Inchkenneth, à l'ouest de l'Écosse, au Danemark ou en Poméranie.

Parallèlement à ces circulations au long cours, fonctionnent des réseaux d'échanges de productions plus communes, artisanales et alimentaires. Matériellement peu spectaculaire, la demande en produits du quotidien (vêtements, vaisselle, outillage…) a longtemps paru inexistante parce qu'on ne la voyait pas dans les sources écrites ; les hommes des premiers siècles du Moyen Âge semblaient sans besoins, sans envies, sans goûts, vivant en autarcie dans un monde quasiment sans marché. C'est finalement l'examen de la production et de la circulation des céramiques qui a renouvelé l'analyse des circuits d'échange du premier Moyen Âge. Produit le plus banal qui soit, le plus insignifiant, mais aussi le plus universellement utilisé (à l'exception de l'Irlande et du pays de Galles), commercialisé et présent sur tous les sites archéologiques, la poterie est un marqueur fiable non seulement de l'activité artisanale rurale, mais aussi, par sa diffusion, des aires d'influence culturelle et commerciale. Ainsi, l'analyse de

19. Voir le chapitre 14.

la répartition des productions céramiques dans la région de la Loire moyenne aux VIIIe-Xe siècles révèle que les ateliers approvisionnent un marché dans un rayon d'une cinquantaine de kilomètres, et que ces marchés ne sont pas isolés les uns des autres. Si on peine à estimer leur vitalité, on perçoit l'existence d'une multitude de circuits d'échanges infrarégionaux (Orléanais, Blésois, Touraine, Chinonais, Poitou) articulés non sur le cours des grands fleuves (Rhin, Rhône, Loire, Seine, Garonne, Tamise…), mais sur des tronçons de fleuves et de modestes affluents. Ce type d'aire de chalandise microrégionale, manifestation d'une parcellisation du marché des productions manufacturées, est présent en Gaule septentrionale et méridionale, dans le nord de l'Italie, au centre de l'Espagne, dans l'East Anglia, partout où l'aristocratie et les grands domaines ecclésiastiques, détenteurs d'une richesse issue de la domination de la terre, des hommes et de la captation des ressources fiscales, est en capacité de stimuler production et commerce, favorisant l'essor de *portus* sur les voies fluviales et de bourgs à l'intérieur des terres, en plus étroite interaction avec les arrière-pays ruraux que les grands *emporia*, ce qui explique sans doute pourquoi, au cours du Xe siècle, Quentovic et Dorestad sont peu à peu délaissés au profit de sites plus modestes, tels que Montreuil-sur-Mer, Tiel et Deventer. En revanche, là où l'accumulation de richesses est insuffisante (Gaule intérieure, sud-est de l'Espagne, Midlands et sud de l'Angleterre, pays de Galles, Irlande, Danemark…), les marchés paraissent au contraire peu actifs, et le développement urbain bien plus modeste[20].

Si l'autarcie, c'est-à-dire l'autonomie, était sans doute recherchée par les paysans, elle était rarement atteinte. L'analyse de la taille des tenures documentées par les polyptyques montre en effet une très grande hétérogénéité, avec des superficies moyennes modestes, sans doute insuffisantes pour atteindre

20. Wickham 2006.

l'autosuffisance. Pour cette petite paysannerie, le recours au marché local n'était pas une option mais une nécessité. Dès la première moitié du VIIIe siècle émergent, souvent à proximité des établissements monastiques, des marchés ruraux qui drainent les productions agricoles et manufacturières, à l'instar des domaines de l'abbaye de Prüm dont les tenanciers, dans le cadre des corvées de charroi, commercialisent non seulement les surplus agricoles, mais aussi des productions artisanales, telles que des céramiques (*voir* carte 9, p. XI) ou des produits textiles[21]. Dans le bassin mosan, l'économie régionale est articulée non seulement sur une économie de production artisanale et un réseau de villes, de bourgades, de marchés et de foires rurales créées à l'époque carolingienne, mais aussi sur les fonctions centrales des palais royaux et des grandes abbayes, particulièrement puissants dans ce berceau de la dynastie carolingienne[22]. Ailleurs, c'est la proximité de la ville elle-même, et des institutions ecclésiastiques qu'elle accueille, qui pèse de tout son poids. Aux Xe et début XIe siècles, dans une région particulièrement bien documentée comme la Catalogne, on peut percevoir l'insertion des paysans dans les logiques de commercialisation à l'échelle familiale. Entre 986 et 1009, par exemple, Pere Vivas, paysan de Provençals, à 2 kilomètres au nord de Barcelone, écoule son vin et bientôt celui d'autres vignerons, et quelques productions maraîchères, sur le marché de Castell Viell, à la porte orientale de la cité. Les hommes de l'évêque et le chapitre cathédral comptent parmi ses principaux clients. Les ressources qu'il en retire sont telles qu'il multiplie les transactions foncières dans un contexte (la reconstruction qui suit la campagne d'al-Mansûr de 985) où le marché de la terre apparaît particulièrement dynamique, marquant les premiers jalons d'une ascension sociale qu'illustrent ses descendants[23].

21. McCormick 2002.
22. Despy 1968 ; Devroey 2003.
23. Bonnassie 1990.

Comment expliquer cette croissance initiale ?

Un faisceau d'indices convergents met donc clairement en évidence un essor économique à partir du VIIIe siècle, peut-être dès le VIIe siècle. Il n'existe pas d'explication simple pour cerner les origines de ce phénomène, car il résulte d'une myriade de facteurs qui interagissent les uns avec les autres, faisant évoluer progressivement le système et provoquant, par accumulation, des transformations irréversibles. L'un des facteurs de changement pourrait être externe aux sociétés et agir comme un *deus ex machina* : le climat. Dès le Xe siècle, peut-être le IXe siècle, l'Europe occidentale a en effet bénéficié d'un réchauffement des températures et d'une modification du régime des précipitations (climat plus sec), favorables aux récoltes : c'est le « petit optimum médiéval », auquel succède au XIVe siècle le « petit âge glaciaire » qui a eu l'effet inverse[24]. Cette évolution paléoclimatique ne saurait toutefois expliquer à elle seule la croissance économique du premier Moyen Âge. Elle a certes pu contribuer à améliorer la productivité agricole, mais cette amélioration résulte surtout du volontarisme des sociétés : sans volonté ni motivation des hommes, rien ne change. Il faut donc rechercher dans les organisations sociales les raisons de cet essor, possiblement favorisé par le changement climatique et une pression démographique grandissante. Deux groupes sociaux apparaissent clairement comme les acteurs de cette évolution : l'aristocratie et la paysannerie.

La croissance agricole initiale pourrait être le résultat d'une stimulation insufflée par les élites aristocratiques laïques et ecclésiastiques dans le cadre de l'essor de l'économie domaniale. C'est aujourd'hui l'hypothèse dominante. En effet, dès le VIIe siècle émerge et se développe entre Seine et Rhin,

24. Voir le chapitre 5.

puis se diffuse progressivement en Gaule, dans les terres de conquête franque, en Saxe, en Italie septentrionale et centrale, et dans une moindre mesure dans l'Angleterre manoriale à partir du xe siècle, un système (le « grand domaine » ou seigneurie domaniale) qui remplace ou marginalise les anciens modes d'exploitation foncière[25]. Le grand domaine est une structure d'encadrement de la petite paysannerie dépendante, qui réorganise en l'intensifiant, sur un mode coercitif, le travail agricole. Sa finalité est double : à la fois sociale (soumettre une population) et économique (intensifier la production pour améliorer la rente seigneuriale, exploiter à moindre coût la terre seigneuriale en utilisant le dynamisme de l'exploitation paysanne familiale, capter les surplus de la production paysanne par des redevances et les redistribuer sur les marchés). L'invention, la généralisation du grand domaine et sa déclinaison sous de multiples avatars auraient stimulé de manière efficace la productivité des terres et du travail de trois manières : en autorisant, promouvant et organisant les défrichements sur la réserve seigneuriale et/ou les terres incultes ; en investissant dans des aménagements coûteux permettant d'améliorer la rente seigneuriale, tels que les moulins à eau (très nombreux dès le IXe siècle sur certaines seigneuries monastiques comme Saint-Bertin ou Saint-Remi de Reims) ou, plus modestement, des viviers, des greniers ou des systèmes d'assèchement ou d'irrigation des terres ; en favorisant, grâce aux corvées de charroi, la circulation à moindre coût des produits agricoles à destination des centres domaniaux ou des marchés. L'intensité relative de ces trois facteurs varie selon les régions et leur combinaison n'est véritablement attestée, au IXe siècle, qu'entre Loire et Rhin et, dans une moindre mesure, en Italie du Nord. En outre, les réseaux domaniaux auraient favorisé le développement de courants commerciaux qui constituent l'un des principaux

25. Voir le chapitre 15.

facteurs de la croissance urbaine, en particulier dans la plaine padane, à partir du xe siècle.

On retrouve cependant aussi ce dynamisme agricole aux marges du monde franc, dans des régions où l'aristocratie n'impose pas sa domination sur la paysannerie de manière aussi pesante. Dans le Midi catalan existe par exemple un contre-modèle remarquable : une société ouverte de petits paysans libres, micropropriétaires, en capacité de défendre leurs biens par les armes. Mus par un désir de liberté et par la nécessité de fuir le surpeuplement des vieux terroirs, ces pionniers, organisés en petites collectivités stratifiées, défrichent les terres publiques vacantes pour les mettre en valeur, les occuper durablement et les acquérir en pleine propriété (alleu), bénéficiant du régime juridique de l'aprision (droit d'appropriation d'une terre après trente années de mise en valeur) et de la faveur des comtes qui ont besoin d'une armée aisément mobilisable dans un contexte de menace islamique[26]. Ici, aux IXe-Xe siècles, la petite paysannerie libre domine encore les processus de production et de consommation des richesses. Ce modèle, antithèse parfaite du système seigneurial, s'inscrit en réalité dans la continuité de dynamiques préexistantes à la généralisation du grand domaine[27]. On le retrouve à la même époque dans des régions périphériques où subsistent d'importantes réserves de terres non appropriées, comme les vallées pyrénéennes et alpines dont les communautés paysannes maintiennent durant toute la période médiévale une vitalité qui met en échec la prise de contrôle seigneuriale.

26. Bonnassie 1990 et le chapitre 6.
27. Voir les chapitres 3 et 15.

Initiatives latines en Méditerranée

La croissance agraire n'est pas le seul facteur de l'essor économique du monde latin, même si elle en constitue de loin le plus important. Le commerce au long cours y joue aussi un certain rôle. Le trafic des esclaves slaves, dont le principal marché se trouve à Verdun, au carrefour des mondes slave, anglo-frison et méditerranéen, constitue le principal flux commercial occidental en direction du monde islamique jusqu'à son net recul au début du XIe siècle en raison de la conversion au christianisme des princes de Pologne et de Hongrie et de l'essor de nouvelles sources d'approvisionnement en Asie centrale[28]. Les élites latines sont longtemps trop pauvres pour soutenir une demande intense en produits orientaux, épices, soieries ou objets précieux. Cette situation évolue cependant rapidement à partir du milieu du Xe siècle : à côté de l'essor des pèlerinages à Saint-Jacques-de-Compostelle, Rome ou Jérusalem, lié au renouvellement des pratiques pénitentielles, plusieurs indices témoignent alors d'un net frémissement des échanges entre monde latin, monde islamique et monde byzantin, dans lesquels les Latins commencent à jouer un rôle notable.

Les chrétiens, souvent originaires de Verdun même, se font alors plus nombreux dans le commerce des esclaves, dominé depuis le IXe siècle par les marchands juifs du sud de la Gaule et de la marche d'Espagne, comme dans celui des fourrures, tous les deux à destination d'al-Andalus. Les élites à la fois guerrières et marchandes des petites cités littorales de la péninsule italienne se lancent dans de fructueuses opérations corsaires, à l'exemple des Pisans qui, parfois aidés des Génois, attaquent Reggio de Calabre en 1005, les Baléares en 1015 ou les rives de l'Ifrîqiya (l'actuelle Tunisie) en 1034. De manière plus pacifique, d'autres ou les mêmes, s'appuyant sur

28. Voir le chapitre 12.

des flottes marchandes plus étoffées et sur l'existence précoce de petites diasporas portuaires, engagent des relations commerciales suivies avec les pays musulmans en se coulant dans les réseaux alors hégémoniques du commerce islamique, en particulier dans l'espace contrôlé par les Fatimides, d'abord en Ifrîqiya et en Sicile, puis, après la conquête fatimide de l'Égypte en 969, en Égypte et en Syrie-Palestine[29]. Amalfi commerce ainsi avec le Maghreb sans doute dès le IXe siècle. Les documents de la *Geniza* (dépôt rituel de la synagogue Ben Ezra du vieux Caire) attestent que les Amalfitains disposent d'un *funduq* au Caire avant l'an mille et de relais à Antioche et Jérusalem au début du XIe siècle – des juifs du Caire sont réciproquement mentionnés à Amalfi – et que des Génois commercent à Alexandrie et au Caire dès les années 1050-1060. Ces nouveaux flux détournent vers l'Italie une partie des produits orientaux qui jusque-là alimentaient les marchés de Mahdiya ou Kairouan. Toutefois, les marchands italiens semblent surtout faire figure ici d'exportateurs (d'esclaves, de bois, d'armes parfois), captant la monnaie musulmane avec laquelle ils achètent ensuite aux Byzantins.

Des relations étroites lient en effet les Italiens à l'Empire d'Orient, d'autant plus facilement que certaines cités comme Venise ou Amalfi sont nées à l'ombre du pouvoir byzantin[30]. Amalfi dispose de petites colonies marchandes à Constantinople (dès 944), Durazzo, Antioche. Venise obtient un premier privilège commercial de la part du *basileus* en 992. Elle avait la charge de lutter contre les pirates et de protéger les transports maritimes entre Constantinople et la Pouille ; elle mène une première expédition d'envergure pour s'assurer le contrôle de la côte dalmate en 997. L'Empire byzantin est alors la principale source des soieries que l'on retrouve dans les trésors d'église d'Occident après qu'elles ont sans doute

29. Valérian 2017.
30. Voir chapitre 18.

d'abord paré les puissants laïques. Épices, tissus, encens et parfums, bijoux et joyaux, de l'alun également à partir du début du XIe siècle, sont revendus sur les marchés de Rome et de Pavie, d'où ils gagnent parfois les régions du nord des Alpes où ils se mêlent à d'autres produits « orientaux » venus d'al-Andalus (épices, cuirs, étoffes de luxe).

Un autre seuil est franchi lorsqu'à partir du début du XIe siècle des chevaliers issus de Francie commencent à arpenter en nombre toujours plus grand les routes méditerranéennes. Ce sont principalement des Normands qui, de retour de pèlerinage à Jérusalem à l'origine, s'engagent comme mercenaires auprès des potentats lombards ou des autorités byzantines d'Italie méridionale, pour leurs guerres intestines ou contre les musulmans de Sicile, avant de commencer à s'émanciper de leurs maîtres dans les années 1040-1050. Ce sont des Aquitains, des Normands de nouveau et des Bourguignons, qui participent, aux côtés de Catalans, au raid mené contre Barbastro, en al-Andalus, en 1064[31]. Sans lendemain militaire mais prodigue en butin, cette équipée connaît un très important écho au-delà des Pyrénées. Ces aventures n'ont pas de fondement religieux et restent avant tout motivées par le goût de la guerre, l'appât du gain ou les rêves d'ascension sociale. Mais aux côtés des expéditions des marchands italiens, elles signent le début du retour des Latins en Méditerranée.

SAMUEL LETURCQ et FLORIAN MAZEL

31. Voir le chapitre 19.

17.

Une société féodale ?

(x^e^-xie siècle)

Comme l'écrit Réginon de Prüm en une formule célèbre, au cours de l'année 888 « les royaumes qui ont obéi à la domination de Charles le Gros, privés d'héritier légitime, se désagrègent [...] ; ils n'attendent pas leur seigneur naturel, et chacun d'eux se dispose à choisir un roi tiré de ses entrailles ». Ainsi, après la mort du dernier empereur à avoir réuni tout l'Empire sous sa seule autorité, celui-ci se disloque en une multiplicité de royaumes qui échappent aux derniers membres de la famille carolingienne. À vrai dire, celle-ci avait déjà perdu le monopole de la fonction royale quelques années auparavant, lorsqu'en 879 Boson, beau-frère de Charles le Chauve et gendre de l'empereur Louis II, s'était fait couronner roi à Mantaille, dans les Alpes, par une assemblée de grands ecclésiastiques et laïcs de Bourgogne et de Provence, et avait même reçu le soutien du pape. Mais les rois carolingiens s'étaient alors ligués contre lui. En 888, l'histoire se répète mais à plus grande échelle et avec succès : au cours d'une série d'assemblées aristocratiques, la couronne est offerte en Francie occidentale au Robertien Eudes, en Bourgogne (puis en Lotharingie) au Rodolphien Rodolphe, en Italie à l'Hunrochide Bérenger (défié dès 889 par le Widonide Gui de Spolète), tous issus de « l'aristocratie d'Empire ». En 890, le fils de Boson, Louis, parvient également à se faire couronner roi en Provence. Seule la Francie orientale fait un temps exception : un Carolingien de naissance illégitime, Arnulf, s'y est imposé dès la fin de l'année 887 et dispose un temps d'une certaine suprématie sur les autres souverains, mais, après le décès de son fils en 911, la couronne échoit à son tour à un membre de la haute aristocratie, le duc de Saxe, Henri. À l'inverse, les Carolingiens reviennent sur le trône en Francie occidentale en 898 puis en 936, avant d'être définitivement évincés en 987 par l'élection du duc des Francs, Hugues Capet, petit-neveu d'Eudes, après un siècle d'instabilité dynastique et de rivalités entre les deux familles. Les captations successives de la Lotharingie (en 923) et de l'Italie (en 951) par le roi de Francie orientale (désormais plus souvent appelée Germanie), puis la restauration de l'Empire en 962 renforcent la prépondérance du souverain germanique mais ne réunifient par l'Europe occidentale. Ce nouvel Empire reste en outre lui-même structuré, en Germanie, par les grands duchés qui le composent et traversé de tensions centrifuges, en particulier à ses périphéries (Lotharingie, Italie, marches orientales)[1].

Les événements de 888 manifestent la puissance des aristocraties et le retour du principe électif pour l'accession à la couronne, même si chaque nouveau roi s'efforce, avec plus ou moins de succès, de transformer son élection en changement de dynastie. Les royaumes et principautés émergents ne traduisent pas la résurgence d'anciennes entités ethniques ou politiques un temps subsumées par l'Empire, mais bien l'affirmation de configurations nouvelles qui tout en se revendiquant, pour certaines, de précédents ou de traditions antérieures sont des constructions de l'aristocratie d'Empire imprégnées de structures carolingiennes. Les rois de 888-890, en revanche, ne sont pas des hommes nouveaux : tous ont soutenu les Carolingiens et ont fréquenté assidûment leurs

1. Voir le chapitre 11.

cours. Mais c'est désormais à eux que les élites régionales font confiance et la défense contre les agressions extérieures – vikings, hongroises ou arabes –, et le déploiement des réseaux ecclésiastiques et des solidarités aristocratiques s'organisent à leur échelle. Le changement ne se limite pas, cependant, à ce seul ajustement, car la segmentation du pouvoir s'accompagne d'un renforcement de sa dimension militaire, dont la floraison castrale et l'essor des clientèles chevaleresques constituent les meilleurs indices, et de nouvelles dynamiques sociales portées par les liens de la fidélité et de la dépendance. Ces processus se déploient sur la longue durée des Xᵉ et XIᵉ siècles, avec de fortes variations selon les régions, mais sans rupture brutale autour de l'an mille, contrairement à ce qu'une longue tradition historiographique française inaugurée par Georges Duby a longtemps pensé.

Des pouvoirs régionalisés et segmentés

L'unité de l'Empire avait reposé sur une forte délégation de pouvoirs aux aristocraties régionales dans le respect d'une grande diversité des situations locales. C'était la légitimité reconnue à la famille carolingienne, les réseaux de l'aristocratie d'Empire et de l'Église (l'épiscopat impérial et les abbayes royales) et certaines pratiques centralisées de gouvernement (les assemblées annuelles, la législation par capitulaires) qui assuraient la cohésion de l'ensemble[2]. Ces facteurs de cohésion se défont dans la seconde moitié du IXᵉ siècle. L'arrêt des conquêtes et la fin de la redistribution des honneurs et des bénéfices, lesquels se transmettent de plus en plus souvent de père en fils, ont affaibli la légitimité des Carolingiens. Celle-ci est également compromise par le renouvellement rapide des souverains entre 877 et 888, et par l'ampleur

2. Voir les chapitres 8 et 11.

de leurs rivalités qui obligent les fidélités aristocratiques à se territorialiser depuis le partage de Verdun (843) : c'est le drame de Charles le Gros, dont les intérêts apparaissent trop alémaniques (le cœur de son pouvoir se trouve dans l'actuelle Alsace) aux élites de Francie occidentale, et le dilemme de l'aristocratie lotharingienne, autrefois au cœur de l'Empire, qui hésite entre royaume de l'Ouest et royaume de l'Est, avant d'être finalement satellisée par les Ottoniens[3].

Si le prestige des rois demeure, en particulier lorsqu'ils bénéficient d'un sacre, leurs capacités d'action se rétractent fortement. Les *missi dominici* disparaissent à la fin du règne de Charles le Chauve (m. 877). Les derniers capitulaires généraux sont promulgués en 888 en Francie occidentale et en 898 en Italie. En Francie occidentale, la dernière convocation à l'armée royale est attestée pour l'ensemble du royaume en 888 et pour sa moitié nord en 925. Les derniers voyages de princes méridionaux à la cour du roi datent de 944 et 955. À l'exception de la Germanie, les souverains ne tiennent plus d'assemblées générales régulières. L'aire de diffusion de leurs diplômes se réduit, aussi bien dans les deux Francie qu'en Italie, en Bourgogne et Provence. Leurs déplacements se limitent à des espaces plus restreints, en particulier en Francie occidentale où, dès le règne de Charles le Simple (m. 929), la cour ne séjourne plus qu'aux palais de Compiègne, Attigny, Corbeny, Ponthion et Laon. Les transmissions héréditaires des honneurs se font désormais sans même que le consentement du roi ne soit recherché : le fait est entériné en Francie de l'Ouest entre le règne d'Eudes (888-898) et celui de Charles le Simple, en Italie après le règne d'Hugues d'Arles (926-947). À l'exception des souverains germaniques, les rois ne parviennent pas plus à reprendre les honneurs dans leur main en cas de trahison ou d'absence d'héritier direct.

3. Le Jan 1998 et 2001 ; McLean 2003.

Parallèlement, le pouvoir et l'autonomie des puissants ne cessent de s'affirmer. Ils reposent avant tout sur le cumul des honneurs (comtés, évêchés, abbatiats…) au sein d'une même région et sur leur transmission héréditaire, prioritairement en ligne masculine directe pour les comtés ou les avoueries, souvent en ligne avunculaire ou au sein de la parenté élargie pour les évêchés. En Italie, dans la seconde moitié du xe siècle, les Canossa accumulent ainsi, outre la marche de Toscane, les comtés de Brescia, Mantoue, Reggio, Modène et Ferrare, et la plupart de ces évêchés. La patrimonialisation des honneurs entraîne l'émergence de dynasties princières stabilisées dans une région : les Ramnulfiens détiennent l'Aquitaine des années 880 à 1137, les Billungs la Saxe de 936 à 1106… Toutefois, une assez grande diversité demeure en matière de succession : la pratique de l'indivision et du cogouvernement entre frères ou cousins reste très répandue dans le sud de la Gaule et la marche d'Espagne (constellations toulousaine, provençale ou catalane), de même que la dotation des cadets (en Flandre par exemple), voire le partage des honneurs au nord de la Francie ou dans l'espace germanique ; quant aux filles, elles ne sont jamais complètement exclues de l'héritage et peuvent même le transmettre à leur époux et leur descendance en cas d'absence de fils. L'apparition en 893, entre Loire et Rhin, puis la diffusion, à partir du milieu du xe siècle, du titre de « comtesse » (*comitissa*), témoignent d'une telle dynastisation – cela manifeste que le titre comtal n'est plus lié à l'octroi d'une charge par le roi mais au pouvoir d'une famille – en même temps qu'elles signalent la force du couple comtal, les épouses pouvant se voir déléguer un certain nombre de fonctions masculines, notamment en cas de veuvage ou d'éloignement temporaire de leur époux (parti en pèlerinage par exemple)[4]. La chronologie et l'intensité de ces processus varient selon les régions : en Francie occidentale,

4. Le Jan 1995 et 2001.

ils commencent dès la fin du IXe siècle et ne cessent de se renforcer aux Xe et XIe siècles ; en Italie centro-septentrionale, ils sont déjà bien avancés au milieu du Xe siècle, même si le phénomène concerne davantage les campagnes que les villes épiscopales ; en Lotharingie et en Provence, il faut attendre la seconde moitié du Xe siècle, et, en Bourgogne, le début du XIe siècle. Ces processus gagnent parallèlement les strates subalternes de l'aristocratie, à l'image des anciens vicomtes d'Angers ou de Blois qui s'émancipent de la tutelle du duc des Francs et s'emparent du titre comtal au milieu du Xe siècle, ou, à un niveau encore inférieur, des châtelains de Cambrai, qui captent l'avouerie du siège épiscopal au début du XIe siècle[5].

Avec les honneurs, les princes s'approprient les domaines (fiscs) et palais royaux, revendiquent la protection (*tuitio*) des églises et captent la fidélité des anciens vassaux royaux (*vassi regis*). De manière significative, et à l'exception de l'Angleterre, les souverains perdent aussi leur monopole sur la monnaie. Les souverains carolingiens avaient parfois concédé la frappe de la monnaie à des abbayes ou des évêques. Mais désormais ce sont des grands, comtes et évêques, qui se l'approprient et même s'ils conservent d'abord le type royal, signe que l'autorité du roi reste reconnue, ils en modifient peu à peu les caractères (poids, teneur en métal-argent) et la symbolique (substituant leur nom à celui du roi) et s'emparent de la répression du faux-monnayage. En Francie occidentale, le comte d'Auvergne bat monnaie dans l'atelier de Saint-Julien de Brioude, qu'il détenait au nom de son abbatiat laïque, dès les années 890 ; le comte de Rouen fait de même vers 936. En Germanie, le processus s'engage dès le règne d'Henri Ier (919-936), en Italie seulement à la fin du Xe siècle.

Dans ces conditions, les rois ne peuvent plus intervenir que de manière marginale dans les affaires des principautés

5. Régine LE JAN et Olivier GUYOTJEANNIN, *in* CONTAMINE 2002.

et la cohésion de leur royaume repose avant tout sur leurs relations avec les princes. C'est pourquoi ils s'efforcent de conserver une emprise sur certains évêchés et monastères : les souverains germaniques y parviennent de manière remarquable à partir de la seconde moitié du Xe siècle[6], tout comme les rois d'Angleterre, mais il s'agit là d'exceptions. Pour autant, les principautés ne forment pas des entités homogènes et il est abusif de les désigner comme territoriales comme l'a fait toute une tradition historiographique depuis Jan Dhondt. De manière significative, les titulatures princières ne renvoient que rarement et tardivement à des espaces, mais plutôt à des « peuples », à l'Ouest et au Nord (duc des Aquitains, des Bretons ou des Lotharingiens, comte des Flamands – il en va de même en Germanie : duc des Bavarois ou des Saxons…), ou à des cités, au Sud et en Italie (comte d'Arles, Barcelone ou Toulouse, marquis de Turin, comte de Milan, Parme ou Modène…). Les marges des principautés sont très mouvantes et évoluent au gré des compétitions entre princes voisins. En leur sein même, le pouvoir du comte ou du duc se heurte à de nombreux obstacles (immunités ecclésiastiques, résistances seigneuriales…) et se déploie en archipel : les droits comtaux ou ducaux s'accrochent autour de quelques pôles (palais et forteresses, marchés, ports et tonlieux), de domaines et de seigneuries, de droits sur l'Église et de réseaux de fidèles, qui dessinent un horizon d'autorité plus qu'une aire de puissance. Mais partout le prince se présente comme celui qui exerce le pouvoir « le plus public ». C'est pourquoi les principautés peuvent être considérées comme des « formes réduites de royauté » (Olivier Guyotjeannin)[7].

Ce rétrécissement des horizons concerne toutefois seulement la haute aristocratie car, dès l'époque carolingienne, comme

6. Voir le chapitre 11.

7. Olivier GUYOTJEANNIN, *in* CONTAMINE 2002 ; MAZEL 2010 ; Florian MAZEL, *in* BÜHRER-THIERRY, PATZOLD, SCHNEIDER 2017.

le montrent quelques filons documentaires en Bavière, en Toscane ou en Bretagne, il existait déjà des élites moyennes dont l'implantation était locale et la mobilité réduite. Dans la région de Redon, la famille de Iarnhitin est connue sur quatre générations, du début du IXe siècle à 871 : détentrice du machtiernat (une fonction publique locale propre à l'Armorique, qui implique des droits fiscaux, judiciaires et forestiers) et de seigneuries à l'échelle de cinq paroisses mitoyennes, dont les plus éloignées sont distantes de 35 kilomètres l'une de l'autre, elle est apparentée à deux évêques d'Alet (Ratvili vers 865 et Bili vers 907) et comprend plusieurs *vassi regis* dans ses rangs, signes de son intégration aux structures du gouvernement carolingien à l'échelle régionale. Le profil sociologique de cette famille n'est guère différent de celui des Corbon, vassaux des comtes de Tours aux IXe et Xe siècles, qui disposent d'un patrimoine plus éclaté entre Touraine, Blésois, Vendômois et Gâtine, comptent plusieurs chanoines de Saint-Martin et un archevêque de Tours issus de leur lignée et entretiennent des relations avec la plupart des abbayes bénédictines de la région (Marmoutier, Saint-Laumer, Saint-Florent...). Pour ce genre de familles, la principale évolution des Xe-XIe siècles réside dans le rapprochement de la tutelle princière (les Corbon passent ainsi de la vassalité des Robertiens, ducs des Francs, à celle des Thibaudiens, comtes de Blois) et la castralisation de leur domination (le château de Corbon est l'un des plus anciens mentionné en Touraine)[8].

En revanche, régionalisation et segmentation affectent en profondeur les réseaux ecclésiastiques. L'apparition des nouveaux royaumes entraîne l'émergence au sein des épiscopats de traditions et de solidarités propres, à l'image de ce qui existe au sein du royaume d'Oviedo-León ou du royaume d'Angleterre. À l'est, cette évolution commence peu après le partage de Verdun, Raban Maur jouant un rôle décisif

8. Davies 1988 ; Florian Mazel, *in* Depreux, Bougard, Le Jan 2007.

dans l'entourage de Louis le Germanique, et s'accentue après 962 dans le cadre de l'Église impériale. Dans le royaume de Bourgogne, un épiscopat très marqué par le service royal perdure jusqu'au début du XIe siècle, avant d'être satellisé par les empereurs saliens. En Francie de l'Ouest, le phénomène est moins net car, dès le règne de Charles le Chauve, le roi ne contrôle plus les nominations épiscopales que dans trois provinces : Reims, Sens et Rouen, cette dernière étant rapidement perdue après l'accord de Saint-Clair-sur-Epte entre Charles le Simple et le chef viking Rollon (911)[9]. À l'ouest et au sud de la Francie, tout comme en Provence ou en Italie centrale, où la fragmentation politique est plus poussée, ce sont les principautés qui constituent l'horizon naturel des réseaux épiscopaux, qu'entretiennent les relations avec le prince et les conciles réunis à l'échelle d'une ou deux provinces.

Le recul de la protection royale (*tuitio*) sur les monastères, perceptible dès la fin du IXe siècle en Lotharingie ou le début du Xe siècle en Normandie et en Provence, favorise le remplacement du roi par les princes et les grands. Ces derniers s'approprient le patronage des abbayes et le contrôle des reliques et développent leur emprise sur les patrimoines et les réseaux monastiques. Ce processus renforce l'assise régionale des puissants : l'abbatiat laïque de Saint-Martin de Tours contribue aussi largement au pouvoir du duc des Francs robertien que le contrôle des comtés ligériens (Orléans, Blois, Tours, Angers), par ailleurs affaibli dès le milieu du Xe siècle par l'émancipation de certains de ses vassaux. Cette hégémonie régionale fait des princes les premiers protecteurs des églises et des abbayes face aux agressions extérieures, qu'il s'agisse d'en assurer la défense ou d'organiser la mise à l'abri des communautés et de leurs reliques, ce dont ils retirent un notable prestige, à l'image d'Eudes, vainqueur des vikings à

9. Voir le chapitre 14.

Paris en 885-887[10], des évêques et comtes italiens en première ligne face aux Hongrois dans les premières décennies du xe siècle, ou du comte de Provence et du marquis de Turin, artisans de l'expulsion des Sarrasins du *Fraxinetum* en 972. Cette hégémonie fait aussi des princes et des grands les premiers soutiens de la réforme monastique, qu'il s'agisse de la fondation (ou refondation) de nouveaux établissements ou de la transformation de communautés existantes (choix de la vie monastique par des chanoines, adoption de nouvelles coutumes comme la libre élection de l'abbé par exemple). Cette *imitatio regis* à l'échelle régionale manifeste la légitimité des princes ou des grands, illustre leur rang et leur permet de capter, eux qui ne sont pas sacrés, une forme indirecte de sacralité. Ce modèle se diffuse aux strates inférieures de l'aristocratie locale, ces familles maîtresses des châteaux et fidèles ou vassales des princes, l'*imitatio comitis* prenant le relais de l'*imitatio regis*, ce qui explique la multiplication des petits monastères, comme en Catalogne dès la fin du xe siècle ou en Normandie à compter des années 1030. Souvent ces seigneurs sont associés aux évêques et l'initiative peut même d'abord venir des moines, mais, si les récits et les chartes de fondation mettent en valeur le rôle des laïcs, c'est que leur autorité seigneuriale est bien perçue comme légitime et digne d'une *memoria*. D'autres familles préfèrent fonder, de nouveau à l'imitation du roi ou de certains comtes, de petites communautés canoniales qu'elles abritent dans ou à proximité de leurs châteaux et sur lesquelles elles peuvent exercer un contrôle plus étroit[11].

Parallèlement, les horizons monastiques eux-mêmes se rétractent. Les agressions extérieures et la régionalisation des réseaux de bienfaiteurs entraînent la perte des domaines éloignés, le plus souvent appropriés par les églises ou les

10. *Ibid.*

11. Mazel 2011. Voir les chapitres 13 et 15.

seigneurs locaux. C'est ainsi qu'au cours du xe siècle l'abbaye de Prüm perd ses biens du Maine et du Rennais, Saint-Remi de Reims ses biens provençaux, Saint-Martin de Tours ses biens italiens. Cette rétraction des domaines monastiques s'accompagne d'une diminution de la part des réserves, ce qui favorise la transformation des modes de gestion et la diffusion du système déconcentré des prieurés. Ces petits établissements dépendants fixent une population de quelques moines (de deux à une dizaine) qui exploitent la seigneurie monastique à l'échelle locale et redistribuent éventuellement une partie des surplus (en nature ou en numéraire) vers le centre abbatial. À Cluny, chaque prieuré (appelé ici doyenné) assure ainsi une partie de l'approvisionnement de l'abbaye dans le cadre d'un calendrier annuel adapté à l'éloignement et au profil productif de chaque site[12]. La fondation de ces prieurés est à la portée des seigneurs de moindre rang, ce qui explique leur multiplication à partir de la fin du xe et au xie siècle, ainsi dans le Massif alpin à partir des années 1020. Souvent proches des châteaux sur le plan topographique et des *familiae* seigneuriales sur le plan social, ils contribuent à l'exercice de la seigneurie partagée avec les laïcs en même temps qu'à son rétrécissement à l'échelle locale. Lorsque des réseaux interrégionaux réapparaissent, ils reposent, jusqu'à la formation de « l'Église clunisienne » (*ecclesia cluniacensis*) sous l'abbatiat d'Odilon, sur le cumul de plusieurs abbatiats dans différentes régions et donc sur des logiques personnelles et non institutionnelles[13].

12. Méhu 2001.
13. Voir le chapitre 13.

L'essor des châteaux et des clientèles chevaleresques

Les mondes franc et italien connaissent dès la fin du IXe siècle et le début du Xe siècle une première série de fortifications et de fondations castrales. Elle concerne autant des sites ecclésiastiques (de grandes abbayes notamment, comme Saint-Martin de Tours, Saint-Hilaire de Poitiers ou Saint-Médard de Soissons)[14] que laïques, comtaux (comme Fenouillet en Besalù ou Mayenne dans le Maine) ou seigneuriaux (comme Omont dans les Ardennes ou Anduze en Cévennes). Elle affecte les cités, dont on restaure les enceintes et où l'on élève de grosses tours (à Chartres ou Laon par exemple), autant que les campagnes. En Angleterre également, les premières fortifications apparaissent à la fin du IXe siècle et au Xe siècle, qu'il s'agisse des *burhs*, ces refuges construits par les rois Alfred et Édouard le Grand, des enceintes manoriales (parfois pourvues d'un porche fortifié) comme celle de Goltho, à proximité de Lincoln, ou des tours associées aux églises manoriales (qu'archéologues et historiens appellent *tower naves churches*)[15]. Partout le phénomène s'accentue dans la seconde moitié du Xe siècle, y compris pour les sites ecclésiastiques (Lobbes, Farfa, Saint-Vincent-au-Volturne, Müstair…), et se poursuit tout au long des XIe et XIIe siècles, en dépit de nombreux abandons ou transferts de sites. La diffusion des châteaux, même si elle obéit parfois à un impératif de défense, n'est donc pas due fondamentalement aux agressions extérieures (vikings, hongroises, arabes), qui s'estompent nettement après le milieu du Xe siècle, mais bien à une reconfiguration de l'exercice du pouvoir sur une base locale, qui ne se concentre pas autour de l'an mille mais se déploie sur trois siècles, de

14. Luc Bourgeois, *in* Lauwers 2014 ; Bourgeois 2018.
15. Hadley et Dyer 2019.

la fin du IXe siècle à la fin du XIIIe. Cette floraison castrale n'entraîne pas partout la disparition des ensembles résidentiels plus vastes, composés de plusieurs bâtiments seulement entourés de palissades et de fossés, qui se maintiennent un certain temps dans le nord-ouest de la Francie ou dans le monde germanique. Mais la diffusion des mottes castrales (des tours élevées sur des tertres artificiels eux-mêmes ceinturés d'une chemise), surtout à partir des années 1030-1040, densifie encore le tissu des châteaux tout en élargissant le cercle de leurs constructeurs aux niveaux inférieurs de l'aristocratie, même si la plupart des mottes restent dues aux princes ou aux grands seigneurs, comme le prouvent, par exemple, les sites d'Husterknupp et de Haus Meer, en Rhénanie, aux mains des comtes de Hochstaden et d'Are-Meer[16].

Le château vient polariser l'espace dominé par les puissants et réorganiser les circulations et les échanges au sein du groupe aristocratique comme entre seigneurs et dépendants, ouvrant la voie à la recomposition de la seigneurie sur une base territoriale[17]. Toutes ces forteresses se signalent par leur verticalité prononcée, par-delà la diversité des matériaux utilisés (la pierre n'est pas si rare dès le XIe siècle, même au Nord) et l'ampleur variable de leur monumentalité, de la simple tour au grand *hall* surélevé en passant par les conglomérats castraux des régions méditerranéennes et les gros donjons carrés ou oblongs de l'Europe du Nord-Ouest. Comme pour les clochers des églises, dont la multiplication contemporaine renvoie à un certain mimétisme, cette verticalité, qui marque le paysage et s'impose aux yeux de tous les habitants, devient le signe même de la domination seigneuriale. Un texte fameux de la *Vie de Jean de Thérouanne* le dit explicitement en évoquant le passage de l'évêque à

16. Morsel 2004.

17. Provero 1998 ; Feller 2007. Voir le chapitre 6 du deuxième tome.

Merckem, près de Dixmude, vers 1115 : « Afin d'être mieux protégés [...], de devenir plus puissants que leurs égaux et de dominer plus lourdement les plus faibles, [les seigneurs] ont coutume d'élever en amassant la terre une motte aussi haute qu'ils le peuvent ; de creuser tout autour un large et profond fossé ; de fortifier le haut de cette motte, sur toute sa périphérie, par une palissade de planches assemblées très solidement en une muraille, garnie le cas échéant de tours ; d'édifier à l'intérieur et au centre de la palissade une maison ou une forteresse qui domine l'ensemble, et dont la porte d'entrée ne soit accessible que par un pont partant du bord extérieur du fossé [...][18] ».

Ces châteaux sont pour l'essentiel liés aux puissants : ducs, comtes, évêques, vicomtes, abbés, familles seigneuriales fidèles ou vassales des précédents et il n'y a guère de sens dans ce cadre à distinguer des châteaux « publics » de châteaux « privés »[19]. On a depuis longtemps souligné qu'un grand nombre de ces châteaux sont situés sur ou à proximité d'anciens fiscs ou bien dans ou à proximité d'anciens chefs-lieux de vigueries (lieux des assemblées de justice à l'époque carolingienne) dont ils récupèrent et perpétuent les fonctions de commandement. Beaucoup de châteaux sont aussi étroitement liés à l'Église ou se greffent sur d'anciens sites ecclésiaux. En Lotharingie et en Provence, par exemple, en dehors des cités, les plus anciennes forteresses sont épiscopales. Parmi les laïcs, les premiers à en détenir sont des fidèles des évêques, comme les seigneurs d'Omont, vassaux de l'archevêque de Reims, ou les Baux, fidèles de l'archevêque d'Arles. Il en va de même en Italie du Nord : en 1041, l'évêque d'Asti à la tête d'un diocèse modeste pourtant, se voit confirmer par l'empereur la possession de trente-sept forteresses. Les abbés sont aussi à la manœuvre : celui de Saint-Ambroise de Milan fait construire

18. Lauwers 2015.
19. Lemesle 1999 ; Duhamel-Amado 2001.

le château de Cologno Monzese dès avant 943. À l'échelle locale, l'église et le château entretiennent souvent une forte proximité topographique. Sur le site de Serris, en Brie, l'habitat manorial puis la tour seigneuriale sont accolés au cimetière. En Angleterre, les églises pourvues de tours sont intégrées aux ensembles manoriaux. En Lotharingie aussi, l'église et le donjon sont fréquemment voisins, voire forment une seule et unique tour. En Bourgogne, un quart des châteaux attestés avant le milieu du XIIIe siècle sont d'anciens cimetières et prieurés fortifiés. En Gascogne, au XIe siècle, les seigneurs n'hésitent pas à « castraliser » (*incastellare*) leurs églises et leurs cimetières… C'est que l'église et le cimetière étaient des lieux publics, où dès les VIIIe-IXe siècles on tenait des assemblées de justice (plaids) et où l'on rédigeait les actes. En tant que lieux sacrés, ils disposaient d'un prestige particulier et d'un régime d'exception sur le plan judiciaire qui s'étendait alentour à une aire d'asile dont pouvait prétendre bénéficier le château. Ces églises étaient desservies par des religieux, prêtres ou chanoines dont le recrutement restait à la discrétion du seigneur et qui œuvraient à l'entretien de la *memoria* de sa famille. De véritables petits chapitres castraux se multiplient ainsi dans certaines régions comme la Flandre, la Normandie, le Maine mais aussi l'Italie centrale. Outre leur fonction cultuelle et mémorielle, c'était le moyen pour le seigneur de disposer des services d'écriture voire des compétences scolaires de quelques clercs[20].

C'est que ces châteaux étaient à la fois des forteresses et des résidences qui associaient dans un même ensemble monumental ce que les anciens palais répartissaient entre plusieurs édifices : l'*aula* ou salle d'audience, la chambre ou les appartements, la chapelle. Dans les plus importants peuvent résider, aux côtés de la famille seigneuriale, plusieurs familles de « chevaliers de châteaux » (*milites castri*) et des agents seigneuriaux. Les princes

20. Florian Mazel, *in* Iogna-Prat *et al.* 2013.

et les seigneurs qui détiennent plusieurs châteaux vont de l'un à l'autre au rythme de leurs activités. Chacun de ces châteaux constitue désormais un centre de pouvoir, où on réunit ses fidèles, où on rend la justice, où on concentre la rente seigneuriale. Ce sont des centres de consommation, d'où la présence fréquente de lieux de stockage et d'activités artisanales (forges, travail du cuir, meunerie et boulangerie), voire de marchés. De manière significative, en Aquitaine, les plus importants châteaux des ducs correspondent à des points de rupture de charge au sein du réseau de communication et se sont implantés sur les hauteurs les plus proches du cours d'eau (Châtellerault, Niort, Fontenay-le-Comte...) ; ils sont bientôt imités par les châteaux des vicomtes (Thouars, Loudun, Aulnay). Ces sites exerçaient dès lors une certaine attractivité qui pouvait nourrir une dynamique démographique jusqu'à les transformer en bourgs voire, à terme, en petites villes castrales, comme cela se produisit, par exemple, en Flandre (Bourbourg, Furnes, Dixmude, Ypres, Gand, Courtrai...), en Bretagne (Vitré, Fougères, Dinan, Lamballe, Lannion...), en Lombardie (Crema, Biandrate) ou en Toscane (Empoli).

Pour la garde de ces châteaux, mais aussi pour leurs guerres, princes et seigneurs s'appuient sur des clientèles chevaleresques de plus en plus étoffées[21]. Dès le IXe siècle, la professionnalisation et l'aristocratisation de l'activité guerrière sont évidentes. Mais aux Xe et XIe siècles, celle-ci se déploie à de multiples échelles en lien avec l'essor des clientèles chevaleresques au service des princes, des évêques, des abbés ou des principaux seigneurs. Ces guerriers, attachés à leur maître par des liens de fidélité et souvent installés sur un bénéfice ou un fief tenu de lui, sont de plus en plus souvent désignés comme des *milites*, des chevaliers, dès les années 950-960 en France du Nord, à partir des années 1020-1030 seulement sur le versant méditerranéen de la Chrétienté latine.

21. Barthélemy 1993 et 1997.

Ils tiennent garnison dans les châteaux, soit en y vivant à demeure avec leurs familles, soit en y effectuant un service féodal de quarante jours (l'estage, attesté en Vendômois dès le début du XIe siècle), et participent aux guerres vicinales menées par leurs seigneurs. Ils sont pour partie issus de la petite aristocratie autochtone, de l'ancienne vassalité royale carolingienne, ou des plus aisés des ministériaux ; en dehors de situations très particulières comme celle de la Catalogne, exposée aux attaques islamiques, on n'y rencontre guère de paysans enrichis. Le terme de *miles* n'est pas pour autant dédaigné par les grands seigneurs. Les seigneurs d'Anduze, dans le Midi, ou ceux de Rochecorbon, en Val de Loire, l'arborent au début du XIe siècle. La chevalerie renvoie donc à des niveaux de puissance variés et les sources distinguent d'ailleurs fréquemment des *milites minores* ou *gregarii* et des *milites maiores* ou *seniores*. Mais elle est unifiée d'une part dans la dignité reconnue à l'activité guerrière par tous les puissants, d'autre part dans le discours des clercs valorisant les grands en tant que membres d'une *militia* définie par une éthique de service. En témoignent notamment les textes hagiographiques célébrant des figures de guerriers, seigneurs ou chevaliers. Le plus remarquable est sans doute la *Vie de saint Géraud* d'Aurillac, un fidèle du duc d'Aquitaine, rédigée par l'abbé Odon de Cluny (vers 927-931), où la *militia* est clairement assimilée à l'« ordre des combattants » (*ordo pugnatorum*)[22].

C'est dans ce contexte qu'apparaît à la fin du IXe siècle, à la fois dans le monde carolingien, sous la plume du moine Heiric d'Auxerre, et en Angleterre, à la cour du roi Alfred, un nouvel imaginaire social pensant l'organisation de la société en trois ordres, chacun défini par sa fonction : ceux qui prient, ceux qui combattent et ceux qui travaillent la terre. Cette tripartition fonctionnelle est reprise et affinée, au début du XIe siècle, dans les écrits d'Ælfric (m. vers 1010),

22. LAUWERS 2002 ; ROSÉ 2008.

abbé d'Eynsham, et dans les milieux épiscopaux du nord de la France, notamment dans le poème qu'Adalbéron de Laon adresse au roi Robert le Pieux vers 1025-1030. Tous ces textes, produits par des clercs, s'efforcent d'étendre à la chevalerie l'éthique qui était celle de la mission royale : protéger les sans armes (*inermes*), assurer la paix et la défense de l'Église. Dans ce cadre, le roi n'est plus que l'ordonnateur de la bonne collaboration des ordres[23].

La violence, la justice et la paix

Rien ne permet de considérer les Xe-XIe siècles, souvent présentés comme des siècles de fer, comme marqués par une inflation de la violence. Certes, celle-ci, qu'elle soit physique ou symbolique, reste la marque d'une domination aristocratique qui repose sur la puissance et les armes, ce qui ne va pas sans une certaine brutalité vis-à-vis des faibles[24]. D'autant que, à l'exception de quelques zones frontières comme les royaumes ibériques, où tous les hommes libres sont tenus de participer aux campagnes royales sous peine d'amende (transformée en taxe collectée sur les non-combattants), les libres non nobles sont désormais exclus de la guerre et des activités militaires. En Angleterre, les agressions scandinaves, qui reprennent à la fin du Xe siècle, contribuent un temps à perpétuer le principe du *fyrd*, la levée en masse des hommes libres pour la défense du pays. Cependant, le même processus que sur le continent finit par se produire : la règle s'impose de n'envoyer à l'armée que ceux qui peuvent s'équiper lourdement et disposent pour cela de cinq *hides* de terres, ce qui correspond au Xe siècle au domaine moyen d'un petit noble – un *thegn*, de ce fait désigné comme *cniht*, un terme que

23. Voir le chapitre « Statuts, ordres et classes » du troisième tome.
24. Voir le chapitre « Violence » du troisième tome.

les Normands traduiront après 1066 par *miles*/chevalier –, ce qui tend à réserver l'activité militaire à l'aristocratie. Une loi du roi Knut précise d'ailleurs au début du XIe siècle que tous les hommes doivent venir à l'armée montés et équipés[25].

Dans ce cadre, la violence seigneuriale doit être appréciée de manière équilibrée, en premier lieu parce que les discours qui l'évoquent expriment toujours des conflits de valeurs et de normes dans un champ social hautement compétitif. Il n'y a guère de différence entre la dénonciation des abus des grands par les capitulaires royaux ou les évêques de l'époque carolingienne et les plaintes formulées par les moines des Xe et XIe siècles contre les « déprédations », les « mauvaises coutumes » et les « exactions » exercées par les seigneurs et leurs chevaliers. Replacées dans leur contexte seigneurial, ces « mauvaises coutumes » ne renvoient pas à de nouvelles taxes qui se multiplieraient à la faveur de la segmentation des pouvoirs et de la prolifération des châteaux, mais à des prélèvements traditionnels jugés illégitimes par les rédacteurs des documents (toujours des clercs ou des moines) en raison soit de leur nature (par exemple des droits de gîte, d'albergue ou d'hébergement détournés de leur finalité ou imposés à des terres immunes), soit de l'identité de leur détenteur (par exemple des droits de nature judiciaire ou militaire dont les moines ne souhaitent pas reconnaître la légitimité de la possession par tel ou tel seigneur). Comme les « capitulaires carolingiens appellent violence toute légalité qui s'oppose à la leur » (Jean-Pierre Devroey), les moines des Xe-XIe siècles, *a fortiori* s'ils bénéficient de privilèges d'immunité ou sont animés d'une idéologie réformatrice radicale, hostile à la seigneurie partagée avec les laïcs ou à l'aliénation partielle ou temporaire de biens d'Église, appellent « violence » et dénoncent comme « mauvais » ou « injuste » tout usage ou prélèvement qu'ils jugent contraire à leurs intérêts seigneuriaux. L'inflation de ces

25. Williams 2008.

dénonciations dans certaines régions (la France méridionale, la Bourgogne, le Val de Loire, la Lotharingie…), à partir de la fin du Xᵉ siècle ou du début du XIᵉ, ne reflète donc pas l'inflation hypothétique de la pression seigneuriale, que rien ne permet de mesurer, mais la diffusion de ces idéaux réformateurs dans des cercles toujours plus larges de l'Église et notamment du monde monastique[26].

En second lieu, analysée dans ses formes et ses objectifs, la violence seigneuriale ne manifeste ni une sorte d'insurrection généralisée contre l'ordre royal, princier ou ecclésiastique, ni des débordements anarchiques incontrôlés, mais obéit à une certaine régulation, fruit de valeurs partagées et de comportements socialisés, parfois même ritualisés, qui entremêlent plus qu'ils n'opposent recours à la force et intimidations, expéditions guerrières, tractations parajudiciaires et logiques du plaid. Vis-à-vis de leurs dépendants, les seigneurs font le plus souvent preuve de mesure, non seulement parce qu'ils cherchent avant tout à en tirer des revenus réguliers, mais aussi parce qu'ils ne disposent pas de moyens de surveillance ni d'un pouvoir de contrainte considérables. Vis-à-vis des pairs, l'exercice de la violence se déploie à une échelle limitée – on peut parler à juste titre de « guerres vicinales » (Dominique Barthélemy), endémiques mais peu meurtrières – et obéit à des objectifs qui relèvent autant des logiques sociales de la domination (entretenir les solidarités de sang et les fidélités vassaliques, illustrer son nom, réparer un affront) que de projets politiques suivis avec détermination (ravager telle terre, s'emparer de tel château, voire de tel honneur). Il n'est pas jusqu'à la conquête de l'Angleterre par Guillaume de Normandie, en 1066, qui ne puisse apparaître, ou tout au moins être présentée par les thuriféraires du duc ou les artisans de la broderie de Bayeux, comme une faide menée pour punir le parjure d'Harold Godwinson (qui s'est emparé de la couronne en

26. Mazel 2010 et 2011.

dépit de son présumé serment de fidélité à Guillaume), voire pour venger le meurtre, trente ans auparavant, par le père d'Harold, du frère aîné du roi Édouard le Confesseur (celui qui, dépourvu de fils, aurait choisi Guillaume, un lointain parent par les femmes, pour lui succéder). En l'occurrence, la guerre sera brutale, longue et meurtrière et presque toute la haute aristocratie anglaise disparaîtra, mais c'est justement pour cela, pour cette exceptionnalité, qu'elle suscite, outre le silence des vaincus, la réprobation de tous les chroniqueurs du continent, hormis les partisans du duc de Normandie.

Tout comme la violence, la justice exercée par les princes ou les seigneurs maîtres des châteaux ne saurait être dénaturée. Elle ne traduit pas une « privatisation » de la justice publique carolingienne, mais se place dans la continuité de cette justice qui n'était pas elle-même une justice d'État[27]. Au IXe siècle déjà, celui qui rendait la justice au nom du roi (le comte, le viguier, le *missus*) le faisait aussi en son nom propre, ses intérêts personnels se mêlant à ceux du roi, l'un s'appuyant sur l'autre tout en le concurrençant. Au XIe siècle, comme le montre l'exemple de l'Anjou ou celui de la Gascogne, les cours féodales sont toutes considérées comme « publiques », qu'elles soient présidées par le comte (ou un vicomte), l'évêque ou un grand seigneur[28]. L'efficacité attendue de leurs jugements est fonction de ce caractère « public » et de la pression sociale qu'il fait naître ou entretient. À l'échelle de chaque principauté, les mêmes hommes siègent dans les différentes cours. Ils sont pour la plupart issus, comme à l'époque carolingienne, de l'aristocratie locale et investis d'une autorité publique : les grands ne désertent pas les cours comtales ou épiscopales au cours du Xe siècle, certains disposent simplement désormais aussi de la leur. Cette situation n'est d'ailleurs pas inédite : dès l'époque carolingienne, les

27. White 2003 et 2005.
28. Lemesle 2008.

seigneurs bénéficiant de l'immunité avaient leur propre cour de justice, confiée, s'agissant des ecclésiastiques, à un avoué ; aux Xe-XIe siècles, ils deviennent seulement plus nombreux en raison de la multiplication des concessions de l'immunité par les différents rois ou l'empereur germanique. Le judiciaire (les procédures menées dans les cours) et l'infra-judiciaire (les arbitrages et tractations, voire les voies de fait, menés en dehors des cours) sont toujours entremêlés dans des cycles conflictuels complexes qui peuvent se dérouler sur de longs mois voire plusieurs années, au IXe siècle comme au XIe siècle. Les objectifs des jugements et des arbitrages sont peu ou prou toujours les mêmes : l'établissement d'une vérité et de compensations qui permettent le retour à la paix. Dans ce cadre compétitif, le choix d'une cour et celui des normes auxquelles celle-ci va se référer relèvent des stratégies des justiciables et non d'un fonctionnement « institutionnel ». Il en va de même pour le choix des procédures, des preuves et épreuves, et même des peines : le recours à l'ordalie (une épreuve physique qui est censée manifester le jugement de Dieu) ou au duel judiciaire, ou bien aux témoignages, ne varie pas d'une cour à l'autre ni d'une époque à l'autre ; la seule évolution majeure en ce domaine tient au recul des enquêtes entre le début du Xe siècle et le milieu du XIIe siècle. Le système de normes est toujours mixte, associant des éléments issus, en proportion variable selon les régions et les causes, de traditions juridiques anciennes (droit romain théodosien, lois « barbares », capitulaires carolingiens), du droit canonique et des coutumes locales, dont se portent garants des nobles et des notables reconnus pour cela, généralement désignés comme *boni homines*.

Dans ce contexte, la promulgation à partir des années 990, à l'initiative d'évêques du sud de la France – le concile de Charroux en 989 marque un point de départ – souvent appuyés par des princes (à commencer par le duc d'Aquitaine), de nouvelles normes visant à garantir la paix à l'échelle de leur diocèse (ce qu'on appelle le « mouvement de la paix de Dieu »), vient enrichir le spectre des instruments de régulation sociale entre les mains des élites régionales[29]. Les mesures adoptées sous l'égide des évêques par les conciles ou assemblées de paix visent à protéger de la violence seigneuriale tous les « désarmés » et en premier lieu les clercs, les églises et leurs dépendants. Elles réactivent le plus souvent d'anciennes prescriptions, comme le droit d'asile, mais elles instaurent aussi un mécanisme de contrôle original puisque les grands doivent s'engager par serment à les faire respecter par les fauteurs de troubles, fût-ce en engageant des opérations militaires sous la conduite de l'évêque. La « trêve de Dieu », qui prend parfois le relais de ces paix à partir des années 1030, se présente plus ouvertement encore comme une tentative de régulation ecclésiastique de la violence, en prohibant les combats certains jours de l'année (Noël et Pâques, Carême et Avent) ou de la semaine (du vendredi au dimanche). La paix et la trêve de Dieu s'étendent au cours du XIe siècle à certains diocèses de Bourgogne, de Lotharingie ou même de Rhénanie et de Francie septentrionale (Cambrai, Reims), avant d'être étendues à toute la Chrétienté latine par le pape Urbain II en 1095. Elles ne constituent pas la réponse à une crise seigneuriale généralisée, mais traduisent l'ajustement de la régulation de la violence à la nouvelle échelle régionale du pouvoir (les diocèses et les principautés) et l'affirmation du pouvoir des évêques dans les espaces où la tutelle royale sur l'épiscopat est faible. À l'inverse, dans les royaumes d'Angleterre ou d'Espagne comme dans les principautés franques de l'Ouest, mais également en Empire, où les souverains et les princes contrôlent mieux les évêques, ces mesures sont ignorées ou clairement captées par la juridiction princière.

29. Mazel 2010 ; Barthélemy 2014.

La question des relations féodales

À côté de la justice seigneuriale et de la guerre vicinale, les relations féodales qui se développent dans certains espaces constituent une autre forme de régulation sociale et politique. La recommandation (*commendatio*) ou entrée en vassalité est attestée dans le monde franc dès le VIIIe siècle, par exemple dans les *Formules de Tours* : celui qui se recommande à un grand se place « sous sa puissance », c'est-à-dire bénéficie de sa protection tout en entrant dans sa dépendance. Aux Xe-XIe siècles, ce lien passe en général par la performance d'un rituel, qui n'est pas forcément très solennel mais qui rend publique la relation ainsi tissée. Au cœur de ce rituel figure la prestation d'un serment par lequel le vassal engage sa « foi » (*fides*) et se place vis-à-vis de son seigneur dans une relation de « fidélité » (*fidelitas*) dont la manifestation repose sur l'accomplissement d'un « service » (*servitium*) à la mesure du rang de chacun, matérialisé par la participation au plaid, l'aide militaire, la mise à disposition de son château[30]... En Catalogne, en Languedoc, en Lombardie, la prestation de ce serment peut être précédée ou s'accompagner de la rédaction d'un accord écrit précisant les engagements de chacun, appelé *convenientia*. Entre Loire et Rhin, le serment est accompagné, voire éclipsé, par le rite de l'hommage par lequel le vassal remet ses mains entre celles du seigneur ou échange avec lui une simple poignée de main, un geste qui demeure très rare dans les régions méridionales et germaniques avant les XIIe-XIIIe siècles.

Cette relation s'adosse en général à la détention d'un bien, d'une terre, d'une seigneurie appelé « bénéfice » (*beneficium*, cadeau) ou « fief » (*feodum* ou *fevum*, un terme d'origine vernaculaire qui se répand lentement à partir des années 1020-1040),

30. Débax 2003.

que le vassal reconnaît « tenir » ou « avoir » de son seigneur en échange de son service. Aux Xᵉ-XIᵉ siècles, ce bénéfice n'a en réalité que très rarement été reçu du seigneur par le vassal. Le plus souvent celui-ci le possède de manière héréditaire depuis plusieurs générations et les tentatives de certains seigneurs de remettre en cause cette coutume suscitent de longs et tortueux conflits, à l'image de celui qui oppose Hugues de Lusignan au duc d'Aquitaine Guillaume V dans les années 1010-1020. La relation féodovassalique ne relève donc presque jamais d'une relation personnelle choisie entre un seigneur et son vassal, même si elle en affecte les formes et en reprend le vocabulaire, mais plutôt de la reproduction sociale, le rituel d'investiture étant répété à chaque changement de seigneur ou de vassal[31]. D'autant que, même lorsqu'il s'agit d'une concession inaugurale, ce n'est pas nécessairement le seigneur qui donne l'un de ses biens en fief, mais plus souvent le futur vassal qui remet un alleu (une terre possédée en propre) à son seigneur qui le lui restitue en fief : la relation féodo-vassalique n'opère pas alors de transfert patrimonial mais requalifie une relation en instaurant entre les deux protagonistes un lien de dépendance. Dans tous les cas de figure, la fiction de la relation affective (l'amour) entre seigneur et vassal, tout comme celle de la réciprocité des services (la protection contre l'aide, le conseil partagé), que mettent en valeur, à partir de la fin du XIᵉ siècle, aussi bien les chansons de geste que la poésie des troubadours et des trouvères, jouent un rôle essentiel, car elles « enchantent » par des discours égalitaires les effets potentiellement humiliants d'une hiérarchie trop sévère[32]. Dans une société de l'honneur et du compagnonnage guerrier, c'était le prix du maintien de la paix et de la solidarité de classe entre grands.

31. Reynolds 1994.

32. Le Goff 1977 ; Barthélemy 1997. Voir les chapitres « Émotion(s) » et « Littérature(s) » du troisième tome.

Concrètement, la portée de ce lien varie cependant beaucoup selon le contexte et le statut des parties car jusqu'à l'apparition tardive d'un droit féodal, à partir du milieu du XIIe siècle, ce lien n'est pas de nature juridique mais relève de la pratique sociale. Aux Xe-XIe siècles, ces liens se diffusent, à la fois dans l'espace et au sein de l'aristocratie, mais selon une intensité très variable. Ils sont bien présents entre Loire et Rhin, mais aussi en Catalogne, en Languedoc ou en Lombardie. Beaucoup de bénéfices sont tenus des mains des évêques ou de grands abbés et se mêlent aux précaires au sein des patrimoines laïques, comme autour de Milan et Novare à la fin du Xe siècle ou de Trèves et Lorsch au début du XIe siècle[33]. Mais, au cours du XIe siècle, la plupart se structurent autour des châteaux, qui dominent et organisent les patrimoines aristocratiques (ou des parts de châteaux en pays de coseigneurie), comme l'attestent aussi bien les chroniques (celle d'Adhémar de Chabannes en Aquitaine, par exemple) que les accords (*convenientiae*) ou les premiers serments mis par écrit dans les régions méridionales[34]. En revanche, les liens féodo-vassaliques sont plus rares voire absents de bien d'autres régions, comme la plupart des régions germaniques, la Provence, la Toscane ou la Bourgogne méridionale. Les relations de fidélité et la hiérarchisation du groupe aristocratique s'y expriment autrement, par des pactes de non-agression ou une fidélité d'allégeance générale reposant sur le serment, comme dans le royaume d'Oviedo-León. L'Angleterre connaît pour sa part, dès la première moitié du XIe siècle, un processus proche de la recommandation par lequel les *thegns* tiennent leurs manoirs des puissants laïques ou ecclésiastiques[35]. Mais ce n'est qu'à la suite de la conquête de 1066 et du remplacement presque complet des élites anglaises par des aristocrates

33. Voir le chapitre 15.
34. Débax 2003.
35. Williams 2008.

normands ou continentaux que les relations féodo-vassaliques s'y diffusent massivement, et avec d'autant plus de vigueur que toutes les terres du royaume sont alors réputées être tenues en fief du roi, directement (par les « tenants-en-chef ») ou indirectement (à travers les réseaux vassaliques de ces derniers), et que celui-ci ne se prive pas d'en réguler les usages à des fins de contrôle familial, politique et territorial. Les rois anglo-normands sont d'ailleurs loin d'être les seuls, parmi les souverains, à faire usage de la sorte des liens féodo-vassaliques. Dès 1037, l'empereur Conrad II confirmait aux arrière-vassaux de Lombardie le caractère héréditaire de leurs bénéfices (ce qui relevait déjà de la coutume), mais, surtout, il précisait les règles de transmission de tous les fiefs (ce qui était plus neuf), privilégiant la succession en ligne masculine directe ou, par défaut, collatérale (le frère et sa descendance masculine)[36].

Comme ces exemples le suggèrent, les relations féodo-vassaliques constituent avant tout un moyen de renforcer les chaînes de dépendance, de stabiliser la transmission des patrimoines aristocratiques et de réguler la violence, et seulement à la marge un instrument de redistribution de droits seigneuriaux. À rebours de l'usage dépréciatif qui est fait de ce terme aujourd'hui, la féodalité représente donc un ensemble de liens sociaux et politiques plus intégrateurs que dissolvants ou destructeurs. La relation féodo-vassalique est d'ailleurs souvent pensée et vécue sur un mode analogique avec la relation de parenté : le seigneur (de *senior*, c'est-à-dire l'aîné ou l'ancien), un terme qui se diffuse en Francie à partir de la fin du Xe siècle, est en quelque sorte un substitut du père ou un autre père[37]. Il peut élever, nourrir et adouber les fils de ses vassaux, appelés à devenir les vassaux de son fils ; il intervient dans les affaires matrimoniales et patrimoniales de ses fidèles ; il peut se montrer avec eux généreux ou colérique,

36. Cammarosano 2001.

37. Morsel 2004.

moins selon ses humeurs qu'en vertu des codes qui régissent les relations sociales de la paternité et de l'autorité en milieu aristocratique.

Des communautés de royaume ?

Dans ce monde segmenté où l'horizon des paysans et des chevaliers se réduit à quelques terroirs et où le regard des petits seigneurs porte à peine plus loin, dans ces sociétés que l'on a pu définir, en s'inspirant de l'anthropologie, comme des « sociétés de face-à-face » où presque tout le monde se connaît, les royaumes sont-ils autre chose que des réalités lointaines quelque peu évanescentes ? Et pourtant ils durent. Une fois la Lotharingie, l'Italie et la Bourgogne-Provence satellisés par l'Empire germanique, la géographie politique intérieure de l'Europe est globalement stabilisée pour longtemps. L'abandon, au tournant des IXe-Xe siècles, de la coutume du partage du royaume entre tous les frères par les rois des deux Francie, mais aussi par les rois d'Italie et ceux de Pampelune, y contribue largement, même s'il laisse en suspens la question du sort des cadets, qui demeure une source récurrente d'instabilité. En Angleterre aussi, la transmission de la couronne à un seul fils, qui porte du vivant de son père le titre d'*ætheling*, est enracinée par la maison de Wessex, même si le nouveau souverain doit recueillir l'assentiment du *witenagemot*, l'assemblée des grands du royaume. *A contrario*, le droit égal de tous les membres masculins de la famille à prétendre à la royauté, joint à la puissance de l'aristocratie, est la cause de la forte instabilité dynastique du royaume d'Oviedo-León. À l'échelle inférieure, les principautés et duchés fixés entre la fin du IXe siècle et le début du XIe sont eux aussi dans leurs grandes lignes appelées à durer – la dernière principauté à émerger dans l'espace français est la Champagne au milieu du XIIe siècle. Les princes et la douzaine de grandes familles qui dominent chaque principauté ou duché ne remettent pas en cause le cadre des royaumes – la conquête de l'Italie par Otton Ier en 951 ou celle de l'Angleterre par Guillaume de Normandie en 1066 n'entraînent aucune fusion territoriale, mais le cumul d'honneurs qui demeurent distincts. Ils ne contestent pas plus la légitimité des rois, *a fortiori* si ceux-ci sont pourvus du charisme personnel et dynastique que confère un sacre, même si la reconnaissance de leur autorité reste lointaine et incertaine.

Mais cette stabilité fait-elle pour autant de ces royaumes de véritables communautés politiques ? On a pu défendre l'idée d'une forte solidarité de royaume, non féodale et peu institutionnelle, fondée sur des normes communes et des valeurs partagées, en particulier au sein des élites[38]. Le royaume d'Angleterre en fournit sans doute le meilleur exemple. Son unification politique sous l'égide de la maison de Wessex connaît son apogée sous le règne d'Edgar (959-975), même si ce n'est qu'au début du XIe siècle qu'apparaît l'expression de « royaume d'*Englalond* » ou *England* pour désigner l'ensemble du pays. La persistance de coutumes propres aux régions peuplées par les vikings au Nord, ainsi que la captation temporaire de la couronne par des rois danois entre 1013 et 1042 ne la remettent pas en cause, en dépit de la création par Knut de grands duchés (*earldoms*) reprenant dans leurs grandes lignes la structure territoriale des royaumes du premier Moyen Âge (Mercie, Wessex, East Anglia, Northumbrie). La poursuite d'une activité législatrice notable et l'existence d'un réel contrôle royal sur la justice criminelle, la monnaie et une fiscalité générale, ainsi que l'usage précoce de l'écrit administratif et le recours pour celui-ci au vieil anglais plutôt qu'au latin donnent force et cohésion à une royauté dont toute une tradition historiographique souligne, sous le nom d'*Old English State*, « l'étaticité » précoce, prompte à unifier le royaume.

38. Reynolds 1997².

En revanche, dans les mondes franc, germanique et italien, les signes d'une communauté de royaume sont plus que ténus[39]. Les empereurs sont sans doute ceux qui tentent le plus de la forger à travers le tissage de liens étroits avec les princes et la haute Église et une communication politique élaborée. Pour autant, les aristocraties et les coutumes demeurent, en Germanie et en Italie, comme en Lotharingie, en Bourgogne-Provence ou en Francie, solidement amarrées au cadre des principautés et jamais les souverains ne parviennent à rassembler autour d'eux, même pour de ponctuels rituels politiques, la totalité de leur haute aristocratie ecclésiastique et laïque. En 919, seuls les grands de Saxe et de Franconie participent à l'élection d'Henri Ier comme roi de Germanie, en l'absence de ceux de Souabe et de Bavière. En 987, l'élection du duc des Francs, Hugues Capet, à la couronne de Francie occidentale, aux dépens de Charles de Lorraine, oncle du dernier roi carolingien Louis V, n'est le fait que d'une partie des princes du nord du royaume réunis sous la houlette de l'archevêque Adalbéron de Reims et sous le regard bienveillant de l'empereur germanique. Nombreux sont les princes dont les intérêts patrimoniaux et politiques se montrent indifférents aux limites des royaumes, à l'image, au XIe siècle, des comtes de Flandre, à cheval sur la Francie et la Basse Lotharingie, ou des comtes de Toulouse, implantés dans les royaumes de Francie et de Bourgogne-Provence. Remarquable est la trajectoire d'Otte-Guillaume (m. 1027), à la fois comte de Bourgogne (autour de Besançon, dans le royaume de Bourgogne transjurane) et de Mâcon (en Francie occidentale), et qui tente de s'emparer du duché de Bourgogne (autour de Dijon, en Francie occidentale). L'identité des royaumes demeure souvent problématique comme le révèle la difficulté des contemporains à les nommer. L'expression « Francie occidentale » renvoie ainsi dans les

39. Barthélemy 1997 ; Mazel 2010.

sources du Xᵉ siècle seulement à l'espace entre Loire et Meuse et non à tout le royaume. Lorsqu'annalistes et chroniqueurs doivent évoquer celui-ci, ils sont contraints d'énumérer les peuples sur lesquels le roi revendique l'autorité : au XIᵉ siècle encore, le Capétien est « roi des Francs, des Aquitains et des Bourguignons », et parfois aussi roi des Normands, des Bretons, des Gascons et des Goths. Ce qui fait l'unité, c'est finalement la personne du roi, voire la dynastie. À l'inverse, un indice original signale la cohésion des grands ensembles princiers : outre le fait que c'est là qu'apparaissent les premières titulatures renvoyant à des territoires plutôt qu'à des peuples (en 972 le titre de « comte de Provence », en 1014 celui de « duc de Normandie »), c'est à cette échelle que se dessinent de vastes aires anthroponymiques masculines caractérisées par l'hégémonie de quelques noms princiers régulièrement repris dans toute l'aristocratie (Guillaume en Aquitaine, Raimond en Toulousain et Languedoc, Guillaume et Geoffroi en Provence, Richard et Robert en Normandie...)[40].

En Espagne, même si les différents royaumes sont parfois réunis sous l'autorité d'un seul souverain – Sanche III le Grand est même qualifié, au début du XIᵉ siècle, de *rex ibericus* par l'abbé Oliba de Ripoll –, ils ne sont jamais unifiés et sont régulièrement redistribués entre les différents fils à la mort du père, quitte, quelquefois, à les démembrer en érigeant d'anciens comtés en nouveaux royaumes, comme avec la Navarre, la Castille et l'Aragon au profit des trois fils de Sanche, Garcia, Fernand et Ramire en 1035. C'est le signe qu'ici également – comme, du reste, dans la Catalogne voisine[41] – les identités politiques, fondées sur la cohésion du groupe aristocratique et quelques coutumes propres, semblent se nouer à l'échelle régionale, qui correspond tantôt à un petit royaume (le León

40. Benoît CURSENTE et Michael MITTERAUER, *in* BOURIN, MENANT, MARTIN 1996.

41. ZIMMERMANN 2019.

par exemple), tantôt à une principauté (le comté de Castille par exemple). Ce n'est qu'avec Alphonse VI de Castille qu'émerge, dans le contexte de la prise de Tolède (1065), un souverain qui prétend à l'hégémonie sur toute l'Espagne – il s'intitule *rex Hispaniae* en 1077 –, quitte à éprouver la nécessité de revendiquer un statut impérial[42]. Il faut dire que son entreprise s'appuie plus sur la mobilisation contre l'Islam que sur une identité politique commune qui n'existe pas.

Qu'est-ce donc que la « société féodale », au-delà d'une « étiquette » (Marc Bloch) ? Si l'expression renvoie à une société structurée par les liens féodo-vassaliques, ce n'est à l'évidence pas le cas des Xe-XIe siècles, non seulement parce que ces liens ne sont pas présents partout et ne se diffusent que progressivement, mais surtout parce que, lorsqu'ils existent, ils revêtent des formes très différentes et procèdent de logiques sociales et politiques multiples. En la matière, l'homogénéisation ne viendra qu'aux XIIe-XIIIe siècles, à travers la généralisation de coutumes ou d'un droit féodal mais aussi d'un imaginaire (celui des chansons de geste et des romans courtois[43]) à peu près communs à toute la Chrétienté latine[44]. En revanche, si l'expression renvoie à une société où les pouvoirs sont fortement segmentés et où la fidélité structure les relations entre les grands – des rois aux chevaliers en passant par les évêques et les abbés –, tout en s'articulant, à l'échelle locale, à la seigneurie partagée entre clercs et laïcs et à la possession de châteaux et d'églises polarisant l'espace et les rapports sociaux, alors elle conserve toute sa valeur.

FLORIAN MAZEL

42. Sirantoine 2012. Voir les chapitres 10 et 19.
43. Voir le chapitre « Littérature(s) » du troisième tome.
44. Reynolds 1997.

18.

Byzance et les Latins

Imitation, compétition, éloignement
(xe siècle-milieu xie siècle)

La perception des relations entre l'Occident latin et le monde byzantin entre 900 et 1050 reste souvent focalisée sur les relations entre le pape et le duo *basileus*/patriarche de Constantinople, sur leur éloignement mutuel et une incompréhension croissante que la période successive creusera encore. C'est peut-être surdéterminer des événements dont la portée fut largement conjoncturelle et l'impact symbolique. En réalité, le monde byzantin fut à l'écoute des innovations pontificales bien avant ce qu'on appelle la réforme grégorienne, tandis que le centre de gravité de l'empire d'Occident, refondé en 962, évoluait entre un pôle romain, qui le plaçait dans un rapport d'imitation et de compétition avec l'Empire byzantin, et un pôle germanique, qui l'éloignait du bassin méditerranéen.

Pour autant, les interactions de l'Empire byzantin avec l'Occident latin n'occupent qu'une place moyenne voire secondaire dans le vaste ambitus des relations diplomatiques et militaires que l'Empire entretient avec les autres, alliés ou ennemis. De fait, l'Empire des xe et xie siècles se trouve dans une perspective fort différente de celle des siècles précédents : une unique dynastie occupa la dignité impériale, celle des Macédoniens dont la longévité (de 867 à 1055), liée à la mise en place d'un principe combinant hérédité et élection divine, celui de la porphyrogénèse (le fait d'être né dans la Porphyra, la salle de marbre pourpre du Grand Palais réservée aux accouchements des impératrices régnantes, donc d'avoir été conçu par un *basileus*)[1], créa un réel sentiment d'attachement dans la population. Cette longévité n'empêcha pas, comme précédemment, que des individus extérieurs à la dynastie ne s'emparassent du pouvoir impérial, mais, différence fondamentale, ils régnèrent au nom des héritiers légitimes, sans les destituer. Derrière l'instabilité des règnes se maintint pendant presque deux siècles le socle d'une unique dynastie qui laissa à des figures fortes ou à des généraux talentueux la tâche de stabiliser l'administration et la rénovation législative dans l'Empire, tout en poursuivant une expansion territoriale définie comme une « épopée byzantine » durant laquelle des zones aussi importantes que la Crète (en 961), la Cilicie et la Syrie du Nord (à partir de la prise d'Édesse en 944), l'Empire bulgare (en 1018) et l'Arménie (1020) furent (ré)intégrés dans le giron byzantin. C'est pourquoi le souverain qui incarne le mieux cette période, Basile II dit le Bulgaroctone, c'est-à-dire le « tueur de Bulgares » (975-1025), combine la filiation macédonienne et les valeurs du général victorieux. Le monde byzantin connut aussi alors une période de faste démographique et économique et un redéploiement intellectuel que l'on désigne comme le « premier humanisme byzantin »[2].

Le contexte interne est donc favorable à ce que l'Empire byzantin continue d'occuper une place majeure dans les relations internationales et les échanges avec l'extérieur tant en Orient qu'en Occident. Le monde arabe et les voisins slaves restent des interlocuteurs de premier plan, rejoints par la principauté Rus' de Kiev qui devint dès le début du xe siècle un partenaire intéressant pour l'Empire. Cela étant, le monde latin avait conservé une proximité géopolitique et

1. Dagron 1996.
2. Lemerle 1971 ; Lemerle 1977 ; Cheynet et Flusin 2017.

restait familier aux yeux de l'Empire d'Orient. Au regard de l'affaiblissement puis de l'extinction de la dignité impériale carolingienne, le *basileus* demeurait le modèle incontesté de l'impérialité chrétienne et exposait aux ambassadeurs occidentaux, au sein d'un cérémonial sophistiqué et grandiose, la majesté de sa *basileia.* L'Empire romain d'Orient parvint à maintenir durant près de deux siècles ce statut idéologique et religieux exceptionnel qui en faisait un cas à part dans « le concert des États ». Malgré (ou grâce à…) la restauration impériale ottonienne, à partir de 962, la bipolarisation du monde chrétien tendait à se redéfinir, alors que la papauté, sous tutelle germanique, s'emparait de la réforme de l'Église[3] : l'imitation, l'émulation, la compétition se jouèrent désormais principalement entre Rome et Constantinople.

L'ancrage siculo-italien

Les relations entre le monde byzantin et l'Occident latin connurent donc une première inflexion autour de 961-962. Toutefois une région concentra, avant même cette date, l'attention de l'Empire en Occident : l'Italie et la Sicile.

La Sicile avant tout, qui, après la conquête islamique de l'île achevée par la prise de Taormine en 902[4], fit l'objet d'une obsession de reconquête tant l'île constituait un enjeu stratégique majeur pour la domination byzantine en Méditerranée occidentale. L'Empire mena régulièrement des expéditions dans ce but jusqu'à l'ultime tentative confiée au général Georges Maniakès en 1038. Ces expéditions se préparaient principalement à partir des points d'ancrage byzantins en Calabre méridionale, ce qui rendait cette dernière primordiale aux yeux de Constantinople pour financer, construire, appareiller

3. Voir les chapitres 11 du présent tome et 1 du deuxième tome.
4. Voir le chapitre 10.

des flottes de guerre et recruter des marins sur place ; cela ne fut pas sans soulever l'opposition des populations locales comme en témoigne la révolte, en 965, des habitants de la ville de Rossano, évoquée dans la *Vie de saint Nil le Jeune*[5].

L'Italie méridionale comprend au xe siècle deux provinces de l'Empire byzantin. Le thème (province civile et militaire) de Calabre, dont les frontières remontèrent vers le nord, à partir du xe siècle, aux dépens des Lombards, occupait une zone largement hellénisée et byzantinisée. Sa capitale, Reggio di Calabria, jouxtait la partie nord-est de la Sicile où existait encore une population chrétienne de langue grecque (ou bilingue grec/arabe). La Calabre méridionale fut ainsi un des bastions de l'hellénisme médiéval et du monachisme byzantin en Occident, bien au-delà de la présence politique byzantine, puisque le rite grec n'y disparut qu'au XVIIe siècle et qu'un dialecte grec y survit encore. En revanche, le thème de Longobardie (Pouille et Basilicate), devenu à la fin du xe siècle le catépanat d'Italie, comprenait (à l'exception de la pointe sud de la Pouille, le Salento, majoritairement hellénisé) une population essentiellement latine, de droit lombard, encadrée par un clergé latin de rite romain dont les prélats, susceptibles de participer aux rébellions locales, étaient soigneusement surveillés par les autorités byzantines – quand bien même celles-ci leur laissaient une large autonomie liturgique et ecclésiologique – : la Pouille byzantine restait une région essentielle pour la protection de l'accès à l'Empire par les Balkans et le maintien des vues byzantines sur l'espace adriatique.

L'Empire byzantin est donc encore bien présent en Occident par l'intermédiaire de ses deux provinces italiennes (*voir* carte 10, p. XII). Il l'est aussi en raison des liens privilégiés qu'il entretient avec des entités politiques qui sont ses alliés naturels – et occasionnellement ses compétiteurs – : les

5. *Vie de saint Nil* 2018, chapitres 60-61.

principautés lombardes de Salerne et Capoue-Bénévent ; les duchés tyrrhéniens de Gaète[6], de Naples (qui s'enorgueillit de sa romanité et de ses liens avec l'Empire byzantin), et d'Amalfi, petite ville portuaire, qui la première profita du redéploiement des lignes maritimes avec Constantinople ; Venise enfin, que l'Empire cajolait particulièrement en raison de sa soumission, plus feinte que réelle, au *basileus*, de sa puissance navale et de son implantation commerciale à Constantinople[7].

À cela s'ajoutaient les relations continues que l'Empire byzantin entretenait avec le pape, ainsi que les perspectives d'alliance qu'offrit de temps à autre le royaume d'Italie au début du xe siècle. Pourtant, une des menaces les plus importantes pour l'Empire devait venir d'Occident, avec ces Normands bien connus puisque certains avaient été recrutés comme mercenaires : plusieurs firent, à la fin du xie siècle, des carrières remarquables au sein de l'armée byzantine (les Roussel de Bailleul, les Humbertopoulos…[8]). Embarqués, au tournant de l'an mille, dans les conflits qui opposaient en Italie du Sud les armées du *basileus* à ses voisins les princes lombards, où ils s'illustrèrent par plusieurs décennies de bons et souvent peu loyaux services, ces Normands prirent, à partir des années 1040-1050, le parti de combattre pour eux-mêmes, modifiant le sens de leur présence dans le *Mezzogiorno*, et passant ainsi de l'aventure à la conquête, puis de la conquête à la construction politique. La conquête normande de l'Italie méridionale lombarde et byzantine, puis de la Sicile islamique, réduisit à néant les vieux rêves byzantins en Méditerranée occidentale, affaiblissant le flanc ouest de l'Empire et bouleversant toute la géopolitique méditerranéenne.

6. Martin 2000.
7. Cheynet 2004. Voir le chapiter 16.
8. Cheynet 2010.

A tale of two Empires (« Le conte de deux Empires »)

Le couronnement impérial du roi de Germanie Otton Ier, à Rome, le 2 février 962, des mains du pape Jean XII peut être considéré comme un basculement dans les relations entre l'Occident latin et l'Empire byzantin, même s'il faut en nuancer le caractère tranché. Dès avant 962, l'Empire byzantin s'est intéressé aux affaires complexes d'un monde occidental divisé, dans lesquelles il lui est arrivé d'intervenir directement, dans deux contextes particuliers notamment : celui des rois d'Italie d'une part – le *basileus* Romain Ier Lécapène seconda ainsi Hugues d'Arles, petit-fils du roi Lothaire II, à l'aide d'une flotte et du terrible « feu grégeois » pour tenter de déloger les pirates sarrasins établis à *Fraxinetum* (La Garde-Freinet, près de Saint-Tropez) en 942, avant que ne soient engagés, en 947, des projets de mariage entre une fille du *basileus* Constantin VII et du marquis Bérenger II (d'Ivrée) – alors pas encore roi d'Italie –, négociés à Constantinople par l'évêque Liutprand de Crémone – ; celui des Magyars (les Hongrois) d'autre part, envers lesquels les *basileis* et les rois de Germanie – et notamment Otton Ier – partageaient la même inquiétude.

Cela étant, les années qui entourent la restauration impériale de 962 marquèrent une accélération des interventions byzantines en Occident. En Sicile d'abord, où les expéditions byzantines de 962 à Taormine et de 964 à Rametta se soldèrent par des échecs, tout en rendant compte de la volonté renouvelée de récupérer l'île. Parallèlement, l'Empire byzantin renoua avec ses provinces italiennes précédemment délaissées en raison de considérations géopolitiques plus pressantes. Entre 965 et 968, la reconstruction de Tarente, l'érection de nombreuses fortifications en Calabre, la fondation du catépanat d'Italie, les remaniements de certains diocèses manifestèrent une reprise en main byzantine de l'Italie du Sud face aux pressions de la Sicile islamique et aux razzias récurrentes menées sur les côtes méridionales. Il s'agit aussi de réponses au nouveau statut politique d'Otton Ier qui, en revêtant un costume impérial, ne reprenait pas seulement à son compte une idéologie, mais également des revendications territoriales qui plaçaient l'Italie du Sud, terre d'Empire romain, au cœur de la compétition entre les deux empereurs : à qui, le premier, vaincrait l'ennemi musulman et s'emparerait de ces territoires. On en vit les manifestations lors des expéditions d'Otton Ier en Italie méridionale en 969-970 et de son fils Otton II contre l'émir de Palerme en juillet 982, cette dernière scellée par le désastre de Capo Colonna.

Ce qui se jouait au *Mezzogiorno* eut son équivalent en Europe centrale où les années 960 virent aussi la relance de la compétition pour la christianisation entre Latins et Byzantins : les premiers gagnèrent la partie auprès des Magyars, les seconds obtinrent la conversion de la principauté de Kiev, dont le souverain Vladimir reçut le baptême en 988 au terme de négociations avec Basile II qui aboutirent, entre autres, au mariage du prince avec une princesse porphyrogénète[9].

Cette concurrence sur des terrains où se jouaient tant la compétition des droits impériaux (la reconquête) que celle des missions impériales (l'évangélisation) est plus nette qu'à l'époque carolingienne. Cela étant, une fois l'échec des expéditions méridionales d'Otton Ier manifeste, ce dernier s'en retourna fouler ses plates-bandes germaniques : Rome et l'Italie méridionale n'étaient pas une priorité pour lui, contrairement à son fils Otton II, marié le 14 avril 972 à la princesse byzantine Théophanô, et surtout à son petit-fils Otton III. On perçoit en effet une nette progression, chez les trois empereurs successifs, de l'intérêt pour Rome, pour le modèle (rêvé) de l'Empire romain chrétien de Constantin, et pour le modèle

9. Voir le chapitre 12.

(en acte) de l'Empire romain qu'était l'Empire byzantin. Otton II prit dès mars 982 le titre d'*imperator Romanorum augustus* tandis qu'Otton III nourrit une véritable ferveur mystique pour Rome où s'exprimait cette impérialité issue du modèle tardo-antique, celui de Constantin et Théodose : des empereurs au service de l'Église comme communauté, donc chefs de l'Église comme institution. En 996, Otton III plaça son propre cousin Bruno sur le siège pontifical, sous le nom de Grégoire V, et convoqua un concile. Il se posait en nouveau Constantin. Mieux, en 999, il désigna, pour succéder à Grégoire, Gerbert d'Aurillac, qui prit le nom de Silvestre II, recréant ainsi le duo Constantin/Silvestre du IVe siècle. Si Otton II se fit représenter habillé en *basileus*, avec le *loros* (l'écharpe brodée des empereurs byzantins) sur un ivoire, Otton III imita clairement l'Empire byzantin, dont il était l'héritier par sa mère, et dont il comptait se rapprocher encore davantage par son mariage avec une porphyrogénète, Zoé, fille de Constantin VIII – mariage qui n'eut pas lieu en raison de la mort prématurée d'Otton III en 1002. Otton III copia le cérémonial byzantin, reprit pour sa cour des titres d'officiers byzantins (protospathaire, logothète), requit la protection de la Mère de Dieu sur Rome – comme elle s'exerça sur Constantinople lors du siège arabe de 717 – et attira autour de lui les saints moines qui, dans la tradition des « *holy men* » de l'Antiquité tardive[10], avaient acquis par leur renonciation au pouvoir et au monde le droit, unique, de dire leurs vérités aux puissants et même à l'empereur, avec cette liberté de parole que désigne un terme grec spécifique, la *parrhèsia.* Ces saints ascètes redresseurs de torts, Otton III les trouva dans le monde latin avec Adalbert de Prague et Romuald de Ravenne, mais aussi dans le monde byzantin, grâce aux moines italo-grecs qui, tels Sabas de Collesano, Grégoire de Cassano et Nil de Rossano, rejoignirent Rome

10. BROWN 1971.

et côtoyèrent la cour impériale auprès d'un empereur romain plus proche d'eux que ne l'était le *basileus*[11].

En 1002, la mort d'Otton III brisa le rêve ottonien d'un Empire romain chrétien reconstitué autour d'un binôme Rome-Constantinople, et les successeurs d'Otton III reprirent plus fermement pied en Germanie, sans abandonner ni leur intérêt pour l'Italie méridionale, ni leur voyage à Rome et leur alliance avec le pape. L'Empire byzantin ne figurait plus autant au cœur des stratégies matrimoniales ni des répertoires du langage iconographique impérial.

Les enjeux commerciaux

La crise du VIIe siècle avait dérouté les routes maritimes du commerce Est/Ouest dans une mer Méditerranée où les marchands occidentaux et byzantins s'étaient mis à moins commercer entre eux que chacun avec le monde islamique, dans des circulations Nord/Sud. Dans ce cadre, la conquête islamique de la Crète marqua un tournant non seulement dans l'histoire de la mer Égée, mais aussi dans celle du commerce méditerranéen car c'est à partir de cette île que la piraterie islamique perturbait les relations maritimes entre Orient et Occident. De fait, avec la reconquête byzantine de l'île par Nicéphore Phocas en 961, ces relations connurent un dynamisme nouveau. À cette conséquence heureuse s'en ajoutait une autre, manifeste au XIe siècle : l'Empire byzantin, désormais plus en sûreté, négligea sa flotte de guerre dont l'entretien était coûteux et ne réserva plus l'argent nécessaire aux arsenaux militaires, au point de devoir faire appel à d'autres puissances maritimes, en l'occurrence Venise, pour contrer dans les années 1080 la menace normande, au prix de considérables concessions commerciales en faveur des marchands vénitiens.

11. PETERS-CUSTOT 2018a.

Depuis le VIIe siècle, les échanges commerciaux entre l'Empire byzantin et le monde occidental n'avaient jamais cessé, mais ils s'étaient affaiblis. Les marchands étrangers qui circulaient dans l'Empire avant les années 950, outre les habituels Syriens et Arabes, étaient surtout des Bulgares qui commerçaient à Constantinople en voisins et des Russes qui venaient de bien plus loin, de l'autre côté de la mer Noire. Ces derniers obtinrent les premiers de l'empereur, dès 911, des privilèges pour leur implantation pérenne à Constantinople et plusieurs exemptions fiscales destinées à favoriser leurs activités commerciales et à fournir un débouché à leur trafic d'esclaves. Une première colonie d'Amalfitains s'installa à Constantinople dès 944 : les liens institutionnels et culturels entre le duché d'Amalfi et l'Empire byzantin, qui remontaient à l'époque de l'exarchat de Ravenne (VIe-IXe siècles), étaient restés forts, ce que reflètent les dignités impériales fièrement exhibées par les membres de l'élite amalfitaine[12].

La seconde moitié du Xe siècle vit donc l'intensification des échanges commerciaux entre Byzance et l'Occident par la Méditerranée[13] ce dont profitèrent, en premier lieu, ces marchands d'Amalfi qui tissèrent les mailles d'un réseau de relations étroites comprenant aussi bien des échanges culturels (des traductions du latin au grec et du grec au latin) que des manifestations religieuses (la fondation du monastère des Amalfitains à l'Athos vers 985-990) et artistiques (les portes de bronze de la cathédrale d'Amalfi réalisées à Constantinople). Amalfi joue alors un rôle clef comme intermédiaire entre l'Empire byzantin et l'Occident et ce n'est pas un hasard si l'un des protagonistes majeurs de l'ambassade pontificale de 1054 fut l'évêque d'Amalfi Pierre. Assez vite, les Amalfitains furent rejoints par les Vénitiens, qui bénéficiaient des mêmes *a priori* positifs de la part de Byzance – Venise était toujours

12. FALKENHAUSEN 2010.

13. DÉROCHE *et al.* 2007. Voir le chapitre 16.

considérée comme dans l'orbite byzantine, les doges recevaient des dignités byzantines et la ville apportait l'aide militaire que lui demandait l'empereur – mais qui, à la différence des premiers, reçurent dès 992 un chrysobulle (privilège impérial) réduisant la fiscalité commerciale et leur évitant les tracasseries des fonctionnaires byzantins. Dès 968, Liutprand de Crémone, lors de sa seconde ambassade effectuée au service d'Otton Ier, prétendait que les Amalfitains et les Vénitiens faisaient circuler en Occident les soies pourpres normalement interdites à l'exportation, signe de leur rôle d'intermédiaires pour les produits de luxe byzantins fort appréciés des élites occidentales.

Malgré la contraction économique des siècles difficiles, Constantinople était restée une plaque tournante du commerce international, mais les marchands des villes italiennes modifièrent structurellement la fonction de la « Reine des villes ». Pour les commerçants syriens, arabes, russes, bulgares, Constantinople était le lieu où ils écoulaient des matières premières (bois, fourrures, métaux) et des esclaves à des commerçants byzantins en position de force. Pour les Amalfitains et les Vénitiens, Constantinople représentait seulement une étape vers d'autres sphères marchandes avec lesquelles elle était connectée, notamment les mondes islamique et asiatique. Les marchands italiens mirent donc en place un système de commerce schématiquement quadrangulaire, entre l'Afrique du Nord où ils échangeaient des produits occidentaux contre de l'or, qu'ils portaient en Égypte pour acquérir des produits de prix, tels que des épices, échangés sur les marchés constantinopolitains contre des produits manufacturés de luxe, importés enfin en Italie. Surtout, Constantinople n'était pas leur seul point d'ancrage : ils se déployèrent rapidement à Thessalonique, en Crète, à Chypre, puis sur les rives de la mer Noire, enfin dans tout l'Empire. Leurs facilités fiscales contribuèrent, à partir du milieu du XIe siècle, à affaiblir la position des marchands byzantins dans ces circuits commerciaux, mais elles permirent aussi l'insertion de l'Empire dans le grand commerce en plein essor.

Les « Grecs » au temps de la réforme de l'Église en Occident

Jusqu'au début du XIe siècle le sentiment d'appartenance à une seule et même Église et à une unique communauté ecclésiale et dogmatique était partagé. La vision qui prévalait chez les élites byzantines et sur laquelle se fonda, jusqu'à la fin du XIIe siècle, leur relecture de l'éloignement des Églises, était que l'erreur du *Filioque* introduite dans le Credo au concile de Francfort, en 794, et qui brisa la communion de foi, était le fait des Francs, et non du pape[14]. En attribuant au pontificat de Benoît VIII (1012-1024) l'introduction du *Filioque* dans les pratiques liturgiques de l'Église de Rome, les Byzantins manifestaient leur souci de montrer que la communion théologique des patriarches avec Rome avait duré jusqu'au début du XIe siècle : selon la tradition, c'est le patriarche de Constantinople Serge II (1001-1019) qui, en raison du *Filioque*, aurait retiré le nom du pape des diptyques (ces listes des noms des prélats mentionnés durant l'eucharistie, signes de la communion ecclésiale entre les patriarcats), interrompant ainsi la tradition de la commémoration du pape dans la liturgie byzantine.

Parmi les groupes sociaux moins élevés, les sources attestent encore plus fortement la communion de foi, laquelle n'était pas polluée par les réflexions dogmatiques ni par les considérations d'ecclésiologie. Les témoignages produits dans les zones de contact pérennes, tels que Rome ou l'Italie méridionale, montrent bien que les seules questions qui se posaient concernaient les pratiques (le port de la barbe par les moines et les

14. Voir les chapitres 8 et 11.

prêtres, la consécration eucharistique de pain azyme ou au contraire de pain levé, le jeûne du samedi) et ne paraissaient exciter rien d'autre que de la curiosité. C'est ce qu'on peut retirer de l'épisode de la visite que fit saint Nil de Rossano, le fameux moine italo-grec du xe siècle, au Mont-Cassin en 985. Accueilli avec ferveur par les moines, le saint fut interrogé sur les différentes traditions patristiques et en particulier sur le jeûne du samedi. Ce fut l'occasion pour lui de montrer sa grande connaissance des Pères occidentaux, de la *Vie de saint Benoît*, qu'il connaissait en détail, et de s'en tirer avec une pirouette en paraphrasant saint Paul : « Que vous mangiez, que vous ne mangiez pas, faites tout pour la gloire de Dieu ! » (I Corinthiens 10, 31). La question de l'ordination sacerdotale des hommes mariés, tolérée dans le monde byzantin, n'échauffait guère plus les esprits, et la documentation de l'Italie normande atteste cette communion des populations des deux rites, bien après le « schisme » de 1054[15].

Dans ce cadre, la question de l'éloignement des Églises, qu'on n'envisage souvent que du point de vue des patriarches et des élites, ne se posait pas vraiment et si le terme de « grec » (*grecus*) a pu prendre un tour péjoratif dans la littérature polémique qui resurgit de temps à autre depuis la fin du xie siècle, il ne servait la plupart du temps que de point de référence liturgique ou linguistique pour évoquer moines et prêtres « grecs » qui célèbrent la liturgie byzantine en grec. Bien plus, le monachisme oriental suscitait une attention accrue, renouvelée et déférente dans le contexte des mouvements de réforme monastique qui agitaient le monde occidental dès le xe siècle[16], non sans répercussion sur la vision du monachisme oriental.

Dès le xe siècle se produisit dans le monde latin une réflexion sur la rénovation du monachisme caractérisée par le retour à

15. Peters-Custot 2009.
16. Voir les chapitres 13, 15 et 17.

une ascèse rigoureuse et incarnée par des personnages charismatiques devenant fondateurs ou restaurateurs d'institutions cénobitiques. Ces innovations sont recouvertes par des discours qui les présentent comme autant de retours aux origines, lesquelles ont forcément un label de qualité, sinon de supériorité, du fait même qu'elles sont originelles. Il est vrai que les caractéristiques de ce monachisme rénové correspondaient à la représentation qu'on s'en faisait au travers de la *Vie de saint Antoine* : la fuite du monde (*fuga mundi*) dans la solitude et la pauvreté choisie, l'ascèse, la prière continue, le travail manuel. Or, il est admis aux Xe-XIe siècles, en raison d'un imaginaire très ancien du monachisme oriental comme conservatoire rigide des traditions glorieuses du monachisme tardo-antique, que les représentants de ces formes antiques du monachisme qui auraient été perdues en Occident sont les moines orientaux.

On trouve aux Xe-XIe siècles de nombreuses manifestations de cette obsession réformatrice occidentale à prétendre puiser aux origines du monachisme en passant par le monachisme oriental : soit en faisant venir des moines orientaux en Occident, soit en allant à leur rencontre. Dans le premier cas, on relèvera la production significative de *Vies* latines de saints moines « grecs » et arméniens, pourvues d'un même schéma narratif : ces ascètes gyrovagues, auréolés de charismes, proviennent d'un Orient restreint (incluant Sicile, Calabre et Arménie – la terre biblique du salut), et viennent opportunément, au terme de leur vie terrestre, mourir dans une ville ou une abbaye occidentale, offrant ainsi à une communauté un corps marqué par les privations et empli de l'Esprit-Saint. Citons, parmi ces « Grecs » dont les *Vies* sont latines, Syméon de Trèves, Nicolas de Trani, Macaire de Gand, Syméon de Polirone, Grégoire de Nicopolis, etc.[17].

Partir à la rencontre des moines d'Orient était aventureux avant l'établissement de royaumes francs au Levant à la suite

17. Lilie 2008 ; Peters-Custot 2012.

de la première croisade. Surtout, il existait une région, en Occident même, où il était possible de rencontrer des moines « grecs » : l'Italie méridionale. La présence du monachisme byzantin depuis les portes de Rome jusqu'à la Sicile justifiait les voyages qu'entreprirent de grandes figures de la réforme monastique occidentale. Jean de Gorze, Adalbert de Prague, Étienne de Muret, Bruno de Cologne – le fondateur de la Grande Chartreuse – se rendirent en Italie méridionale, qui semblait constituer un « Grand Tour » presque obligé dans un processus de réforme.

Ce qui se joue ici est fort différent de la situation de l'Antiquité tardive. Depuis Antoine le Grand, Pacôme, Sabas, la marque monastique orientale sur l'Occident est un fait indéniable qui comporte d'emblée une dimension mythique : celle de l'ascète oriental, charismatique champion de macérations, et celle de l'Orient comme label de validation du monachisme. L'Occident du Xe siècle engage cependant le monachisme latin dans des voies réellement nouvelles, et la relation avec le monachisme oriental ne se fait plus sur la base de l'exemple à imiter. Cela ne signifie pas que les saints orientaux honorés par une *Vie* latine n'ont pas existé ni que les circulations vers l'Orient à la rencontre de l'idéal ascétique oriental n'ont pas eu lieu ; mais leur mise en scène répond au besoin de légitimation de l'innovation par les origines, auxquelles, en définitive, cette innovation renonce. Car l'Église occidentale construit alors des systèmes institutionnels qui refusent l'ascèse gyrovague que ces saints orientaux incarnent[18].

Parallèlement, le milieu du Xe siècle voit la réforme monastique occidentale atteindre Rome et ses environs, diffusant l'idée que le monachisme oriental serait gouverné par la *regula Sancti Basilii*, la « règle de saint Basile »[19]. L'expression n'a

18. Peters-Custot 2018b. Voir le chapitre 13.
19. Peters-Custot 2018c.

aucune réalité dans le monachisme byzantin, qui ignore la notion de règle commune à plusieurs établissements monastiques, chaque monastère suivant des normes édictées par le fondateur dans un document spécifique, le *typikon*. L'« invention » de la règle de saint Basile correspond donc à une projection de la situation latine qui fait naître une catégorie de désignation et, simultanément, un binôme au fructueux destin : le duo Basile/Benoît, confirmé par le concile de Latran IV en 1215, qui admet la « règle de saint Basile » parmi les trois règles acceptables pour la vie religieuse (avec celles de saint Benoît et de saint Augustin).

Les influences occidentales dans le monde byzantin sont plus limitées. Les transferts liturgiques et hagiographiques, qui n'avaient jamais été massifs, marquent le pas, à une exception près, dépourvue de postérité : la production hymnographique italo-grecque en l'honneur de saints occidentaux conservée à l'abbaye grecque de Grottaferrata près de Rome, la dernière fondation monastique de saint Nil de Rossano.

De quoi le « schisme de 1054 » est-il le nom ?

La question du prétendu « schisme de 1054 » mérite d'être reprise à la lumière d'une bibliographie pléthorique et sans cesse renouvelée[20] mais presque exclusivement produite par des spécialistes du monde byzantin. Que le « schisme » n'ait jusqu'à présent pas passionné les spécialistes de l'histoire occidentale peut s'expliquer mais doit étonner. S'expliquer parce que de nombreux enjeux de l'événement touchent à l'histoire de l'Empire byzantin et que les Byzantins ont été par la suite plus virulents à l'égard des Latins que l'inverse. Étonner parce que la distanciation entre les Églises accompagne autant qu'elle commande la réforme pontificale qu'on

20. Le dernier en date : Bucossi et Calia 2019.

appelle réforme grégorienne[21]. Certains aspects événementiels de l'affaire de 1054 autant que le fond de la discorde sont liés à la réforme de l'Église, qui en Occident rompt avec une tradition pluriséculaire maintenue dans le monde byzantin, celle d'un « système d'Église d'Empire » et d'un idéal pentarchique (les cinq patriarcats égaux) devenu, par la force des choses, un partage du monde entre Rome et Constantinople, qui heurte la prétention de la papauté à gouverner seule une chrétienté unique. La réforme pontificale s'appuie aussi sur des configurations ecclésiales (la distinction hiérarchisée des clercs et des laïcs, la lutte contre le « nicolaïsme », terme polémique utilisé pour dénoncer le mariage des prêtres...) opposées au modèle byzantin[22]. Bref, la construction ecclésiologique et dogmatique de l'Église romaine se comprend mal sans la confrontation avec le monde byzantin qui lui permet de se définir et qui fait pleinement partie de l'histoire occidentale.

Il convient par ailleurs de distinguer la distanciation des Églises, dont personne ne connaît le point de départ réel, des événements de l'ambassade pontificale du printemps et de l'été 1054 qui mit le feu aux poudres en s'achevant par une double excommunication, celle du patriarche Michel Cérulaire par les légats pontificaux, au nom d'un pape alors décédé (Léon IX), et celle des légats par le patriarche Michel Cérulaire. En réalité, ce n'est que rétrospectivement que ces événements ont été définis comme point de départ chronologique du schisme, et ce « par pure convention » (Marie-Hélène Blanchet)[23].

De fait, les éventuels incidents de parcours dans les relations entre Rome et Constantinople, au début du XIe siècle, ont laissé peu de traces : ce sont les sources latines qui sont les plus dissertes et qui invitent à rechercher plutôt en Occident

21. Voir les chapitres 1, 2 et 3 du deuxième tome.
22. Rosé 2024.
23. Blanchet 2014.

les prémices d'une rupture largement liée à une interprétation extensive de la primauté pontificale développée alors à Rome, et à l'abandon parallèle de l'équilibre des patriarcats, défendu par l'Église byzantine. À ce titre, un petit conflit, qui n'a laissé aucune trace en Orient, mais nous est connu par Raoul Glaber puis Hugues de Flavigny, est révélateur[24]. Une ambassade byzantine serait venue, vers 1024, demander au pape Jean XIX d'approuver que l'Église de Constantinople soit reconnue universelle (œcuménique) dans sa sphère, c'est-à-dire en Orient, comme celle de Rome est universelle dans le monde entier ; le pape n'y aurait vu aucun inconvénient, mais des réformateurs latins crièrent au scandale, provoquant la rétractation du pape. À cette aune, c'est bien le vent de la réforme occidentale qui rendait la communion impossible.

Les faits entourant l'ambassade pontificale de 1054 sont d'une complexité presque inextricable qu'il est difficile de résumer, car ils mêlent ces antécédents à un décor géopolitique délicat lié à la conquête en cours de l'Italie du Sud par les Normands, et à une totale improvisation théologique. Deux enjeux majeurs motivèrent l'envoi d'une ambassade pontificale par le pape Léon IX : la clarification d'échanges de lettres sur les prétendues « erreurs des Latins » qui heurtaient les sensibilités de part et d'autre, et sur de fausses rumeurs sur la situation cultuelle des Latins dans l'Empire byzantin ; la configuration d'une alliance entre le pape et le *basileus* pour lutter contre la progression normande en Italie, suite à la défaite des troupes du pape et de l'empereur Henri III à Civitate en 1053[25]. Sur place, les ambassadeurs pontificaux cumulèrent les maladresses et les réactions arrogantes, notamment Humbert de Moyenmoutier qui se scandalisa de ce que l'Église de Constantinople ne reconnût pas son titre de cardinal, qui effectivement n'avait de valeur hiérarchique qu'en Occident,

24. Dagron 1996.
25. Cheynet 2006.

et singulièrement depuis la réforme pontificale. De son côté l'atrabilaire patriarche Michel Cérulaire, assisté du moine Nicétas Stéthatos, n'était pas des plus conciliants. L'escalade des vindictes aboutit donc à cette double excommunication et à l'exfiltration *in extremis* des légats par le *basileus*.

Ce qui est moins connu, c'est ce que la crise reflète du point de vue byzantin. Pour cela, il faut abandonner le temps court des événements et considérer une période de deux siècles, de 857 à 1057. Se succédèrent trois moments clefs pendant lesquels un patriarche de Constantinople s'opposa à son empereur, prétexte à l'intervention d'un pape avide de prouver l'étendue universelle de sa juridiction. L'affaire Photius fut le premier de ces moments[26]. En 906, l'opposition entre le patriarche Nicolas Mystikos et l'empereur Léon VI au sujet du quatrième mariage de ce dernier produisit le même effet : le pape prétendit jouer le rôle d'arbitre au titre de sa juridiction œcuménique. Enfin, l'ambassade pontificale de 1054 eut lieu dans un moment d'opposition entre le patriarche Michel Cérulaire et le *basileus*, Constantin IX Monomaque, dont l'apogée intervint en 1057 lorsque le patriarche entreprit de détrôner le successeur de Constantin, Michel VI, et de placer Isaac Comnène sur le trône impérial. Le « schisme de 1054 » fut donc aussi une affaire interne à l'Empire byzantin, une affaire de pouvoir entre *basileus* et patriarche, et une affaire d'ambition politique du second, dont il faut examiner les contours.

L'aspect le plus étonnant et le plus méconnu du processus d'éloignement entre Rome et Constantinople est qu'il se nourrit d'une volonté d'imitation par le patriarche de Constantinople de ce que celui de Rome était en train de construire[27]. Ainsi lorsque Photius contribua à la rédaction, entre 879 et 886, de l'*Eisagôgè*, un traité introductif à une réforme du droit, il proposa un équilibre inédit entre *basileus*

26. Voir le chapitre 9.

27. Pour plus de détails : Dagron 1996, p. 236-255.

et patriarche qui s'inspirait clairement du rehaussement en cours de la figure du pape à l'égard de l'empereur carolingien. Cette construction inadmissible fut mise de côté, et Photius déposé une seconde fois en 886. La crise de 1054, pour sa part, revêt un autre sens lorsqu'on l'associe à l'accusation portée à l'encontre de Cérulaire d'avoir porté les sandales de pourpre, emblème impérial s'il en est : le patriarche aurait justifié le geste en invoquant la tradition de « l'ancien sacerdoce », que devait donc conserver « le nouveau sacerdoce ». Il ne s'agissait donc pas pour le patriarche de spolier l'Empire, mais, comme patriarche de la Nouvelle Rome, de reprendre les prérogatives de l'Ancienne. Quelles prérogatives ? Pour le comprendre, précisons que le pape Léon IX envoya à Cérulaire, en septembre 1053, une copie de ce célèbre faux connu sous le nom de « Donation de Constantin[28] ». Forgé au VIIIe siècle à Rome, ce document attribué à l'empereur Constantin laissait au pape Silvestre et à ses successeurs la couronne et les droits impériaux sur la partie occidentale de l'Empire. Cérulaire le fit traduire en grec et fit usage de son contenu : si le patriarche de Rome bénéficie des privilèges impériaux (dont les sandales de pourpre), celui de Constantinople, au titre du canon 28 du concile de Chalcédoine (451) qui décrète que le siège de Constantinople doit bénéficier des mêmes privilèges que celui de Rome, doit également en jouir. « C'est le vent de la réforme romaine qui atteint, après coup, Constantinople, d'une réforme dont la projection en Orient tendait à libérer le patriarcat de l'assujettissement politique et le posait ainsi, en même temps qu'en imitateur, en rival de la papauté » (Gilbert Dagron)[29].

Il est convenu de dire que la vraie rupture advint en 1204, lorsque le pillage de Constantinople par ceux qui étaient

28. Sur l'identification de ce texte comme faux, voir le chapitre « Prolongements. Fins du Moyen Âge ».

29. DAGRON 1996.

supposés être des frères en Christ des Byzantins posa un obstacle d'autant plus insurmontable aux tentatives d'union que les exactions commises pouvaient être comparées, au désavantage des Latins, à la manière mesurée avec laquelle Saladin avait traité les habitants de Jérusalem lorsqu'il avait repris la ville moins de deux décennies plus tôt, en 1187. Toutefois le XIIe siècle connut déjà une floraison polémique d'inventaires des « erreurs des Latins » liée à l'incompréhension causée par la première croisade (1095-1099)[30]. Ce qui peut paraître paradoxal, c'est que la présence accrue des Latins en Orient (tant croisés que marchands italiens) offrit des possibilités d'observation directe des rites qui fit grossir ces « listes des erreurs des Latins » avec des observations caricaturales et pleines d'aberrations : Grecs et Latins se connaissaient mal en raison même de leurs contacts. Ces listes d'erreurs des Latins prenaient en considération les évolutions de l'Église romaine comme on peut le voir dans une liste postérieure à 1204, due à un certain Constantin Stilbès[31] : « Ils disent avoir pour canon et pour loi ce que le pape ordonne » ; « Les évêques eux aussi se mettent en guerre et marchent en tête des autres au combat ; ils souillent leurs mains de sang en tuant ou en se faisant tuer » ; « D'après ce qu'ils disent et croient, le pape n'est pas le successeur de Pierre mais Pierre en personne [...] ; ils le divinisent presque et le proclament seigneur de toute la chrétienté... » Toute la conscience de la rupture romaine avec la tradition de l'Église est là, qu'un des rares parmi les Latins à avoir reconnue fut, au XIIIe siècle, le dominicain Humbert de Romans dans l'*Opus Tripartitum* : « Il apparaît que les Grecs sont pour ainsi dire les pères des Latins et cela doit davantage être imputé aux Latins, s'ils diffèrent d'eux, plutôt qu'aux Grecs, de même qu'il doit davantage être imputé au fils, lorsqu'il ne s'accorde pas avec son père,

30. Kolbaba 2000.
31. Darrouzès 1963.

plutôt qu'au père. » Une voix rare, libre et réflexive, au milieu du concert presque unanime de condamnation des « Grecs » qui n'avaient pas suivi l'Occident dans ses innovations ecclésiologiques et restaient solidement attachés à une tradition de l'Église définitivement bouleversée, en Occident, par la réforme grégorienne. La rupture était proche, sinon déjà consommée.

ANNICK PETERS-CUSTOT

19.

L'Islam à l'horizon

(xᵉ-xi siècle)

Le xᵉ siècle constitue un tournant majeur dans l'histoire du monde islamique car pour la première fois trois califats rivaux coexistent et se disputent la scène politique : le califat abbasside de Bagdad, affaibli et sous la tutelle d'émirs persans ou de sultans turcs, étend son autorité sur l'Irak et l'Iran mais n'est plus au contact de la Chrétienté latine ; deux nouveaux califats voient en revanche le jour dans son environnement immédiat, le califat fatimide de Kairouan, proclamé en 909, puis le califat omeyyade de Cordoue, à partir de 929. Alors que le monde arabo-musulman avait jusqu'alors maintenu la fiction d'une direction unique pour l'ensemble de l'*umma* (la communauté des croyants), cette unité factice vole en éclats, même si persiste très fortement la conscience d'une communauté de vie et de culture, un horizon impérial qui perdure et se maintient très au-delà de la disparition de l'empire unique. Contrairement à ce qui a longtemps été avancé, la tripartition de la *mamlaka*, l'empire de l'Islam, n'a pas pour conséquence un affaiblissement de l'empire mais, au contraire, la démultiplication et donc le renforcement des structures impériales, à un moment précisément où l'Occident latin s'éloigne de ce modèle. L'équilibre des terres comme des pouvoirs est profondément remanié et se réorganise autour de plusieurs pôles puissants et brillants, notamment en Méditerranée, laquelle devient un véritable lac islamique aux Xe et XIe siècles. Comme l'écrira quatre siècles plus tard le grand historien d'origine andalouse Ibn Khaldûn (1332-1406), les chrétiens ne pouvaient alors pas même faire flotter une planche en Méditerranée sans l'accord des musulmans.

Deux califats méditerranéens au plus proche de la Chrétienté latine

C'est en Ifrîqiya (Tunisie actuelle) que le principal califat chiite de l'histoire, qui finit par s'étendre du Maghreb à l'Arabie, voit le jour en 909. Le fondateur de la dynastie fatimide (du nom de Fatima, la fille du Prophète) 'Ubayd Allâh se déclare calife, prend le nom *d'al-Mahdî bi-llâh* (le « bien guidé par Dieu », l'imam disparu dont on attend le retour) et fait édifier en 912-918 une capitale qui porte son nom, Mahdiya, résolument tournée vers le large. Le califat fatimide mène une ambitieuse politique maritime de conquête et de maîtrise des mers, appuyée sur une marine de guerre très efficace qui, à partir de la Sicile – dont la conquête est parachevée en 961 par la chute de Taormine qui avait été reprise par les Byzantins peu après 902 –, multiplie les expéditions ; la mer devient l'espace par excellence du *jihâd*, contre les chrétiens mais aussi contre les musulmans ne suivant pas le rite chiite. L'Italie du Sud est particulièrement visée par les raids et les Fatimides font même payer un tribut à l'empereur byzantin, tribut qui dans les sources byzantines est transformé en gratification accordée généreusement par le *basileus* aux « barbares ». À Reggio, le souverain byzantin doit accepter l'édification d'une mosquée en 918. La Calabre est dévastée l'année suivante tandis que la région de Naples est attaquée à plusieurs reprises dans les années 927-930 ; Gênes est mis à sac en 934.

Mais le principal adversaire des Fatimides en Méditerranée est en réalité l'autre califat, celui qui a été proclamé à Cordoue en 929 par la dynastie honnie des chiites : les Omeyyades, les descendants de ceux-là mêmes qui avaient tué l'imam Hussein, le petit-fils du Prophète en 680 à Kerbala. L'antagonisme idéologique et surtout les ambitions politiques en font un adversaire plus combattu que les chrétiens – belle illustration de l'inanité de la théorie faisant du choc entre Islam et Chrétienté le premier moteur de l'histoire médiévale. La concurrence féroce entre les deux califats pour le contrôle de l'espace maritime et du Maghreb entraîne la formation de part et d'autre de flottes impériales, voit naître des discours de légitimité opposés, et se développer une surenchère et des démonstrations de force qui concourent à faire de la Méditerranée un lac islamique, « la mer des califes[1] ». Dès les années 940, l'ennemi andalou est attaqué en priorité par les Fatimides, qui lui disputent le littoral maghrébin et son arrière-pays où débouchent les routes de l'or et des esclaves en provenance d'Afrique subsaharienne. En 954, ils réussissent à incendier la ville de Pechina, haut lieu de la flotte andalouse et le tout nouveau site de l'arsenal (*dâr al-sinâ'a*) que les Omeyyades viennent de fonder à Almeria.

Le but des Fatimides cependant est la conquête de l'Orient et la destitution des Abbassides. Après trois tentatives manquées, l'Égypte est enfin conquise en 969-970 ; la Palestine puis la Syrie sont prises dans les années 980 ; suivent les villes saintes de Médine et La Mecque. L'extension territoriale maximale est atteinte dans les années 1040, lorsque l'Empire fatimide va de l'Algérois à la mer Rouge. Bagdad cependant, défendu par les émirs bouyides qui ont mis sous tutelle le califat abbasside et qui, bien que chiites eux aussi, refusent de reconnaître la suzeraineté des Fatimides, ne sera jamais pris.

1. Picard 2015.

Les Fatimides s'éloignent ce faisant de la Méditerranée occidentale, laissant les coudées franches au califat omeyyade de Cordoue qui y affermit sa position. En tant qu'imams, c'est-à-dire guides, les califes fatimides revendiquent une autorité universelle sur les musulmans et leur État devient un foyer de rayonnement missionnaire ismaélien – le haut lieu de l'ismaélisme est la mosquée al-Azhar du Caire, construite entre 970 et 972. À l'intérieur de leurs territoires en revanche, les Fatimides ne tentent pas de convertir à leur foi les sunnites, les chrétiens – les coptes, qui constituent la majorité de la population égyptienne jusqu'au XIVe siècle – et les juifs. Tous participent au fonctionnement de l'administration et à l'enrichissement du califat, dans le cadre d'une coexistence assurée par le pouvoir, à l'exception du règne du calife al-Hâkim (996-1021). Annonçant la fin du monde pour l'année 400 de l'Hégire (1009), celui-ci veut supprimer la diversité des religions et ordonne la destruction d'églises et de synagogues en Égypte et en Syrie. C'est alors qu'est ravagée la basilique du Saint-Sépulcre de Jérusalem, entraînant des répercussions considérables dans la Chrétienté latine[2].

'Abd al-Rahmân III, qui fonde un nouveau califat à Cordoue en 929, est issu de la famille omeyyade, celle-là même qui avait été à la tête de l'Empire califal entre 660 et 750, puis qui s'était imposée en al-Andalus à partir de 756 après avoir été détrônée en Orient par les Abbassides, mais en se contentant du titre émiral. Parvenu au pouvoir en 912, le jeune émir 'Abd al-Rahmân III s'emploie à restaurer son autorité sur les territoires perdus lors de la *fitna*, la guerre civile qui divise al-Andalus depuis les années 880. En 927, il reprend la forteresse de Bobastro qui avait été le symbole de la révolte d'Ibn Hafsûn – un *muwallad*, c'est-à-dire un Hispanique dont la famille était convertie depuis plusieurs générations à l'islam –, fait déterrer le corps du rebelle mort une dizaine

2. Voir le chapitre 4 du deuxième tome.

d'années auparavant pour attester de son apostasie – il se serait converti au christianisme de ses ancêtres –, fait crucifier ses fils et se présente en restaurateur de l'islam. Deux ans plus tard, il ordonne qu'on l'appelle désormais « Commandeur des croyants », calife, le titre qu'avaient porté ses ancêtres en Orient et adopte le surnom honorifique d'al-Nâsir, « Celui qui est victorieux pour la religion de Dieu ». Il justifie cet acte fort par la restauration de l'ordre en al-Andalus, par les droits historiques qu'ont les Omeyyades à porter ce titre, mais surtout par la provocation que constitue la proclamation du califat chiite fatimide en Ifrîqiya.

Le calife n'a de cesse de constituer un glacis le séparant des Fatimides dans l'ouest du Maghreb (dans l'actuel Maroc) et de s'opposer indirectement à eux par tribus et principautés maghrébines interposées, dans le but notamment de contrôler les routes qui acheminent l'or et les esclaves. La domination des deux rives du détroit de Gibraltar lui permet également de réguler la circulation et le commerce entre l'Afrique et l'Europe. À la conquête directe de territoires au Maghreb, impossible à mener, les Andalous préfèrent une politique de recrutement de mercenaires, d'achat à prix d'or de la fidélité souvent fluctuante des chefs de tribus berbères en échange de la reconnaissance de la souveraineté omeyyade : il faut être maître des deux rives (*al-'idwatayn*) pour garder une dimension impériale. La concurrence entre les califats de l'Occident islamique a comme principale conséquence pour la Chrétienté latine une stabilisation des frontières avec al-Andalus, qui ne cherche plus à mener d'offensives. Le *jihâd* vers le nord du siècle précédent est supplanté par celui contre les Fatimides, d'autant que 'Abd al-Rahmân a subi en 939 la défaite de Simancas au cours de laquelle il fut battu par les troupes de Ramiro II roi de León ; le calife y abandonna ses tentes et perdit même son coran personnel. Il en tira la leçon, à la fois en limitant les opérations militaires au nord, en renonçant à les conduire personnellement et en commençant à modifier la structure de son armée : les esclaves soldats d'origine slave (esclavons) et les mercenaires berbères acquis au Maghreb prennent une place plus large dans l'appareil militaire, à la place du *jund*, l'armée arabe, constituée d'aristocrates désormais plus enclins à profiter de la vie de cour qu'à guerroyer au nord.

Les relations avec les souverains chrétiens sont faites autant d'alliances, comme le montrent les nombreux mariages ignorant les clivages religieux – 'Abd al-Rahmân III a ainsi une mère et une grand-mère issues de la famille régnante de Navarre ; toutes les mères de califes sont à l'origine chrétiennes –, que de conflits. Tout est affaire de rapports de force et les principautés chrétiennes du Nord évoluent dans l'orbite du califat, lequel constitue un modèle impérial ; il est servi par une grande prospérité économique, permise à la fois par une riche agriculture irriguée (perfectionnée grâce à des techniques orientales, notamment iraniennes comme celle des *qânats*, les canaux, mais aussi grâce à l'introduction de nouvelles plantes : riz, aubergines, safran, artichauts, canne à sucre, abricots, etc.), par une rentrée améliorée des impôts, et par l'influence retrouvée au Maghreb (du fait de l'éloignement des Fatimides partis s'installer en Égypte à partir des années 970), qui permet à l'or africain d'affluer en al-Andalus.

La lutte par la plume est également essentielle dans la construction de la légitimité du califat, donnant naissance à une véritable « idéologie omeyyade[3] » (Gabriel Martinez-Gros). Reprenant l'histoire de la glorieuse dynastie depuis La Mecque et Damas, elle proclame le droit exclusif des Omeyyades, les meilleurs des Arabes, à porter le titre de calife, affirmant ainsi leur prétention à diriger l'ensemble de la communauté des croyants, tout en niant la légitimité des deux autres califats rivaux, celui des Abbassides de Bagdad et celui des Fatimides.

3. Martinez-Gros 1992.

Cordoue devient dès lors une capitale impériale, l'un de ces centres d'où peut rayonner le titre universel de calife.

La stabilisation de la frontière nord permet au souverain omeyyade de consacrer ses efforts à l'édification d'une résidence palatiale, Madînat al-Zahrâ, imitée de la ville ronde de Bagdad et des édifices fatimides du Maghreb, située à quelques kilomètres au nord-ouest de Cordoue. C'est désormais en ce lieu que les califes reçoivent en grande pompe les représentants des principautés du Nord qui recherchent son alliance, mais également les émissaires des Empires concurrents, Byzance et le Saint-Empire, ce dont témoigne l'ambassade menée par l'abbé Jean de Gorze à Cordoue dans les années 953-956. L'apogée du califat correspond au règne d'al-Hakam al-Mustansir (961-976), qui rassemble une magnifique bibliothèque que les sources estiment de manière hyperbolique à 400 000 ouvrages, achetés à prix d'or dans l'Orient islamique comme à Constantinople, et qui fait venir nombre de savants en sciences religieuses, en grammaire arabe mais aussi en sciences profanes ou « sciences des anciens » (philosophie, mathématiques, astronomie, médecine, géographie, etc.). Al-Hakam fait agrandir la Grande Mosquée de Cordoue, véritable blason monumental de la dynastie, signe de la croissance de la ville qui, avec peut-être 200 000 habitants, est alors la plus grande cité de l'Occident, islamique comme latin, mais signe aussi de la multiplication des conversions à l'islam en ce xe siècle où les musulmans commencent à être plus nombreux en al-Andalus que les chrétiens (les mozarabes).

La Chrétienté latine comme l'Empire byzantin ont largement profité de l'accession des Omeyyades au califat ; al-Andalus n'est plus à l'offensive, ne contre-attaque même plus et favorise désormais la diplomatie et l'ouverture commerciale, qui constituent aussi des manifestations de la puissance. La grande expédition prévue pour aller piller les côtes chrétiennes en 933 ne dépasse pas Tortosa et la démonstration de force de la flotte omeyyade devant Barcelone en 940 a principalement pour objectif de contraindre le comte catalan à signer un traité. La Chrétienté latine continue cependant de craindre la puissance de l'Islam, sans toujours distinguer qui sont les initiateurs des attaques. L'essentiel de celles menées contre les côtes provençales ne sont pas le fait du pouvoir andalou, mais de ses « succursales » plus ou moins autonomes, notamment celle du *Fraxinetum* (près de La Garde-Freinet), constituée de marins andalous venus de Pechina et installés dans le massif des Maures depuis la fin du IXe siècle[4].

Apogée et fin de la colonie sarrasine du *Fraxinetum*

Les sources latines insistent sur la subordination de ces « pirates » à Cordoue, ce que l'État omeyyade avait tout intérêt à laisser croire pour amplifier son influence, même si ce contrôle n'était peut-être pas si étroit dans la réalité. Les attaques menées depuis le *Fraxinetum* concourent à une stratégie globale de contrôle de la Méditerranée qui ne pouvait que servir les califats. Les îles en constituaient l'un des dispositifs essentiels et il est intéressant de noter que les rares sources arabes qui évoquent ce site, essentiellement des ouvrages de géographie comme celui d'Ibn Hawqal, l'assimilent à une île[5]. Les chroniques andalouses ne mentionnent pour leur part qu'à la marge la colonie corsaire, éloignée et peuplée de rebelles. Les sources latines en revanche déroulent la longue liste des attaques et des raids menés par ces corsaires qui surent profiter des divisions provençales et des conflits entre pouvoirs locaux pour s'installer pendant plus d'un siècle dans une zone montagneuse qui prit leur nom : le massif des Maures. Ce sont aussi bien les localités côtières qui sont razziées et ravagées

4. Voir le chapitre 10.
5. SÉNAC 1980.

(Marseille en 923) que l'arrière-pays – à Aix une partie de la population fut emmenée en esclavage. Les « Sarrasins » remontent également vers le nord : Manosque, Apt, Sisteron, Embrun sont attaqués et ils réussissent à contrôler de vastes zones alpines et à gêner la circulation entre Francie et Italie dès les années 910-920.

Le grand historien andalou du XIe siècle Ibn Hayyân précise dans sa chronique que la colonie sarrasine devint un véritable enjeu diplomatique dans les relations entre pouvoirs chrétiens et islamiques. Des ambassades sont envoyées à Cordoue, comme celle menée en 941 par le roi d'Italie Hugues d'Arles, pour demander au calife omeyyade de faire cesser les activités des corsaires de la base provençale, ainsi que celles du gouverneur des Baléares, îles qui avaient été conquises en 902 par une initiative privée ayant reçu l'aval de l'émir omeyyade. C'est toutefois ce même Hugues d'Arles qui fait alliance l'année suivante avec les corsaires sarrasins pour tenter de contrer les ambitions de son concurrent pour le trône d'Italie, Bérenger II d'Ivrée, notamment en contrôlant la vallée de l'Arc et les passages des Alpes où les hommes du *Fraxinetum* étaient particulièrement redoutables. Plus que les raids sur les côtes de Provence, ce sont les entraves à la circulation entre l'Italie, la Provence, la Bourgogne et les principautés alpines que voulaient faire cesser les princes chrétiens en venant implorer l'aide de 'Abd al-Rahmân III. C'était également le sens de l'ambassade menée par l'abbé Jean de Gorze pour le compte du roi de Germanie et futur empereur Otton Ier dans les années 955. La diplomatie paya : les attaques furent effectivement moins nombreuses et la trêve (relative) tint jusqu'à la fin du règne du fils de 'Abd al-Rahmân III, al-Hakam II, dans les années 970.

À cet égard, l'enlèvement par les Sarrasins de l'abbé de Cluny Maïeul en juillet 972 fut autant une exception qu'une erreur magistrale qui, en raison de l'émoi qu'elle provoqua, entraîna la fin définitive du repaire des corsaires. Le vénérable abbé, déjà très célèbre à l'échelle de la Chrétienté et de retour d'un voyage à Rome, est fait prisonnier au col du mont Joux, puis libéré après le paiement d'une énorme rançon de 2 000 livres d'argent, ce qui n'empêcha pas le comte de Provence Guillaume de se lancer à l'attaque des Sarrasins, qu'il battit à plusieurs reprises, à Embrun et Gap puis à la bataille de Tourtour. Grâce à l'aide de la flotte byzantine (à nouveau maîtresse de la Méditerranée orientale depuis la reprise de la Crète), dont le rôle était d'empêcher tout secours par mer venu d'al-Andalus – secours qui de fait ne vint pas –, il réussit à réduire le *Fraxinetum*, probablement à l'automne 972 ou au tout début de l'année 973, puisque dès avril 973, il concédait à un fidèle des terres à repeupler dans le massif[6]. Il y gagna, auprès des clunisiens, le surnom de Guillaume le Libérateur. Le repaire des Maures disparut, laissant quelques toponymes locaux et le souvenir d'attaques féroces en Provence, tandis que les hommes et les femmes qui le peuplaient furent vendus en esclavage ou se convertirent et se fondirent dans la population locale.

Al-Mansûr ou le retour du *jihâd* contre les chrétiens

Si les califes omeyyades avaient privilégié la lutte contre les Fatimides et la diplomatie avec les puissances chrétiennes, tout change à la fin des années 970 en raison des évolutions internes d'al-Andalus. À la mort d'al-Hakam en 976, son fils de 11 ans, Hishâm, lui succède, à l'instigation d'un chambellan qui le met sous tutelle et exerce le pouvoir en son nom : Ibn Abî Amir, vite surnommé al-Mansûr, « le Victorieux ». Celui-ci exerce la réalité du pouvoir jusqu'à sa mort en 1002, tout en conservant en place le calife Hishâm. Les fondements

6. *Ibid.*

principaux de sa légitimité sont l'appui des hommes de religion et la relance de la guerre sainte. Il est à l'origine d'un retournement considérable de la politique cordouane qui consiste à concentrer désormais les attaques contre le nord : il saccage Barcelone en 985, puis Saint-Jacques-de-Compostelle en 997, n'épargnant que le tombeau du saint. Tout en s'assurant de la fidélité du Maghreb, pourvoyeur d'or et de soldats, il mène le *jihâd* et ramène de ses expéditions (plus de 70 au cours de sa vie) gloire, butin et captifs. Il modifie la composition des forces armées dont il craint le légitimisme omeyyade, achevant le remplacement du *jund* arabe affaibli par des esclavons, des mercenaires berbères, mais aussi des forces issues de ces royaumes chrétiens du Nord qu'il attaque et qui entrent ainsi dans la clientèle du califat de Cordoue, belle illustration des rapports complexes qu'entretient le cœur impérial avec ses marges – ce que sont le Maghreb comme les principautés chrétiennes du nord de la péninsule.

Les discours de légitimité insistent cependant sur la dimension religieuse de l'entreprise : razzier les terres chrétiennes, même si c'est avec l'appui de guerriers chrétiens – la moitié de l'armée qui détruit Saint-Jacques-de-Compostelle est constituée de troupes galiciennes encadrées par leurs comtes –, permet à al-Mansûr, l'*Almanzor* des chroniques latines, d'apparaître comme le champion de l'islam. Il renforce cet aspect de sa légitimité en expurgeant la bibliothèque d'al-Hakam II des ouvrages ne traitant pas de sciences religieuses, et contribue à agrandir et à embellir la Grande Mosquée de Cordoue. À sa mort en 1002, jamais l'État omeyyade n'a semblé aussi fort, même si le calife en titre n'a plus aucun pouvoir. Il s'écroule néanmoins quelques années plus tard, emporté par les soubresauts d'une guerre civile engendrée par les prétentions du fils d'al-Mansûr, appelé par les sources arabes *Sanjul* (Sanchuelo) car sa mère était la fille du roi Sanche de Navarre. Ce dernier ne se contente pas du titre de chambellan qu'avait porté son père et prétend au pouvoir suprême en se faisant désigner héritier du califat par Hishâm, ce qui déclenche la « révolution de Cordoue » en 1009. Il est rapidement assassiné mais une *fitna*, une guerre civile de plus de vingt ans (1009-1031), déchire al-Andalus et finit par emporter l'institution califale.

Le basculement du rapport de force entre principautés chrétiennes et al-Andalus au XIe siècle

La guerre civile entraîne la partition du territoire andalou en plusieurs principautés à l'avenir incertain et aux légitimités chancelantes, les royaumes des Taïfas, enfants naturels de la *fitna*, dont l'histoire occupe tout le XIe siècle. Les princes qui les gouvernent, appelés *mulûk al-tawâ'if*, issus pour la plupart des différentes composantes de l'armée califale, sont esclavons, berbères ou andalous. Chacun rêve de refaire l'unité d'al-Andalus à son profit et pousse jusqu'au trône califal d'éphémères souverains, pour la plupart omeyyades, qui ne réussissent pas à se maintenir durablement. En 1031, le dernier calife est déposé dans l'indifférence générale. C'est la fin du prestigieux califat omeyyade, mais l'occasion d'une formidable inventivité politique car il fallait bien suppléer à la disparition du califat, seule autorité légitime en Islam. Tout fut tenté ou presque, depuis l'invocation d'un calife fictif nommé 'Abd Allâh, dont on retrouve le nom sur des pièces de monnaie, jusqu'à l'invention par le cadi qui gouvernait Séville en 1035-1036 d'un sosie du dernier vrai calife omeyyade, dont personne ne fut dupe, mais qui toutefois rétablit un temps la stabilité. Apparurent même des gouvernements assurés par les élites urbaines[7]. Autant d'expérimentations qu'al-Andalus faisait deux cents ans avant l'Orient et la disparition du califat abbasside en 1258. Les années 1040-1070 correspondent à

7. Clément 1997.

des années de stabilité alors que certaines Taïfas dominent la scène andalouse, celles de Séville, Tolède, Saragosse, Grenade et Badajoz notamment.

Le XIe siècle est considéré comme l'apogée culturel d'al-Andalus, qu'incarnent au premier rang le polygraphe Ibn Hazm, mais aussi l'historien Ibn Hayyân, le géographe al-Bakrî, le cadi et savant que fut Sâ'id al-Andalusî, l'astronome al-Zarkalî (l'Azarchiel des Latins), mais aussi les dizaines de poètes qui firent la renommée de ce temps et d'al-Andalus l'un des plus brillants centres culturels du monde islamique[8]. Vers 1065/1070, on assiste toutefois à un tournant, les princes chrétiens du Nord prenant des villes par les armes (Lamego en 1057, Coïmbra et Barbastro, pour quelques mois seulement dans le cas de cette dernière, en 1064). Ces guerriers ne surgissent pas brutalement sur la scène andalouse au milieu du XIe siècle : ils sont entrés dans l'orbite de l'Espagne musulmane au temps d'al-Mansûr en fournissant au puissant *hajîb* des mercenaires ; lors de la *fitna*, on les voit intervenir au cœur même d'al-Andalus, au même titre que les soldats berbères. La fragilité de leurs voisins musulmans ouvre désormais la voie à toutes leurs ambitions. C'est le début de ce que l'historiographie espagnole des XIXe et XXe siècles nomme la *Reconquista* mais que l'on peut également appeler la « conquête féodale » des terres andalouses.

L'affirmation des principautés chrétiennes passe, à partir des années 1040, par la ruine des Taïfas andalouses au moyen de l'imposition de tributs, les *parias*. Ce transfert de l'or rétablit l'équilibre entre une Espagne musulmane riche, qui englobe les régions les plus productives de la péninsule, dont les terres sont fertiles et les activités artisanales et commerciales florissantes, et l'Espagne chrétienne, longtemps cantonnée aux terres montagneuses, sans traditions urbaines. Le royaume unifié de Castille-León pèse rapidement sur les Taïfas, surtout celles

8. Foulon et Tixier 2009 ; Tixier du Mesnil 2022.

de Tolède et de Badajoz, ses voisines, qui lui paient tribut, tandis qu'à l'est, les comtes de Barcelone, qui ont déjà tiré profit du pillage de Cordoue en 1009-1010, rançonnent les Taïfas de Saragosse et de Tortose. L'afflux d'or andalou en Catalogne tout au long du XIe siècle est autant le fruit de ces *parias* que de la rémunération des mercenaires engagés par les princes andalous. Les États musulmans les plus éloignés des Marches frontières, dont Grenade et Séville, ne sont pas pour autant épargnés et sont également progressivement contraints de payer des sommes considérables pour prix de la neutralité ou de l'alliance des chrétiens. Deux raisons à cela : leur incapacité à trouver des guerriers alors que leurs propres populations sont désarmées et le glissement progressif qui s'est opéré entre la rémunération de mercenaires, communément pratiquée, et la nécessité dans laquelle se trouvent ensuite les Andalous de payer pour éviter qu'ils ne les agressent. Au Nord, ces tributs permettent de développer dans les principautés chrétiennes une puissance militaire offensive, d'équiper des cavaliers, mais aussi d'attacher au souverain la fidélité de la noblesse. Au Sud, ils finissent par priver les souverains musulmans des ressources qui leur auraient permis de payer des mercenaires ; ces rois sont d'autant plus affaiblis que les populations, accablées d'impôts, les contestent de plus en plus ouvertement, ce que relate une source exceptionnelle, les mémoires du dernier souverain ziride de Grenade à la fin du XIe siècle, 'Abd Allâh ibn Zîrî. Dans les années 1080, la situation dégénère brutalement à la suite de la prise de Tolède (1085), l'une des plus puissantes Taïfas et ville symbole car il s'agit de l'ancienne capitale des Wisigoths, par le roi de Castille Alphonse VI. Aux abois, les princes andalous sont contraints de mettre fin à leurs incessants conflits et d'appeler à l'aide les Berbères almoravides qui dominent l'ouest du Maghreb depuis les années 1060. Au nom du *jihâd*, ceux-ci débarquent dans la péninsule et écrasent les troupes d'Alphonse VI de Castille lors de la bataille de Zallâqa, le 23 octobre 1086. Devant les incessantes divisions andalouses qui favorisent l'avancée des chrétiens, les Almoravides démettent les princes des Taïfas en 1090 et 1091 et unifient sous leur pouvoir le territoire andalou, freinant pour un temps la conquête féodale. Pour la première fois depuis trois cent cinquante ans, al-Andalus était désormais rattachée au Maghreb.

Le grand historien irakien Ibn al-Athîr, qui rédige au XIIIe siècle une histoire du monde islamique, met en relation la prise de Tolède avec deux autres événements de la fin du XIe siècle, révélateurs selon lui de la vigueur de l'offensive des Francs en Méditerranée : la prise de Palerme par les Normands en 1072 et le début des croisades en 1095-1099. C'est effectivement une vingtaine d'années avant la chute de Tolède que les Normands entament la conquête de la Sicile. Byzance n'avait cessé de tenter de récupérer cette île centrale, essentielle pour le contrôle des routes est-ouest de la Méditerranée et qui présentait un danger pour ses possessions du sud de l'Italie. C'est la résistance byzantine qui explique la longueur de la conquête islamique de l'île entre 827 et 960, même si une partie importante du territoire insulaire fut dès le milieu du IXe siècle (et la prise de la forteresse d'Enna en 859) administrée par l'Islam qui fit de Palerme sa capitale. La lente arabisation et islamisation de l'île avaient toutefois laissé subsister une importante population de chrétiens hellénophones et liés à Constantinople, principalement située dans la partie orientale de l'île, entre Cefalù, Messine et Taormine. Dans les zones plus directement contrôlées par le pouvoir islamique existaient, comme dans le reste des pays d'Islam, des *dhimmî*, chrétiens et juifs, qui servaient le pouvoir et protégeaient leurs coreligionnaires. La Sicile devint quasi autonome sous les émirs kalbides (948-1044), pourtant lieutenants des califes fatimides. Palerme, appelé dans la documentation « *Madîna Siqilliya* », est décrit par le géographe oriental Ibn Hawqal vers 970 comme une ville importante à l'échelle de la Méditerranée. Les liens avec l'Ifrîqiya voisine sont constants, qu'ils soient commerciaux – l'île est une étape importante entre l'Égypte et al-Andalus –, politiques, intellectuels. L'île est réputée pour ses soieries grâce à la présence de muriers à ver à soie implantés par Byzance – l'exportation de soie est attestée dès 1042 dans le récit du voyageur persan Nâsir-i Khosraw –, mais aussi pour ses blés qu'achète le Maghreb. Les expéditions menées depuis son sol contre l'Italie byzantine et lombarde sont fréquentes au Xe siècle et au début du XIe siècle, mais aussi contre les Omeyyades, principaux adversaires des Fatimides. Les émirs kalbides résistent victorieusement aux offensives byzantines, notamment celle menée par Nicéphore Phocas qui avait réussi à reprendre la Crète en 961, ainsi qu'au projet de conquête mené par l'empereur Otton Ier qui attaque également les possessions byzantines en Italie et surtout par Otton II, qui est battu par les Kalbides à la bataille du cap Colonne, en Calabre, en juillet 982. Une grande offensive byzantine est planifiée à partir de 1037 par le général Georges Maniakès ; celle-ci échoua car le général tourna ses troupes vers Constantinople pour s'emparer du trône impérial. D'autres Siciliens firent alors appel, dans un contexte de division et de guerre civile, à la dynastie Ziride qui régnait en Ifrîqiya après s'être affranchie des Fatimides. À partir des années 1040, une guerre civile semblable à la *fitna* andalouse déchira le territoire insulaire en principautés concurrentes ; c'est le chef (*qa'îd*) de l'une d'entre elles, Ibn al-Thumna, qui fit appel aux Normands des Pouilles et de Calabre, Robert Guiscard et son frère Roger de Hauteville. Pensant recruter des mercenaires (exactement comme en Espagne), il entraîna la progressive conquête de la Sicile par ces derniers entre 1060 et 1090, Palerme tombant dès 1072.

Le début des transferts culturels

C'est dans ces espaces d'interface que sont la Sicile et surtout l'Espagne que s'effectuèrent les premiers contacts culturels entre Islam et Chrétienté latine. À la notion d'échanges, les historiens préfèrent celle de transferts culturels, qui permet de mieux penser l'appropriation par l'Occident latin des sciences cultivées dans l'espace islamique depuis plusieurs siècles sur le terreau de l'héritage antique grec mais aussi persan. Les xᵉ et xɪᵉ siècles voient le début de cette *translatio studii*, avant que ne s'amorce le grand mouvement de traduction de l'arabe au latin du xɪɪᵉ siècle. Les premiers indices d'une connaissance de la science arabe en Occident se rencontrent dans la seconde moitié du xᵉ siècle et sont liés à la figure de Gerbert d'Aurillac, ancien écolâtre de Reims, le « pape de l'an mille », qui aurait eu accès par l'intermédiaire de la bibliothèque du monastère de Ripoll, en Catalogne, à des manuscrits d'œuvres scientifiques arabes[9]. On ne sait que très peu de choses sur ces premières mises en contact[10], mais Gerbert aurait suscité auprès de ses étudiants de Reims un intérêt nouveau pour les mathématiques, la musique et l'astronomie. À la fin du xᵉ siècle pénètrent en Occident l'astrolabe et les chiffres arabes qui figurent sur des jetons servant au calcul. Le premier manuscrit latin contenant ces chiffres est copié en 976 dans le couvent d'Albeda, dans le nord de l'Espagne. Ces chiffres se diffusent plus largement à partir du xɪᵉ siècle, notamment dans des ouvrages attribués à Boèce, alors que sont rédigés les premiers traités occidentaux sur l'astrolabe – on en connaît deux composés à l'abbaye de Reichenau, en Allemagne du Sud, au milieu du xɪᵉ siècle[11].

9. Voir le chapitre 13.

10. Micheau 2000 ; Jacquart et Micheau 1990.

11. Voir le chapitre « Sciences » du troisième tome.

Les premières traductions de l'arabe vers le latin datent de la fin du XIe siècle et sont l'œuvre d'un personnage aussi mal connu que célèbre, Constantin l'Africain. Celui-ci serait né en Ifrîqiya vers 1020, aurait fait des études de médecine en Égypte, puis aurait été accueilli à Salerne, dans le sud de l'Italie, avec tous les honneurs dus à sa science, par le duc normand Robert Guiscard (1059-1085). Soit qu'il ait été déjà chrétien, soit qu'il se soit converti, il serait entré comme moine au monastère du Mont-Cassin, où il aurait consacré le reste de sa vie à traduire de nombreux ouvrages, avant d'y mourir en 1087. Son œuvre est aussi énigmatique que sa vie : Constantin s'est parfois attribué la paternité de certaines œuvres ; il a également tu l'origine arabe de plusieurs traités en les faisant passer pour des traductions du grec. C'est le cas des célèbres *Masâ'il fî l-tibb* (*Questions sur la médecine*) de Hunayn ibn Ishâq (809-873), médecin et traducteur irakien très renommé, qui constituent une introduction à l'art médical sous forme de questions-réponses et ont été traduites sous le titre d'*Isagogè* (introduction) et attribuées à un certain Iohannitius. Constantin a toutefois grandement contribué à la connaissance et à la diffusion de la médecine antique mais aussi de la médecine arabe par ses traductions enseignées à Salerne où se développe une importante école de médecine dont l'existence est attestée dès le Xe siècle. La médecine, qui était jusqu'alors surtout une pratique, devient ainsi une science fondée sur un savoir théorique inspiré de la *Physique* d'Aristote[12].

La science islamique est également à l'origine du premier tableau géographique de la Chrétienté. Aux IXe et Xe siècles, des traités de géographie universelle sont rédigés en arabe, principalement en Orient. Au sein des tableaux de l'œkoumène (la terre habitée) que ces ouvrages dressent, l'Occident latin est envisagé pour la première fois dans sa globalité et

12. *Ibid.*

son identité territoriale[13]. Il constitue un ensemble disparate nommé le plus souvent la « grande terre » (*al-ard al-kabîra*), situé au nord des Pyrénées et aux limites peu précises à l'est, vers la mer Noire et les territoires pontiques. S'y déploient trois peuples principaux : les Francs (*Faranj*), les Byzantins (*Rûm*) et les Slaves (*Saqâliba*), ainsi qu'une multitude de peuplades dont l'énumération suffit à remplir l'espace de la description géographique, énumération qui doit autant à la géographie de Ptolémée (géographe alexandrin du IIe siècle de notre ère), qu'à la conception biblique du peuplement de la terre par les trois fils de Noé après le déluge (Table des Nations en Genèse 10) : Japhet reçoit l'Europe, Sem l'Asie et Cham l'Afrique. Ce sont donc les fils de Japhet qui sont à l'origine des peuples de la « grande terre », véritable finistère à l'Occident du monde. La partie orientale de l'Europe, des Balkans à la Volga, semble mieux connue que la partie occidentale grâce aux informations recueillies auprès des marchands. Le périple qu'effectue le marchand juif andalou Ibrâhîm ibn Ya'qûb dans l'Europe ottonienne vers 960-965 est l'occasion d'un enrichissement de l'information sur les terres non byzantines, dont on se contentait jusque-là de préciser qu'elles étaient couvertes de forêts et traversées de fleuves impétueux. Le XIe siècle constitue un tournant majeur avec l'avènement d'une géographie arabe rédigée dans l'Occident islamique, c'est-à-dire au voisinage de la Chrétienté latine, principalement en al-Andalus. Sous la plume d'al-Bakrî, géographe andalou qui compose son livre en 1068, le portrait de la Méditerranée occidentale s'affine et se détaille : il livre la première description du Maghreb et d'une « terre des Francs » dont il assiste, aux premières loges, au réveil en Méditerranée.

13. Ducène 2018.

Les échanges commerciaux

Les échanges commerciaux ne se sont jamais totalement interrompus au cours du premier Moyen Âge au sein de l'espace méditerranéen. Celui-ci est resté connecté à des zones plus lointaines : le monde slave, d'où les marchands de Verdun ramènent des esclaves, notamment des eunuques à destination des cours islamiques ; l'espace saharien, relié au Maghreb par tout un réseau commercial de routes que parcourent marchands et tribus ; les zones les plus orientales de l'Empire islamique où débouchent les routes de la soie et des épices venues de Chine et d'Inde. La Méditerranée reste centrale[14] malgré le mouvement de bascule du cœur économique de l'Occident latin vers le nord de l'Europe à l'époque carolingienne et postcarolingienne. Le Xe siècle voit une amplification de ces échanges, lesquels sont désormais mieux documentés dans les sources, qu'elles soient byzantines, latines ou arabes[15]. Le corpus documentaire découvert au XIXe siècle dans la *Geniza*, dépôt rituel de la synagogue Ben Ezra du vieux Caire, montre ainsi les réseaux du commerce à longue distance construits par des marchands juifs et non juifs à l'échelle de toute la Méditerranée et au-delà, jusqu'à l'océan Indien, la mer Rouge ou le Sahara, commerce qui s'adapte au contexte politique, voire qui complète les activités de guerre.

On a à juste titre insisté sur le dynamisme des marchands italiens, dès le Xe siècle à Pise, Amalfi, Venise ou Naples, promoteurs d'une forme de protocapitalisme qui aurait été en partie à l'origine de l'essor commercial de la Chrétienté latine[16]. Des familles de l'aristocratie locale ont ainsi réalisé

14. Balard et Picard 2014.
15. Picard 2015.
16. Voir le chapitre 16.

d'importants investissements maritimes, se sont installées dans les villes portuaires et ont contribué en retour au développement des échanges. Mais ces ascensions n'ont été possibles qu'en raison de l'existence des systèmes impériaux, byzantin et islamique, qui leur ont donné l'impulsion, accordé des privilèges commerciaux, autorisé l'établissement de comptoirs, permis des échanges de grande ampleur et très rémunérateurs, garanti la circulation, etc. C'est parce que l'Islam et Byzance sont présents en Italie du Sud au IXe siècle qu'Amalfi, petit port coincé contre la montagne entre Naples et Salerne, prend son essor ; ce sont par exemple des marchands amalfitains qui amènent à Cordoue dans les années 940 des soieries byzantines[17]. En 996, des marchands et des artisans égyptiens massacrent au Caire des marchands amalfitains, leur reprochant d'être bien plus avantagés qu'eux fiscalement par le pouvoir fatimide[18]. Venise, comme Amalfi, qui furent byzantines, ont tiré profit de ces liens pour se positionner dans le commerce avec Constantinople. Dans la mesure où ce sont surtout les archives italiennes qui nous sont parvenues, on a longtemps minimisé le fait que l'essor économique de l'Occident a également découlé d'une conjoncture internationale et de facteurs externes. Cet effet de sources a notamment conduit à sous-évaluer la présence de marchands venus des pays islamiques (quelle que soit leur religion) dans les ports italiens ; ceux-ci apportaient en particulier les fameux *bacini*, des coupes en céramique recouvertes d'une glaçure brillante confectionnées dans des ateliers andalous, siciliens, ifrîqiyens ou égyptiens, qui étaient insérés sur les façades de certains édifices, comme l'église San Zeno et San Piero a Grado de Pise au Xe siècle. Le nombre élevé de dirhams d'argent andalous trouvés aux IXe et Xe siècles dans le sud de la France atteste de flux commerciaux réguliers. L'une

17. Picard 2015. Voir le chapitre 18.
18. Balard et Picard 2014.

des biographies de Constantin l'Africain en fait même un marchand musulman venu commercer à Salerne avant de se consacrer à la médecine.

Les documents de la *Geniza* montrent des réseaux tissés entre marchands et producteurs de tous les groupes confessionnels, mettant en relation de nombreux territoires, et fortement encouragés par les pouvoirs de tous bords – l'action des califes fatimides est à cet égard bien documentée – et ce dès les Xᵉ-XIᵉ siècles. Et si les marchands latins, surtout italiens, jouent un rôle croissant dans l'espace islamique, c'est moins parce qu'ils se sont imposés par la force aux pouvoirs califiens ou émiraux que parce que ceux-ci ont compris qu'il était bien plus intéressant pour eux de les taxer.

Le XIᵉ siècle, présenté communément comme le début du grand essor commercial de l'Occident latin, est en fait un temps de rééquilibrage, lequel ne signifie nullement l'inexorable repli du monde islamique à partir du XIIᵉ siècle. Celui-ci demeure très puissant, malgré la multiplication des califats au Xᵉ siècle puis leur effacement au siècle suivant au profit de tutelles turque et berbère, génératrices de forces vives et de nouvelles formes d'État.

EMMANUELLE TIXIER DU MESNIL

Les auteurs

Geneviève Bührer-Thierry est spécialiste du monde franc et germanique et de ses relations avec l'Europe centrale et orientale dans le haut Moyen Âge (VIIe-XIe siècle). Professeure à l'université Paris 1 Panthéon-Sorbonne et directrice du Laboratoire de Médiévistique occidentale de Paris (LaMOP UMR 8589), elle a notamment publié *Aux marges du monde germanique. Le prince, l'évêque, les païens (VIIIe-XIe siècle)* (Turnhout, 2014).

Isabelle Catteddu est docteure en archéologie de l'université de Paris 1 Panthéon-Sorbonne et archéologue à l'Institut national de recherches archéologiques préventives (INRAP). Spécialiste du premier Moyen Âge rural, ses recherches portent sur les sociétés rurales altomédiévales, leur habitat, leur rapport à l'espace et sur les relations qu'elles ont entretenues avec leur environnement. Les fouilles qu'elle dirige depuis trente ans sur de grandes superficies l'ont conduite à privilégier les approches interdisciplinaires et l'étude des sociétés passées dans la longue durée. Elle a notamment publié *Archéologie médiévale en France. Le premier Moyen Âge (V^e^-XIe siècle)* (La Découverte, 2009) ; *Archéologie du Moyen Âge* (Éditions Ouest France-Inrap, 2015) ; « Insediamenti rurali della Francia settentrionale fra VI e IX seccolo. Forme, tipologie, funzioni ed economia », *in* C. Giostra (dir.), *Città e campagna.*

Culture, insediamenti, economia (secc. VI-IX*)*, *Archeologia barbarica* 2, Milan, SAP ed., 2017, p. 13-36.

Magali Coumert est professeure d'histoire médiévale à l'université de Tours, et appartient au CeTHIS EA 6298. De façon générale, elle s'intéresse à la problématique de la transition entre Antiquité et Moyen Âge. Elle a soutenu en 2020 une habilitation à diriger les recherches dont le mémoire inédit portait sur les manuscrits de la loi salique. Elle a codirigé, avec Hélène Bouget, *Histoires des Bretagnes*, vol. 6 : *Quel Moyen Âge ? La recherche en question*, Brest, CRBC-UBO, 2019.

Marie-Laure Derat est directrice de recherches au CNRS, membre du laboratoire Orient et Méditerranée (UMR 8167). Elle est spécialiste de l'histoire médiévale du royaume chrétien d'Éthiopie (XIe-XVIe siècle), qu'elle aborde à partir des textes historiques et hagiographiques rédigés en langue guèze. Elle dirige également la mission historique et archéologique sur le site de Lalibela.

Jean-Pierre Devroey est professeur émérite de l'Université libre de Bruxelles et membre de l'Académie royale de Belgique. Spécialiste de l'économie et des sociétés du premier Moyen Âge et des agricultures préindustrielles européennes, il a publié *La Nature et le roi. Environnement, pouvoir et société à l'âge de Charlemagne (740-820)* (Albin Michel, 2019).

Alban Gautier est professeur d'histoire médiévale à l'université de Caen. Ses travaux portent sur l'histoire de l'Angleterre et de l'Europe du Nord au début du Moyen Âge, à travers des thèmes tels que l'alimentation, les relations entre païens et chrétiens, le rapport à l'histoire et aux figures héroïques du passé.

Stéphane Gioanni est professeur à l'université Lumière Lyon 2. Spécialiste des pratiques de l'écrit, il a édité la correspondance d'Ennode de Pavie et dirigé plusieurs volumes collectifs, notamment *La Mémoire d'Ambroise de Milan* (Éditions de la Sorbonne, 2015) avec Patrick Boucheron. Il vient de publier *Gouverner le monde par l'écrit. L'autorité pontificale en Dalmatie* (École française de Rome, 2020).

Michel Lauwers est professeur d'histoire du Moyen Âge à l'université Côte d'Azur et directeur adjoint de l'UMR CEPAM. Ses travaux procèdent d'une interrogation sur la dimension ecclésiale des structures de la société entre le ve et le XIIIe siècle. Il a notamment publié *Naissance du cimetière. Lieux sacrés et terre des morts dans l'Occident médiéval* (Aubier, 2005) et dirigé récemment plusieurs ouvrages collectifs sur les monastères comme laboratoires de pratiques sociales, sur la dîme, l'accumulation et la circulation des biens, sur les formes du labeur et de la domination au Moyen Âge.

Samuel Leturcq est maître de conférences en histoire du Moyen Âge à l'université de Tours, membre du Laboratoire Archéologie et Territoires (UMR 7324 Citeres). Spécialiste d'histoire économique et sociale des campagnes médiévales, il travaille plus particulièrement sur les questions de l'occupation du sol, les dynamiques paysagères et les productions agricoles, notamment la viticulture.

Florian Mazel est professeur d'histoire médiévale à l'université Paris 1 Panthéon-Sorbonne et ancien membre de l'Institut universitaire de France. Ses travaux portent sur l'histoire sociale de l'institution ecclésiale, les élites aristocratiques, les questions spatiales et territoriales. Il a notamment publié *Féodalités (888-1180)* (Belin, 2010) et *L'Évêque et le territoire. L'invention médiévale de l'espace (Ve-XIIIe siècle)* (Seuil, 2016), et a récemment dirigé *La Fabrique d'une légende. Saint Julien du Mans et son culte au Moyen Âge (IXe-XIIIe siècle)* (Presses universitaires de Rennes, 2021).

Annick Peters-Custot est professeure d'histoire du Moyen Âge à l'université de Nantes et spécialiste de l'Italie méridionale aux époques byzantine, normande et souabe. Elle étudie les relations entre le monde byzantin et l'Occident, et l'idéologie politique des rois « normands » de Sicile. Elle a publié *Les Grecs de l'Italie méridionale post-byzantine. Une acculturation en douceur (IXe-XIVe siècle)* (École française de Rome, 2010), *Bruno en Calabre* (École française de Rome, 2014) et, en 2020, avec Bernadette Cabouret et Camille Rouxpetel, *La Réception des Pères grecs et orientaux en Italie au Moyen Âge (Ve-XVe siècle)* (Cerf, 2020).

Emmanuelle Tixier du Mesnil est spécialiste de l'Islam au Moyen Âge, et notamment d'al-Andalus. Elle est professeure d'histoire médiévale à l'université Paris-Nanterre. Elle a publié *Al-Andalus. Anthologie*, en collaboration avec B. Foulon (Garnier-Flammarion, 2009), et *Géographes d'al-Andalus. De l'inventaire d'un territoire à la construction d'une mémoire* (Publications de la Sorbonne, 2014).

Valentina Toneatto est maîtresse de conférences en histoire du Moyen Âge à l'université Lyon 2, et spécialiste des langages ecclésiastiques de l'économie, de l'administration et du gouvernement entre Antiquité tardive et haut Moyen Âge. Elle a publié en 2012 *Les Banquiers du Seigneur. Évêques et moines face à la richesse (IVe-début IXe siècle)* (Presses universitaires de Rennes).

Magali Watteaux est maîtresse de conférences à l'université Rennes 2 et travaille en archéogéographie, notamment sur l'histoire des parcellaires agraires et des réseaux routiers, dans la longue durée et durant le Moyen Âge. Elle a publié, avec Gérard Chouquer, *L'Archéologie des disciplines géohistoriques* (Errance, 2013), ainsi que différentes contributions sur les formes planimétriques des espaces ruraux.

Remerciements

Au-delà de la collaboration active de tous les auteurs et autrices, que je remercie pour leur enthousiasme et leur disponibilité, je suis particulièrement redevable pour la réalisation de cet ouvrage, fruit d'une véritable intelligence collective, à quelques personnes que je ne saurais remercier avec assez de chaleur : Séverine Nikel et Patrick Boucheron, pour l'immense confiance qu'ils m'ont accordée et leur attention bienveillante tout au long de la fabrique de ce livre ; Étienne Anheim, Patrick Boucheron de nouveau, Magali Coumert et Valérie Theis, pour leur aide très précieuse dans la réflexion initiale sur l'architecture du livre lors de stimulants ateliers de travail au Collège de France ; Caroline Pichon et Pierre Vey, pour leur ardeur au travail, leur générosité et leur rigueur qui ont rendu cette expérience enrichissante jusqu'au bout, par-delà les aléas de l'aventure éditoriale. Que soient également remerciés Khadiga Aglan, qui a mis son œil et son talent au service de tous ces discours, ainsi que les quelques collègues étrangers que j'ai ponctuellement sollicités et qui m'ont apporté généreusement leur aide : Paolo Cammarosano, Chris Dyer et Chris Wickham. La Commission Recherche de l'université Rennes 2 et le laboratoire Tempora ont apporté un soutien matériel décisif à l'accompagnement éditorial de l'entreprise et je les en remercie vivement.

FLORIAN MAZEL

Table des matières

Ouvrages de Florian Mazel

L'Inventaire de la chrétienté
La fabrique épiscopale du territoire au Moyen Âge
(avec H. Noizet)
B2, 2021

La Fabrique d'une légende
Saint Julien du Mans et son culte au Moyen Âge, IXe-XIIIe siècle
(dir. F. Mazel)
Presses universitaires de Rennes, 2021

Écrire les sciences sociales, écrire en sciences sociales
(dir. F. Mazel et C. Le Bart)
Presses universitaires de Rennes, 2021

Histoire d'Aix-en-Provence
(dir. F. Mazel et N. Coulet)
Presses universitaires de Rennes, 2020

Histoire dessinée de la France, vol. 6.
Chevaliers, moines et paysans : de Cluny à la première croisade
(avec V. Sorel)
La Revue dessinée/La Découverte, 2019

L'Évêque et le Territoire
L'invention médiévale de l'espace, Ve-XIIIe siècle
Seuil, « L'Univers historique », 2016

Cluny
Les moines et la société au premier âge féodal
(collectif)
Presses universitaires de Rennes, 2013

Féodalités
888-1180
(dir. J.-L. Biget)
Belin, « Histoire de France », 2010
Folio Histoire, 2019

L'Espace du diocèse
Genèse d'un territoire dans l'Occident médiéval, Ve-XIIIe siècle
(dir. F. Mazel)
Presses universitaires de Rennes, 2008

La Noblesse et l'Église en Provence
fin X^e^-début XIVe siècle
L'exemple des familles d'Agoult-Simiane,
de Baux et de Marseille
CTHS, 2002

Les Éditions Points s'engagent pour la protection de l'environnement et une production française responsable

Ce livre a été imprimé en France, sur un papier certifié issu de forêts gérées durablement, chez un imprimeur labellisé Imprim'Vert, marque créée en partenariat avec l'Agence de l'Eau, l'ADEME (Agence de l'Environnement et de la Maîtrise de l'Énergie) et l'UNIC (Union Nationale de l'Imprimerie et de la Communication).

La marque Imprim'Vert apporte trois garanties essentielles :

- La suppression totale de l'utilisation de produits toxiques
- La sécurisation des stockages de produits et de déchets dangereux
- La collecte et le traitement de produits dangereux

RÉALISATION : NORD COMPO À VILLENEUVE-D'ASCQ
IMPRESSION : LABALLERY À CLAMECY
DÉPÔT LÉGAL : NOVEMBRE 2024. N° 152464-3 (509627)
IMPRIMÉ EN FRANCE